三秦印记

SANQIN
YINJI

巨变·这十年

政协陕西省委员会 编

陕西新华出版传媒集团
陕 西 人 民 出 版 社

图书在版编目(CIP)数据

三秦印记·巨变：这十年／政协陕西省委员会编
.— 西安：陕西人民出版社，2022.10
ISBN 978-7-224-14716-2

Ⅰ.①三… Ⅱ.①政… Ⅲ.①社会科学-文集 Ⅳ.
①C53

中国版本图书馆 CIP 数据核字(2022)第 185346 号

三秦印记·巨变：这十年

编　　者　政协陕西省委员会
出版发行　陕西新华出版传媒集团　陕西人民出版社
　　　　　(西安市北大街 147 号　邮编：710003)
印　　刷　陕西金和印务有限公司
开　　本　787mm×1092mm　1/16
印　　张　42.25
字　　数　462 千字
版　　次　2022 年 10 月第 1 版
印　　次　2022 年 10 月第 1 次印刷
书　　号　ISBN 978-7-224-14716-2
定　　价　89.00 元

“三秦印记”系列丛书编纂委员会

《三秦印记·巨变——这十年》编委会

前言

新时代十年的伟大变革，在党史、新中国史、改革开放史、社会主义发展史、中华民族发展史上具有里程碑意义。新时代中国壮阔行进的每一步，都在创造奇迹、书写历史。从我们的伟大祖国来看，党的十八大以来这十年，中国经济总量从 53.9 万亿元提升到 114.4 万亿元，占世界经济的比重从 11.4%提升到 18%以上，人均国内生产总值从 6300 美元提高到超过 1.2 万美元，经济实力又迈上了一个大台阶。从三秦大地的变化来看，陕西省生产总值从 2012 年的 1.41 万亿元增长到 2021 年的 2.98 万亿元，经济总量和人均 GDP 实现翻番。秦创原平台建设带动创新驱动发展做强成势，中欧班列“长安号”覆盖亚欧大陆全境，2021 年开行量占到全国的 1/4。56 个贫困县全部“摘帽”，465 万建档立卡贫困人口全部脱贫，绝对贫困和区域性贫困问题得到历史性解决。生态环境持续好转，大气质量改善率不断提升，山川大地实现由黄到绿的巨大转变，为全球生态治理提供了样本。

这十年，党和国家事业取得的历史性成就是全方位的、开创性的，发生的历史性变革是深层次的、根本性的。回顾过去，不是为了躺在功劳簿上自我陶醉，而是要进行深入思考，找到取得这些成就的根本原因和成功密码，在新的历史征程上发扬光大。这十年，我们遭遇的风险挑战风高浪急，有时甚至是惊涛骇浪，我们肩负任务的繁重性和艰巨性世所罕见、史所罕见，正是以习近平同志为核心的党中央始终把握历史大势、掌握历史主动、保持战略定力，凝聚起全党全军全国各族人民的奋进伟力，引领中国号巨轮穿越重重险滩，在跨越历史雄关中朝着光明未来破浪前行。这十年，砥砺奋进让我们深刻认识到，新时代的伟大变革，最根本的原因在于有习近平总书记作为党中央的核心、全党的核心掌舵领航，在于有习近平新时代中国特色社会主义思想科学指引。党确立习近平同志党中央的核心、全党的核心地位，确立习近平新时代中国特色社会主义思想的指导地位，体现了全党意志、反映了人民心声、顺应了时代要求，对新时代党和国家事业发展、对推进中华民族伟大复兴历史进程具有决定性意义。

本书作为陕西省政协文史资料年度重点选题，以全省各级政协委员的视角，同社会各界人士一同回顾党的十八大以来陕西省取得的历史性成就、发生的历史性变革，感悟这些成就和变革从何而来、因何而生，从而凝心聚力开启新征程、走好新的赶考之路。

文史资料工作是人民政协的优良传统和特色优势，也是一项涉及全局的经常性、基础性工作。党的十八大以来，中国特色社会主义进入新时代。以习近平同志为核心的党中央对文化建设和历史传承的高度重视，为政协文史工作提供了新的发展机遇；全面建设社会主义现代化强国的历史使命，赋予了政协文史工作新的时代特征；宣传思想领域艰巨而繁重的任务，对政协文史工作提出了新的重大课题。这些显著而深刻的变化，为新时代政协文史工作提供了全新的“背景板”。本书正是在这样的背景下，在人民政协成立73周年的重要时刻，成为新时代陕西政协文史工作新品牌——“三秦印记”系列丛书的第一本书。

文史资料应是当代人写当代事，不能隔代相求，必须代代相传。在征稿过程中，广大政协委员和社会各界人士积极参与、踊跃投稿，把撰写文史资料作为应尽义务和履行民主权利的重要形式，作为记述、反映和讴歌新时代十年的重要方式，牢牢坚持“亲历、亲见、亲闻”的原则，叙写这十年来，本人、家庭、单位以及自身所在区域、工作领域的发展变化。本书从征集稿件中精心选择92篇结集出版，充分展示党的十八大以来，在习近平总书记掌舵领航和党中央坚强领导下，陕西在经济、政治、文化、社会、生态文明建设和党的建设等方面所取得的历史性成就、发生的历史性变革，讲述人民政协紧紧围绕中心、服务大局的新气象，讲述新时代政协委员勤学习、勇担当、善履职的新风貌。

“存史、资政、团结、育人”是文史资料的重要功能。希望这本以民主的方式叙事写史的书，能够让读者从每一个个人感悟、每一个行业领域发展变化中体味到中国共产党同各党派团体、各族各界人士肝胆相照、荣辱与共、团结合作、携手奋斗的壮阔历史，大团结、大联合的政治宗旨和“中国之制”与“中国之治”的巨大优势，深刻领悟“两个确立”的决定性意义，增强“四个意识”、坚定“四个自信”、做到“两个维护”，增强对马克思主义、共产主义的信仰，增强对中国特色社会主义的信念，增强对实现中华民族伟大复兴的信心，踔厉奋发、勇毅前行，为坚持和发展中国特色社会主义、全面建设社会主义现代化国家、全面推进中华民族伟大复兴而不懈奋斗，在新时代新征程上赢得更加伟大的胜利和荣光！

目录

经济建设·步伐坚实求发展

JINGJI JIANSHE

BUFA JIANSHI QIU FAZHAN

改革开放·突破进取新高地

GAIGE KAIFANG

TUPO JINQU XIN GAODI

民生保障·安居乐业家国兴

MINSHENG BAOZHANG

ANJU LEYE JIAGUO XING

脱贫攻坚·砥砺前行铸辉煌

TUOPIN GONGJIAN
DILI QIANXING ZHU HUIHUANG

特色农业·因地制宜惠家乡

TESE NONGYE
YINDI ZHIYI HUI JIAXIANG

生态文明·青山绿水焕新颜

SHENGTAI WENMING
QINGSHAN LÜSHUI HUAN XINYAN

文化建设·古韵新风耀三秦

WENHUA JIANSHE
GUYUN XINFENG YAO SANQIN

尽责履职·凝心聚力勤建言

JINZE LÜZHI

NINGXIN JULI QIN JIANYAN

牢记嘱托　感恩奋进

——新时代延安实践印记

○徐新荣

党的十八大以来，在以习近平同志为核心的党中央掌舵领航下，在习近平新时代中国特色社会主义思想的科学指引下，党和国家事业取得了历史性成就，发生了历史性变革。延安就是新时代伟大变革的一个缩影。在这非凡十年中，我有一大半时间都是在延安度过的，亲眼见证、亲身参与了延安发生的历史性变化，这也是我收获最大、最难忘怀的一段时光。

摆脱贫困：千年梦想终成现实

延安地处黄土高原腹地，自然条件较差，产业基础薄弱，贫困程度较深。截至 2014 年底，全市还有 7.62 万户 20.52 万贫困人口，占到全市人口的十分之一。2015 年 2 月，习近平总书记回延安视察，看望父老乡亲，主持召开了党的十八大以来第一场跨省区的脱贫致富座谈会，发出了革命老区摆脱贫困的动员令。同年 6 月，我接过了延安市委书记的接力棒，传承历届市委的好传统、好作风，坚持把脱贫攻坚作为头等大事和第一民生工程，立即投入到这场史无前例、举世瞩目的伟大战役中。起初，我们的工作还比较粗放，对贫困的底子还不清、扶持对象还不准、脱贫措施也不实，贫困户的识别和移民搬迁、医保报销等方面曾出现过扩大范围、拔高标准的情况。面对这种被动局面，我反复学习研读总书记关于扶贫工作的重要讲话，认真领会总书记提出的“目标明确、任务明确、责任明确、举措明确”和“全面建成小康社会，一个也不能少”的要求，深知摆脱贫困既是中国共产党人的初心和使命，也是两种制度、两条道路的竞赛，决不能因延安出现的点滴闪失给党中央的精准方略抹黑，决不能因延安的任何疏漏给脱贫攻坚伟业添乱。为此，我们认真在“精准”二字上下功夫，力求村村过硬、户户过硬、全面过硬，经得起各方面检验。那几年，我跑遍了全市 114 个乡镇（街道）和大部分村组，每年都有 70 多天在基层，10 多天住村蹲点调研。乡亲们开始把我当外人，不愿说、不敢说。通过和他们同吃同住同劳动，朝夕相处，慢慢地他们信任我，对我说实话、道实情，使我对基层的真实情况、群众的真实想法有了全面、深入的了解。我和市县两级的同志们公开立下“军令状”，把主要的精力投入到脱贫攻坚中，把最优秀的干部派到脱贫攻坚一线，把有限的资金用到脱贫攻坚上。精心选派 1800 多名优秀干部驻村帮扶，村村组建工作队，户户确定帮扶干部；突出问题导向、目标导向、结果导向，聚焦“两不愁三保障”和饮水安全，因村因户、精准落实产业扶贫、就业扶贫、易地扶贫、危房改造、生态扶贫、健康扶贫、教育扶贫、兜底保障“八个一批”措施，资助建档立卡贫困学生 6.85 万人次，693 个贫困村标准化卫生室全覆盖，实施农村危房改造 5279 户，建成各类饮水工程 3364 处，对 1.04 万户无劳动能力贫困户全部落实兜底保障政策。我们把产业作为治本之策，因地制宜推进“一县一业”“一乡一业”“一村一品”。山地种苹果，川道建大棚，山沟搞养殖，发展林下经济，走出了一条符合延安实际的产业扶贫路子，14 万多有劳动能力的贫困群众有了稳定的收入。以苹果、红枣、花椒、核桃为主的经济林覆盖了43%有劳动能力的贫困人口，3.2 万户、8.7 万建档立卡贫困户享受到林业政策性补偿，先后聘用了 4572 名生态护林员，户均增收 3743 元，实现了生态保护与脱贫攻坚一个战场、两场战役的双赢。经过全市上下的艰苦努力，2018 年底，3 个国定贫困县全部“摘帽”，693 个贫困村全部退出，贫困发生率由 2014 年的 13.2%下降到 0.66%。延安历史性告别绝对贫困，市委被党中央、国务院授予“脱贫攻坚先进集体”。回想那几年，工作虽然很辛苦，但看到村子面貌一天天发生着变化，所有村通了硬化路，乡亲们住进安全住房，喝上了放心水，老人们享有基本养老，村民们有医疗保险，孩子们可以接受良好教育，感到再苦再累都是值得的。我们牢记总书记嘱托，脱贫摘帽不是终点，而是新生活、新奋斗的起点，丝毫不敢放松，认真落实“四个不摘”要求，建立巩固脱贫成果10项长效机制，在乡村振兴的道路上继续奔跑，迈向共同富裕的美好生活。

追赶超越：发挥优势矢志转型

延安境内煤炭、石油、天然气资源富集。长期以来，经济发展主要依靠资源开发，石油工业一业独大，在促进经济社会快速发展的同时，也形成了严重的油煤路径依赖，结构单一、不可持续的矛盾越来越突出。面对困境，只有在习近平总书记的重要讲话中找破解难题的办法。那几年，我把总书记系列重要讲话放在案头、床头，随身带着总书记2015年在西安和延安的两次重要讲话，反复学习、反复钻研。总书记指出的“经济发展中存在的不平衡、不协调、不可持续的矛盾，症结在结构，难点在结构，突破点也在结构。必须持续下大气力加快推进经济结构战略性调整，加快推进产业优化升级”“陕甘宁革命老区有能源、特色农产品和特色文化旅游等资源优势，以及城镇化发展和基础设施建设空间大的后发优势”，就是推动延安产业转型升级、实现高质量发展的金钥匙。怎么有“的”放“矢”？ 我深入县区、企业调研，力求摸透找准延安发展的深层次矛盾，发挥“两个明显优势”，坚定不移调结构、促转型，实现有中生新、无中生有。**工业方面**，针对煤油气链条短、接续产业发展不足等现状，组织编制了延安综合能源基地发展规划，一年接着一年抓、一个项目一个项目落实，累计投资2000多亿元的煤油气资源综合利用等一大批能源转化和新能源项目建成投产，力促三达膜公司在上交所科创板上市，实现了延安上市企业“零的突破”。**农业方面**，针对延安苹果“提篮小卖”、好苹果卖不上好价钱的状况，总结农民群众好做法，开展苹果产业后整理，通过分级分选、冷藏冷链、精深加工、品牌包装、市场营销等方式，让苹果穿上文化的马甲、插上互联网的翅膀，梳妆打扮、远走高飞，延安苹果产业实现了革命性突破。2020 年，苹果全产业链产值达 317 亿元，较 2014 年增长了 241%。果农人均收入由 2014 年的 7046 元增加到 2020 年的 19675 元，实现了翻一番的目标。**文旅方面**，把红色教育与现代服务业发展有机融合，开发文创产品，发展冰雪运动。2019 年来延游客 7300 万人次，实现旅游综合收入 495 亿元，较 2014 年分别增长 132%、188%。**基础建设方面**，抓机遇、补短板，南泥湾机场建成通航，每个县都通了高速公路，黄河引水工程贯通。延安大学新校区建成招生，更有特色、更有水平大学实现新发展。在全市上下的共同努力下，2015 年经济增速扭负为正、增长 1.7%，2017 年达 7.7%，2018 年达 9.1%，摆脱了连续 9 年在全省垫底的被动局面。2019 年人均 GDP 达到 10565 美元。三次产业占比由 2014 年的 8.2∶69.9∶21.9 调整为 2020 年的 11.9∶55.3∶32.8，经济发展质量和效益明显提升。2017 年以来，连续 4 年荣获全省目标责任考核优秀等次。

人民至上：共创幸福美好生活

人民群众对美好生活的向往，就是我们的奋斗目标。参加工作特别是走上领导岗位以来，我始终把人民拥护不拥护、赞成不赞成、高兴不高兴、答应不答应作为衡量一切工作得失的根本标准，倾尽全力保障和改善民生。到延安工作后，我反复体悟习近平总书记在陕甘宁革命老区脱贫致富座谈会上的重要讲话："老区和老区人民，为我们党领导的中国革命作出了重大牺牲和贡献""我们要永远珍惜、永远铭记""增强使命感和责任感，把老区发展和老区人民生活改善时刻放在心上、抓在手上"，深切感受到总书记对家乡的殷殷深情和拳拳之恩，将心比心、推己及人，把以人民为中心的发展思想贯彻到一切工作始终。我体会，人生有两件幸事：一是本人能在青少年时期接受一个良好的教育，为一生立身处世奠定坚实的基础；二是有个争气的子女，可以万事不求人，这两件事都取决于教育。因此，无论到哪里工作，我都把教育放在优先发展位置。在延安工作的那几年，我始终**像关心自己孩子上学那样关心教育事业**，新建改扩建公办学校 480 所、增加学位 8.8 万个，发放 3 万个足球。积极引进国内优质教育资源开展合作办学，清华附中、人大附中、南京师大附中、空军蓝天幼儿园等一批名校成为延安人家门口的选择，许多在西安上学的孩子又转回延安就读。**像关心自己父母看病那样关心医疗卫生事业**，组建三大医疗集团托管县区医院、重点镇卫生院，推动优质医疗资源下沉，县域内就诊率达到91%，构建整合型医疗服务体系经验在全国推广。与北医三院、六院、中国医科大学等合作办医，北京的专家长期坐诊，周边地区群众纷纷来延安就医。**像关心兄弟姐妹生活一样重视就业住房等工作**，有针对性地开展职业技能培训，让困难群众都有一技之长。统筹推进革命旧址保护与群众生活改善，改造提升12处旧址周边环境，14万居民从山体上搬下来，住进了设施完备、宽敞明亮的楼房。**像绣花一样狠抓城市建设管理**，从停车场、菜市场、公厕等细节入手，推动城市管理重心下移、服务窗口前移。开展生态修复、城市修补和老旧小区改造、大物业改革，131个老旧小区焕然一新，社区共享餐厅让老年人就餐更方便更实惠。从延安时期“十个没有”的宝贵经验中汲取智慧，开展新时代“十个没有”平安建设，荣获全国社会治安综合治理“长安杯”。**像保护眼睛一样保护生态环境**，牢记总书记“延安生态环境整体脆弱”的谆谆告诫，系统施治打好蓝天碧水净土保卫战，推动煤改气、煤改电，城区空气优良天数由2014年的252天提升到2020年的339天，“圣地蓝”成为一张靓丽名片；“四水同治”一体推进，2020年6个国控断面全部达标，水质改善排名全国第20位，山川大地实现由黄到绿的历史性变化。2019年，《周恩来回延安》剧组在延安拍摄取景时，想找一片荒山秃岭都找不到。全国退耕还林还草工作会议在延安召开时，国家林业局局长说，延安退耕还林是全国退耕还林和生态建设的一面旗帜，为全球生态治理提供了“延安样本”。延安也成为了名副其实的全国文明城市、国家卫生城市、国家园林城市、国家森林城市。

立根铸魂：大力弘扬延安精神

党中央和毛主席曾在延安战斗生活13个春秋，领导中国革命事业从低潮走向高潮、实现历史性转折，培育形成了伟大的延安精神。习近平总书记在延安插队工作7年，留下了宝贵的精神财富。总书记2015年、2020年来陕考察时都对传承弘扬延安精神提出明确要求，强调全面从严治党要继续从延安精神中汲取力量，坚持不懈用延安精神教育广大党员干部，用以滋养初心、淬炼灵魂，从中汲取信仰的力量、查找党性的差距、校准前进的方向，用延安精神净化政治生态。这些重要论述，赋予了延安精神新的时代内涵。在延安工作的那几年，我经常瞻仰革命旧址，接受党性教育，到梁家河补钙加油，真是常学常新、深受教育，锻炼了党性、滋养了初心、提升了境界，增强了弘扬延安精神、扎实办好延安事情的政治自觉和行动自觉。**坚定不移沿着总书记指引的方向奋勇前进**。学习延安时期的宝贵经验，建立全市领导干部学习习近平新时代中国特色社会主义思想读书班制度，从2016年起，每年春节一收假利用一周时间集中封闭学习，读原著、学原文、悟原理。谋划建成延安学习书院，开通“学习强国”延安学习平台，坚持编印《学习贯彻习近平新时代中国特色社会主义思想延安实践案例》，开展“学用新思想、奋进新时代”主题竞赛，以实际行动和实绩实效践行“两个维护”。实践已经反复证明，任何时候、干任何工作，只要按照习近平总书记指引的方向去干，工作就主动、成效就明显、群众就满意；反之，就会处处被动，群众就不满意。**坚持以系统观念和辩证思维做好各项工作**。始终把延安的各项工作放在全国、全省大局中来思考和谋划，工作中注意抓住主要矛盾和矛盾的主要方面，以重点突破带动整体推进，在整体推进中实现重点突破，防止一种倾向掩盖另一种倾向。在脱贫攻坚和社会建设中，把推动扶贫和扶志扶智相结合，既“富口袋”，也“富脑袋”，评选“脱贫之星”，选树“延安模范”，形成了自立自强、向上向善的社会氛围。在 2020 年的疫情防控中，坚持辩证法，防止偏激症，拿捏好分寸感，把握好时度效，及时纠正一些擅自设卡拦截、阻断交通等行为，调整优化区域检查点，有效保障了救援物资供应和群众正常生活秩序。在常态化疫情防控条件下，全面推进复工复产、复商复市，最大限度降低了疫情对经济运行带来的冲击和影响。**坚持把改革创新作为延安追赶超越的关键一招**。实践告诉我们，坚持改革创新就是最大的实事求是，改革创新就是要解放思想、勇于探索、大胆创新，敢于啃硬骨头、涉险滩。我们既不折不扣承接落实中央和省委的改革举措，又结合延安实际积极探索创新，全面完成 46 户“僵尸企业”改制，安置困难职工 6089 人，解决了 3050 户职工住房问题；将 51 户市属国企重组为 16 家集团公司，推进混合所有制改革，实现了国有资本止亏保值，让老国企焕发出新活力。持续深化“放管服”改革，率先在全省实现相对集中行政许可权改革全覆盖，工程建设项目审批“六个一”模式在全省推广。纵深推进新区、高新区、南泥湾开发区体制机制改革，培育新的经济增长极。扎实开展农村承包地“三权分置”和“三变”改革，打破了生产要素城乡双向流动的壁垒，激发了农业农村发展新活力。**努力营造干事创业、风清气正的政治生态**。从延安时期的优良传统和作风中汲取力量，坚持严管就是厚爱，落实“三个区分开来”要求，探索建立“能者上、优者奖、庸者下、劣者汰”机制，开展重点工作“月通报、季讲评、专项观摩、督查约谈”，层层传导压力，形成了自我超越、相互赶超的浓厚氛围。驰而不息抓作风建设，拍摄“四风”问题《内参片》，开办《百姓问政》，深入开展以案促改，一体推进不敢腐、不能腐、不想腐，砥砺新时代“延安作风”，风清气正的政治生态不断巩固拓展。

“树梢树枝树根根，亲山亲水有亲人。”2021 年 1 月，我调回省里工作。回首在延安的 2000 多个日日夜夜，指引方向、淬炼灵魂的延安精神始终砥砺着我的初心，重情重义、勤劳质朴的延安人民给了我极大的信任与宽容，这里的一山一水、一草一木，深深烙印在我的心里。

“对照过去我认不出了你，母亲延安换新衣。”今天的延安，城市干净整洁、安全有序、充满活力，红色印记更加突出，历史风貌更加明显，现代化的新区生机勃发，老年人都乐意在这里养老，年轻人都喜欢在这里创业，投资者都竞相在这里发展。许多过去没来过的人惊叹“这完全不是他们想象中黄土高坡的景象”，许多过去曾来过的人感慨“延安今昔的变化犹如翻天覆地”。近两年，在新一届市委、市政府的领导下，延安继续发生着新的喜人变化。延安取得的这些历史性变化，最根本的就在于有习近平同志作为党中央的核心、全党的核心掌舵领航，在于有习近平新时代中国特色社会主义思想科学指引，在于有226万多延安人民团结奋斗。在新的赶考路上，我们要进一步深刻领悟“两个确立”的决定性意义，高举旗帜、紧跟核心，在省委的坚强领导下，扎扎实实办好自己的事情，以实际行动增强“四个意识”、坚定“四个自信”、做到“两个维护”，在谱写全面建设社会主义现代化国家新篇章中展现更大作为。

（作者系陕西省政协主席、党组书记）

十年奋斗铸非凡　圣地延安展新颜

○薛占海

“几回回梦里回延安，双手搂定宝塔山。”“对照过去我认不出了你，母亲延安换新衣。”

我在延安学习工作生活了 38 年，一生中最宝贵的青春年华都奉献给了这片红色热土。30 多年的风雨历程，延安的一山一水、一草一木已深深地烙进了我的脑海里。2006 年 11 月以来，在组织的信任和培养下，我先后担任延安市副市长、常务副市长、市委副书记、市长，一路走来，有幸成为延安改革发展的建设者、推动者。特别是党的十八大以来，习近平总书记情牵圣地、回到延安，开出了发挥“两个明显优势”、破解“一个明显制约”的“金玉良方”，为延安干部群众牢记嘱托、感恩奋进指明了前进方向、提供了根本遵循、注入了强大动力。

十年间，我见证了延安日新月异的历史变迁，亲历了延安综合实力的跨越提升、城乡面貌的巨大变化、基础设施的日臻完善和生态环境的根本改变，目睹了老区人民从缺衣少吃到实现全市整体脱贫、全面建成小康社会的时代变迁，令我感慨万千、心潮澎湃。老区延安步入了高质量发展的快车道，成为陕西十年大发展的生动缩影。

山变绿了、水变清了、天变蓝了——延安已成为黄土高原上的一颗绿色明珠

历史上，延安曾是“水草丰茂、牛羊塞道”的富庶之地，后来因为过度放牧、屯垦和战争等原因，延安生态系统遭受了毁灭性的创伤。

20 世纪末，延安水土流失面积高达 2.88 万平方公里，每年流入黄河泥沙 2.6 亿吨，约占入黄泥沙总量的 1/6，成为黄土高原生态最为脆弱的地区之一。“下一场大雨脱一层皮，发一回山水满沟泥”“山上光秃秃，沟里洪水流，年年遭灾害，十年九不收”，这些是我曾工作过的吴起县旧模样，也是当时延安整体生态环境的真实写照。恶劣的生态环境导致群众的生产生活陷入了“越穷越垦，越垦越穷”的怪圈，联合国粮农组织专家来延安考察后断言：这里不具备人类生存居住的基本条件。

就是在这样恶劣的生态环境下，延安的干部群众开始了一场史无前例的生态革命，破解“生态环境整体脆弱”这个难题，谱写了一

曲战天斗地、敢教日月换新天的恢宏乐章。

1999 年，党中央发出了“再造一个山川秀美的西北地区”的号召，延安市率先在全国实施退耕还林工程，红色土地上掀起了一场轰轰烈烈的“绿色革命”。昔日的“兄妹开荒”演变为今天的“夫妻造林”，吴起县由此成为“全国退耕还林第一县”，大地“披绿生金”，农民吃上了“生态饭”。截至 2021 年，全市累计退耕还林 1077. 5 万亩，森林覆盖率Ⅱ由 33. 5%提高到 53. 07%，植被覆盖度由 46%提高到 81. 3%，延安的山川大地实现了由黄到绿的历史性转变，成为全国退耕还林的一面旗帜，陕西的绿色版图因此向北推移了 400 多公里。

在实施退耕还林的同时，我们坚持将造林绿化与治山治水治污一体推进，严格落实林长制、河长制，先后实施延河、北洛河、清涧河等重点生态修复工程，对梁峁沟坡坝、山水田林路进行综合整治，巩固退耕还林成果。大气污染防治综合施策，采取煤改气、煤改电、城区集中供热等措施，全方位推进清洁能源使用，严厉打击各类环境违法行为。20 多年来，年入黄河泥沙由 2. 6 亿吨降为 0. 3 亿吨，全市 6 个国考断面全部消除劣Ⅴ类，水质改善由 2016 年的全国 337 个地级市倒数第二名提升到 2021 年的前 20 名，城区空气质量优良天数由 2014 年的 252 天提升到 2020 年的 339 天，“圣地蓝”成为延安靓丽的名片。

山变绿了，水变清了，天变蓝了，鸟儿飞回了，华北豹等多年不见的野生动物又重现山林之间。今天的延安，是全国生态文明先行示范区、国家森林城市、国家园林城市、中国美丽山水城市，随处可见蓝格莹莹的天、清格凌凌的水、山山峁峁树成荫的喜人景象。

穷帽摘了、产业兴了、百姓富了——延安在全国革命老区中率先实现整体脱贫

“川道建温棚，荒山变成苹果园。村村柏油路，给老年人修了幸福院。……两不愁三保障，家家户户奔小康。”村民自编的顺口溜生动地描绘了近年来乡村的巨变。

受自然条件和历史原因影响，延安贫困状况面大根深。2014 年底，全市仍有延长、延川、宜川 3 个国定贫困县，693 个贫困村，建档立卡贫困户 7.62 万户 20.52 万人，贫困发生率高达 13.2%，贫困是制约延安革命老区建设小康社会的最大短板。

2015 年 2 月 13 日，习近平总书记在延安召开的陕甘宁革命老区脱贫致富座谈会上指出：“全面建成小康社会，没有老区的小康，特别是没有老区贫困人口脱贫致富，那是不完整的。”“小康不小康，关键看老乡。”在总书记的感召下，全市上下发扬自力更生、艰苦奋斗的延安精神，抓早动快，埋头苦干，全力打赢脱贫攻坚战。

“革命圣地不如期脱贫，我们无法向总书记交代，无法向延安人民交代！”市委、市政府带着这样的政治使命立下军令状，确保精准脱贫村村过硬、户户过硬、全面过硬。为此，制定了全市脱贫攻坚实施意见和行动方案，聚焦“两不愁三保障”和饮水安全目标，投入各级财政资金 78.3 亿元，精准实施“八个一批”脱贫工程，特别是在全市范围选派 1499 个扶贫工作队、1807 名优秀第一书记、2.69 万名

联户干部下沉到村上蹲点帮扶，通过“四级书记”抓、“四支队伍”帮、群众加油干，逐一攻破产业发展、住房保障、教育医疗、安全饮水等方面的难题，为脱贫攻坚奠定了坚实基础。

为增加群众收入，我们在产业扶贫上狠下功夫，大力推进以苹果为主的特色农业产业后整理，苹果产量突破400万吨，苹果综合产值近5年从149.5亿元增加到387.8亿元，增长159.4%，果业收入占到农民经营性收入的61%，红苹果已经成为农民致富的“金蛋蛋”。同时，因地制宜发展棚栽、养畜、红枣、核桃、花椒等区域特色产业。设立护林员、护路员、保洁员、光伏公益岗等公益性岗位，千方百计增加农民工资性收入。

经过不懈努力，全市城镇居民人均可支配收入、农村居民人均纯收入分别从2011年的21188元和6565元增长到2021年的39306元和14258元，2018年底在全国革命老区中率先实现整体脱贫，被党中央、国务院表彰为全国脱贫攻坚先进市，成为全国脱贫攻坚示范交流基地。延安人民真的富起来了，日子红红火火，梁家河村村民石春阳说：“盼望总书记再回来，看看我们现在的好光景。”

结构调整了、基础打牢了、综合实力提高了——延安发展逐步走出“低谷”

彼时，受宏观经济形势和单一产业结构影响，延安陷入“油主沉浮”困局，经济发展步入低谷。摒弃能源依赖的产业发展路径，对延安来说不是“选做题”，而是“必答题”。

我们不等不靠，时刻谨记 2015 年习近平总书记回延安时开出的“金玉良方”，始终把转方式、调结构作为主攻方向，坚持不懈推动产业转型升级取得突破性进展。

我们下功夫做好“有中生新”“无中生有”这两篇文章，牢固树立大抓产业、大抓项目、大抓招商鲜明导向，充分发挥特色资源优势，加快构建延安特色现代产业体系，新旧动能转换速度不断加快。编制了《延安综合能源基地发展规划》并获国家能源局批准实施，稳步推进“转型升级十大产业项目”，富县煤油气资源综合利用、洛川轻烃裂解、延长油田伴生气、大唐热电联产、彩虹光伏玻璃等 316 个重大产业项目建成投产，能源资源本地转化率达到 46%以上，非油工业增加值较 2016 年增长 61.6%。出台鼓励新经济发展 20 条措施，配套布局双创街区、大数据中心等一批新经济承载平台，从北京中关村成功引进“独角兽企业”英雄互娱，新增新经济企业 1076 家。苹果后整理装备水平全国领先，“延安苹果”“洛川苹果”区域品牌价值名列全国前茅，建成了全国最大优质苹果基地。黄帝陵、延安革命纪念地、壶口瀑布成功创建 5A 级景区，黄河乾坤湾、甘泉大峡谷、陕旅“圣地河谷”、万达“红街”等一批旅游重大项目建成投用，延安二道街成为网红打卡地。5 年来接待游客 2.4 亿人次，旅游综合收入达到 1603 亿元，荣获“中国优秀旅游城市”称号。

如今，延安产业转型升级走上了快车道，以延南、延北两大能源化工园区和延安高新技术产业开发区为核心的“三区九园”工业框架布局已经形成，建设了144个现代农业示范园区、8个农产品加工园区、6个文化旅游产业园区、17个现代商贸物流园区，入园企业近500户，华为、大唐等16家世界和国内500强企业落户延安，持续优化的产业结构为助力革命老区经济高质量发展发挥了巨大作用。

党的十八大以来，全市地区生产总值跨越式增长，2021年迈上了2000亿元的大台阶，经济增速由2016年的1.3%跃升到2021年的8.1%，人均GDP和人均财力均位居全省前列，重回全省第一方阵，一举摆脱连续九年全省垫底的被动局面，延安发展逐步走出"低谷"，经济综合实力明显增强，连续四年进入全省目标责任考核优秀行列。

城市更美了、办事更便捷了、基础设施更完善了——延安正逐步成为"一带一路"西部重要节点城市

延安是中国革命圣地、中国共产党人的精神家园，是全国革命老区城市中革命旧址保存规模最大、数量最多、质量最高、布局最为完整的城市，这里留下了丰富的红色革命遗迹，也留下许多宝贵的精神财富。然而，延安老城地处黄土高原丘陵沟壑区，"三山夹两河"的"Y"字形城市，仅36平方公里就容纳了50万左右人口，城市用地紧缺、建筑密度大、城景争地、交通拥堵以及基础承载能力不强的实际情况很大程度上制约了城市功能的发展，也使得我们必须以开辟新路径来破解难题。

新区建设开启了延安城市发展新纪元。十年前，这里还是一片沟壑相连的荒芜之地；十年后，这里的人们在城市里享受现代生活，感受到新型城镇化带来的蝶变。为了有效保护革命旧址，让山体沟道20万居民安居乐业，我们大力实施“中枢外扩、上山建城”战略，紧紧围绕“推动圣地延安转型发展、促进山水人城融合互动”的目标，科学论证规划，打破常规推进，严格质量安全管控，全力建设新区。经过十年发展，新区建设扩大了中心城区面积，疏解了老城密度，新区为民服务中心、全民运动中心、延安大剧院以及公园广场、商场酒店等一批重点项目建成投用，城市主干路网全面贯通，教育医疗、购物娱乐、体育康养等配套设施日趋完善，“一环+一网+五廊”的生态景观架构基本形成，商住小区人气渐旺，现代气息更加浓郁，初具宜居宜业宜游的现代生态城市形象。

老城改造让圣地风貌更显大气。我们坚持“革命圣地、历史名城”的城市定位，高起点、高层次编制了延安“城市双修”总体规划，大力推动革命旧址保护、山体生态修复、河道水体整治、街区改造提升、基础设施和公共服务设施配套完善等十大工程，老城改造动迁山体居民5.37万户20.4万人，改造老旧小区693个，实施棚户区改造6.64万套，革命旧址和景区周边环境极大改善，老城区旧貌换新颜。经过多年努力创新，棚户区改造工作受到国务院表彰，“城市双修”经验全国推广。2019年8月，在延安市召开的国家住建部生态修复城市修补现场会上，与会领导和专家对山清水秀、空间疏朗、环境优美的延安城市给予高度评价。2021年底，全市城镇化率达到了64.5%，比2011年提高15个百分点，城市功能和辐射带动能力大幅提升。

优化营商环境推动了政务服务更接地气。我们在全省率先组建行政审批服务局，以“一枚印章管审批”系统性重塑行政审批管理运行流程，全力拓展“全程网上办”和“最多跑一次”事项，全市政务服务事项网办率达到94.17%，所有行政许可事项审批时限较法定时限平均压缩66.6%，群众满意度线上线下测评持续保持在98%以上。工程建设项目“一张蓝图、一个系统、一个窗口、一张表单、一个部门、一套标准”的审批“六个一”管理体系创新做法全国推广，相对集中行政许可权改革经验全省推广，打造出“不见面的网上审批、不跑腿的政务服务、不打烊的数字政府”延安模式，也为延安市经济高质量发展积蓄了充足动能。2018年新加坡三达膜科技公司落户延安，2019年在科创板成功上市。

基础设施建设让“一带一路”重要节点城市更加通畅。十年间，“三纵两横一绕城”高速路网基本形成，高速公路里程达到1095公里，实现县县通高速。浩吉铁路建成通车，西延高铁开工建设，铁路运营里程达1000公里。延安南泥湾新机场通航城市34个，省会城市覆盖率达到75%。建成投用南沟门水库、黄河引水两大水源工程和陕北至关中第二通道750千伏输变电工程，城乡光网实现全覆盖，城镇5G基站覆盖率达到90%以上，发展支撑保障能力明显增强。

随着城镇化发展和基础设施建设后发优势充分彰显，延安的城市面貌焕然一新，成功创建全国文明城市、国家卫生城市、国家节水型城市，在全省、全国和“一带一路”大格局中展现出延安城市新气象，迸发出新活力。

获得感高了、幸福感足了、安全感多了——延安改革发展成果不断惠及广大群众

长久以来，经历了各种磨难，延安的老百姓苦怕了。所以对延安的领导干部来说，让延安老百姓过上幸福的日子，既是沉甸甸的担子，也是最大的心愿，更是干事创业的动力。

我们始终坚持以人民为中心的发展思想，把解决好群众关心的急难愁盼问题作为主攻方向，坚持将新增财力和财政支出的80%用于改善民生，坚持每年办好“民生十件实事”，有效解决了一批群众关心的烦心事、揪心事。

我们坚持教育优先发展，优质教育资源基本实现全覆盖。全面落实义务教育就近入学政策，新改扩建中小学幼儿园485所，新增学位9.1万个，大班额问题得到有效解决，整市通过国家义务教育基本均衡县评估认定和“双高双普”验收。建成投用了延安大学新校区，与北师大附中、人大附中、清华附中、江苏中学、北京实验二小、空军蓝天幼儿园等合作办学，延安的孩子们在家门口就能享受到优质教育资源。

我们努力优化医疗资源供给，公共卫生服务水平得到了有效提升。组建三大医疗集团，完成对县级医院、专科医院、社区卫生服务

中心的紧密型托管。子长县公立医院综合改革模式在全国推广，率先在陕西实现城乡居民养老保险、医疗保险一体化，实现了国内异地就医住院费医保直接结算、参保职工个人账户省内双向结算。市人民医院成功创建三甲，建成市中医医院、市精神病医院，先后与中国医科大学和北京大学第三、第六医院等国内知名医院建立合作关系，撬动了优质医疗资源向最基层群众倾斜。老百姓高兴地说："今后在家门口就可以让大城市医院的专家看病了。"

我们统筹发展和安全，始终致力于建设更高水平平安延安。牢固树立"延安无小事"的底线思维，传承红色基因，提升新时代社会治理水平。多年来，安全生产四项指数连续大幅下降，信访形势整体稳定，意识形态领域防线坚固，扫黑除恶专项斗争取得实效，经受住了新冠肺炎疫情反复冲击的考验。新时代"十个没有"平安建设入选全国创新社会治理典型案例，被评为2017—2020年度平安中国建设示范市，"一联三化""两说一联"便民联动机制全国推广，两次荣获全国社会治安综合治理最高荣誉"长安杯"，社会治安满意率达93.88%。实现全国双拥模范城"九连冠"。

十年栉风沐雨，十年沧桑巨变。看到宏伟蓝图不断变为现实，延安人民深刻感悟到，延安取得的一切成就、发生的一切变化，根本上就在于有英明领袖习近平总书记的掌舵领航，有习近平新时代中国特色社会主义思想科学指引；深深感念习近平总书记对延安人民的关怀厚爱和党中央的关心支持。新时代新征程，延安人民将更加坚定捍卫"两个确立"、更加坚决做到"两个维护"，持之以恒传承弘扬延安精神，在这片红色土地上埋头苦干、接续奋斗，为谱写陕西高质量发展新篇章增光添彩。

（作者系陕西省政协秘书长、党组成员）

拍“蝇”

——从双村扫黑除恶打伞行动看陕西反腐败斗争

○高　山

十年磨一剑。党的十八大以来，党中央着眼实现中华民族伟大复兴的中国梦，把全面从严治党纳入“四个全面”战略部署，以猛药去疴的决心、壮士断腕的勇气重拳反腐、惩贪除恶，书写了人类反腐败斗争历史新篇章。陕西坚决贯彻落实党中央和中央纪委决策部署，立足高质量发展，以雷霆之势激浊扬清、以正风反腐取信于民，坚决打赢反腐败这场正义之战。在这场波澜壮阔的自我革命中，笔者亲历了这十年前所未有的反腐败斗争，见证了这十年三秦大地的沧桑巨变，以“亲历、亲见、亲闻”扫黑除恶“打伞破网”的一段真实故事，以小见大，反映这场伟大斗争和时代变革，记录它在人民心里留下的深刻记忆。

2018 年 3 月 12 日，一封“黑恶狂徒当村长，横行霸道无人管，安康双村的黑势力究竟是谁罩着？”的实名举报信在《华商论坛》发布，列举了安康市石梯镇双村村委会主任赵某以公谋私、欺压百姓的斑斑劣迹。一时间，举报信被网民大量点击、转载、评论，引发社会关注，同时也引起了陕西省纪委的注意。3 月 13 日，省纪委内部《每日舆情》上刊发了这则消息，省纪委副书记批示“七室会同安康市纪委了解情况”。

3 月 23 日，省纪委将相关线索移交安康市纪委。3 月 27 日，安康市纪委抽调精干力量，成立专案组，全面开展核查暗访工作。

阳春三月，石梯镇双村村的河堤上，两名年轻游客心不在焉地在欣赏风景，不时扭头瞄一眼身后，他们正是纪委调查组人员，开展外围核查工作。几日来，他们知道身后总有陌生人悄悄跟踪。

“老乡好，方便和您聊下赵某的情况吗？”

“嗯……不太了解，你问问别人吧。”面对调查组人员的询问，群众总是躲躲闪闪，欲言又止。

这个赵某到底是什么人？为什么村民都如此害怕？

暗战——狂徒末路

赵某，绰号“飞龙”，2004 年与他人合伙抢夺、盗窃摩托车，案发后在逃。在逃期间，其母冯某通过贿赂公安干警，以“冯某”的名字办理虚假户口，逃避公安机关排查和打击。2012 年、2015 年，赵某隐匿在逃人员身份，通过贿赂、暴力威胁等手段两次当选双村村委会主任。任职期间，赵某纠集刑满释放人员，长期把持基层政权，把双村村当自己的“私人领地”，别人要在他的“地盘”赚钱，必须交“保护费”。

2012 年 3 月 16 日，石梯镇双村村。

“叮铃铃”，一阵急促的电话铃声响起，来电显示“赵某”，正在田间干活的双村村党支部书记唐某兵，顿感心头发麻，瞬间紧张起来。

“你递交入党申请书才刚刚几天时间，入党有严格的组织程序……”唐某兵唯唯诺诺地解释。

“限你三天时间，必须给我解决党员身份，不然，你知道后果。”刚当上村委会主任没多久的赵某，电话里恶狠狠地威胁。

感到后怕的唐某兵撂下锄头，慌慌张张地跑到石梯镇党委书记办公室报告情况。

闻讯赶来的赵某抽出砍刀，一边当着镇党委书记的面对唐某兵拳打脚踢，一边气势汹汹地恐吓：“你村支书算个啥？我照砍不误！”

“我不敢干了，在镇政府都敢拿刀砍我，要是走在路上，我的命都没保障。”看到镇党委书记都不给自己做主，唐某兵心灰意冷地叹息。

没过多久，唐某兵就辞掉了村支书一职。

唐某兵辞职后，赵某愈加有恃无恐、气焰嚣张，村上的事他一人说了算，在赵某看来，双村村就是自己的“地盘”。

2015年3月25日，双村村委换届选举大会上，因不满村“两委”会候选人“五选八不选”条件，赵某大闹会场。几天后，赵某指使刑满释放人员，手持凶器蒙面殴打村党支部副书记唐某盈。此后，双村村民稍与赵某有矛盾，就会遭到蒙面人员“暗杠”，黑恶势力的气息弥漫在双村村的上空。

十年时间，赵某敲诈勒索、寻衅滋事、强揽工程、殴打村民、破坏基层组织，民怨四起。

“我在大街上亲眼看到，他咳嗽一声，就把旁边的老汉吓得发抖。”“这个恶人让群众没有活路了。”村民们私底下议论纷纷。

对弈——利剑出鞘

双村村民赵某前与赵某的矛盾因土地确权问题而起，“2017年8月，我因为土地确权问题把赵某举报到了省上，后来他叫我去镇政府，我以为是要解决问题，没想到他在镇政府就骂我、打我。”赵某前说道。

当时，就在镇人大主席团主席张某涛的办公室，赵某因为赵某前对自己的举报，对赵某前破口大骂，并意图殴打赵某前。张某涛在阻拦过程中，衣服都被赵某扯破了。看到有人阻拦，赵某顺手拿起桌子上的一个水杯，朝赵某前的头上砸去，虽然没有砸中，但墙上的水痕至今仍在。

赵某前的内心充满恐惧。直到2018年1月，中共中央、国务院发出《关于开展扫黑除恶专项斗争的通知》，一场为期三年的新时代扫黑除恶专项斗争在全国范围内打响。

看到这条消息，赵某前又喜又忧，喜的是看到新的曙光，忧的是怕再次举报会遭到打击报复。他为到底要不要举报一直在做思想斗争，老伴也劝他："算了吧，不要和那个'阎王'拼命，咱惹不起，总躲得起。"虽然感到后怕，然而生性倔强的赵某前还是勇敢地向前迈出了一步。于是就有了《华商论坛》2018 年 3 月 12 日那封实名举报信。

2018 年 4 月 3 日，专案组经过暗访调查，发现赵某属批捕在逃人员。4 月 11 日，赵某被汉滨公安分局刑警大队民警抓获。

赵某从"小混混"成长为"村霸"，靠的是心狠手辣，极善伪装和察言观色，反侦查能力强，是块难啃的"硬骨头"。

"我记得很清楚，油菜花开的季节，你们来了，那时我就蹲在江边等情报，你们走到哪，到谁家去，都有人给我报信。"

面对这样的"村霸"，省纪委调查组成员分析说："要讲究斗争策略，以证据攻心为上，灭其嚣张气焰。"

在惩治震慑和政策感召下，赵某心理彻底崩溃，主动交代出犯下的一桩桩罪恶，并牵出了其身后庞大的"保护伞"。

破局——扫黑风暴

《关于开展扫黑除恶专项斗争的通知》发出后，鉴于赵某案具有一定典型性、代表性，省纪委决定将该案提级办理，省纪委主要领导批示“紧盯不放，坚决查清此案”。

9 月 6 日，省纪委七室核查组进驻安康市开展核查。同时，成立省市联合调查组，全面起底赵某案相关问题线索。

10 月 21 日，省市联合调查组动员部署会在安康市召开，会议明确要求，从着眼维护群众切身利益、着眼加强党的基层组织建设、着眼巩固党的执政根基、着眼净化安康政治生态的高度，彻查赵某案背后的涉黑涉恶腐败和“保护伞”问题。

打蛇打七寸，只有打掉“保护伞”，才能从根上铲除黑恶势力滋生的土壤。随着对案件的深入调查，赵某案背后的“保护伞”慢慢浮出水面，公安、民政、计生、国土等多个部门共 37 人织成一张庞大的保护网，让赵某有恃无恐、横行乡里十余年。

2019 年 4 月 12 日，陕西省旬阳县人民法院一审公开开庭审理安康市汉滨区石梯乡派出所原所长袁某康涉嫌徇私枉法一案。2007 年初，时任安康市汉滨区石梯乡派出所所长的袁某康，因收取批捕在逃人员赵某母亲的礼金和接受他人请托说情后，对之前多次组织抓捕但未果的赵某放弃抓捕。2008 年后，袁某康在辖区内多次遇到赵某却不将其抓获归案，故意使其不受追诉。2010 年后袁某康工作调整，负责所在公安分局追逃清理工作，其在日常工作和历年专项清理工作中，一直未将赵某清理上网重新追逃，导致赵某长期未被追究法律责任。

2019 年 11 月 5 日，安康市纪委、监委向社会通报四起涉黑涉恶腐败、黑恶势力“保护伞”及黄赌毒背后腐败行为典型问题。其中一则通报是关于安康市公安局汉滨分局原党委委员、原副局长杨某不履行职责，未追逃重要犯罪嫌疑人问题。2005 年至 2010 年，市公安局、汉滨公安分局至少四次安排部署抓捕和网上追逃工作，并对应上网而未上网的在逃犯罪嫌疑人进行专门清理，时任汉滨公安分局刑警大队的大队长杨某不履行职责，对赵某等多名在逃犯罪嫌疑人未抓捕、未上网追逃，对未上网的在逃犯罪嫌疑人底子不清，致使多名犯罪嫌疑人一度未能受到法律追究。

涤荡——油菜花开

正义虽然会迟到，但永远不会缺席。2019 年 5 月 31 日，伴随着法槌的庄严落下，安康市汉滨区人民法院一审宣判：赵某以抢夺罪、敲诈勒索罪、串通投标罪、寻衅滋事罪，被判处有期徒刑八年零六个月，并处罚金 15.3 万元。

2019 年 5 月，安康市公安局汉滨分局原党委委员、原副局长杨某因充当恶势力“保护伞”，受贿等其他违纪违法问题，受到开除党籍、政务撤职处分，收缴其违纪违法所得。

2019 年 6 月 28 日，旬阳县人民法院对旬阳县人民检察院提起公诉的袁某康徇私枉法一案再次开庭审理，认定袁某康涉嫌徇私枉法罪名成立，为赵某恶势力犯罪团伙“保护伞”，当庭宣判被告人袁某康处有期徒刑一年。

以赵某案为鉴，安康市委全面起底整治村级班子建设，对全市13777名村“两委”及监委会班子成员进行全面排查核实。2019年，安康市累计打掉涉黑社会性质组织3个、恶势力犯罪集团17个、恶势力团伙32个，敦促158名涉黑涉恶人员投案自首，刑事拘留1077人，查扣涉案财产10012.5万元，适用财产刑808.91万元。同时，坚持把扫黑除恶与反腐败斗争、基层“拍蝇”结合起来，扎实开展专项巡察和案件线索大起底专项行动。2019年底，全市共查处涉黑涉恶腐败和“保护伞”问题832件，党纪政务处分902人，组织处理17人，移送司法机关24人。专项斗争中，陕南3市共打掉黑恶势力犯罪团伙153个，抓获涉案人员2337人。

“黑恶不除，则民不安、国不宁。无论‘伞’有多大，下面藏着什么，我们都要连根拔起。”省纪委办案人员说道。扫黑除恶是一场人民战争，也是一项民生工程。陕西省纪委坚持把扫黑除恶与基层“拍蝇”同步推进，深挖案中案，彻查“保护伞”，打通全面从严治党“最后一公里”，让老百姓感受到正风肃纪反腐就在身边。

从2018年年中开始，陕西省一方面通过宣传将群众对扫黑除恶的知晓率由2018年的86%提升到2019年年中时的96%，主动发动群众、搜集梳理线索；另一方面，开始组建由厅级领导干部担任组长的督导组进驻各市区，进行督导。很快，黑恶势力及其“保护伞”纷纷现形，涉黑涉恶犯罪分子陷入了人民战争的汪洋大海。截至2020年10月底，陕西省共侦办涉黑案件88个，恶势力犯罪集团案件304个，恶势力团伙案件483个，破获刑事案件15053起，刑拘或逮捕

18741人；起诉涉黑案件742件5816人，一审判决583件5280人，二审判决270件2737人。立案查处涉黑涉恶腐败和“保护伞”案件3551件，处理5390人。

几年来，陕西省纪委监委第七监督检查室的同志们几乎踏遍了三秦大地，按照中央扫黑除恶专项斗争决策部署，一次次摸排情况，一遍遍走访调查，彻查黑恶势力，深挖其背后“保护伞”。2021年，由于工作成果突出，该室被评为全国扫黑除恶专项斗争先进集体。

建设幸福美丽的小康社会，需要一个稳定安全的社会环境。经过三年苦战，笼罩在安康的黑恶势力阴霾终于散去。“让群众恐惧的赵某离开了，村上的事大家说了算，施工机械进场再也没人收‘协调费’了。”现在来双村村，已经是不一样的光景了。

阳春三月，明媚的阳光照射着这片土地，油菜花开始盛放，五彩斑斓，如诗如画，远处青山、树林构成了一幅美丽的画卷。行走在田间，微风吹过，花香扑鼻，随处可见拍照、看花的人们。

全面从严治党永远在路上，面对如此美景，省纪委调查组成员重整行装再出发，承载着新的使命，奔赴新的反腐败战场。

（作者系陕西省政协常委、文化文史和学习委员会主任）

践行协商民主　助力陕西发展

——提案工作这十年

○王宝成

党的十八大以来，以习近平同志为核心的党中央带领全国人民团结奋斗、攻坚克难，沿着中国特色社会主义道路勇毅前行，取得了全面建成小康社会的历史性成就，踏上了建设社会主义现代化国家的崭新征程。这十年，每个人都能感受到国家各项事业发展取得的巨大进步，感受到非凡十年的伟大变革。

2010 年 11 月以来，我先后担任省政协提案委员会办公室主任、副秘书长、提案委员会主任。作为一名政协工作者，亲眼见证了党的十八大以来人民政协事业发展进步的伟大实践，参与了省政协提案工作的重要决策和推进实施，深切感受到这十年，省委、省政府高度重视和大力支持提案工作，省政协全力推进提案工作高质量发展，提案办理协商成为人民政协协商民主的重要平台，在谱写陕西高质量发展新篇章中发挥了不可替代的重要作用。

这十年，提案办理协商成为全过程人民民主的重要平台。提案是人民政协履行政治协商、民主监督、参政议政职能的重要形式，办理好政协提案是各级党政机关的重要职责。党的十八大以来，中央提出要发展全过程人民民主，强调要健全社会主义协商民主制度，并将提案办理协商与专题协商、界别协商、对口协商作为政协协商民主的四种主要形式，要求“更加灵活、更为经常地开展提案办理协商”。按照中央、全国政协和省委的部署，省政协深入推进提案办理协商，十年来（2013—2022），共收到提案 9816 件，经审查立案 8471 件，其中委员提案 7386 件、民主党派和工商联提案 842 件、人民团体提案 16 件、界别提案 9 件、政协专门委员会提案 218 件。在推进提案办理协商中，我们始终强调各承办单位要加强与提案者全过程协商：一是办前沟通协商，通过电话和微信等方式，充分听取提案者意图，营造良好的协商基础；二是办中当面协商，通过登门走访或召开办理协商会，面对面交流问题和建议，对办理举措形成共识；三是办后反馈协商，及时将办理工作推进情况及成效通报提案者，年终以书面形式征求提案者对办理结果的满意度。这些年，我参加和主持过几十场提案督办协商会，深切感受到党派团体和政协委员对提案工作的珍视。2021 年 12 月，省政协提案委员会到省发展和改革委员会检查提案办理工作，新闻出版界宋红梅委员（西影集团纪委书记）发言中的一席话令人印象深刻，她由衷地说：“政府部门办理提案时先后三次与我们联系沟通协商，研究采纳提案建议，让我们真切感受到了全过程人民民主，增强了政协委员履职的使命感和责任感。”

这十年，提案在促进陕西经济社会发展中发挥了重要作用。最近一个时期，我对党的十八大以来的提案目录反复浏览，感慨万千，可以说，立案的8471件提案内容丰富、包罗万象，涉及经济、政治、文化、社会、生态文明建设五大领域，具体的建议既有“国之大者”，也有“省之要者”，更有“民之盼者”。围绕“国之大者”，提案就我省实施新一轮西部大开发战略、抢抓“一带一路”建设机遇、实施黄河流域生态保护和高质量发展战略、推进脱贫攻坚、促进乡村振兴、办好第十四届全国运动会、做好疫情防控等工作提出意见建议；围绕“省之要者”，提案就制定实施全省“十三五”规划、“十四五”规划、建设秦创原创新驱动平台、全面推进依法治省、促进文化事业繁荣发展、保护秦岭生态环境等重大战略建言献策；围绕“民之盼者”，提案就就业、教育、医疗、住房、交通缓堵保畅、公用事业收费等民生关切的热点难点堵点问题提出一系列建议。立案提案分别交由中共陕西省委、省人大常委会、省政府、省政协、省法院、省检察院、省级人民团体、中央驻陕单位等八个方面的100多家单位办理，多数意见和建议被吸纳并落实到我省相关决策、发展规划或部门工作中，在助力全省经济社会高质量发展方面发挥了显著效能。省直部门许多领导同志对我说：“你们政协提案提出的问题和建议确实很有价值，我们出台的很多决策措施都受到了提案的启发和影响。”每当听到这些，我心中便感到特别温暖，为我们政协委员付出的心血和智慧得到认可和转化感到由衷的高兴。

这十年，省委、省政府高度重视和大力支持提案工作有力、有序、有效开展。党的十八大以来，省委先后印发《关于加强社会主义协商民主建设的实施意见》（2015）、《关于深入学习贯彻习近平新时代中国特色社会主义思想、进一步加强和改进人民政协工作的意见》（2018）、《关于新时代加强和改进人民政协工作的实施意见》（2021）三个重要文件，都对做好政协提案工作提出明确要求。特别是2021年印发的《关于新时代加强和改进人民政协工作的实施意见》，明确提出要"高质量开展提案办理协商"，"要把提案办理工作纳入党委和政府年度目标责任考核范畴，完善党委、政府、政协共同交办和督办提案机制，推进提案办理网上公开"。为切实推进政协提案办理工作，省委、省政府办公厅还联合印发了《关于进一步加强人民政协提案办理工作的实施意见》，对党政机关开展提案办理提出12条具体要求。邀请省级领导参与督办重点提案，是省政协深入开展提案办理协商的重要方式，2016年之前，一直是省政府、省政协领导参与。为进一步加强提案督办，2017年初，我们同省委办公厅商量，请省委书记参与重点提案督办，2021年我们又请省委副书记参与督办，两位领导欣然参与。至此，陕西形成了省委、省政府、省政协正副职领导同志全员参与政协重点提案督办的工作机制，在全国政协系统走在了前列。我和提案委的同志深深感受到，这十年，中共陕西省委、省人民政府对政协提案工作的重视程度前所未有、支持力度前所未有，为高质量开展提案办理协商提供了坚实的保障。

这十年，省政协全力推进提案工作高质量发展。党的十八大以来，省政协以习近平新时代中国特色社会主义思想为指导，坚持围绕中心、服务大局、提高质量、讲求实效的提案工作方针，聚焦提案、办理、服务三个关键环节改革创新，着力提高提案质量、办理质量、服务质量，推动提案工作高质量发展。围绕提高提案质量，我们制定《关于提高提案质量的实施意见》（2019）、《提案审查工作细则》（2018），采取加强思想政治引领、加强知情明政服务、加强业务知识培训、提供履职法律服务、推进提案办理公开等举措，引导提案者牢固树立为“国之大者”服务的意识、高质量提出提案；严格执行立案标准，不搞凡提必立，确保立案提案反映情况真实、分析问题准确、意见建议可行。本届政协履职五年，分别有 11. 7%（92 件）、17. 7%（219 件）、26. 5%（336 件）、12. 2%（148 件）、20. 6%（214 件）的提案未予立案。围绕提高办理质量，我们制定《提案办理协商办法》（2016）、《提案督办协商会工作规则》（2022），聚焦提案有效转化这个关键，分层次、多形式抓好督办，主要是：抓整体督办，对立案提案实时跟踪、督促办理；抓重点督办，每年遴选 5%的提案为重点提案，由省委、省政府、省政协领导领衔督办；抓专题督办，委托办公厅和专门委员会结合履职内容开展相关提案督办；抓部门督办，每年对部分提案办理重点单位开展检查评议。督办工作有效促进了提案办理，每年立案的提案都做到了件件有回音，办复率连续十年 100%。围绕提高服务质量，我们聚焦工作流程，先后制定、修订八项工作制度，形成了“1+7”的提案工作制度体系，即 1 个《提案工作条例》和 7 个配套文件（《关于提高提案质量的实施意见》《提案审查工作细则》《提案办理协商办法》《重点提案遴选与督办办法》《提案督办协商会工作规则》《专门委员会参与提案工作办法》《优秀提案、先进承办单位和先进个人评选表彰办法》），为提案工作有序推进、高质量开展提供了完善的制度保障。我们适应时代发展，积极推进信息化建设，对省政协提案管理系统进行升级改造，新的提案管理系统拥有在线提交、审查、立案、交办、办理、督办、答复、评价、查询、公开等诸多功能，为提案者、承办单位和提案工作提供了极大便利。

省政协提案工作取得的成绩受到全国政协重视和充分肯定。2020年9月，全国政协副主席、党组副书记张庆黎专门来陕西调研提案工作，我全程参与接待和陪同工作。在9月15日下午召开的提案工作座谈会上，张庆黎副主席指出："陕西对政协提案办理工作高度重视，省政协工作具体深入、创新意识强，委员履职热情高、主动性强，有效促进了提案办理由答复型向落实型转变，整体工作扎扎实实、富有成效。"2021年7月，在宁夏回族自治区银川市召开的全国地方政协提案工作经验交流座谈会上，张庆黎副主席在大会讲话中又对我省政协开展平时提案工作的经验给予充分肯定。

回顾历史，总结经验，在我看来，党的十八大以来，省政协提案工作能够取得新进步、展现新气象，关键是始终坚持几个重要原则：一是坚持围绕中心、服务大局的原则。提案工作只有聚焦国家和全省发展大局，在大局下谋划，在大局下行动，才能找准目标方向、把握重点难点、彰显意义价值。二是坚持人民至上、服务群众的原则。提案工作要始终把实现好、维护好、发展好最广大人民根本利益作为工作的出发点和落脚点，努力推动解决党派团体和政协委员提出的事关人民群众切身利益的热点难点问题，为群众办实事解难题。三是坚持质量第一、追求实效的原则。提案工作各个环节必须紧紧扭住质量和实效这个核心，提出提案要注重质量、审查立案要严格把关、办理提案要实事求是、督办提案要认真负责。四是坚持沟通协商、凝聚共识的原则。提案工作必须全过程坚持协商精神，形成提出、立案、办理、督办、表彰五大工作环节全流程协商格局，努力凝聚和深化提案者、承办单位共识，更好地服从服务全省发展大局。

十年来，省政协提案工作伴随国家和全省现代化建设进程走过了光辉历程，做出了重要贡献。下一步，我们将认真学习贯彻党的二十大精神，继承优良传统，勇于探索创新，奋力开创全省人民政协提案工作新局面，在谱写陕西高质量发展新篇章的伟大事业中做出更大贡献、争取更大光荣。

（作者系陕西省政协委员、提案委员会主任）

心系“三农” 笃行初心使命

——记录在省政协农业和农村委员会履职的日子

○呼　燕

省政协农业和农村委员会于2019年3月成立，我有幸成为第一任主任。四年来，按照习近平总书记提出的“懂政协、会协商、善议政，守纪律、讲规矩、重品行”的责任要求，我认真履行政协委员职责，切实提高“四种能力”建设，深入基层、深入群众开展调查研究，积极助力脱贫攻坚和乡村振兴建设，用实际行动诠释政协委员的履职为民的情怀。

突出党建引领作用　切实提升委员履职能力

履职期间，我们认真落实新时期党建工作新要求，通过举办学习培训、读书活动，“双走进”，以及主题党日活动等，不断强化思想政治引领，广泛凝聚共识，切实提升委员履职能力。

学习教育筑牢思想根基，读书活动凝聚各界共识。我始终把加强学习教育放在首要位置，组织委员深入学习习近平总书记系列重要讲话，特别是来陕考察重要讲话重要指示精神，深入开展“不忘初心、牢记使命”主题教育、以案促改专题学习教育、党史学习教育等活动，切实提高政治站位，不断提升履职能力。把调研路上开展主题党日活动作为加强思想政治建设的重要抓手，推动党史学习往深里走、往心里走、往实里走，我在省政协党史学习教育研讨会上做了大会发言，以党史学习促进委员履职提质增效。我们还积极推进党史学习教育和书香政协建设融合发展，向委员发送精选书籍，把读书学习作为提高建言资政、凝聚共识能力的重要途径，引导委员读原著、学原文、悟原理，通过读书学习不断提高政协委员的政治判断力、政治领悟力、政治执行力。作为“全国政协书院”第五期读书活动首个轮值单位，聚焦“延安精神悟初心”畅谈体会，轮值期间全国政协副主席刘奇葆、时任省政协主席韩勇和委员们进行互动交流，全国政协主席汪洋发表重要指示，省委书记刘国中做出批示。我在委员学习座谈和读书活动交流会上做了大会发言，农业和农村委员会获得了读书活动先进集体荣誉称号。

结对共建促进基层发展，“双走进”架起“连心桥”。农业和农村委员会办公室党支部和佛坪县塘湾村党支部开展结对共建活动，积极开展慰问及扶贫帮困工作。办公室党支部多次慰问老党员和困难群众并送去慰问金，组织委员向塘湾村群众捐赠农村实用技术有关书籍、口罩、书包和护眼灯以及价值6万多元的防疫用品和爱心物资，连续三年组织委员们购买当地农产品20多万元，积极助力消费扶贫。省政协农业和农村委员会用联建组织、联办活动、联促产业、联用资源的“四联”方式，凝聚政协智慧力量，发挥先锋模范作用，提升双方党支部凝聚力，为塘湾村发展鼓干劲、增后劲。从2020年开始，利用“9·21委员活动日”，农业和农村委员会认真践行“双走进”活动要求，组织委员前往宁陕县、武功县开展委员活动，围绕产业发展、乡村振兴等问题与群众代表深入交流，让委员真正走进农村、走到群众身边，推进政协工作与群众密切联系，“同频共振”。

围绕中心建言资政　积极助力乡村振兴高质量发展

乡村振兴战略是党的十九大在全面分析“三农”工作面临的形势和任务基础上提出的关系国计民生的重大战略。农业和农村委员会成立以来，一直紧扣乡村振兴目标任务，深入开展调研，广泛组织协商，积极助力乡村振兴高质量发展。

选题紧扣发展中心，协商突出专业特点。科学选题是提高建言献策质量的前提和基础。四年来，我们围绕巩固拓展脱贫攻坚成果同实施乡村振兴有效衔接主线，紧扣深化农村集体产权制度改革、坚决打赢脱贫攻坚战、抓好疫情期间农业生产、特色现代农业、粮食生产安全、农村人居环境整治、苹果产业高质量发展、陕北地区红枣产业发展、做大做强乡村旅游、发展高质高效设施农业、发展壮大农村集体经济、种业产业发展、推动乡村文化建设、加强基本农田保护等20个课题开展协商议政。这些课题有的是关系陕西农村发展的根本性问题，有的是全省农业发展的关键性问题，也有的是涉及区域产业发展的实际问题，在加快推进陕西乡村振兴方面发挥了积极作用。为了让协商专出特色、专出水平，我们一方面不断探索协商形式，比如走出机关，深入袁家村组织召开发展壮大农村集体经济助力乡村振兴月度协商会议，围绕深化农村集体产权制度改革、加快推进苹果产业高质量发展、推进种业产业发展组织开展月度协商，围绕疫情期间加快农业生产开展网络视频协商，围绕发展特色现代农业、推动乡村文化建设开展对口协商，围绕脱贫攻坚开展专题协商等；另一方面积极扩大协商范围，除了驻陕全国政协委员、省政协委员外，还邀请相关方面专家学者和种养殖大户、合作社负责人等基层代表参加会议发表建议，推动协商议政向纵深发展。

调研坚持“三个结合”，建言资政成果丰硕。将出省考察和省内调研相结合，学习借鉴兄弟省区先进做法和成功经验，在找差距补短板中深挖问题根源，提出科学建议；将集中调研和小分队调研相结合，在推进调研广度和深度上积极探索，比如针对粮食生产安全的调研，我们成立了1个专题调研组和8个小分队，在全省开展了20多天的深度调研，全面掌握新冠肺炎疫情给粮食生产带来的冲击和影响；将“规定动作”和“自选动作”相结合，比如针对坚决打赢脱贫攻坚战民主监督的调研，将常规路线和自选路线相结合兵分两路开展，随机抽查不打招呼不搞陪同，直接深入贫困村贫困户中，力求掌握第一手资料。农业和农村委员会成立四年来，有 30 多篇调研考察报告和社情民意信息获得了省上领导的充分肯定，有 40 多篇社情民意信息得到了省政协办公厅的采纳，省委书记、省长及分管副省长批示达 30 多人次。

多措并举出实招献良策，聚焦脱贫攻坚持续发力。农业和农村委员会积极担负起脱贫攻坚的时代使命，多措并举助推脱贫攻坚取得实效。围绕六盘山片区脱贫攻坚汇聚合力。2019 年 7 月，统筹协调省政府 8 个厅局，赴宁夏参加陕甘青宁四省（区）六盘山片区政协精准扶贫交流推进会议，积极协调相关项目对接工作。围绕秦巴山区深度贫困县开展民主监督三级联动专题调研。2019 年底，联合人口资源环境委员会、医药卫生体育委员会，组成 10 个调研组、37 个小分队，赴陕南 3 市 10 个深度贫困县 52 个贫困村 72 处移民安置点，就落实“两不愁三保障”情况开展省、市、县（区）民主监督三级联动专题调研。围绕坚决打赢脱贫攻坚战开展专题民主监督。为全面了解新冠肺炎疫情给脱贫攻坚带来的影响和冲击，2020 年 3 月，深入 10 个市 24 个县 129 个贫困村和扶贫产业基地开展专题民主监督，共列出问题清单 41 条、典型案例 30 个。专题民主监督报告得到了省委书记、省长以及分管副省长的充分肯定和长篇批示。围绕白于山区脱贫攻坚成果巩固情况开展联合调研。2020 年 8 月，联合延安市、榆林市政协在白于山区开展专题调研，并在此基础上提交了《关于巩固黄土高原脱贫攻坚成果的建议》，我在省政协常委会议上做发言。围绕佛坪县“两联一包”乡村振兴工作认真履职。农业和农村委员会办公室自成立以来，就履行了省政协办公厅扶贫办、乡村振兴办的工作职能。农业和农村委员会办公室每年组织召开三次“两联一包”扶贫（乡村振兴）工作联席会议，积极助力佛坪县巩固脱贫攻坚成果，大力发展乡村振兴产业项目。2020 年制定了《关于支持佛坪县持续巩固提升脱贫成效的实施意见》，持续推进帮扶工作落到实处，推动“两联一包”工作落到实处。

携手并进共克时艰　防疫抗疫尽显担当

农业和农村委员会紧密结合工作特点，组织全体委员围绕防疫抗疫开展了调研和慈善捐助活动，充分体现了新时代政协委员的责任担当和大爱风采。

慈善捐助彰显责任担当。新冠肺炎疫情发生后，农业和农村委员会分党组充分发挥政治引领作用，第一时间号召和组织全体委员立足自身工作岗位，积极投身防疫抗疫和慈善捐助活动。王宝印委员捐款捐物合计 513 万元，郑远元委员捐款 120 万元，刘宗平、轩洪亮、胡江峰等 30 多位委员纷纷响应号召，慷慨解囊奉献爱心，多位委员受到了省政协通报表彰。

提案信息建言社会发展。2020 年 2 月下旬，农业和农村委员会通过函调资料、发送电子邮件、发送微信、打电话、视频座谈等形式，对我省疫情防控期间农业生产中存在的突出困难和问题进行了深入调查了解，形成了《关于做好新冠肺炎疫情防控期间全省农业生产情况的调研报告》，得到了时任省委书记和分管副省长的充分肯定。同时，面对疫情对经济社会发展的影响，充分发挥提案和社情民意信息的重要作用，积极开展重点提案整体督办活动。撰写的《小麦条锈病防治刻不容缓》《关于进一步加强指导校园疫情防控和复学复课的建议》《我省部分学校食堂卫生状况堪忧　亟须引起高度重视》等社情民意信息得到了省委书记、省长和分管副省长的批示。

农业和农村委员会作为一个新生的委员会，也是一个富有活力充满朝气的委员会，形成了打好基础、起好步、开好局的发展态势。农业和农村委员会将坚持以习近平新时代中国特色社会主义思想为指导，深入贯彻落实习近平总书记关于“三农”工作的重要论述，聚焦农业农村优先发展和乡村振兴战略实施目标，为奋力谱写陕西新时代高质量发展新篇章做出新的更大贡献。

（作者系陕西省政协常委、农业和农村委员会主任）

陕西教育十年纪事

○董小龙

作为在教育战线奋斗了40多年的教育工作者，我对教育工作有着特殊的感情。从受教育到从事教育工作，从参与教育到服务教育工作，我始终不忘立德树人初心，牢记为党育人、为国育才使命，努力培养德智体美劳全面发展的社会主义现代化事业的建设者和接班人。在党的二十大即将召开之际，总结梳理亲历亲见亲闻的教育改革发展创新成果，分享心得、增强自信、凝聚共识，具有十分重要的意义。

十年来，陕西以建设高等教育强省为目标，以一流建设为引领，按照“办学有特色、发展有优势、工作有亮点”的思路，着力强机制、破难题、提质量，走过了从大到强、从大到优的发展历程，办学规模、资源投入、内涵发展实现了历史性跨越。今天我就高校教师队伍建设进行一下回顾总结，与大家分享。

党中央历来高度重视高校教师队伍建设，特别是党的十八大以来，习近平总书记对高校教师队伍建设做出了一系列重要讲话和重要指示与重要批示，党中央也做了一系列重大决策部署。习近平总书记和党中央这些重要指示和决策部署，全面、系统、科学地指出了教师队伍建设的根本所在。我深切感受到没有哪一个领域被总书记这么重视，没有哪个领域能让党中央做了这么多的全面系统的决策部署，特别是党中央、国务院专门印发了《关于全面深化新时代教师队伍建设改革的实施意见》，这是新中国成立以来第一个 4 号文件。在习近平总书记的亲切关怀和党中央的决策部署下，十年来，陕西高等院校由 98 所增长至 111 所，在校生由 137.6 万人增长至 198.1 万人，专任教师由6.3 万人增长至7.5 万人。陕西高等院校现有院士 48 人，长江学者 239 人，杰青、优青 194 人，高级职称教师占比近 50%。这些成绩的取得，是陕西省委、省政府和各高校认真贯彻落实习近平总书记关于教育工作的重要论述和党中央关于教育的决策部署，结合自身实际抓高素质创新型高校教师队伍建设的结果。

第一，全面加强党对高校教师工作的领导。陕西省委认真学习贯彻习近平总书记和党中央关于高校教师队伍建设改革的系列重要论述，多次召开省委常委会议，认真研究高校思想政治工作等涉及高校政治工作的重大议题，部署相关工作，结合实际出台了一系列措施。相关的制度安排是比较健全的，从省里到各高校，对接细化中央的要求，特别值得一提的是，陕西省在全国率先出台了《陕西省省属学校实行党委领导下的校长负责制的若干意见》，表明了我们省委有很强的政治意识。全省 64 所公办高校相继出台坚持和完善党委领导下的校长负责制实施细则，率先向民办高校委派党委书记，全面加强党对高校的领导，形成了党委领导，党政分工合作、协调运行的工作机制。

第二，切实加强思想政治教育和师德师风建设。高校教师队伍建设中，思想政治建设是根本。多年来，逐渐完善了教师思想政治工作，组织管理体系，充分发挥了高校党委在教师思想政治工作和师德师风建设中的统筹作用，扎实推进教师社会实践。教育部门通过指导各地各校深入开展弘扬爱国奋斗精神，建功立业新时代，大力发扬延安精神、西迁精神等举措，推行负面清单制度，构建多方参与的师德讲堂。比如，陕西师范大学组建了师德建设委员会，建立师德档案，设立师德课程，强化师德引领，突出扎根西部教书育人、坚守担当、奉献祖国的价值。西北大学将师德师风建设有机融入日常教学活动之中，教育引导广大教师传承红色基因。我们陕西的老师郝跃、张莎莎等师德标兵，从我省高校走出的杨孟飞、杨伟等 “总工”“总师”，已成为年轻一代的新楷模。

第三，不断提升高校教师队伍业务素质和创新能力。我认为，在教书育人这个岗位上，要传道、授业、解惑，第一位是加强思想政治建设、师德师风建设，这是根本。接下来就要授业和解惑，三尺讲台不能给孩子们授人以渔，那我们就对不起这份事业。陕西省高校提出六大计划，从高层次人才和骨干教师队伍建设、教师教学能力提升、信息技术运用能力全员提升、优秀青年教师选拔与培养等多个方面进行突破，确保了教师队伍建设持续健康发展。实施陕西高校教学名师引领计划，打造教师名师梯队，促进教师间的相互学习和交流。强化业务培训，分类组织陕西省高校中青年教师培训项目，带动教师队伍整体业务素质提高。省里还专门出台了《普通高校青年人才计划实施办法》，2017 年以来成功吸引了 260 名博士硕士来到陕西省工作，全面打造“丝绸之路教育交流会”等品牌，进一步扩大海外高层次人才。

第四，深化改革，不断创新体制机制。全面下放省属高校用人自主权，进一步畅通高层次人才绿色通道，设立人才编制周转池等计划，坚持正确的人才流通导向，严控驻省会城市高校从非省会城市高校引进人才，支持驻省会城市高校向非省会城市高校输出人才。扩大高校收入分配自主权，2019 年省属高校特定的绩效工资总量与 2017 年相比提高约 54%，2020 年与 2019 年相比再提高约 18%，目前省属本科高校核定的年人均绩效工资水平最高达到 23%，这对一个经济欠发达的省份来讲是非常不容易的。全面下放高校职称评审权，将高校教师职称评审权一次性直接下放给高校，同时加强高校职称评审权下放或者监督和服务工作。比如，西安交通大学以探索 21 世纪大学新形态为目标，在自主设计上集成创新，积极推进中国西部科技创新港建设，构建世界一流的平台，这是一个了不起的平台。

党和国家事业进入新的历史阶段，新时代教育事业正在开启新的篇章，我们身在其中，使命光荣、责任重大。下面我对加强高校教师队伍建设谈几点感受：

第一，党的十八大以来，以习近平同志为核心的党中央对教育，特别是高校教师队伍建设改革的一系列指示要求和决策部署是完全正确的，得到了广大高校师生员工的信任，也带来了实实在在的积极变化。在调研视察当中，我深切感受到把思想政治建设和师德师风建设作为评价教师队伍素质的第一标准，找准高校队伍建设的根本和关键点，非常及时也非常必要，极具针对性。通过落实中央决策部署，高校教师科研氛围浓厚，教师队伍职业自豪感和归属感不断增强，干事创业的热情得到激发，各类成果丰硕。陕西省有 3 所高校入选国家一流大学建设高校，居全国第三位，5 所高校入选一流学科建设高校，17 个学科进入国家建设行业，27 个学科在四轮学科评估中进入前 10%，位于全国第七，全省高校教师队伍在质和量上均得到显著提升，这些主要是党中央政策的指引，没有政策支持这些事情是做不成的。

第二，用延安精神、西迁精神等红色精神为高校教师立德铸魂，具有重大的时代意义。延安的信念坚定、心有天下、实事求是、敢为人先、艰苦奋斗、甘于奉献的红色精神在陕西这块大地上，已经成为建设高素质高校教师队伍的一个独特的优势，这种精神塑造了一支有理想信念、有道德情操、有扎实知识、有怜爱之心的高校教师队伍。当前，面对中华民族伟大复兴的战略全局和世界百年未有之大变局，继承和弘扬延安精神、西迁精神，教育我们的高校教师听党话跟党走，心怀天下、艰苦奋斗、敢于人先、甘于奉献，仍是我们这个时代高校教师队伍建设的重大任务，也有着极其特殊的时代意义。

第三，对陕西对西北创新型高校教师队伍建设，要有一种特殊的情怀和特别的关爱。西北地区是中华民族重要的发祥地，是中国革命的圣地，是中国特色革命道路的起点，历史特殊，西北地区位置又特殊，对实现国家的长治久安有着极为特殊重要的战略地位，或者说在中华民族伟大复兴的历史进程当中，它具有重要的战略地位，西北稳则国家安。这些年，我们这些地方经济社会发展，包括我们高校教育的发展都取得了巨大的成就，这一点我们必须要有深刻的认识。但是横向比较，特别是与中东部发达地区相比，经济欠发达、人才难留下的局面并没有改变。党的十九届五中全会提出要实现城乡区位区域发展差距和居民生活水平差距显著缩小，西部地区要发展人才是第一要素，创新是第一动力，高校教师是人才的主力军。在国家层面，需要对西北地区高校教师队伍建设和改革予以特殊的政策支持，加大帮扶力度，才能缩小差距、才能迎头赶上。在本省层面，要进一步压实主体责任，切实把党中央决策部署贯彻好、落实好，要进一步继承好、弘扬好红色精神，不断提升高校教师思想政治素质，要进一步加强高校教师的专业培训，不断提升专业素质能力，要进一步深化改革，激发高校教师的创新活力。

陕西是一片有情怀有抱负的热土，我们要按照党中央统一部署，进一步提高政治站位，拓宽工作思路，破解改革发展难题，补齐短板，确保我省高等教育发展优势，以“双一流”建设提高高校人才培养质量，加快建设高质量教师队伍，不断推动教育强省和人力资源强省建设，奋力谱写陕西高校新时代高质量发展新篇章。

（作者系国家督学，陕西省政协常委、教育科技委员会主任）

陕西交通运输的十年巨变

○杨育生

党的十八大以来，在习近平总书记掌舵领航和党中央坚强领导下，省委、省政府坚持以习近平新时代中国特色社会主义思想为指导，深入学习贯彻习近平总书记三次来陕考察重要讲话重要指示精神，团结带领全省人民抢抓机遇、砥砺奋进、真抓实干、攻坚克难。省政协发挥重要阵地、重要平台、重要渠道作用，全力推动交通运输破瓶颈、补短板、强服务、惠民生、提品质，全省综合交通运输面貌发生了巨大变化，实现了领先的局面，有力提升了陕西在国家重大发展战略中的地位和作用，为奋力谱写陕西高质量发展新篇章提供了坚实的交通运输保障。

交通基础设施建设实现历史性跨越

2012年至今累计完成公路水路固定资产投资超过5600亿元，在服务全省经济社会发展、使广大人民群众更便捷地出行、做好“六稳”“六保”中发挥了重要作用。全省公路总里程突破18万公里，较2012年增加2万多公里。高速公路通车总里程连续迈过5000、6000公里大关，到2021年底达6484公里，较2012年增加2400公里，实现了县县通高速，构筑起与周边中心城市的“一日交通圈”。普通国道二级、普通省道三级及以上公路的比重分别达到69.4%、66.3%，沿黄公路全线建成通车，干线公路县城过境问题基本得到解决，服务水平大幅提升。有力支撑打赢脱贫攻坚战和乡村振兴战略实施，实现重点镇通二级路和所有建制村通沥青（水泥）路、通客车、通邮，建制村通沥青（水泥）路的比例较2012年提升15%，确保“小康路上不让任何一地因交通而掉队”。全省铁路营业里程超过6000公里，较2012年增长35%；以西安为中心的“米”字型高铁网持续扩大，西宝、大西、宝兰、西成高铁先后建成通车，营业里程超过1000公里，实现了与四川、河南、甘肃、宁夏等周边省区的高铁直连。西安咸阳国际机场三期扩建工程开工建设，完成延安、汉中、安康机场迁建和榆林机场二期扩建，形成了“一主四辅”民用机场体系。加快畅通汉江黄金水道，完成洋县至安康、安康至白河航运建设工程。四通八达、内畅外联的交通基础设施网络日趋完善，全省交通面貌发生巨大变化。

综合交通枢纽地位得到强化

用足用好陕西全国几何中心地位，积极向国家有关部委沟通汇报，在国家出台的一系列重要交通规划中进一步夯实了陕西交通枢纽地位。国家“十纵十横”综合运输大通道中有 6 条、国家高速公路网中有 20 条、“八横八纵”高铁主通道中有 4 条经过我省。特别是党中央、国务院《国家综合立体交通网规划纲要》明确的“678”国家综合立体交通网主骨架中，京津冀—成渝主轴和京藏、大陆桥、西部陆海 3 条走廊及福银通道等 5 个主骨架合计 8 个经过我省，数量位居全国第八，西部第三。西安被定义为国际性综合交通枢纽城市、国际铁路枢纽、国际性航空枢纽和全球性国际邮政快递枢纽，宝鸡、榆林、安康被列为全国性综合交通枢纽城市。

综合运输发展顶层设计加速完善

按照大交通部门体制改革的要求，全省交通运输系统主动担当作为，谋深谋实综合交通运输发展战略规划。紧跟交通强国建设重大战略，以省委、省政府名义印发《关于贯彻落实〈交通强国建设纲要〉的实施方案》，这是我省历史上第一个以省委、省政府名义印发的综合交通运输发展顶层设计，是指导交通强省建设的纲领性文件，为建设人民满意、保障有力、全国前列的交通强省描绘了宏伟蓝图。

深度融入共建“一带一路”大格局，编制完善陕西省综合立体交通网规划纲要，系统谋划构建覆盖全省、对接周边、直达全国的综合立体交通网。省交通运输厅牵头编制“十三五”“十四五”综合交通运输发展规划，专题编制大西安立体综合交通发展规划、陕甘宁革命老区交通运输发展规划、西安—咸阳交通设施建设一体化规划，构建了完整的综合交通运输规划体系。

综合交通运输服务能力大幅提升

加快推动“人便其行”。“绿巨人”动车组开行实现10个地级市全覆盖，动车组列车承担铁路客运量比例接近六成。建成西安咸阳国际机场T3航站楼、汉中、杨凌等综合客运枢纽，以道路运输为基础，高铁、民航快速发展的出行服务体系不断完善。公交优先战略深入实施，西安获得国家公交都市称号，地铁客运量达到10.2亿人次，客流强度位居全国前五。推动网约车平台增设“一键叫车”功能，推广巡游车95128电召服务，定制客运、旅游客运和商务包车等运输服务新业态蓬勃发展。努力实现“货畅其流”。大宗物资“公转铁”深入推进，铁路货运周转量占比超过五成，运输结构不断调整优化。西安港“一带一路”、中铁联集“陆海联动、多点协同”入选国家多式联运示范工程。中欧班列“长安号”全年开行突破3800列，核心指标稳居全国前列。积极推进“司机之家”建设，创建6个农村客货邮融合发展样板县（区），道路运输驾驶员从业资格证补发等高频服务事项实现跨省通办。取消高速公路省界收费站，实现“一脚油门踩到底”。

智慧绿色交通发展水平显著提高

初步形成智慧交通体系。无人机、无人舱加快应用，北斗系统在交通运输领域深入推广，共享单车、网约车、网络货运等新业态新模式蓬勃发展；建成交通运输云平台、12328 服务监督电话系统等信息系统，全省交通运输信息化基础资源“五个一”架构基本构建；《秦岭终南山公路隧道建设与运营管理关键技术研究》获国家科技进步奖一等奖，《建筑垃圾在公路建设中大规模综合利用技术》填补多项国内空白，获中央领导人好评。节能降碳取得实效。坚决打好交通运输领域污染防治攻坚战，加快淘汰更新排放不达标及老旧车等高污染排放车辆，推广应用新能源和清洁能源运输装备，全省新能源公交车、出租汽车占比分别超过 56%、22%，全省新增及更换公交车中新能源车辆占比达到 90%；推动绿色公路建设，加大秦岭范围内交通建设项目生态环境监管力度，平利至镇坪高速公路被确定为全国第二批绿色公路建设典型示范工程。

交通安全生产形势稳定向好

严格落实“三不进站、八不出站”安全管理规定，安全管理责任体系持续完善。强化超限超载治理，源头治超有效监管率达97%，公路平均超限超载率控制在0.12%。交通运行感知监测能力全面提升，高速公路重点路段视频监测全覆盖，干线公路流量自动监测形成网络。全省危化品运输安全生产治理、铁路沿线安全环境治理取得明显成效。结合疫情防控，创新制定“十四运”运力保障方案，圆满完成各项会议活动、对口接待等运输保障任务，形成系统性经验做法。认真落实疫情防控指南要求，坚持“外防输入、内防反弹”，全力做好保通保畅工作。

交通行业治理效能持续提升

坚决贯彻落实省委、省政府深化国企改革的重大决策部署，扎实推进交通运输管理体制机制改革，先后组建陕西交控集团、陕西轨道交通集团，综合交通管理体系初步构建。深化综合执法、“放管服”、财政事权和支出责任划分、农村公路管养、收费公路制度等改革，进一步激发了全行业发展的动力和活力。推进交通运输法治政府部门建设，出台《陕西省治理货物运输车辆超限超载条例》《陕西省公路桥梁安全保护办法》等一批地方性法规和政府规章。大力提升公路养护管理水平，省交通运输厅“十二五”“十三五”期间被连续评为全国养护管理先进单位。深化“四好农村路”示范创建，累计推出全国市域示范创建突出单位 2 个、国家和省级示范县 46 个。

（作者系陕西省政协常委、医药卫生体育委员会主任）

为民履职有“温情”　服务群众有“温度”

○郭社荣

人民政协，无论从自身性质、定位、作用，还是从工作主题、工作原则来看，都是把务实谋发展、建言为人民作为根本任务的，是党委、政府联系群众的桥梁和纽带。在 2022 年 3 月份到政协工作以前，我非常有幸在民政战线工作了四年。人民政协和民政工作具有天然的联系，共同点是都具有很强的人民性。政协工作，不论是委员提案，还是每年的协商议题，很多都涉及民生民政工作。

民为邦本，本固邦宁。民政工作关系民生，连着民心，触及社会生活的方方面面。在民政战线工作的几年里，我最深切的感受是，民政工作直接服务群众、直接联系基层一线，最能反映党的宗旨性质，直接关系人心向背。党的十八大以来的这十年，以习近平同志为核心的党中央高度重视民生民政工作。“对困难群众，我们要格外关注、格外关爱、格外关心，千方百计帮助他们排忧解难，把群众的安危冷暖时刻放在心上。”2012 年，习近平总书记在河北省阜平县看望慰问困难群众时的重要讲话，为新时代民政工作提出了新的要求。

回想起四年的民政工作历程，总有一些事情萦绕脑海，无法忘怀，一项项政策、一串串数字，见证了温暖困难群众的“民生温度”。奔往全面小康的路上，困难群众正一步一个脚印跟上。这些将永远烙印在我的记忆深处，成为我参与、见证民政事业高质量发展的历史回忆。

“困难群众腰包鼓了，日子好了，生活有了盼头”

党中央做出打赢脱贫攻坚战重大决策部署以来，全省民政系统坚持把脱贫攻坚工作作为践行“两个维护”的具体行动，作为统领全省民政工作的头等大事，认真落实习近平总书记关于脱贫攻坚“五个一批”的重要指示，将社会救助兜底脱贫作为决战决胜脱贫攻坚、全面建成小康社会的底线制度安排，精锐出战、精准施策，全力打赢脱贫攻坚战。

罗窑村是商洛市洛南县的一个小山村，距离县城 30 多公里。这个村子是典型的山区贫困村，共有 460 多户 1500 多人，建档立卡贫困户占到总人口的 1/3 还多。这个村子是省民政厅脱贫攻坚“两联一包”定点帮扶村。我负责包扶这个村子的两户贫困户，我每年都要到包扶的贫困户家中去几次，详细了解他们的生产、生活状况，在鼓励他们脱贫致富的同时，帮助他们解决一些具体困难和问题，我们也成了无话不谈的好朋友。经过他们自己的辛勤努力，2019 年，这两户贫困户，在我的亲眼见证下，脱掉了贫困户的帽子，过上了全面小康的幸福生活。同时，在民政厅的帮扶下，罗窑村立足村集体经济发展与群众受益共享同步，以“党支部+基地+贫困户”模式，建成食用菌现代化产业园，使贫困户户均增收 500 多元。罗窑村群众生产生活大为改善，已经于 2018 年底实现整村脱贫退出。走进今天的罗窑村，处处是整齐的院落，房前屋后栽种的是柿子树、核桃树和盛开的菊花，村上群众的面貌也是焕然一新。

小康不小康，关键看老乡。为全面建成小康社会织牢基本生活保障网，是民政工作的一项重要职责。近年来，一个显著的变化是，民生保障体系越来越完备，方法越来越科学，制度越来越暖心。从国务院颁布《社会救助暂行办法》编织一套史上最完备的“8+1”社会救助制度体系，到“五个一批”脱贫措施写入《中共中央、国务院关于打赢脱贫攻坚战的决定》，民政部门承担起艰巨而光荣的脱贫攻坚兜底保障重任。一项项民生暖政、一条条民生举措，把党和政府的温暖送到困难群众的身边，将人民群众基本生活的兜底保障网织得更密、编得更牢。党的十八大以来，省委、省政府连续提高城乡低保标准，城市低保标准从 2012 年的 363 元/人月提高到 652 元/人月，农村低保平均保障标准从 2012 年的 2008 元/人年提高到 5358 元/人年，分别增长79.6%、166%，稳定高于扶贫标准。在全省已脱贫人口中，111.25 万符合条件人员纳入民政兜底保障范围，占比 23.9%；边缘易致贫人口、脱贫不稳定人口和突发严重困难人口等三类人员共9.13万人纳入兜底保障，占比58.38%，实现了吃穿“两不愁”。同时，民政部门积极动员引导基层政权组织、社会组织、慈善力量、专业社工、志愿者参与脱贫攻坚，使兜底保障既有力度，更有温度。组建了12个省级社会组织扶贫团，示范带动全省1.3万多个社会组织参与扶贫行动，投入资金53.6亿元，帮扶群众428万人。脱贫攻坚战打赢后，民政部门又严格落实责任、政策、帮扶、监管“四个不摘”要求，着力推进兜底保障与乡村振兴在工作体系、规划实施等方面有效衔接，对低保边缘人口、易返贫致贫人口等低收入人口实现动态预警监测，出台易地扶贫搬迁集中安置社区治理专项政策，巩固脱贫成果。在村（社区）建立“急难救助快速响应服务队”，建立精准识贫、主动发现、长效帮扶、探访关爱机制，坚决守住不发生规模性返贫的底线。

“养老服务条件好了，心情也愉快了，养老有了保障”

2016年，习近平总书记在中共中央政治局第三十二次集体学习时强调，要着力发展养老服务业和老龄产业。随着人口老龄化的加剧，如何切实把全省700多万老年人照顾好，让他们健康幸福地安度晚年，是摆在全社会面前的一道考题。在省民政厅工作的四年里，每年重阳节我都会去养老服务机构慰问老年人，听到最多的就是“现在养老条件好了，我们老了有了依靠”。

养老服务机构数量和覆盖面的大小决定了养老服务业的发展水平。近几年，以完善政策法规体系、加快养老服务设施建设、推行普惠型老年优待为重点，着力保基本、抓示范、建机制，落实各项配套扶持政策，养老服务业持续快速发展，以居家社区机构相协调、医养康养相结合的养老服务体系初步建立。截至目前，全省建成各类养老机构及服务设施 16575 个、床位 30. 5 万张，农村互助幸福院覆盖 82%的行政村，日间照料中心覆盖 70. 3%的城市社区。

在养老服务政策体系上，出台《实施〈老年人权益保障法〉办法》《关于推进养老服务发展的实施意见》《推进养老服务高质量发展实施方案》等 20 多个规章、政策文件。此外，推出“15 分钟城市养老”、“时间银行”助老服务、“智慧养老”等 20 多项创新性举措。

在构建多元化养老服务新格局上，全面放开养老服务市场，鼓励社会力量加入，新增养老床位约 5 万张。西安市获批全国养老服务综合改革试点市，西安、安康、铜川被列入全国医养结合试点市，西安、宝鸡等 8 市获批全国社区居家养老服务改革试点地市。

在养老服务质量上，连续四年开展养老院服务质量建设专项行动，成立养老服务标准化委员会，出台《社区居家养老服务规范》等 9 部地方标准。实施养老服务人才培训计划，全省已培训 2 万余名养老护理员，从业人员规模扩大、结构优化。

“社区服务又多又好，群众的生活更加便捷、幸福”

习近平总书记指出：“社区虽小，但连着千家万户，做好社区工作十分重要。”“要多想想如何让群众生活和办事更方便一些，如何让群众表达诉求的渠道更畅通一些，如何让群众感觉更平安、更幸福一些，真正使千家万户切身感受到党和政府的温暖。”

社区是社会的基本单元，加强和创新基层社会治理，实现基层社会治理现代化，是推动国家治理体系和治理能力现代化的题中应有之义。近年来，民政部门全面贯彻落实中央部署，推进社会治理改革，创新社会治理体制，转变社会治理方式，有效激发了基层社会活力。

2020 年初，突如其来的新冠肺炎疫情肆虐中华大地，社区成为这场战“疫”中的第一道防线。社区工作人员坚守、忙碌、暖心、感动……社区里每一天都在上演着不同的抗“疫”故事。

在这场没有硝烟的战争中，我亲身感受到了基层社区工作者的艰辛付出。全省 10 多万名基层社区工作者，起早贪黑、默默坚守，用自己坚强的意志和无畏的奉献，筑牢社区疫情防控坚实防线。一些场景，我现在依然历历在目，那是 2021 年底，西安市因疫情采取了封城管控，许多外地务工人员被封闭管理在城中村社区，基本生活很难得到保障。当时，省民政厅做出部署，全面摸排人员、及时配送物资，确保外来务工人员基本生活需求。我去各城中村社区暗访，看到的是社区工作者在街道来回穿梭、忙碌的身影。在抗击疫情过程中，我体会到了社区工作者的艰辛，也感受到了居民对社区工作者的赞赏、对社区服务的高度评价。

近年来，民政部门聚焦加强基层社会治理，大力推进城乡建设。全省城市社区3332个，实现了社区服务站建设全覆盖，并建成智慧社区400个；农村社区16859个，建成标准化社区服务中心9131个；易地搬迁安置社区（含城乡）2116个，已实现服务设施全覆盖。与此同时，围绕创新基层社会治理新模式，31个县（区）开展“五社联动”试点创建，助力实现基层治理体系和治理能力现代化。西安市莲湖区、碑林区和宝鸡市金台区等一批县（区）成功创建国家级社区治理创新服务实验区。宝鸡市千阳县村级“小微权力”清单制度等经验在全国推广。

江山就是人民，人民就是江山。现在，我虽然已经离开民政部门，但与人民群众特别是困难群众的感情会越来越浓。在政协新岗位上，我依然会关注关心困难群众，聚焦民生大事开展协商议政，紧盯民生难事开展民主监督，协助党委、政府增进民生福祉，助力解决更多群众急难愁盼问题，使人民群众的获得感、幸福感和安全感更加充实、更有保障、更可持续。

（作者系陕西省政协常委、民族宗教委员会主任）

参战脱贫攻坚　见证乡村之变

○贾正兰

2015 年，中央召开扶贫开发工作会议，发出打赢脱贫攻坚战总攻令。全国工商联、国务院扶贫办等同期启动“万企帮万村”精准扶贫行动，号召广大民营企业投身脱贫攻坚战。我作为省政协委员、榆林市政协副主席，正好兼任市工商联主席，有幸参与精准扶贫工作，见证了脱贫攻坚带给农村翻天覆地的历史性巨变。

那个阶段正是脱贫攻坚最吃劲的时候，各级政协和政协委员责无旁贷。工商联作为政协参加单位之一，联系众多经济类商协会和民营企业，是不可或缺的重要力量。借助一手托两家的工作便利，我们整合市政协和工商联资源，启动“万企帮万村 委员在行动”活动，向政协各参加单位、广大政协委员和民营企业家发出“万企帮万村光彩照榆林”倡议，广泛动员力量，参战脱贫攻坚。

榆林有 8 个深度贫困县 899 个贫困村，我帮扶的佳县上高寨赵大林村是其中之一。出身贫困山村，我对农村和农民非常熟悉，在佳县工作近 7 年，我对这片培养锻炼过自己的土地充满感情，希望再为老乡们做点事。榆林是革命老区，榆林人有爱党爱国爱家乡的红色基因，思想发动一呼百应。工商联打头阵，企业家委员非常踊跃，“万企帮万村 委员在行动”在榆林大地如火如荼地展开。

扶贫的关键之一是激活内生动力。到赵大林村的王家山小组，和坐在树荫下的老乡们了解情况时，大家沉默少言，懒得说话。我问谁会唱《东方红》时，老乡们明显活跃起来。我说过去佳县老乡用颂歌《东方红》感谢毛主席和共产党，咱们现在唱首歌，感谢共产党和习总书记发展农村搞脱贫。老乡们的眼里一下子就有了亮光，表情也活泛起来，唱了《东方红》又唱《大海航行靠舵手》，歌声很快拉近了彼此的距离。赵大林非常偏远，自然环境和生活条件很差，加之城市化发展导致人口大量外流，打破了农村原有的文化生态，可供老乡们享有的文化产品有限，人人内心充满社交渴望。我们以需求为导向，精心筹划举办了首届“厚德上高寨 醉美庄稼人”乡村旅游节，用群众喜欢的名称表彰了“上高寨好村庄”“上高寨带动致富好老板”“上高寨民间好法官”等“六好模范”，激发群众向上向善的内生动力。我们以“咱村来了好医生”为主题开展义诊活动，云峰等卫生界的知名专家回归故里，在家门口为老乡看病，省政协委员董志伟免费赠药，老乡们挤满了院子。我们组织乡村大联欢，让老乡们登台唱主角，我站在赵大林村的方阵里，以赵大林人的名义和朴实的老乡放声高歌。此后连年举办的乡村旅游节，成为当地老乡们热爱的节日，沉寂的山村总会因之沸腾。

我帮扶的贫困户都有特殊困难。35 岁的赵利利高空坠落瘫痪卧床，手术后钢板 10 年未取，后背大面积溃烂惨不忍睹。我们联系医院刮骨植皮住院治疗 65 天，丽芳用自己的钱置办剪纸用品教利利学会了剪纸，人人争着买。拖累家人十年的利利开始用双手赚钱贴补家用，一见我们就像见到了亲人，生活的信心很足。家中 80 多岁的奶奶见人就说，“政协的人可好了”“共产党救了我们利利的命”。“小康路上一个也不能掉队”，这是总书记对困难群众时时处处的牵挂，是我们党向全国人民庄严的承诺、践诺。

脱贫攻坚的核心在于产业支撑。我们协助赵大林村制定产业发展规划，成立集体合作社流转土地，通过“公司+合作社+贫困户”模式，与贫困户建立利益共同体，以订单收购导入商界资源，增强自我造血能力。企业家王爱国投资 8 千万建设的大美石窑国家 3A 级旅游景区开门迎宾，合作社的肉牛养殖、低产枣园改造、远志和柴胡等中药材种植初见成效。村上统筹资金 773 万元，新建改建道路，改善饮水，95 户 276 人喜迁新居，幸福院和卫生室开张，房前屋后栽植了时令花草、林果，基础设施、公共服务、村容村貌全面改善。过年的时候，我们带去精心挑选的满炕床单、成套餐具，妇女们爱不释手。提起村子变化，老乡们你一言他一语，“路修的平展展的，太方便了”“共产党对我们比自己的儿还好！”

“万企帮万村　委员在行动”活动开展以来，市未来企业联合会等商协会和1018家民营企业投身其中，实施帮扶项目2387个，受帮扶村1059个，受帮扶人数57494人。我们成立消费扶贫服务中心，对来自全市12个县（市区）902个贫困村的农特产品进行捆绑营销，6次组织“榆林好产品走进长三角”等活动，开拓消费市场，解决农产品卖难。市政协委员张明倾力支持张雄彪等优秀大学生返乡创业，陕西青创联盟通过“互联网+”搭建种植基地、质量认证、购销平台等产供销一体化做法，解决农资下乡、农产品上行问题，“淘米易购”帮助贫困户销售农产品30多种，销售额上亿元，3000多贫困户从中受益。榆林是全国第一山羊绒生产大市，山羊绒产量占全国10%左右，绒的长度、纤维细度和色泽受到众多国际羊绒品牌的青睐。我们搭台支持省政协委员薛惊理在榆林建立宁波康赛妮集团山羊绒收储基地，发挥工信部高端纱线冠军企业优势培育山羊绒品牌“榆林白”，把榆林山羊绒产业推向国际奢侈品舞台。市政协委员崔应国与德国企业合资，在子洲建设中德扶贫产业园，通过协议养殖、入股分红、国企托管多种模式，建设超细绒山羊培育基地，研发、培育产绒细度14微米以下、长度45毫米以上的超细型白绒山羊，在清河建羊绒加工厂，实现榆林绒山羊养殖与世界级奢侈品牌的合作，直接带动18个乡镇、79个村集体，6271户贫困户，17962个贫困人口参与，为贫困户增收近千万。

“万企帮万村　委员在行动”活动激发了政协委员和广大民营企业家抢抓乡村振兴机遇，回报家乡故土的责任担当，产业扶贫、就业扶贫、消费扶贫取得了明显成绩，市工商联、市未来企业联合会被全国“万企帮万村”领导小组评为先进集体，荣民控股、恒源集团、青创联盟、火焱型煤获评“万企帮万村”全国先进，市工商联整体工作在人社部与全国工商联五年一度的联合表彰中获评先进集体，政协委员和民营企业家用实际行动，让爱心榆林沐浴公益慈善的光彩。

赵大林村日新月异的变化是中国千千万万个脱贫村的缩影，曾经的贫困村如今村容整洁、乡风文明，产业欣欣向荣，村民共享发展红利，一张张笑脸见证着生活的美好。这一场脱贫攻坚战，也让大批年轻人走出城市，在农村广阔的天地得到锻炼成长，党群干群关系更加密切，党在农村的执政基础得到巩固，群众的获得感、幸福感和满意度显著提升。

2021 年习近平总书记考察榆林时，站在丰收在望的谷地里，用最亲切的语言和老乡拉家常，其情其景令人动容。是啊，实行农村家庭联产承包责任制、解放农村生产力，全面取消农业税、宣告延续 2600 年的农业税终结，发动全民打赢脱贫攻坚战、迈上乡村振兴路……共产党把为人民谋福利、为民族谋复兴的诗篇一章章写在大地上。可以预见，下一个十年，我们的乡村将更美好。

（作者系陕西省政协委员、副秘书长）

我当秘书长这五年

○姚增战

从2011年1月开始，我在省政协机关党组书记、秘书长的岗位上工作了五年多时间。在这段时间里，我见证了省政协在马中平同志的领导下，围绕全省中心工作，积极履行政治协商、民主监督和参政议政三大职能的全过程，以及卓有成效的工作实绩。

2010年12月，省委提名我为省政协党组成员、机关党组书记和省政协秘书长人选，在次年1月召开的省政协十届四次全会上，我当选为省政协秘书长，并在此岗位上工作了五年多时间。刚到省政协机关工作时，面对陌生的工作环境和生疏的工作内容，我深感任务艰巨，责任重大，同时也诚惶诚恐，担心难以胜任如此重要的工作。进入实际工作后，受到了省政协主席和各位副主席的关心和帮助，机关党组成员和专委会主任配合和支持，尤其是机关干部齐心合力、勤奋工作，使我在五年的履职中，克服困难，顺利完成了各项工作任务。我印象至深的有以下几个方面的工作：

第一，省政协委员提案质量明显提高。每年政协全会期间和闭会以后，省政协委员围绕全省经济和社会发展的各个领域，在深入调查研究的基础上，通过撰写并提交提案的方式，履行政治协商、民主监督和参政议政三大职能，在实践中收到了很好的效果。在五年多的时间里，共提交提案 3000 多件，平均每年都在 700 件左右，办复率达到 90%以上。除少数需要通过法律程序办理的提案外，绝大部分都得到了及时办理，其中不少提案转化为政府或政府部门的规章文件、政策措施，为推动全省经济和社会发展发挥了重要作用。尤其是许多开创性的工作，在全国政协系统产生很大影响。如省政府和省政协领导共同领衔督办提案，省政协主席会议专题办理提案等举措，都是在全国政协系统具有首创性的工作，受到全国政协和省委主要领导同志的充分肯定。西咸新区成立后，曾多次向国家主管部门申报国家级经济开发区的项目，由于在此之前国家已经批准西安高新技术开发区，所以项目一直没有得到批准。后来通过驻陕全国政协委员在全国两会上报送提案，被列为全国政协的重点提案，由全国政协原副主席陈宗兴领衔督办。陈宗兴副主席一行在西安调研期间，我全程陪同省政协主要领导同志调研，了解这个提案调研和落实的过程。全国政协调研组在西安召开的座谈会上，国家有关部门同志普遍认为，鉴于西安市高新技术开发区已经列入国家级经济开发区之列，可以考虑将西咸新区以综合城市改革试验区的项目进行申报，与会同志都认为这个意见很好，后来通过省政府上报国家主管部门，经过国家多个部门联合会审，最终得到立项批复。2013 年，娄勤俭省长和马中平主席共同牵头，省政府八位副省长和省政协八位副主席共同领衔督办了一批涉及面广、办理难度很大的提案，解决了我省经济和社会发展中遇到的不少问题。

第二，举全机关之力搞好接待工作。2011 年初，我刚到省政协机关工作，就遇到世界园艺博览会在西安举办，全国政协系统来陕考察调研的团队明显增多，全年接待总量达到 2800 多人次，创下了省政协接待人数的历史最高水平，其中全国政协领导同志带队考察的团队就有 21 批次，人数最多的近百人。其中包括协助省委接待的中共中央政治局常委、全国政协主席贾庆林，中共中央政治局委员、全国政协副主席王刚和中共中央书记处书记、全国政协副主席杜青林等党和国家领导人在陕的视察调研活动。为了完成如此艰巨的接待工作任务，省政协秘书长办公会议研究决定从全机关抽调力量，投入接待工作中去。在大家的共同努力下，顺利完成了各项接待工作任务，受到全国政协和省委主要领导同志的充分肯定。搞好接待工作，不仅能够让外界全面客观地了解我省经济和社会的发展情况以及面临的困难和问题，争取国家有关部门政策上和资金方面的支持，还可以加强我省与兄弟省区政协之间的工作情况交流，促进省际经济技术和文化等领域的交流与合作。在我的印象当中，凡是全国政协领导同志带队视察调研的团队，在对陕西的视察调研报告中，都从不同角度总结了我省在改革开放和现代化建设中的新经验和新做法，包括存在的困难和问题，以及解决这些困难和问题的途径和办法，既在更高层次上和更大范围内宣传了陕西，又为我省争取了政策上和资金方面的支持和帮助。

第三，围绕全省中心工作开展视察调研工作。在这五年时间里，根据省委每年年初下达的政治协商计划，省政协先后围绕着力发展服务业、促进战略性结构调整、推进生态文明建设、加强文化强省建设、创新社会管理、加强科技统筹、推进城市化建设与管理、增加协商密度和提高协商质量等专题，每年安排两次大规模的专题视察调研活动，组织省政协委员深入全省农村、社区、企业、学校和科研单位开展实地视察调研活动，通过了解我省各条战线、各个方面在改革开放和现代化建设中出现的新情况、新问题，掌握了大量第一手资料，经过认真分析、研究和综合整理，形成有情况、有问题和有对策的专题研究报告，在每年两次议政性常委会上进行交流，形成综合报告和调研报告汇编，报送省委、省政府领导同志参阅，受到省委、省政府领导同志多次重要批示。尤其是许多调研成果中提出的意见和建议，在党委和政府的工作中被转化为政府的规章或政策措施，有力地促进了全省经济和社会的发展。

第四，社情民意信息和文史工作取得新的进展。在这五年期间，省政协机关向上级领导机关报送社情民意信息的数量越来越多，质量越来越高。2013 年共上报信息 138 篇，受到省级领导干部批示 38 次。也就是从这一年开始，省政协决定每年在全省两会上，对全省政协系统上报社情民意信息的先进集体和先进个人进行表彰奖励，有力地促进了这项工作的开展。同时，全省政协系统的文史工作也迈上了一个新台阶。在梁和平和周敏同志先后担任省政协文史和学习委员会主任期间，在全省政协系统文史工作重点县建设中，通过积极工作，省政府先后两次安排预算内基本建设资金 1900 万元，用于扶持全省政协系统重点县建设，撬动了市县配套资金的落实，推动了全省政协系统文史馆的建设，为收集、整理和保存珍贵的文史资料发挥了重要作用。在全国政协系统文史工作会议上，我省政协文史工作受到了表扬。此后，全国不少兄弟省区政协组团来我省参观学习文史工作经验。

第五，机关其他工作也取得很大进步。在这五年期间，省政协机关党的建设、各项管理制度建设、机关后勤事务管理，以及党风廉政教育等机关内部建设普遍得到加强。通过加强学习和整顿作风，机关干部的精神面貌发生了根本变化，讲学习、比工作和比贡献的风气越来越浓，工作责任心、纪律性和组织协调能力明显加强，工作质量和工作效率显著提高，确保了省政协机关各项工作的开展。

通过这五年的工作实践，我有四点体会：一是党委的重视和支持是搞好政协机关工作的根本保证。2012 年，省委召开全省政协工作会议，专题研究人民政协工作，并先后两次下发正式文件，为支持人民政协开展政治协商工作制定了一系列政策措施，传递了党委重视政协工作的强烈声音，推动了我省人民政协事业的发展。二是紧密团结各民主党派和各族、各界人士，汇聚力量，形成广泛的共识，是发挥人民政协重要协商平台作用的关键。政协机关与各民主党派联合开展视察调研工作在实践中收到了很好的效果，应该继续坚持下去。三是必须围绕全省工作大局去谋划和推进政协工作，这是搞好政协机关工作的前提。每年围绕党委中心工作和省政协的工作部署搞好机关的工作，组织委员“建睿智之言，献有用之策”，才能有效地履行职能，顺利完成机关的年度目标任务。四是加强政协机关的自身建设，认真搞好“三个服务”。为省政协领导服务，为省政协委员服务，为基层政协服务，这是省政协机关的职责所在，也是搞好政协工作的有效途径。同时，还要加强机关干部的学习培训，不断提高工作人员的政策水平和实际工作能力，这是搞好机关各项工作的基础和前提。

（作者系陕西省政协原秘书长）

十年磨一剑　筑牢食品安全的防线

○胡小平

食品安全直接关系到人民群众的健康和生命安全，既是重大的民生问题，也是重大的经济问题和政治问题。陕西这十年，认真贯彻习近平总书记对食品安全监管提出的“最严谨的标准、最严格的监管、最严厉的处罚、最严肃的问责”要求，勇于创新，多措并举，牢牢筑起了食品安全的防线。

十年前，食品安全监管实行的是以分段监管为主、品种监管为辅的模式，共有9个政府部门负责食品安全监管工作，涉及监管法律法规185部。由于多头管理、政出多门，导致职责不清、衔接不畅、责任不实，监管难以到位。2011年6月，渭南市发生了雨润集团渭南生禽肉类有限公司“问题肉”事件，引起社会极大关注，暴露了旧监管体制的弊端。2011年8月29日，省政府第16次常务会做出决定，支持渭南在全省率先开展食品安全监管体制改革试点，探索监管新路子。

渭南市委、市政府认真研究，勇于探索，积极进取，把握全局，站在高起点，考虑在监管机构、许可管理、执法监督、技术资源等方面进行整合，把农产品、畜产品、水产品的监管职能、人力和技术资源整合到一个部门统一管理，把食品生产、流通、餐饮服务的监管职能、人力和技术资源整合到一个部门统一管理。同时在县（市、区）设立农产品检验检测中心和食品检验检测中心两个技术检验机构，在乡镇（街办）设立相应的食品安全执法派出机构。市、县公安部门设立专门的食品安全执法机构，充实一线监管力量。改革后，9 项行政审批、16 项行政执法职能统一交由市、县食品药品监督管理局。这一改革，改变了食品监管的九龙治水状况，实现了全程无缝监管。

陕西省委、省政府高度重视，及时总结、完善、推广渭南的做法和经验，在 2013 年 1 月 22 日出台的《关于贯彻落实国务院加强食品安全工作决定的实施意见》中明确提出：各市、县、区政府要借鉴渭南改革模式，按照横向到边、纵向到底的原则，加强食品安全监督执法资源整合，完善基层管理工作体系。要在乡镇政府、街道办事处设立食品安全监管所，作为县级食品药品监督管理局派出机构，负责行政区域内除食用农产品以外的食品安全监督管理。在省委、省政府的大力支持下，2013 年全省食品药品监管体制改革在下半年就全面完成，走在了全国各地的前面。

“渭南模式”也成为全国改革的样本。2013 年 3 月 10 日，按照

《国务院机构改革和职能转变方案》组建国家食品药品监督管理总局时借鉴了渭南的做法。2013 年 6 月，时任中共中央政治局委员、国务院副总理的汪洋在全国食品药品监管体制改革工作电视电话会议上对渭南加强和改进食品安全工作的做法和经验予以高度评价。2013 年 8 月全国人大《食品安全法》立法调研组专程到渭南调研，2015 年 4 月全国人大常委会新修订的《食品安全法》将渭南做法和经验写入《食品安全法》，上升到法律高度。

体制理顺、机构稳定后，全省食品安全的各项工作全面展开。2015 年出台食品药品违法举报奖励办法，鼓励社会公众参与推动社会共治，创造全社会共治食品安全的良好氛围。

持续开展食品安全示范县创建活动，破解监管难题，以奖代补激发活力。2012 年省政府出台奖励政策，对创建达到标准的省级食品安全放心县（市、区），在命名时给予一次性奖励 200 万元。2014 年，陕西作为全国四个试点省份之一，选取西安、宝鸡、杨凌、韩城作为首批国家食品安全城市进行创建，2016 年全省有 16 个县达到了创建标准。示范县的创建，形成了一套创建体系，夯实了监管责任，完善了监管方式，提升了监管能力，为全省食品安全监管做出了示范。

全面开展保健食品安全集中整治。2010—2011 年，全省保健食品风险监测合格率分别为 52%和 48%，为了及时扭转这一状况，在全省集中时间、精力开展专项整治活动，查处并曝光了一批大案要案，加快建立保健食品生产经营监管信用体系及“黑名单”制度，形成打击生产经营假冒伪劣保健食品行为的高压态势。

积极推进地方立法，填补“三小”法规管理空白。2013 年启动《陕西省食品小作坊小餐饮及摊贩管理条例》的起草工作，2014 年列入立法计划，2015 年省人大通过了该条例，这也是在全国率先出台的一部小餐饮方面的地方法规。《条例》将“三小”业态的食品安全管理从单一部门上升到政府统一负责、组织、协调本行政区域监管，大大提升了监管效力。

整合县级检验检测资源，力求权威高效“整市推进”，布局检测体系。2012 年，省政府出台《关于整合资源建设食品安全检测中心的指导意见》，在全省形成市、县检验机构分工明确、上下衔接、逐级递进、有机一体的食品安全检测体系，逐步实现人员设备统一利用、检验任务统一安排、检验经费统一归口管理、检验信息各部门共享的工作格局。

积极推行“黑名单”制度，让失信者寸步难行。2012 年 3 月出台《陕西省食品生产经营领域禁止从业人员管理制度》，通过实行“黑名单”制度把各种无良企业的无良行为予以曝光，对于那些违法生产经营者具有一定的震慑力，对违法经营行为起到必要的惩戒和遏制作用，而且有利于公众监督，增强公众对食品安全的信心。

从“老乡摆席，饭菜登记”到“农村集体餐饮服务队”，不断探索农村集体餐饮管理之道。2014 年出台《陕西省农村集体餐饮食品安全管理办法》，为保障全省农村老百姓集体餐饮食品安全增加了一道安全屏障。

主动出击，开展全省食品安全风险大排查，查漏补缺，锤炼队伍，全面提升监管能力。机构改革到位后，从 2014 年 3 月中旬开始，历时 200 余天，在全省开展了一场从生产加工到流通、餐饮，从许可企业到未达到许可条件的生产经营户的全链条食品安全风险大排查。这次专项行动，既是风险大排查，也是一次队伍大练兵、业务大培训、能力大提升，还是一次面向社会公众展示机构改革成果的大亮相。

科学探讨全链条管控食品安全，积极探索品种监管为主、分段监管为辅的监管模式。通过这种方式，使监管重点突出，权责更加明晰。不仅能打破分段监管的权限壁垒，而且消除了分段监管人为认识的执法局限，改变了传统的监管思维，对食品安全实施精细化管理，解决了体制改革以后工作运行简单组合的工作模式；突出了管理的专业性，延伸了执法的连续性，降低了监管成本，提高了资源的综合利用率和监管效率。

加强基层队伍培训，提高履职能力，扎实开展乡镇所标准化创建工作。加强乡镇所的建设，增强了基层食品监管的力量，建立了以食品安全信息员、协管员为主体的群众监督队伍，形成分区划片、包干负责、信息畅通的食品安全基层监督网络，建立起有效的食品安全基层“防火墙”，真正实现了食品安全工作重心下移、监管触角向下延伸、监管层面全覆盖。

创新食品安全社会治理模式，探索食品企业诚信体系建设。2014 年省上出台《关于加强食品药品安全诚信体系建设的实施意见》，提出从企业诚信、监管诚信、技术诚信、社会监督等四个方面，突出制度建设这个重点，用三年左右的时间，逐步建设覆盖食品药品安全全过程的信用体系。

加强食品药品安全行政执法与刑事犯罪案件衔接工作，深化食品药品监管部门与公安部门的协作配合，提出了联动十大机制，公安提前介入，行政执法部门及时报送情况，全面提升了打击危害食品安全违法犯罪活动的办案质量和行政执法的效果。

另外，通过开展实施网格化管理、“一票通”制度、应急演练、专项整治、精神文明、行风建设等一系列活动，都有效地提升了食品安全的监管力度。

可以说，陕西这十年食品安全进入全面治理的新阶段，全省没有发生区域性、系统性食品安全事件，食品安全形势向着稳中向好的态势不断健康发展，食品安全群众满意度逐年提高，为陕西经济发展、社会稳定、保障人民身体健康安全做出了积极的贡献。

（作者系陕西省政协委员）

三秦印记

巨变·这十年

经济建设

步伐坚实求发展

养牛场 · 李小超 / 作品

天堑变通途　高山出新城

——一位工程咨询人参与建设延安新区过程

○宋阿丽

延安，中国革命的圣地，黄土高原上一颗璀璨的明珠，它让我魂牵梦萦，心心念念。

一次偶然的机会，让我与延安、与延安新区结下了不解之缘，让我有幸参与了延安新区的建设，并见证了延安新区的蓬勃发展。

2014 年底，延安市委、市政府为建设发展红色延安，传承发扬红色基因，决定围绕延安老城，劈山填沟，分时段、分区域规划建设一座总占地面积 78.5 平方公里，承载 40 万以上人口的现代化新城，以展现新时代延安的新崛起、新形象、新面貌。新区管委会按照规划，计划启动延安大剧院 EPC 招标工作，项目负责人了解我公司情况后，随即通过电话与我取得联系。

在黄土高原上建设一座现代化新城，难度可想而知。当时，我带着疑惑来到延安新区了解情况。

从西安一路向北，自尹家沟顺着盘旋的简易公路颠簸，走走停停，终于上到坡顶，首先映入眼帘的是紧张的建设场面：一大片裸露的黄土地上，塔吊林立，机器轰鸣，车辆疾驰而过，带起一阵尘土。

在被黄土围着的简陋工棚里，我见到了几位经受过风沙洗礼的脸色黝黑、颧骨通红的工作人员，他们炽热的目光充满了渴望，让我顿时忘记了一路的舟车劳顿、身体不适，立即投入紧张的工作之中。我从费率招标到暂估价项目设置，从以设计管理为切入点到提高项目控制主动权等方面向他们做了详细介绍。

从此，我也成为新区建设者中的一员。白天，在四面透风的工棚里，协助建设单位完善制度建设，到风沙弥漫的现场监督建设单位严格履行施工合同；晚上，则要摸黑在被渣土车压坏的路床和因为埋管挖断的路基间寻找下山的道路。好几次，路断车阻，只好坐在铲车的斗子里，辗转几道梁峁和沟坎才能下山。遇上网络信号不好，还要翻山越岭，找到有信号的地方，连线专家会诊造价管理过程中的“疑难杂症”。就这样，没有节假日，没有与家人的团聚，我坚守在施工现场。在多少个风沙弥漫的白天，我和赵元朝大师一起登上脚手架，查验檐口的弧形线条与屋脊，计算措施费与建筑效果间的平衡。在多少个不眠之夜，我与总包单位和专家据理力争，只为了舞美音响设备选型与价格间的平衡。这一切，都是为了把有限的资金用到刀刃上。

凭着对延安这片红色土地的热爱和崇敬，对建设工程的执着和坚持，我的工作赢得了建设单位和同行的信任与支持。仅仅用了一年半时间，一座 5 万平方米的现代化综合大剧院在延安新区拔地而起，为黄土高原涂上一抹鲜艳的亮色。后来，这座高质量、高水准、现代化的建筑还获得了中国建设工程的最高奖“鲁班奖”。

在 2016 年第十一届中国艺术节的开幕式上，当我坐在雄伟气派、宽敞明亮的大剧院里时，想到经历过的风风雨雨、日日夜夜、曲曲折折，我不由自主地流泪了。那泪水，是幸福的泪水，是自豪的泪水，也是感动的泪水。

建设延安新区，打造新时代的新延安，承载着几代人的梦想，寄托了亿万人的期盼。8000 多名建设者夜以继日，连续奋战 378 天，挖填土方 5. 7 亿立方米，攻克目前世界上湿陷性黄土地区规模最大、情况最为复杂的岩土工程的难关，硬是在沟壑纵横的黄土高原上造出了 2. 4 万亩的小平原，这是何等的气派、何等的毅力、何等的震撼。

在圆满完成 5 万平方米的现代化综合大剧院工程后，我又先后参与了延安大学新校区全过程造价咨询，鲁艺公园、新区大部分的市政道路和绿化等市政配套设施的招标代理及造价工作，涉及金额 50 多亿元，为延安新区的建设贡献了自己的智慧和心血。

2018 年，在延安新区三中、三小学校项目中率先开展全过程工程咨询试点，随后在延安全民健身中心项目、延安博物馆项目、清华附中项目和大数据二期项目上推广、应用。通过为项目决策阶段提供综合性服务、为项目实施阶段提供精细化和标准规范化管理服务，提升决策科学化水平，使项目资金运作更加合理有效，使建设更加顺畅有序，保证了项目建设质量。延安博物馆项目先后被省监理协会和省造价协会列为全过程工程咨询示范项目并在陕西省内发布、推行。

一晃八年了，延安新区的建设还在如火如荼地推进，当我站在贵人峁观景台上，眺望新区，看着它每天都在生长，感受着它每天的变化，我想，用不了多久，黄土高原上一座有“颜值”，有“气质”，“城在林中、路在绿中、房在园中、人在景中”的宜居、宜业、宜游的现代化生态新城将展现在世人面前，它会骄傲地向世界宣布：这就是新时代的新延安。

延安，我用青春和心血为你梳妆打扮，这一生有如此幸运，值了。

（作者系陕西省政协委员，陕西省建设监理协会监事长，陕西省建设法制协会副会长）

亲历陕西科技创新十年

○张婷婷

党的十八大以来，陕西省委、省政府领导广大科技工作者坚持“四个面向”，把创新作为引领发展的第一动力，深入实施创新驱动发展战略，为创新型国家和科技强国建设贡献“陕西力量”。作为科技界的一员，我更加深切地感受到：这十年，陕西科技创新策源能力显著提升，科技创新投入迈上新台阶，科技型企业数量快速增长，创新创业蓬勃发展，一项项高水平创新成果从三秦大地喷涌而出，陕西在创新驱动发展方面迈出更大步伐，为加快打造西部创新高地奠定了坚实基础。

亮成果丨这十年，陕西科技事业发生可喜变化

正如我们所看到的，2021 年陕西省综合科技创新水平指数 67.86%，排名全国第 9 位，其中科技活动产出指数 77.39%，排名全国第 4 位。回望这十年，陕西科技成果“稳定输出”，科技动力激昂澎湃，在“智慧树”上结出“累累硕果”。

这十年，伴随着“祝融”探火、“嫦娥”奔月、“天和”遨游星辰、“问天”成功问天、“蛟龙号”深海探测、“C919”成功首飞，“陕西智慧”迸发出了璀璨夺目的光芒。

这十年，大型运输机、新能源汽车、闪存芯片、高端液晶面板等新兴科技成果成为“陕西智造”的新名片。

这十年，三秦科技工作者始终拥抱科技、面向未来、勇攻难关，克服“卡脖子”难题，推动成果转化，贡献一个个“陕西方案”。2016 年至 2019 年，陕西作为全国唯一省份，连续四年被评为“实施创新驱动发展战略、推进自主创新和发展高新技术产业成效明显的地方”，受到国务院督查激励。一连串耀眼的成果勾勒出十八大以来陕西科技创新发展的可喜变化。

摆格局丨这十年，坚持“四个面向”，形成新的发展格局

党的十八大以来，我们更加深刻地体会到，“四个面向”是指引

新时代科技发展方向的科技创新观，是科技创新的价值观、实践观的有机统一。我认为陕西科技发展基本遵循了其内在逻辑。

面向世界科技前沿。坚持目标导向和自由探索两条腿走路，在1500毫米非球面超精密车磨复合加工机床（西安交通大学蒋庄德院士团队）、ITER用高性能多芯复合超导线材制备成套关键技术（西部超导材料科技公司）、煤气热载体分段多层低阶煤热解成套工业化技术（SM-GF）（陕煤集团）等方面取得了具有国际影响力的原创成果。

面向经济主战场。陕西深入实施创新驱动发展战略，围绕产业链部署创新链、围绕创新链布局产业链，增加创新投入，推进研发机构建设，以实施重大科技项目为载体，加强自主可控关键核心技术在产业链上的应用，促进创新链与产业链融合发展，提升企业创新能力，让科技成果真正转化为经济新动力，推动经济高质量发展迈出更大步伐。

面向国家重大需求。陕西围绕技术优势领域和产业创新需求，筹建陕西实验室，加快建设高精度地基授时系统、转化医学两个国家重大科技基础设施，支持空天地海无人系统综合试验测试、二氧化碳捕集利用与封存等探索预研，启动国家超算（西安）中心建设，支持西安建设综合性国家科学中心。

面向人民生命健康。组织全陕精锐力量开展疫情防控应急科研攻关，在药物、检测试剂等方面取得一批科技创新成果，有力支撑新冠肺炎疫情防控。创新药物、国产高端医疗器械、先进诊疗技术，让人民群众享受到更多高质量的创新成果。

促转化丨这十年，众多科技成果从“纸面”走向现实

这十年，从我的观察来看，陕西在科技创新方面的主要做法是：瞄准创新驱动高质量发展的难点、痛点、堵点，持续推动改革。

陕西出台《陕西省促进科技成果转化若干规定》《关于创新驱动引领高质量发展的若干政策措施》等一系列科技政策，赋予科研机构和人员更大自主权，创造了良好的政策环境。举全省之力建设秦创原创新驱动平台，打造立体联动“孵化器”、成果转化“加速器”和两链融合“促进器”。西安着力打造科技成果转化样板工程——“科创中国·西安学会智创园”，西安科学家博物馆成为弘扬科学家精神的窗口，科学家大讲堂成为汇聚科技工作者的大舞台，所有的平台都肩负着科技成果转化的重任。

为充分释放科技资源潜力，推动科技成果转化，陕西在全国率先开展高校科技成果转化“三项改革”，打破了科研人员“不敢转”“不愿转”“没钱转”的尴尬。截至 2022 年 7 月，全省已有 52 所高校全面实施科技成果转化“三项改革”试点，17724 项科技成果已单列管理，1052 项成果正在实施转化，666 名科研人员和 36 名科研管理人员凭借科技成果转化贡献参加职称评审。

2021 年，陕西承接国家重点研发计划 40 余项，首次与科技部联合组织实施 2 个国家重点研发计划部省联动专项。省科技厅梳理总结

29 个重点领域 2662 项关键核心技术需求，部署实施 8 个科技重大专项和 272 个重点产业链创新项目。未来，陕西的科技成果转化将更加成熟、系统，逐渐发展成服务全国、吸引全球的科技成果转化高地。

兴产业丨这十年，新的技术带动了新的产业

这十年，我们有目共睹的是，随着科学技术的不断发展，新的产业随之应运而生，陕西也依托创新驱动走出了一条高质量发展之路。

在绿色、环保越来越成为中国乃至世界发展的要求时，陕西新能源汽车产业以领跑全国的态势为我国实现“双碳”目标注入了新鲜动能。西安比亚迪所生产的搭载着刀片电池、DM-i 超级混动等突破性技术的新能源汽车，带动市场份额快速增长。2022 年第一季度，陕西新能源汽车产量 14. 7 万辆，同比增长 16. 3 倍，大大高于全国增幅。

在生物医学方面，陕西同样成果斐然。2021 年，新一代人工晶状体“卡脖子”难题在陕西被成功攻克——总质量 20 毫克左右、光学面直径 6. 5 毫米，小小的可折叠人工晶状体，可以为白内障患者“重绘”世界。

载人航天、嫦娥探月等重大工程，“蛟龙号”、C919 大型客机等大国重器均不乏陕西力量深度参与其中。同时，陕西形成了以光电子信息、智能制造、生物医药、汽车、新能源新材料等特色主导产业为支撑的现代产业体系。陕西坚持“以产促城、以城兴产、产城融合”

的发展模式，成为西部典范。

育人才丨这十年，人才是科技强陕的底气

这十年，我深切感受到，陕西将人才作为科技创新第一资源，全面实施以科技人才为支撑的创新驱动发展战略，加快打造西部创新高地，助力科技经济腾飞。

陕西现有高等院校 109 所，拥有 8 所“双一流”高校。依托高等院校富集的优势，陕西“孵化”出众多的科研院所。其中，国家重点实验室 26 家、国家级国际科技合作基地 24 个、省级国际科技合作基地 109 个、省级重点实验室 173 个、省级工程技术研究中心 221 家。近年来，陕西还组建空天动力研究院、国家智能制造研究院、国家分子医学转化科学中心等创新大平台。

截至 2021 年底，陕西拥有两院院士 72 人，每万名就业人员中研发人员数量接近 56 人，高科技人才“密度”优于全国大部分省份。近年来，陕西还围绕解决重点产业链“卡脖子”的关键核心技术问题，着力引进国内外高端领军人才和拔尖创新青年人才，成效明显。

尤为可贵的是，2021 年陕西研发经费投入达到 584. 58 亿元，在地区生产总值中所占比例达到 2. 27%，高居全国第 7 位，保持西部地区首位。未来，陕西将以人才为支撑，在越来越多的高精尖领域推动科技进步。

促民生丨这十年，科技为人民生活带来新变化

这十年，科技创新让我们的城市活力无限，人民生活更加美好，三秦大地无不展现着科技带来的新变化。

以现代科技推进秦岭生态修复，发展陕西绿色经济。习近平总书记来陕西考察时指出：“秦岭和合南北、泽被天下，是我国的中央水塔，是中华民族的祖脉和中华文化的重要象征。”保护好秦岭生态环境，强化科技对秦岭生态修复的支撑作用，对确保中华民族长盛不衰、实现“两个一百年”奋斗目标、促进可持续发展具有十分重大而深远的意义。

陕西加快建设种业实验室，建立起种业创新大平台，建立起数字化种质、基因、表型资源信息库，形成集品种培育、繁育、推广为一体，生产、加工、销售一条龙服务的产业化经营模式，提升种业自主创新能力，广大农民兄弟受益良多。

煤炭产业是陕西省重要的经济支柱，在作为陕西煤炭产业中心的榆林，近年来科技创新带来的驱动作用愈发显著。从煤制甲醇、聚烯烃，到医用可吸收缝合线、骨骼支架、可降解一次性塑料用品……榆林煤炭产业的创新转型产品越发丰富。煤炭绿色安全高效开采与清洁利用，为陕西贡献了更多的青山绿水、洁净空气。

新冠肺炎疫情暴发以来，人工智能、云计算等一系列新兴技术各显神通，“健康码”成了“通行证”和“流调”数据源；AI 算法快速

筛选，实现核酸检测的自动化，提高了核酸检测的效率，病例分析更准确；智能消杀机器人、智能配送机器人参与抗疫，有效降低了员工感染的概率；医疗健康服务云平台上线，提高了医院专家会诊的效率，减轻了医疗系统的压力。科技在抗击新冠肺炎疫情中发挥了巨大作用，有力保障了人民生命健康安全。

新格局丨未来陕西科技创新的动力将更加强劲

展望未来，我们满怀期待，希望陕西继续深刻把握新发展阶段、贯彻新发展理念、构建新发展格局的丰富内涵和实践要求，从政治高度，以战略眼光和全局视角应对新挑战、谋划新发展，在国际大环境、国家大格局、大战略中抢抓机遇，找准定位，找准着力点和突破口，科学应变、主动求变，让科技创新融入新发展格局，成为驱动高质量发展的强大引擎。

（作者系西安市政协委员，西安市学会科技服务中心理事长、主任）

网格预报十年发展

○牛桂萍

上午，“嘟嘟嘟……”铜川市气象台的值班电话响起来了，预报员接起电话：“您好，这里是气象台，请问有什么要咨询的吗？”电话那边传来一个声音：“您好，我是照金景区管委会的工作人员，明天在照金要举办一个大型活动，我们在网上查了一下，明天预报有雨，我们想详细了解一下照金明天天气怎么样，能否提供逐小时的预报？”预报员胸有成竹地回复道：“好的，您说个联系方式，我们半小时后将精细化的预报产品发给您。”

预报员打开每天都会用到的“智能网格预报智能解析系统”，画面中的铜川地图呈现为3公里×3公里的网格状，任意格点上的包括天气现象、温度、降水、风向、风速、云量等18种预报要素的逐小时预报值均被详细列出。预报员很快通过系统制作出了照金逐小时预报产品，随后一键式发送给照金景区管委会。

雨什么时候下，什么时候停，每小时能下多少，过程降雨量能有多少，每小时的天气状况是什么样的……这些看似普通的业务问题，如果放在十年前，预报员要依据手头的数据资料和预报经验，至少要花半天时间分析，而且只能提供温度、雨量、风速这些基础的预报信息，要做到逐小时又是具体点位上的预报，那难度就太大了。

过去，我们听到的预报基本都是“预计今天晚上到明天白天我市晴间多云，温度 23 到 34 度”，诸如这样的描述，而如今，我们的预报内容可以精细化到具体的地点、具体的时次和具体的量级，这个看似内容形式上的变化，背后却是大数据技术不断应用于天气预报的结果。小网格里到底蕴藏着怎样的大智慧呢？让我们一起聚焦智能网格预报，认识这项新的技术发展之路。

预计 2022 年底，我国气象预报服务统一数据源的“一张网”网格预报业务将正式运行。这张网空间分辨率达 5 公里×5 公里，时间上可实现逐 3 小时发布未来 10 天的天气预报，公众可随时随地获得基于位置的精细化气象服务，这意味着我国天气预报将实现从传统站点预报向格点预报的转变。

智能网格预报之“网格篇”

天气预报是不断从定性预报、描述性预报向数字化、格点化预报发展的。原先气象部门发布的天气预报，内容只包括全国 2400 多个城镇的天气现象、高低温和风速风向预报，频次是一天三次，预报的时间精度和空间精度不高。2012 年，国家气象中心推出了一个新的预报产品，即大城市精细化预报。该产品把全国省会城市、计划单列市 24 小时内的天气预报进行细化，每 6 小时开展一次预报，降水量报到毫米，但即便这样也不够精细，无法满足各行业及公众的需求。

需求推动了业务的发展。2010 年左右，“网格预报”这一概念被引入我国的精细化预报业务。如何理解它呢？ 可以这样比喻，就像地球上的经纬网一样，我们可以把中国以及每个城市所在的区域分解成许多个 5 公里×5 公里，甚至 1 公里×1 公里的网格，而公众就生活在这样一个个的网格中，每个网格中的天气情况也会有所差异。

网格化预报就是针对每一个这样的网格开展的。与原来的定点预报相比，它在空间上更加精细，也更具针对性。就拿铜川的预报来说，原来的预报只是以铜川气象站这一个点的气温、降水等来代表整个城市的天气情况，但通过开展网格化预报，铜川的天气不再由一个定点来反映，铜川的气象服务和天气预报可以精细地反映在整座城市每个不同的网格之中。目前，铜川市的网格预报产品在空间上，可以实现 3 公里分辨率。

网格化预报的精细不仅体现在空间上，还反映在可以每天更高频次的更新和发布上。原来一天的天气预报中只会涉及一种天气现象，现在网格化预报可以做到逐 1 小时的 3 天预报、逐 3 小时的 10 天预报。随时随地，公众都能了解到自己当前所处的网格是什么样的天气，能够清楚地了解气温、降水、风等多个基本气象要素的状况。

在原先的预报产品中，公众接触较多的就是气温、风和天气现象这三个要素，而当前的预报产品已细化到四大类 18 个气象要素，比如气温、降水、降水相态、风、云量、相对湿度等。以前 12 小时的预报中只反映一个天气现象，现在有了更精细的预报，可以反映不同时段的天气现象。这张时空分辨率越来越高的预报网格已经是气象部门预报业务最为关键的预报产品。目前气象部门的预报服务产品都可从这张网中提取。

随着网格预报的发展，产品的内容越来越全面、丰富，数据量也越来越庞大。各级气象部门基于精细的网格预报，再结合位置、网络、移动终端等服务手段，可以为公众提供距离最近的、最具有针对性的服务和产品。

智能网格预报之“智能篇”

智能网格气象预报的核心特征之一便是智能化。高分辨率智能网格需要高分辨率区域数值预报模式支撑。目前我国建立了四套业务化运行的高分辨率模式，为网格预报提供支撑，省市气象部门开展对模式的数据处理、诊断分析、解释应用、交互订正，形成网格预报产品。

未来，气象部门还将发展结合物理机理与数值预报、大数据挖掘应用的智能预报技术。一方面，基于数值预报机理的数理统计形成复杂的预报模型、预报方法；另一方面，基于大数据技术的数据挖掘、机器学习等方法，研究深度学习预报模型或预报机器人。有人可能会问，如果完全基于机器学习和人工智能，那未来智能预报该怎么做呢？是不是天气预报就可以完全依靠机器和算法来实现呢？的确，“智能”对预报提出了挑战。气象是个复杂开放的系统，影响它的因素太多。比如降雨，水汽、湿度条件都满足了，但空气中没有“凝结核”，雨也下不下来；比如沙尘暴，风速太大只会让风在平流层“奔跑”，无法形成沙尘。

因此，“智能”并不意味着预报员的人为经验在这一过程中毫无“用武之地”。预报员的优势在于丰富的经验和对关键天气形势的把握。在智能预报的初级阶段，预报员多年的预报经验可以用来“喂养”机器和模式；而在模型和智能化水平越来越高、人工订正的空间越来越小时，一部分预报员将会投入技术研发，而另一部分预报员将主要转向关键转折性天气过程预报、分析等气象服务工作。

智能网格预报之“服务篇”

我们经常会遇到一种情况，同样收到有雨的天气预报，在北边的人会觉得这雨报得挺准，说几点下就几点下；而在城市另一端的市民也许会吐槽，这雨并未按照预报上说的如约而至。

这样的情况充分说明，天气预报与公众的需求并没有完全契合，有的地方下雨了，有的地方还没下。如何与公众需求相契合就是智能网格预报业务要解决的问题。智能网格预报是把区域分成 3 公里×3 公里的网格，在这个基础上每隔 1 小时更新一次预报，如果遇到重大天气过程，更新的频率还会加快。也就是说，无论你身在城市的哪一个角落，你得到的天气预报将是你所处的 3 公里网格范围内的天气预报。假如你在南边的某个“网格”里，那你和北边，甚至距离你不远的西南边、东南边某个“网格”里收到的天气预报是不一样的。

有人会问，划这么细，准确率能保证吗？从气象科学的角度看，在同样的技术水平下，当时间和空间分辨率变大，气象预报的准确率一般来说是会降低的。但气象部门在智能网格预报的运行过程中，致力于改变传统预报，制作高时空分辨率的网格预报，就是基于气象服务的需求。只有这样，才能打破“预报有雨很准，但雨没下到我这里”的奇怪现象。

当然，智能网格预报不仅提供降雨预报服务。事实上，它能提供基于电脑 IP 地址和手机位置的精准气象服务，除了降雨，还能预报风、温度、湿度、云量、能见度等情况。与以前的预报相比，网格预报将全部是精细定量的数字化预报，这有助于预报员对灾害性天气影响进行预报。基于精细的智能网格，在开展地质灾害、暴雨洪涝、高温干旱等影响的预报时，预报员对下游灾害性天气影响的预报准确率也会大大提高。

随着气象科技的发展，3 公里和 1 小时，这两个数字也会越变越小，这意味着网格预报的精细化程度会越来越高。基于精细化的网格预报，不管涉及农业、交通，还是旅游，我们所享受到的与气象有关的服务都会变得更加精细，人们的生活品质将得到进一步的提升。

（作者系铜川市政协委员，铜川市气象局党组书记、局长）

话说汉中民航这十年

○李永正

汉中地处中国地理版图中心位置，北依高大险峻的秦岭，南屏绵延千里的巴山，汉水自西向东横贯全境，自古就是西南四川盆地通往陕西关中的门户和兵家必争之地。“蜀道之难，难于上青天”，说的就是汉中这段“蜀道”的艰危。古人开山筑道，凿石门而通云栈，修筑了最早连通关中与四川盆地由官方管理的国家驿道。但交通不便始终是制约汉中发展的瓶颈，人们期待插上翅膀飞上蓝天的愿望亘古不变。飞机的发明和广泛运用，让人们“扶摇直上九万里”的飞天梦想终于成真。作为一名政协委员和市机场管理局曾经的负责人，我亲历并见证了汉中机场由小变大、民航事业由弱变强的全过程。可以说，汉中人的飞天梦是近十年内才真正实现的。

汉中的机场诞生于抗战烽火岁月，曾经先后筹建或作为机场使用的有6个之多，完全建成的有4个。抗战胜利后，这些机场多半被废弃，仅有两个保留下来，一个是西郊机场，一个是五渠寺机场，它们分别是汉中西关机场和现在汉中城固机场的前身。新中国成立至1974年10月，汉中未开通民航航班。1974年11月2日，才在西关机场正式开通民航业务，仅有汉中至西安一条航线。执飞机型小，主要是苏制里-2型和伊尔-14型客机，分别载客20—30人。每周班次不定，最多6班，最少2班。1980年代后期改由50座国产支线客机运-7执飞，每周3班。2000年后，引进德国多尼尔机型执飞，最多时一天4班，年旅客吞吐量不过区区数万人次，民航运输量在各类交通工具中的占比几乎可以忽略不计。

随着城市的快速发展，西关机场被城市楼群所包围，机场已呈“锅底状”，迁建新机场迫在眉睫。2010年兰空与省政府签订军地协议，2011年8月，批准城固机场为军民合用机场。2012年8月，城固机场改扩建工程正式开工。2013年12月27日，汉中机场有限公司由汉中西关机场整体转场汉中柳林机场（后重新命名为汉中城固机场）。经过两年建设施工，2014年8月13日，从西安飞来的一架东航空客A320飞机（航班号MU2217）平稳降落，标志着汉中城固机场正式通航，首次架起了汉中通往全国的空中桥梁。该机场按2020年满足旅客吞吐量30万人次、货邮吞吐量1300吨的目标设计建设；飞行区等级为4C，机场跑道2500米、宽45米，可供B737-800、A320等以下机型起降；设置有5个民航站坪机位（2B3C），航站楼面积为5590平方米。城固机场通航前，汉中西关机场仅开通至西安一条航线，且航班时断时续，乘坐不便。记得曾接待一位北京客商来汉投资，他感慨汉中比欧洲还远的话至今难忘。以前坐飞机只能飞到西安，从西安到汉中开车要用六七个小时，坐火车也得 8 个小时，一共就是十多个小时，且路况不好，若堵车就更难说要用多长时间了。而通航之后，飞西安中转的飞机空中飞行时间也就半个多小时，飞周边省会城市需一个小时左右，飞北京、上海、杭州、贵阳、昆明用时在两小时左右，飞深圳、广州、海口、大连、青岛用时也在两个半小时以内，飞最远的乌鲁木齐、哈尔滨等城市用时不过三个半小时，直飞和中转航线给汉中人出行带来了极大的便利。

城固机场通航当年仅剩四个多月时间，且只开通了汉中至西安、深圳两条航线，累计旅客吞吐量就达 3. 28 万人次。随后两年汉中机场逐步开通至北京、上海、重庆、昆明、海口等航线，航空客源覆盖面不断扩大。

2017 年，机场业务迎来一次集中爆发。全年累计保障运输飞行 4620 架次，完成旅客吞吐量 41. 5 万人次，货邮吞吐量 631 吨，分别比上年增长 141%、112%和 58%，平均客座率 75%，各项指标均创历史新高。其中旅客吞吐量连续突破 20 万、30 万和 40 万人次大关，在西部机场集团 19 个干支线机场中名列第 5 位（仅次于西安、银川、西宁三大干线机场和榆林机场），增幅名列第一。

2018 年，受 2017 年底西成高铁开通替代分流的影响，汉中机场直接关停了至西安、重庆、兰州、武汉等地的短途航线，部分长航线客源被周边机场分流，客座率也有下降，机场发展受到冲击。为积极应对，扭转不利局面，汉中机场及时开通了福州—汉中—银川、温州—汉中—乌鲁木齐、银川—汉中—南通、哈尔滨—汉中—海口以及佛山—汉中等经停航线和长航线，并组织开展了一系列推介营销活动，努力稳住了发展的基本盘，实现运量持续稳步增长。全年旅客吞吐量达到 49. 5 万人次，货邮吞吐量 1156. 1 吨，比上年分别增长 19. 5%和 83. 4%，平均客座率达到 78%，提升 3 个百分点。

2019 年，汉中机场新开青岛—汉中—昆明、厦门—汉中—兰州、南京—汉中—乌鲁木齐三条经停航线，发挥出大通道长航线的支撑作用，彻底扭转了高铁冲击航线的局面。全年共保障航班起降 5582 架次，旅客吞吐量 65. 1 万人次，货邮吞吐量 2213. 5 吨，分别比上年增长 25%、32%和 91%，旅客吞吐量突破 50 万、60 万人次大关，超额完成年度目标任务。在全国民航机场排名中，汉中机场旅客、货邮吞吐量分别提升 5 位和 18 位，其中货邮吞吐量列 92 位，首次进入百强行列。

汉中机场货运业务超常发展，对地方经济的拉动作用日益明显。机场货运部门根据地域产品差异和货运的流向，精心设计个性化产品运输方案，其业务已有效辐射周边安康、巴中、天水市和宝鸡的太白县等地；先后与留坝县政府、京东（汉中）无界工厂仓等签约，推进农特产品航空包舱直递服务，汉中优质茶叶、香菇、木耳、鲜活大鲵、真空面皮等特产空运至北京、上海、佛山（广州）、深圳、南通、南京、乌鲁木齐、杭州等地销售，实现了较高的附加值。据统计，全年累计运输汉中农特产品达 1200 余吨，货值 5100 多万元。尤其是南通航线开通以来，先后与入驻汉中的11家南通企业签订运输协议，全年货运吞吐量将达到300吨以上，有效提高了这些企业生产原料与产成品运输的时效性，使其安心在汉中投资发展。

2020年，受突如其来的新冠肺炎疫情影响，汉中机场和全国机场一道遭遇了客货业务萎缩，航班量、吞吐量大幅减少，各项运营指标均下降的困难局面。但汉中机场在全力做好疫情防控的前提下，努力保持骨干航线的稳定运营，确保不停航、不断航，积极为复工复产和防疫物资的运输开辟绿色通道，保持空中大通道的畅通。还多方协调争取支持，及时开辟省内首条支支航线（汉中—榆林），以促进南北经济大循环，加大两地经贸文化交流和人员往来。同时，下功夫优化航点、调整时刻和班次，提供更好的出行体验，以满足人民群众家门口乘坐飞机的需求。

作为市机场管理局负责人，我总结认为：汉中机场拥有区位、航线网络、地面接驳、基础客源、市委市政府大力支持等“五大优势”，未来发展前景十分广阔。随着航线网络布局的不断完善，出行产品将更加丰富，汉中的开放度和通达性必将大幅提升，既能更加便捷地融入丝绸之路经济带和海上丝绸之路，又能全方位对接长江经济带和西部陆海新通道，必将成为我市加快现代化区域中心城市建设、推动高质量发展的强劲引擎。俗话说，三千米跑道连通世界，这是民航机场的优势，而公铁航多式联运、高效衔接，提升物流效率，降低物流成本，加快人员流动，是构建区域综合立体交通网络的意义所在。作为内陆支线机场，汉中机场也面临保障能力不足、培育资金不足、周边竞争加剧、经济下行压力加大等挑战，而随着机场二期扩建项目的启动、培育资金的持续扶持，一座现代化的空港正从蓝图变为现实。

据统计，六年来汉中机场先后开通至北京、上海、广州、深圳、天津、西安、重庆、兰州、武汉、昆明、杭州、银川、福州、南通、南京、青岛、大连、贵阳、海口、佛山、温州、乌鲁木齐等地的 20 多条航线，常年运营 10 多条航线，共保障民航航班起降 18187 架次，旅客吞吐量 192 万人次，货邮吞吐量 4535 吨，平均客座率为 72%，汉中机场被西部机场集团评为“应对高铁冲击最成功的支线机场”和“运营航线品质最优的支线机场”。

新时代、新机遇、新起点，催人奋进；新目标、新任务、新蓝图，启航未来。从抗日烽火岁月中一路走来的汉中机场，记录着汉中民航人筚路蓝缕、开拓创新的付出与收获，见证了天汉大地的日新月异与快速发展，必将为加快建设现代化区域中心城市、谱写追赶超越新篇章贡献更多的智慧和力量。

（作者系汉中市政协常委、委员工作委员会主任）

改革助力　创新赋能
探索陕硬公司高质量发展之路

○赵　奎

回望过去十年，伟大的祖国发生了翻天覆地的变化。2012 年，中国共产党第十八次全国代表大会提出“两个一百年”奋斗目标：一是到中国共产党成立百年时全面建成小康社会，二是到新中国成立百年时建成富强民主文明和谐的社会主义现代化国家。在以习近平同志为核心的党中央坚强、正确领导下，统筹推进“五位一体”总体布局、协调推进“四个全面”战略布局，全国各族人民团结一心、努力奋斗，我国经济实力、科技实力、国防实力、综合国力不断增强。2021 年 7 月 1 日，在庆祝中国共产党成立 100 周年大会上，习近平总书记向全世界庄严宣告，经过全党全国各族人民持续奋斗，我们实现了第一个百年奋斗目标，在中华大地上全面建成小康社会，历史性地解决了绝对贫困问题，正在意气风发向着全面建成社会主义现代化强国的第二个百年奋斗目标迈进。

笔者身处的陕西省汉中市，同样经历了波澜壮阔的经济大发展、城乡大变化、民生大改善的巨变，如今的汉中，已跻身国家卫生城市、国家创新型城市之列，“学研在汉中、医养在汉中、旅居在汉中、兴业在汉中”已成为汉中市响亮的名片。

作为过去十年发展的亲历者，见证了国家新时代改革开放给自身企业带来的发展变化，更加坚定了实现第二个百年奋斗目标的决心和信心。汉中市自古就有“天汉”之美称，是历史文化名城，也是航空“三线”建设的重要阵地，是国家中型运输机和特种飞机的研制生产基地，曾汇集了许多军工配套企业，笔者所在的陕西航空硬质合金工具有限责任公司就是其中一员。进入20世纪90年代，市场竞争加剧，三线军工企业优势殆尽，陕硬公司造血功能严重不足，背上了沉重的债务包袱，经营管理体制、机制落后，企业逐渐举步维艰，连续十多年经营亏损，最后只能靠上级输血注入资金艰难维持。2016年陕硬公司被国资委列为“处僵治困”挂牌督办的特困企业，一度面临破产。

改革助力　艰难转身

2013年11月，党的十八届三中全会召开，全会通过了《中共中央关于全面深化改革若干重大问题的决定》，标志着以习近平同志为核心的党中央吹响了新时代改革开放的号角，开启了以全面深化改革为重要内涵的改革开放新航程。乘着改革的东风，在国企改革“1+N”配套政策指引下，陕硬公司在国家国资委、中国航空工业集团有限公司的部署下，开始了一场决定生死、决定未来的改革探索。

2017 年《航空工业陕硬改革脱困方案》获得上级批准，至 2017 年 9 月，陕硬最终以“债务重组改制脱困”为目标开展了特困企业治理工作，公司通过瘦身健体、转机建制、内部管理提升，完成了全民所有制企业的公司制改制，分流安置人员 572 人、处置债务近 2.8 亿元。在陕硬领导班子和干部职工的共同努力下，2018 年通过市场开拓、流程再造等一系列管理提升措施，陕硬公司一举扭转连续多年亏损局面，当年实现盈利。

创新赋能 精彩绽放

改制后，陕硬公司从自身特色、市场需求、行业发展等角度多维分析，在企业发展战略、改革方向上达成共识：明确以硬质合金材料及刀具产品为主要业务内容，以替代进口刀具为发展方向，突出两个特色，即特有硬质合金牌号特色、航空航天常用材料高效刀具特色。重点对持有自主知识产权和品牌的合金及刀具业务开展结构优化、布局调整、技术创新、能力提升工作，新产品、新业务、新市场快速拓展。

陕硬公司先后获得了省级特色产业创新链、科技成果转化、区域创新能力引导计划科研项目，聚焦现代硬质合金材料和刀具技术创新研究，每年以不低于销售收入4%的投入开展新技术研究、新产品开发，突破了超细硬质合金材料及高端刀具的技术瓶颈，自主科技创新成果突显。先后获得国家技术发明二等奖、陕西省科学技术成果一等奖，获得陕西省发明专利2项、实用新型专利12项，主编航空刀具标准8项。陕硬公司成功跻身高新技术企业、中小型科技创新企业、标准化优良企业行列。

坚守初心　富国强企

2017年10月，习近平总书记在党的十九大报告中明确提出："深化国有企业改革，发展混合所有制经济，培育具有全球竞争力的世界一流企业。"为巩固陕硬公司前期改革脱困成果，彻底搞活企业，增强自身造血功能，陕硬公司顺势而为，加快体制机制创新攻坚步伐，主动请缨进行混合所有制改革。2019年8月制定完善了陕硬公司《混合所有制改革方案》，12月获得集团公司批复。陕硬公司先后完成资产剥离、公司分立、引进战投、签订战略合作协议、制定员工持股方案，实施增资扩股，于2020年12月终于完成混改，新公司挂牌成立。

混改后的陕硬公司由国有全资企业变为国有控股企业，实现了股权结构的多元化设置，完成现代公司治理架构搭建。截至2021年，陕硬公司持续保持着盈利态势，资产负债率逐年降低，职工收入逐年改善，干事创业积极性、主动性显现，对企业归属感、认同感增强。

展望未来 踔厉奋发

习近平总书记指出：“必须坚持质量第一、效益优先，以供给侧结构性改革为主线，推动经济发展质量变革、效率变革、动力变革，提高全要素生产率，着力加快建设实体经济、科技创新、现代金融、人力资源协同发展的产业体系，着力构建市场机制有效、微观主体有活力、宏观调控有度的经济体制，不断增强我国经济创新力和竞争力。”随着《〈中国制造 2025〉汉中实施方案》《汉中市装备制造产业集群中长期发展规划》相继出台，区域经济和军民融合深耕布局，汉中市配套了相应的科技成果奖励资金，同时给予陕硬公司陕南循环发展产业技改项目支持，累计投入近 3500 万元，其中获得政府支持资金 660 万元。新增了一批“榴弹炮”，改造了一批“汉阳造”，创新能力倍增，2021 年高新技术产品收入占比达到 70%以上，资产增值超过 40%，经济效益凸显。

陕硬公司通过现代企业股份制改造，已成为汉中市 26 家上市培育企业之一，未来将开发刀具数字化设计、智能化制造技术。建立数学模型，利用计算机辅助设计、刀具热场分析、切削力分析及计算机模拟，形成刀具数字化和智能化设计平台，建立设计数据库；采用数控加工设备，引入在线监测、在线修正等技术，实现刀具智能化制造；基于加工数据库，进行单元化制造工艺布局，实现精益制造，进一步寻求产业升级扩规模发展路径，向“小巨人”企业迈进。

陕硬公司的改革发展是汉中十年经济发展特别是制造业做大、做优、做强的缩影，也是新时代祖国经济、社会、民生等领域长足发展的最好注脚之一。只要坚定贯彻新发展理念，坚持高质量发展，就一定能够实现中华民族伟大复兴的中国梦、实现人民对美好生活的向往。

（作者系汉中市政协委员，陕西航空硬质合金工具有限责任公司董事长）

越来越多的车轱辘

○白来勤

今年清明前夕，儿子对我说：“爸啊，你想到哪里去转，我把你拉上走！”

我说：“咱们上骊山转转，拉上你外婆和你妈！”儿子愉快地答应了。

第二天他开着自己的比亚迪·汉，在有“最美环山旅游观光路”的骊山旅游路上行驶，放着舒心悦耳的音乐让我欣赏。我和爱人、岳母、儿媳坐在宽敞明亮的轿车里，儿子满心欢喜地对我夸耀：“怎样，我的驾驶技术还可以吧？我这车坐着还舒服吧？要不下来您也学个照，给您也买个自动挡的车玩玩儿？”

窗外满山萌绿，一丛丛、一树树粉的、红的、白的、紫的、黄的各色花儿或对我含笑点头，或对我招手致意，一辆辆的小轿车在路上欢快地游走。看着滚滚的车轮奔向前方，我深有感触地说：“你爷爷要是知道咱们现在的光景，一定会高兴得从梦中笑醒来的！”

我告诉儿子，我们家也有一段勤劳、质朴、向上、向善的“车轮滚滚”故事。

1964 年前后，我家就有了全村第一辆架子车，那是我父亲率领一家人在生产队参加农业生产劳动之余糊灯笼的汗水结晶。当时渭河北面贩灯笼的买主钱不顺手就用这辆架子车顶账，顺便还给搭了一只充气筒。此前，在我们灞渭东南三角洲的村堡里主要的运输工具是一种被称作“地老鼠车”的独轮手推车，有的地方也称“鸡公车”，由于载重不大、行走不稳且需两臂用力，使用起来很是累人。我家的架子车一时成了村里的稀罕物和乡党们羡慕的运输工具，有时东家还未用毕西家就来借。架子车为乡党们出了不少力，父亲还曾用它到离家 100 多公里远的蔡家坡买过蒜种。父亲曾对我说过，村里有一位老大妈要借我家的架子车拉柴火，当时只有我大哥一人在家，他死活不借给那位老人，原因是他曾经要借用那位老人家的地老鼠车而那位老人没借给他，他还当场将这话说了出来怼那位老人家。父亲知道后很生气，对他说：“你这娃怎么这样不懂事？你先把车子借给她用，她还架子车时能不后悔？这不比你怼她效果更好？”

在 20 世纪 70 年代初期，村里谁家要是有一辆自行车，那可是一件轰动性的新闻。当时我们村里一户有自行车的人家，有时出门也舍不得骑，即使骑车办事回家后也会将自行车上的尘埃擦来擦去，末了还非常爱惜地将自行车挪到炕头，用一张新床单或塑料纸像宝贝疙瘩一样盖上，谁想借用一下是不可能的。给家里买辆自行车是父亲梦寐以求的事，可当时一切都是凭票供应，有钱也买不到货。1974 年的一天，父亲到西安城办事，见一家百货商店的自行车很便宜，就高高兴兴地买了一辆朝回推，谁知刚拐进一个小巷子就有人将他拦住，对他说，“车子留下，钱给你退掉”。原来那人是商店革委会的，“刚才是有外宾来参观才说自行车价格很便宜，不要卡片就可以买。你知道这样的好事现在还不可能有”。那人说感谢父亲配合了他们的工作，空欢喜一场的父亲无可奈何地摇摇头，接过了那人递过来的买车钱。有人可能会问，当时大家都穷，你们家怎么会有钱买自行车？其实是有长远眼光的父亲以前在房前屋后的空地上栽下的大大小小数十棵树木相继成材，几棵大树就卖了近千元，父亲成了有名的有钱人，说话自然硬气。第二年夏天，在城里工作的我二姨夫让人捎话给父亲，说他单位有人急需用钱，想将自己的一辆八成新的“飞鸽牌”加重自行车转手，问我父亲愿意要否。父亲毫不犹豫地告诉来人：“叫他把车子骑来，把钱拿回去。”就这样，我家有了当时村子屈指可数的自行车之一，自然也成了我家的宝贝疙瘩。我几个姐姐和大哥经常为练自行车、骑自行车争得不可开交。

改革开放后，哥哥在信用社的支持下购置了一辆“延河 15”小四轮拖拉机，走上了致富奔小康的道路，在短途运输的间隙经常给乡党们免费运送东西，我家更让乡亲们刮目相看，不少人都来我家给我提亲。有位女同学想跟我处对象又不好意思直接找我，就让家人找了我村一位嫁到她们村的姑娘牵线，她家人给我村那位嫁出去的姑娘介绍说：“咱女子看上的就是你娘家村里有拖拉机的那家的儿子。”这乡党一下子就想到了我家和我。

90年代末2000年初，在纺织城上班的我逢年过节回老家实在难场。公交车只有一条线路233路通往老家新筑镇，还经常改变路线且不准点。有一年春节我与爱人带着儿子从早上8点起，硬是在纺北路的寒风里等公交车等了一个多小时也未等到，后来听人说那路公交车不走这里，改到经停梁家街了。当我们赶到新设的车站后，发现车上的乘客挤得严严实实，根本没法上去，就连出租车也个个都是满的，最后当我们回到老家时已是下午2点了。更令我难为情的事是出差到外地，赶火车乘飞机，经常不得不麻烦为数不多的那几位有车的同学朋友，让他们不分炎热严寒、不顾白天黑夜，按时按点地到我所住的小区门前或机场车站接送我。后来爱人到一家保险公司做营销员，经常是别人下班回家了她才能出去跑业务，回家往往在晚上10点以后甚至更晚，公交车都停运了，十分不安全。于是在十年前，我狠下心为她买了一辆比亚迪F3，当时我所住的小区，200多户人家小汽车不到20辆，偌大的停车场空空荡荡。而此前我们小区的停车场面积更大，以致单位领导觉得是资产闲置，遂将停车场让房地产商做了开发。可万万没有料到，短短的十年间，小区的车辆拥有量以几何倍数增长，拥有50多个停车位的停车场根本不够用，以至于绿化带、消防通道，甚至小区前的道路边都成了停车场！

三十出头的儿子听着我的诉说，也深感这些年的变化日新月异。

爬山、观景、挖野菜、喊山，在春天的山野尽情撒欢。我们玩累了，在小汽车停放的路畔观景台空地上，撑起折叠桌，拿出折叠椅，拿出导电插排，联起电磁炉烧水烹茶。妻子、儿媳则拿出提前准备好的饺子馅、饺子皮儿包起了牛肉饺子。不一会儿，香喷喷的酸汤水饺就端上了桌，引来身旁游人艳羡的目光和啧啧的赞许，有的人还走过来察看，好奇地询问电动车怎么还可以倒出电来用。儿子自豪地介绍着新能源车的特点和好处，令游人大开眼界。

吃着可口的饺子，我不由得想起 2021 年春节，妻弟从上海开车回家，谈及这几年的变化时深有感触地说："过去回家过年让人犯愁的是乘车难、票难买、路难行，途中食宿难上难。如今是汽车上门接送，高速公路、高铁不断延伸，无论是天上飞的、地上跑的、水里行的任你挑选，让人享尽身在旅途犹如在家的无尽温暖。我之所以没有选择公共交通工具是因为今年有特殊的原因，和孩子一起回家，怕人多的地方容易传染上新型冠状病毒肺炎，何况咱有车不开也是浪费嘛。"

我告诉儿子："十年前，咱们家族包括你姑妈大伯姨妈舅舅及堂姐堂兄表兄表姐仅有两辆小汽车，如今咱们家族小汽车拥有量达 16 辆，这还不包括曾经更新换代过的 6 辆，仅咱家 4 口人就有 3 辆小轿车，你妈还计划明年再买一辆房车。咱们现在，出行可以说很任性了。何况如今，由纺织城到新筑老家的公交车就有五条线路，由西安城区到新筑的也有四五条公交线路，还有地铁可通达，也就不到半小时的车程。"

吃着说着，老父亲当年拉着架子车送我和姐姐们去离家 20 多公里远的儿童医院看病，到离家 100 多公里远的蔡家坡买蒜种，最后累得实在走不动路，央求抓住人家马车的车帮朝前挪着脚步的情景，我家的“飞鸽”自行车与“红旗”自行车互换的情景，我家族一辆辆小轿车车轮滚滚向前飞驰的情景交相辉映，不知怎么回事，往事浮现在我眼前，我不由得泪如泉涌，哽咽着对儿子说：“娃呀，你们赶上好时光了！”

（作者系西安市灞桥区政协委员，西安市灞桥区作协主席，秦农银行灞桥支行职员）

扶风十年风景异

○杨进云

十年嬗变，化蛹成蝶

十年嬗变，扶风从一座千年古城华丽转身，成了一座现代化新城。走进扶风新区，大街宽阔洁净，大楼高耸入云，葱郁浓绿的行道树，花开叶萌，鸟雀呢喃，一切都焕然一新，让人眼目生辉。

城在林中，花在树中，人在景中，生态美、内涵美、人文美，形成了如今扶风县城亮丽的标签。山城水城文化城，在扶风被完美地融为一体，各种景观自然天成。一个新区老区互融互通、功能日臻完善、活力四射的旅游型城市展现在世人面前。这是十年来，扶风县致力打造关中最美县城的累累硕果。

走进扶风新区，一栋栋高楼大厦在树木绿叶掩映之下，生活的气息浓郁深厚。绿荫下，整洁笔直的街衢人来人往，车如流水。街道两边的绿化带中，红黄之花次第开放，蜂蝶起舞，花香馥郁。行政办公、商业金融、产业园区、文化广场、教育卫生、市场饮食等功能模块，有机地融为一体。绿色、环保、生态、宜居的发展理念在这里得到了完美的诠释。

国家卫生县城、国家级园林县城、第六届全国文明城市提名城市、中国旅游强县、中国著名文化旅游县、中国优秀文化旅游县、中国最具魅力宜居宜业宜游县、农业强县等荣誉纷至沓来。

历史给这片周原厚土留下了古老的文明和辉煌。沐浴着改革开放的春风，在时代的奋进和跨越中，扶风县城十年来经过翻天巨变，化蛹成蝶，开启了这片土地欣欣向荣的新篇章。

旧城仍古朴，新城驻新颜

扶风有老县城和县城新区。老城，在扶风人的心目中，是一个有历史有故事的神圣地方。它承载着扶风人深厚的情感。

老城，从一块蓝砖到一片碧瓦，都传承着华夏五千年的辉煌文明。扶风县博物馆在主街的城隍庙里。馆里陈列着的都是旧迹，从石刀石斧到陶器瓷片，从青铜古鼎到铁器农具，无一不透露着古老的气息。街边的房子，都老旧朴实，墙上遍爬爬山虎，青绿的爬山虎岁岁新发，随风低语，知晓老城的旧事新迹。屋脊上瓦松森森，落满了历史的烟尘。文艺路、八一路、北街是老街的侧支，逼仄了些，却遍布沧桑印痕。文艺路上多古玩店、书店、字画店、图文广告店；八一路上多小吃，豆花泡馍、甑糕、扯面、臊子面、小笼包、面皮……；北街多摊贩，菜蔬水果，按着乡间农人的脚步、四季的更迭，变换着花色品种，红绿黄紫，都来自乡人田间。

四村八乡的人，时不时地都会到县城来，购买家里的各种生活必需品、孩子的学习用品、家里人换季的衣服。有时，如果需要给家里添个冰箱、彩电什么的大件商品，就更是得往县城跑上几趟。去县城，在扶风人心里是一件庄重而且严肃的事情，哪怕是在家里刚好闲了，寻思去县城散散心呢！

但随着时代的发展和变迁，地处河谷凹地，被四周黄土台塬包围的老县城，也显出了局促。地况复杂，建筑密度大，上游的水库也时时威胁着老县城的安全。经过反复论证、研究、规划，扶风新县城应运而生。十年努力，十年打磨，一个拥有“一环绕城、两带览城、三廊联城、多轴穿城”的绿化格局，行政、经济、文化、教育功能完备，不断开拓奋进的文化旅游型新县城，展现在我们的面前。

新城新颜美，旧城仍旧古朴，扶风并没有放弃发展和改造老区。打通断头路，完善城区路网，加快供水管网、截污管网、天然气管网、垃圾综合处理厂、污水处理厂等基础设施建设。随着改造和建设的推进，老县城也开始变得舒展起来。旧城仍旧古朴，商品仍琳琅满目。拓展新区、优化老区、完善功能、提升品位的建设理念让新区和老区互融互通，共同完善城市功能，提升城市品位。

扶风景色异，大地风物美

如今的扶风，是山城，也是水城，更是一座经济快速发展的文化城。十年光阴，扶风人的努力没有白费，放眼今天的扶风，就是一幅美丽的长幅画卷。春有花香夏有风，秋有硕果冬有雪。扶风的自然与人文景点遍布，山水如诗，草木如画，风情无限！

扶风新区的南北大街一线三点，连缀着体育公园、行政广场和百合广场。体育公园中，曲桥假山，湖水如鉴，是健身娱乐的好去处。在荷塘花木之中跑步、健走、打篮球、跳绳，感觉生活也像这些花香一样清甜。行政广场在中点，紧靠县城中心的周风大鼎。华灯初上，光影阑珊，清风徐来，竹影摇动。耄耋老人，负手散步，蹒跚稚童，追萤扑蝶，卿卿恋人，低语花间。百合广场活泼些，广场上有亭台，有喷泉，有石鼓，有音乐，有流水。所多的是树木竹影、花草曲径，随便你从哪个角度进入，都一步一景，各不相同。每至黄昏，广场上满是休闲的人群。广场舞、太极拳、秧歌、自乐班、健身操的队伍，欢声笑语，丝竹管弦，其乐融融。东汉伏波将军马援的大型雕像挺立广场东南，气宇轩昂，雄风赳赳，振奋着扶风人的雄心壮志。在扶风，像这样的广场，虽大小不一，情态各异，却遍布整个扶风的乡村镇间。

扶风旅游资源丰富，稍一留意，不是大汉的赳赳雄风，就是大唐的宽广宏厚。扶风县实事求是，不但在城市的宜居宜业品位上下足了功夫，还在县域旅游开发和旅游品质方面持续发力。名扬海内外的法门寺景区，厚重的周文化、灿烂的唐文化、异彩纷呈的民俗文化尽现眼前。周原遗址文物遗存丰富，被誉为“青铜器之乡”。周原博物馆广纳博藏，收藏着万余件巧夺天工的青铜器，珍贵的玉器、陶器等文物。野河山生态旅游景区，神奇的人文景点，厚重的历史积淀，记录着自周以来的传奇和兴衰。召公镇，西周时召公曾驻此讲学，栽种菊花，秋风飘香，《诗经》里也留下了召公甘棠遗爱的千古佳话。七星河国家湿地公园，犹如一幅色彩斑斓、意蕴万千、让人浮想联翩的富丽画卷。扶风十年风景异，来扶风，满眼满目都是文化！

扶风县政府真抓实干，在 2021 年又提出“工业强扶”的发展思路，集思广益，加速扶风县工业集群的发展。扶风工业园区在县城新区南面，紧邻绛法高速公路，交通便利，工业发展条件优渥。水、电、路、气等基础设施齐备，中小企业孵化基地、“互联网+”创业基地、智能制造发展基地、企业服务中心、仓储物流中心为企业提供了从孵化到生产再到产品销售的一条龙服务，构建出“智造互联，宜居宜业”的现代化工业产业园区。明确重点产业，聚焦产业链短板弱项，紧盯目标企业开展定向招商、填空招商和点对点招商，有效实现招商引资工作的精确招引。生物医药、汽车零配件、食品工业、服装纺织、高端装备、家居包装、环保建材等工业产业，纷纷落户工业园区，如火如荼地发展起来。每天清晨，自行车、电动车、小汽车，上班的工人熙熙攘攘，都兴高采烈地奔赴自己的工作岗位。他们的笑脸，迎着初升的太阳，幸福而又自豪。

我很庆幸，自己工作、生活在这样一个朝气蓬勃、欣欣向荣的美丽县城里。在晨曦下、阳光中、风雨里，上班、锻炼、逛街，在烟火气息里享受生活的惬意。

十年一挥间，扶风成画卷

十年一挥间，昔日的扶风早已脱胎换骨，美不胜收。从传奇雄伟的野河山脉到渭水滔滔的渭河之滨，从高楼林立的县城到风光旖旎的乡村，都变得精致、美好了。前几天，回了趟老家——午井镇南官村。一条长街，钢柱搭成的整整齐齐的架子上，爬满了葡萄藤蔓，紫黑色的葡萄一串串地在绿叶之间捉着迷藏。丝瓜、葫芦，东一个西一个地碰着人的额头。几个老人在葡萄的绿叶垂绦下，围坐一圈拉着家常，身后的三个小孩子兴高采烈地玩着滑板车，愉快的笑声时不时地在绿叶间荡漾。街口的一排高秆月季，花开得正繁盛，几朵黄，几朵红，几朵粉，一棵树上竟然开着几种不同颜色的花，把一条街道点缀得真如人间天堂。其实，在扶风的乡村里走动，像这样的美景，你随处都看得到，而且各自不同。

四季轮回，相信我们扶风乘着政策的东风，经济会越来越繁荣，风景也会越来越迷人！

（作者系扶风县政协委员，扶风县作协副主席）

“天堑”变通途

○段遥亭

我的家乡在白水县，那里流淌着美丽的河，空中有着神奇的彩虹桥。——题记

一

转眼之间，我们一家人西出阳关18年了。我的家乡在陕西白水县。

那年夏天，我独自一人坐着绿皮火车去往新疆，在乌鲁木齐租房子、给自己找工作、为孩子找学校。安顿好一家人的衣食住行之后，爱人带着儿女投奔而来。其间仅隔一月，三岁的儿子就怯生了。去火车站接他们时，儿子缩着身子往妈妈怀里躲，我不由得鼻子一酸。风

中飘来一句民谣：“出了嘉峪关，双眼泪不干。”

回望历史的天空，流年似水，岁月沧桑。汉唐年代古道西风尘土飞扬，前赴后继的商旅驼队勇者无疆。我的身体里装着丝绸之路旅人的灵魂，命中注定要在青春年代匹马孤征。

白水在陕西东部偏北，行政区划属渭南市。八百里秦川向北延伸到富平、蒲城一带，被北面生硬的尧山所阻隔。出了罕井，一过两仙庙，就是一条蜿蜒的深沟。白水河像一把无形大刀，将关中平原与黄土高坡砍作两半。一沟之隔，两重天地。那时候，过年去蒲城老舅家走亲戚时，他们把白水人称作“北安的”。白水地貌三面环水，像是一座半岛。

20 世纪 90 年代以前，白水人出门很难。县南河这条深沟上下不易。风和日丽的时候还好一些，一旦赶上雨雪天气，它就像一道“天堑”横在白水人面前。进出白水南大门只有这一条路可走，拥堵排队的小车、客车、拉煤车像蜗牛一样缓慢。苦不堪言的白水人，做梦也想开辟一条宽阔的新路。

经过千辛万苦和两年多的努力，白水河大桥终于在 1997 年建成通车。这是白水发展史上一件了不起的大喜事！白水人为之敲锣打鼓，载歌载舞。

那时候，我在县城做一份临时性工作，和所有年轻人一样，带着迷惘憧憬未来。

在县城里，我获得了一个居民户口。两年后，我离开白水县城远走他乡。随着人们生活的变迁，现代化进程中人口快速流动，城市居民户口逐步放开。千山万水，完成一个人的入城礼，能够以这种奇妙与巧合的方式，为家乡建设增添一份力量，我感到欣慰与欣喜。从这个意义上说，我的心血已转化为支撑公路桥梁的钢筋水泥。

白水苹果驰名天下，车流、物流、信息流突飞猛进。仅有的一座白水河大桥力不从心，它风雨无阻，作为交通主力军已经服务 20 多年。这座桥一直在负重服役，它早已疲惫不堪。经省公路局专家现场“会诊”检测，白水河大桥已属三类危桥，必须停止使用。

这座立下汗马功劳而又伤痕累累的公路桥病了，2019 年初夏开始维修加固。

白水河大桥“刮骨疗伤”那一段日子里，白水人深知“肠梗阻”的难受，盼望正在建设中的渭黄高速能够早日通车，心情就像想娶媳妇一样急不可耐。

我东归长安之际，回白水还乡探亲那天，赶上车辆改道，东去绕行，途中颠簸不堪，人困马乏，一走三停，路上遭受的折腾一言难尽。

二

白水河大桥进行“外科手术”的同时，传来一条令人振奋的消息：黄（龙）蒲（城）高速公路，蒲城至白水段将于 2019 年底交付通车，这样一来，白水和黄龙将彻底告别不通高速公路的历史。

作为陕西“十三五”期间县县通高速的重要一环，黄龙至蒲城段是国家高速公路网榆蓝线的组成部分，路线起于（延安）黄龙，经洛川、白水，终于蒲城东，与渭蒲高速相接，全长80多公里。

2020年12月23日，黄蒲高速建成运营仪式在白水史官收费站南广场举行，30万白水人的高速梦终于实现了。黄蒲高速白水至黄龙段的通车运行，标志着渭黄高速全线贯通——寒冷的冬天挡不住人们火热的心情。

白水县委书记雷江声现场致辞，向渭南市交通运输局赠送锦旗。这一幕激动人心的景象注定要载入地方志的册页。

黄蒲高速白水境内全长34公里，占地面积3300余亩，特大及大、中型桥梁14座……建设工期3年，总投资38亿元。如此浩大而艰巨的工程，如果没有国家战略的宏伟蓝图，仅凭地方政府一己之力，想要完成无异于天方夜谭。

白水县境内沟壑纵横，出行不便，拥有高速路是人们的梦想。而今，他们的期盼终于成为现实。这条贯通白水的致富路车水马龙，白水人告别了弯曲的盘山路。站在高处远眺俯瞰，那伸展而去的高速公路若隐若现，像一条巨龙穿越崇山峻岭。

在我看来，高速公路其实是一种“时空之路”的速算法，逢山开路、遇水搭桥是它取长缩短的看家本领。现在从白水县城到史官收费站出口仅需十多分钟，比原来节省半个小时。昔日上下盘旋30里，令人望而生畏的洛河沟从此“天堑”变通途。这条高速路引领白水走上发展的快车道，为白水成为物流集散中心、文化旅游热地、宜居兴业福地提供了有力保障，为“实力白水、幸福白水、人文白水”的发展目标奠定了坚实基础。

三

东西走向的合凤高速紧随其后，2021 年元旦前夕剪彩通车。这条高速公路对于组建大西安枢纽，加快西北经济区形成，扩大关中城市群辐射范围至关重要。

一座城市的兴盛，与当地政通人和密不可分。没有一条畅通无阻的路，农民种出来的粮食果蔬无法运出，工厂生产的名优产品无法畅销，现在人们习惯网购，交通不发达，快递无法送达，家乡风光再美，宣传再多，远方的游客也难以身临其境。

合凤高速跨越黄河，这条传承秦晋之好的友谊路，沿途穿山越岭，地形复杂。任重道远的筑路人用心用情，建设过程中注重每一个细节，攻坚克难，建成了一条高质量的新干线。这条路开通试车后，渭北地区有了一条快捷的省际大通道，货物运输速度加快，当地交通压力明显缓解，人们节假日快捷出行的需求得到了满足。民间文化活动日益频繁，不同城市间的交流与合作得到了加深。

老话说得好："要想富，先修路。"一锅饭养活一家人，一条路连通千万里。无论过去、现在，还是将来，想要兴旺发达，康庄大道必不可少，古人明白这个道理，早在 2000 多年前的秦始皇时代，雄心万丈的秦帝国就修筑了贯通江山的"驰道"和"直道"。

四

白水是渭北山区小县，我们家在西北乡的远村，那里有三条梁、两道川、十八面坡。现如今，合凤高速公路从村前穿境而过，左右两边架起两座与山沟平直的壮美天桥。如此大手笔我在少年时代无法想象，当时村里人最大的梦想就是“楼上楼下，电灯电话”。

十多年前，从白水到西安要走三个多小时，现在从西安回白水，全程高速，畅行无忧，只需 90 分钟，人文初祖仓颉的庙、山清水秀的林皋湖风景区融入西安两小时经济圈，乡亲们在希望的田野上春播秋收。从农耕时代一步步走来，眼看高速公路就在家门口，这是一个现实版的美梦成真。

“白水苹果——亿万人民的口福！”多么自豪而响亮的宣传语！四圣故里的白水有了城市化的新气象。正所谓道路通，百业兴！

从前，白水南门外的老路上有一座小石桥，后来有了飞架南北的白水河大桥，现在耸立着气势如虹的高速公路桥，自西向东如几条高低错落的平行线，代表着不同时期的进步与发展。一条路比另一条路更快，一座桥比另一座桥更高，生活一天比一天美好！现代化、城市化齐头并进，新时代、大时代蒸蒸日上。我们是风景中的人类，我们是人类中的风景。

一条条高速公路在神州大地上架起空中廊桥，宛如柔中带刚的红飘带，令人不由得心生诗意——阳光在上，岁月仁慈而慷慨，奋斗者会得到最美的嘉奖……

朋友，沿着脚下平坦的通天大道出发吧！在路上，你会看到辽阔壮丽的风光！身边的世界是那么美好与芬芳！

我并非胸有成竹的能工巧匠，只好用手中的笔为开拓者写下一首欢乐颂。

（作者系白水县政协委员，陕西文艺评论家协会会员）

家乡的路

○张才芳

正值盛夏，事儿扎堆，我在安康和镇坪之间多次往返。清早，从县城出发，到市文联开会；中午赶回镇坪，参加三点的县政协常委会议；会后返回安康，和省城来的文艺老师们交流。

夜里返程，月色如洗，一路上，我思绪纷飞。在一天里，两次往返于市县，其间，一日三餐和午休，一样都没有被耽搁，这在过去，连想都不敢想，不禁感叹着交通巨变，不仅仅缩短了时空，缩短了贫富差距，还缩短了人与人之间的距离。作为本地人，作为建设者，作为政协委员，这十年，我实实在在、真真切切地经历了家乡的大发展、大改变，不由得重拾起那些在平镇路和岚镇路上奔波的辛酸往事，还有这些年蒸蒸日上的生活。

一

1994年，我16岁，第一次离开家到安康市上中专。那时，坐车回家乡镇坪要12个小时，我和同乡们只能眼巴巴看着其他县区的同学周末月末回家，而我们一直要熬到学期末才能回家。

我很黏家。在学校的第一个中秋节，室友的母亲来接她，我触景生情，禁不住哭出了声。同学们听说我想家，都围过来劝我也回去过节，我一听，哭得更厉害了。

我家住在平镇公路边，那时，没有电话，也没有提前预订车票的可能，等班车到达镇上时，早满员了。因此，我得提前一天，坐三个小时的车，到县城姑姑家住着，再乘坐第二天凌晨两点半的班车。

到安康最近的路线是走平镇路，经北边邻县平利，再走平安路。途中，要翻越东沟垭、滚子坡、女娲山。一路上，汽车和公路一起旋转着。半坡上，要给汽车加水；半路上，要吃饭休息；冬天道路结冰，要上防滑链；遇上前面有车坏在路上或者塌方，只能耐心等待疏通，赶上运气不好，还要在车上过一夜。

两个人的座位三个人坐，过道边的座位没有扶手。因为早起、晕车和路途漫长，乘客都会选择睡觉。靠窗边的座位最好，可以把头靠在车窗玻璃上睡觉；如果坐在中间，就双手紧紧抓住前面座椅后背上横着的铁杆，额头抵着双手，任凭脑袋像鸡啄米一样随汽车颠簸的频率连连撞击手背；过道边的座位最差，睡梦中的乘客，在上下坡时身子前俯后仰，通过直路时，脑袋像茎秆枯萎了的向日葵，无力地偏向左又倒向右，遇到转弯和急刹车，会整个人扑倒在过道。但，比起没有买到车票，挤挤地坐在油箱盖上、过道里，已经优越和体面多了。

到站，一下车，乘客们顾不上看护行李，顾不上头昏目眩和胆汁都被呕吐出来后胃部的疼痛，首先拍打起头上、身上的尘土，清理起脸上、鼻子里的灰尘。因为是土路，尤其夏天或者遇上干旱，只要车一停，追在车尾长龙一样的灰尘，会立即扑上来，吞没车身，把乘客们变成一个个“灰人”。

二

毕业后，我做了一名小学教师，教书 13 年。坐班车出门的深刻印记，令我极少出县。

2004 年，平镇公路耗时五年，完成了第一次大改造，在东沟垭修了隧道，优化线路，绕过了滚子坡、女娲山，到安康只要六个小时，结束了镇坪人出门“两头黑”的历史。

永远忘不了 2002 年的夏天。我和两位老师到西安参加培训，因为平镇路改造，改走岚镇路，经北边邻县岚皋，再从平岚路到安康。路程更远了，而且途中要坐 40 分钟的船。

我们回家时，赶上洪灾，大雨滂沱里，我们庆幸赶上了最后一趟渡船、最后一趟班车。可是，走到岚皋县的花里镇，路上塌方了。下午三点多，司机把我们送到山腰的小镇，刚登记完住所，又通知镇坪境内雨大，公司担心经过一夜塌方更严重，就会几天内不能通车，于是派车赶来，在塌方路段的另一边接，需要我们翻山绕过去。

我们在小镇上买了解放鞋，换下凉鞋，顺着山路向山顶爬，再沿着山腰的灌溉水渠往前走，水渠的土埂只有一尺来宽，一边临着万丈悬崖。顾不上雨水湿透衣服，树枝划破额头，脚被石块割伤，大家只想快点穿过似乎没有尽头、被树木和杂草裹着的土埂。“啊！”一声惊叫，我本能地伸手一拉，拽住了前面的陈老师，22 岁的她，差一点儿滑下悬崖。惊魂未定，天色已晚，还得往前走，一路上，她哭着念叨：“我们三个人是一起经历过生死的了！”

顺着梯田间的沟渠下山，坐在车上，已经八个小时过去，大家又冷又饿、疲惫不堪，却没有一个人敢睡觉，和司机一起圆睁着双眼，不知道绕过了多少块落石，越过了多少条冲刷出来的水沟，终于来到了镇坪地界。

大家松了一口气，开始想着家里可口的饭菜和松软的床铺。不料，距离县城两公里时，再次遭遇塌方，而且，在车后方 100 米处，昔日山上的一条水沟变成了河，越过涵洞，直冲到路面上，我们被困在了中间。

大家不安地唏嘘着，焦急地埋怨着天气。有人拨通了县政府办的电话。半个小时过去，凌晨两点，两辆铲车开来，当灯光照亮雨夜的那一刻，我们激动地唱起了“共产党好！共产党好！共产党是人民的好领导！”。

三

改造后的平镇路让车辆开到安康用时缩短了一半，可依然出门难、进门不易。记得一个外县朋友自驾来镇坪，把我们的路叫作西伯侯（姬昌）——鸡肠。

2012 年，我调到宣传部工作，当上了县政协委员。这一年，党的十八大召开，明确指出要确保到 2020 年全面建成小康社会。国家级贫困县镇坪，面临着前所未有的机遇和挑战。

脱贫攻坚的号角吹响，我丢下读高三的儿子，到一线当起了驻村工作队长。政协委员里有许多企业家，他们成了我驻村工作的最好资源。可是，交通不便成了最大的障碍，我不断地收到退信。我没有放弃，一次次地宣传推介，一次次地邀请他们来考察。功夫不负有心人，种植园、养殖场纷纷落户村里，水晶坪村两次被评为全县“产业建设红旗村”，一次被评为“增收致富红旗村”。

印象最深，也最害怕的是，有一年秋天，在一次参观考察活动中，我得知市政协委员、市普瑞达电梯公司董事长张元卿一直在做助学活动，每年帮扶一个县的 20 名贫困大学生，资助 40 万元的生活费。我当即与他们联系，热心的董事长安排我参加公司的全体员工大会。

我制作了 PPT，和同事周哥连夜赶往安康。巴山的秋天多雨，出发大约一小时后，山体垮塌了，石头堆积在路面上，有 100 余米长。

塌方两头的车辆都亮着灯，不断有人从乱石堆上穿过。镇干部小覃也走了过来，他要赶回镇上。我们商量，走过去互换车辆。我按照他们教的方法迅速跑去。路上躺着大大小小、各种形状的石头，天黑，我又近视，只能比走快一点儿。突然，一回头，只我一个人，周哥没有跟来，吓得我出了一身冷汗，剩下的路至今都不知道怎么走过去的。

公司的助学活动安排在了镇坪，董事长还现场带头为村里捐赠，全体员工共捐赠善款 5 万余元、衣物和日常用品 100 余件。

携手走过艰难困苦，并肩奋斗日月换新天。十年间，家乡镇坪翻开了新篇章。

2015 年，平镇公路完成第二次大改造，到安康四个半小时。同年，平利县到安康的高速路建成通车，镇坪到安康只要三个半小时。2018 年，镇坪在安康市率先脱贫摘帽，全面奔向小康。

美好在不断扩散，幸福在不断延伸。2020 年 8 月，镇坪到平利的高速公路建成通车，到安康全程一个半小时！那一座座高架桥，像巨大的梳子，立在南江河上，连接两岸；那一个个明亮的隧道，像时光机，穿透山体，通往未来；那出入口的立交，像一把巨大的琵琶，南江河两岸层层的梯田，是它奏响的音浪，迎送着人们，歌颂着党恩，歌唱着幸福。这就是脱贫攻坚！这就是全面小康！

2020 年 9 月，安康富强机场正式通航。镇坪不但走进了以安康市为中心的“1.5 小时经济圈”，还以主人公身份一步跨入了“长江经济带”。

“交通闭塞、边远落后”是家乡镇坪半个世纪以来的代名词，一切优势都只能“孤芳自赏”。如今，随着交通条件的改善，人流、物流、资金流、信息流，流向镇坪。回家的路不再山高水长，在外奋斗的镇坪人，纷纷返乡创业和务工；客商不再望而止步，纷纷前来投资兴办实业：家乡镇坪的大地充满了勃勃生机，正以坚定的步伐走在乡村振兴的道路上。

面对这翻天覆地、日新月异的变化，相信许多人和今天的我一样，思绪万千，感慨万千，感慨这经济大发展的十年！感慨这文明进步的十年！感慨这新时代，我们的好时代！

（作者系镇坪县政协常委，镇坪县文联主席）

老区绘就新画卷

——延安经济社会发展十年见闻

○李存梅

再回首，十年来，一串串彰显延安成绩的数字振奋人心，延安经济综合实力显著增强。

再回望，十年来，一项项民生大计落到实处，延安告别绝对贫困，老百姓的日子越过越美。

再回眸，十年来，一片片绿色家园生机盎然，蓝天更多了，山川更绿了，河流更清了，美丽延安建设的“底色”更亮了……

十载栉风沐雨，十年砥砺奋进。党的十八大以来，延安始终坚持以习近平新时代中国特色社会主义思想为指引，紧扣追赶超越定位和“五项要求”、“五个扎实”要求，扎实做好“六稳”工作，全面落实“六保”任务，把握发展机遇，发扬延安精神，主动攻坚克难、埋头苦干，告别绝对贫困，革命圣地经济繁荣发展、文化丰富多彩、社会和谐稳定、生态环境持续向好，一幅生机勃勃的新时代高质量发展新画卷在延安大地上跃然呈现。

优化产业结构　经济综合实力显著增强

十年来，延安抢抓历史机遇，改变“油主沉浮”的单一产业发展困境，大力发展以油煤为主的特色工业、以苹果为主的特色农业和以文化旅游为龙头的现代服务业，加快构建具有延安特色的现代产业体系，经济发展步入历史最好时期。特别是近五年，全市生产总值达到 2004.6 亿元，年均增长 6%，人均 GDP 达到 1.38 万美元，高于全国平均水平。累计实现地方财政收入 758.6 亿元，完成固定资产投资 4787.9 亿元。综合能源基地建设稳步推进，原油产量基本稳定，煤炭产量稳中有升，天然气、LNG、发电量高位增长，卷烟产品结构持续优化，延安煤油气资源综合利用、大唐热电联产、彩虹光伏玻璃等 186 个重大产业项目建成投产，非油工业占 GDP 比重较 2016 年提高 11.6 个百分点。粮食生产守住了 70 万吨底线。建成全国最大优质苹果种植基地，苹果产量突破 400 万吨，面积居全国地级市之首，产量占全省的 1/3、全国的 1/9，苹果收入占到农民全部收入的 60% 以上。延安革命纪念地成功创建国家 5A 级景区，新增国家 4A 级景区 4 个，4A 级以上景区达到 9 个，延安红街、甘泉大峡谷成为网红打卡地，来延游客累计 2.4 亿人次，实现旅游综合收入 1603 亿元。

告别绝对贫困　老百姓生活越过越好

2019年5月7日，随着最后两个贫困县延川、宜川脱贫退出，延安宣布告别绝对贫困，226万老区人民开启奔向全面小康的新生活。

“让老区人民脱贫致富，过上幸福美好的生活！”这是延安各级党委、政府向党中央、国务院和全市人民做出的庄严承诺。近年来，延安市干部群众把脱贫攻坚作为首要政治任务，坚持精准扶贫、精准脱贫基本方略，聚焦真扶贫、扶真贫、真脱贫，砥砺干部作风，狠抓扶贫实效。在白于山区、黄河沿岸、洛河峡谷……延安干部群众啃下了一个又一个“硬骨头”，创造了中国减贫事业的奇迹。全市所有贫困县全部脱贫摘帽，693个贫困村全部出列，延安告别绝对贫困，彻底解决了区域性整体贫困问题，延安也被党中央、国务院评为全国脱贫攻坚先进集体，成为全国脱贫攻坚示范交流基地。

李侯随是甘泉县石门镇南沟门村的脱贫户。2015年，在驻村扶贫干部和村干部的帮助下，李侯随建起了一座蔬菜大棚。当年，大棚产出就卖了1.7万多元。不怕吃苦的李侯随一头扎进了大棚里。2019年，他如愿摘掉了贫困的帽子。如今，善于学习的李侯随不仅成了种植能手，还尽己所能，帮助其他种植户解决技术难题。

安塞区高桥镇南沟村原来是一个偏僻小村庄，属典型的黄土丘陵沟壑区。自脱贫攻坚战打响以来，南沟村通过支部引领、村企共建、群众参与、合作共赢的模式，探索推进“三变”改革，大力发展现代农业和乡村旅游。目前，南沟村人均可支配收入为1.5万余元。

这仅是延安市脱贫攻坚的一个缩影。随着一幅幅脱贫攻坚的宏伟画卷在黄土高原上铺呈，幸福美好的小康梦想正在这里变得越来越真实可感。

创造品质生活　群众获得感显著增强

人民城市人民建，人民城市为人民。十年巨变，更多的变化在百姓的生活中。近年来，延安市委、市政府充分发挥城镇化和基础设施建设空间大的后发优势，按照革命圣地、历史名城城市定位，实施了新区开发、老城改造、山体居民搬迁、沟道治理、市政设施配套、城市景观提升六大工程，新区市政设施日趋完善，商住小区人气渐旺，常住人口达到7万，现代气息更加浓郁。老城改造步伐加快，动迁山体居民3.92万户14.89万人，革命旧址景区周边环境明显改善，城市服务功能不断提升。县城品质进一步提升，承载功能日益增强。子长撤县设市，17个镇被列为国家级重点镇，城镇化率61.8%。基础设施条件持续改善，新增高速公路291公里，实现县县通高速。浩吉铁路建成投运，西延高铁全面开工。南泥湾机场建成通航。黄河引水、陕北至关中第二通道750千伏输变电工程建成投用。5G通信基站达到3119个，城乡光网实现全覆盖。

家住新区杨家岭南苑的封社会是延安市近年来实施棚户区改造

的受益者，住上新楼房的她高兴地说：“原来家里六口人挤在小平房里，现在住在新城的楼房里，楼下就是花园，不仅居住条件改善了，就连生活水平也有了巨大的变化和提升。”

从事快递行业的任玉祥对延安这几年的变化感受特别深。他深有体会地说：“这几年延安的道路畅通了很多，新建的几条环线，极大地方便了通行，我这种天天开车的人，心情也非常舒畅。”

十年间，延安医疗卫生水平也进步明显。通过这些年的发展，延安全民医保体系更加健全、筹资和保障水平逐步提高、支付方式改革稳步推进、基金管理持续加强、经办服务能力不断提升，群众获得感、幸福感、安全感显著增强。

延长县的白凤珍老人因为消化内科疾病入住市人民医院，医疗费用总计 10062.95 元，出院当日，白凤珍老人仅基本医保就报销了 6976.51 元，再加上医疗救助，老人住院 11 天，个人花费还不到 2000 元。

延安市医保政策不断完善，针对城镇职工建立了基本医疗保险、大病保险、企业补充医疗保险三层保障体系，职工医保和生育保险合并实施，灵活就业人员享受城镇职工医疗保险政策，有效保障了灵活就业人员的基本医保需求；针对城乡居民建立了基本医疗保险、大病保险、医疗救助三重保障体系，大病保险起付线由 2 万元降至 1 万元，封顶线由 15 万元提高到 20 万元。

与此同时，延安积极深化医保领域“放管服”改革，医保结算实现“一站式”服务、“一窗口”办理、“一单制”结算。实现群众参续保、异地安置和转诊转院等业务网上办理，在全省率先开通省内异地个人账户普通门诊和药店购药社保卡支付业务，在全国 27608 家定点医疗机构开通参保群众省内和跨省异地住院直接结算报销通道，全面启用了医保电子凭证，服务措施更加便民利民。

“开了出院证，办理结账手续后，在医保大厅就可以直接办理医保报销。总共花费 9000 多，报销 6000 多，非常顺利便捷。”市民张学智正在给妻子办理医保报销，他说，“现在医保报销太方便了，再也不用一个部门一个部门跑了。”

环境质量改善　绿色发展打造城市名片

“中国十佳绿色城市”、“中国美丽山水城市”、“中国最具幸福感城市”、全国文明城市、国家卫生城市、国家森林城市、国家园林城市、国家节水型城市、国家信用城市……这一个个亮丽的称号成为延安新的城市名片。

吴先生家住宝塔区师范路，他习惯每天吃过晚饭后到延河边散步。这两年，他眼看着延河边上大批棚屋和成堆的垃圾渐渐消失，河岸越来越绿，河水越来越清。延河从以前印象中的“一道水沟”变成了家门口的“生态公园”。

近年来，延安市认真践行“绿水青山就是金山银山”理念，全力打好“蓝天、碧水、净土、青山”四大保卫战，全市生态环境质量显著提升，水环境质量持续好转，大气质量改善率全省第一，迈入全国达标城市行列。主要河流基本消除劣 V 类水质，国控断面优良比85.7%，水土流失治理程度达 57.6%。土壤环境质量总体稳定。农村人居环境整治工作受到国务院通报表彰，全市 1784 个行政村全部建成清洁村，50%的行政村建成生态村，25%的行政村建成美丽宜居示范村。

奋进新征程，建功新时代。走过奋斗的岁月历程，延安人民谱写了一部恢宏的奋斗篇章，经济繁荣、民生殷实、生态优美、社会和谐的新延安步入高质量发展的“快车道”，相信明天的延安将不断创造新奇迹、展现新气象。

（作者系延安市教育局四级调研员）

三秦印记

巨变·这十年

改革开放

突破进取新高地

好日子·李小超/作品

开往信息时代的幸福列车　一个都不能少

○高彩玲

党的十八大以来，我国信息通信业围绕网络强国、数字中国的战略目标，以党建为统领，紧扣转型、发展、创新、服务主线，真抓实干、攻坚克难、砥砺前行。这十年，信息通信业综合实力大幅提升；这十年，信息通信业转型升级稳步推进；这十年，信息通信业创新能力不断提高；这十年，用户获得感持续提升。

习近平总书记强调："共享互联网发展成果，要适应人民的期待和需求，加快信息化服务普及，降低应用成本，为老百姓提供用得上、用得起、用得好的信息服务，让亿万人民在共享互联网发展成果上有更多获得感。"十年筚路蓝缕心血路，作为陕西省通信管理局局长，我见证了我国信息通信核心技术突破的重要环节，亲历了陕西信息通信技术十年的发展历史。这十年，是陕西信息通信业发展最快、成效最好、百姓收获最多的十年。十年来，广大陕西信息通信人坚持把网络供给的“路桥”建强建实，把监管服务的“标尺”用好用准，把利民惠企“红利”用足用准，让三秦百姓的获得感成色更足、幸福感更可持续、安全感更有保障。回首十年，可圈可点。

接力打通“数字鸿沟”，聚力建好乡村“信息路”是民之所盼、政之所向。陕西省下定决心打通城乡“数字鸿沟”，挂起作战图，吹响攻坚号，把基站建设与布网用网一体推进，压实责任督查，快速推进见效，切实让群众天天看到变化、年年得到实惠。

建站通网开通信息列车，乡村旧貌换新颜

陕西汉中城固县五里坝村地处秦岭深山，远离县城，交通极为不便，基础设施非常薄弱。五里坝村 2018 年被列入 4G 电信普遍服务试点项目。2019 年该村电信基站正式建设开通。从那以后，五里坝村村民用 4G 手机打电话、上网，享受着与城里人一样甚至更快的网络信号，收看高清电视节目，极大地丰富了村民的文化生活和信息来源。

经过苦干实干、攻坚克难，陕西先后完成了 8 批电信普遍服务建设任务，争取中央财政补助资金 13. 9 亿元，企业配套投资约 30 亿元，11274 个行政村实现光纤通达，864 个行政村获批建设 4G 基站，全省行政村通光纤比例由不足 60%提升到了 100%，网速也提升了 10 倍。网络为乡村振兴打开了新模式、新路径，山区百姓足不出户就能

把野生特产和农产品卖到全国，闭塞的山区开启了便利快捷的信息列车。

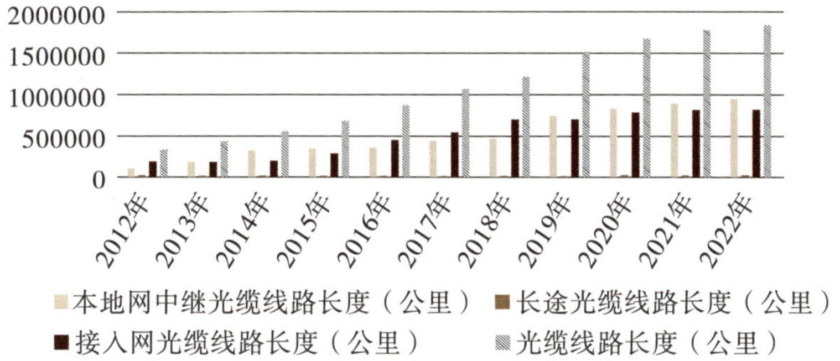

陕西省2012年至2022年6月光缆线路发展情况

再苦再难也要接力建，"组合拳"推动建设提速增效

群峰错列的陕南，千沟万壑的陕北，加之罕见气象灾害频发，施工条件差，建设成本高，电信普遍服务面临严峻挑战。"十三五"初期，陕西约有1.1万个行政村尚未通宽带，其中包括大量建档立卡贫困村，3000多个行政村宽带接入能力不足4Mbps，城乡间存在明显的"数字鸿沟"。

千难万难，干就不难！十年如一日，陕西坚持以"宽带中国"建设为牵引，在全省建立三级组织领导机制，积极营造试点项目建设环境，加强政策支撑，加大资金筹措，抓住关键节点，倒排任务工期，强化监督检查强力推进。2018年10月24日，第三批普便服务试点工作验收完成，标志着陕西所有行政村、贫困村及易地扶贫搬迁安置点实现光纤和4G网络覆盖，光纤宽带、4G进入寻常百姓家。

每个基站都是信息站、致富站，每根网线都与老百姓心连心

陕西深入开展“加强农村网络日常维护、保障用户正常使用”专项整治工作，着力解决农村网络基础设施日常维修养护中存在的问题。2019 年全省农村更换老旧损坏设备 2203 台（套），改造站址外市电线路 262 站，抢修恢复受损基站 6554 站次，抢修恢复光缆 868 公里，农村网络服务得到了一次大体检、大提升。

十年来，陕西坚持推广建设一乡一个信息服务站、一村一个信息服务点，一乡一个网上信息库、一村一个网上农副产品信息栏。如今，通信网络已广泛应用于全省农业生产、农民生活、农村生态，一根根网线把农村群众和现代社会连通，城乡之间架起了“信息桥”“致富桥”，把党和老百姓的心连得更紧密了。

把费用降到百姓的钱包里，把网速推向发展的高速路

陕西将提速降费作为政治任务、民生工程和民心工程抓紧抓实，凝聚全省信息通信业力量，紧抓历史机遇，一边大力推进网络建设，推进网络强基赋能，一边持续降费让利，深入开展服务感知提升行动，取得了显著成效。从 2016 年开始，陕西拉开提速降费攻坚战，开创了网络建设速度最快、覆盖范围最广、速率提升最猛、资费降幅最大的新局面。

勠力同心提网速，年年跃升网民乐开花。从用得上、用得起向用得好升级，这是人民群众对网络供给的热切期盼。陕西连续七年在全省坚持实施通信基础设施建设行动计划，由常务副省长牵头，将任务和责任逐级压到各部门、各市，加大千兆光网升级和入户改造力度，陕西数字经济“底座”不断夯实。严格落实光纤到户国家标准，加大千兆光网升级和入户改造力度，不断夯实数字经济“底座”。2015 年以来，全省固定宽带下载速率由 11. 47Mbit/s 提升到 62. 53Mbit/s。移动宽带下载速率由 17. 65Mbit/s 提升到 65. 04Mbit/s。西安国家级互联网骨干直联点网间带宽扩容到 1400G，互联网省际出口带宽由 10. 2T 增长到 47. 6 T。这一组组数据的背后，是陕西通信尖兵不畏风雨、攻坚克难，用青春和汗水履行不负人民的铮铮誓言！

为加快高速宽带网络建设，陕西省印发《5G 网络建设和创新发展三年规划》《“双千兆”网络协同发展实施方案（2021—2023 年）》《陕西省 5G 应用“扬帆”行动计划（2021—2023 年）》、IPv6 流量提升三年专项行动计划等 20 余项规划和政策。在全国率先组织完成 2 项省内移动通信基础设施标准规范的编写和颁布实施，填补了陕西通信基础设施建设省内标准规范的空白。在多重利好政策的支持下，陕西固定和移动宽带双双迈入千兆时代，西安市获评全国首批“千兆城市”。千兆宽带用户占比由 0. 01%提升到 10. 3%。5G 基站达到 50880 个，可为全省 1300 多万户提供千兆光纤宽带服务。完成全省 3851 个老旧小区通信设施改造和农村线路整治，信息化列车满载着群众的欢声笑语，飞驰在三秦大地上。

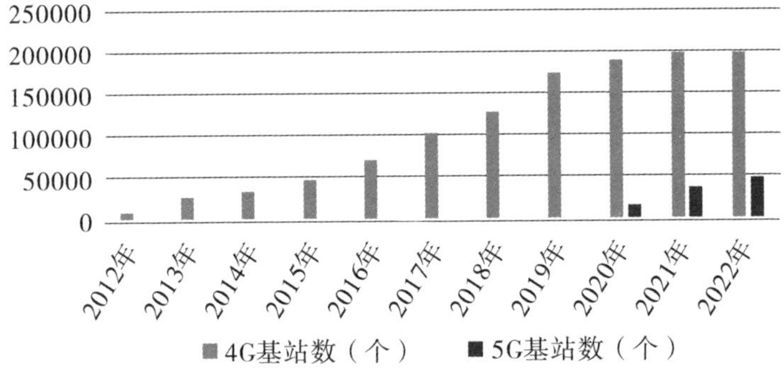

陕西省2012年至2022年6月4G、5G基站发展情况

频频降费助企纾困，向最需要的人“雪中送炭”。陕西聚焦中小企业所需所盼，听群众呼声期盼，面向中小企业、脱贫户、老年人、残疾人等推出最优资费，累计惠及用户约148万户，让利金额超11亿元。企业宽带和专线单位带宽平均资费降幅超过70%。深入推进适老化八项具体工作落实，助老专属套餐惠及61万老年人，全省593个营业厅完成升级改造，享受适老化服务普惠率超过65%。

把群众满意作为衡量标准，揪住降费中的堵点抓整改，加强长效监管，推动提速降费红利不断释放，促进用户流量消费爆发式增长。十年来，固定宽带单位带宽和移动网络单位流量平均资费降幅超过95%，移动通信用户月均流量从2015年初的716MB提升至15.6GB，提升了20多倍。相反，平均资费由58元/GB降至2.8元/GB左右，降幅达到95.17%，老百姓充分体验着微信聊天、视频直播、网络购物、网页浏览、移动支付等数字生活新方式，不再为流量焦虑，不再为网慢着急。城乡电子商务遍地开花。近年来，陕西武功县抢抓“互联网+”机遇，打造全国县域电商八大模式之一。该县服务点多达 183 个，培育个体网店 1200 多个，微商从业达 3200 余人，电商日均发货量达 18 余万单，日交易额 2000 余万元，辐射引领西北地区乃至全国 40 多类 2500 余种特色农产品触网销售。

2016 年至 2022 年 6 月陕西省移动网络单位流量平均资费降幅情况

精准施策服务引导，提高网络资源使用效率

百花齐放融合覆盖，构筑生产生活坚实基座。助推提速降费加速通信业与各行业深度融合，推动基础电信企业和龙头企业强强联合，挖掘市场应用前景，不断丰富 5G+工业互联网应用场景，促进数字陕西建设提速。目前，陕西二级节点和公共服务平台接入企业 159 家，标识解析量达 1446 万次。打造了全国首个 5G 全智能炼厂，颁发了省内首个工业互联网标识解析运营许可证。长庆石化和陕西联通入选工信部首批 5G 应用安全创新示范中心培育名单，树立了 5G+智能制

造等 33 个省内行业标杆，形成 11 个典型应用场景。云网融合加快中小微企业数字化升级改造，远程医疗全面推广，“雪亮工程”被广泛应用，智慧社区正加速普及。2020 年陕西中小学网络接入率已达到 100%，网络带宽达到 100M 以上学校占比 99.8%，为全省 8457 个中小学（含教学点）免费提速和资费折扣，保障农村偏远地区学生“停课不停学”，促进信息技术与教育教学深度融合。2020 年 2 月 15 日，为了山区学生停课不停学，紧急在镇安县阳山村 1800 米山顶上建设 4G 基站。

多策多力服务监管治，营造健康有序行业好生态。聚焦人民群众“急难愁盼”问题，深入推进商务楼宇接入市场联合整治行动，梳理问题楼宇清单 146 个，扎实推动问题清单清零，确保终端用户享受到提速降费的实惠。对被行政处理的 273 家企业录入信用记分系统，持续深化 APP 侵害用户权益问题整治，累计检测陕西属地主流 APP 共 3288 款，处理下架 81 款。对 30 家互联网企业强化监管，对 8 家违规企业共处罚 128.4 万元。坚持强化网络基础管理和监督查处力度，陕西电信用户综合满意度指数达到 82.97，连续十年达到“满意水平”，全面保障发展更有序、网络更清朗、人民更幸福。

击鼓催征稳驭舟，奋楫扬帆启新程。陕西信息通信业将在全面建设社会主义现代化国家新征程上锐意进取、攻坚克难，以全新开放的姿态、超越发展的拼劲、改革创新的勇气，奋楫笃行，勇立数字经济发展潮头，打造创新驱动新引擎，赋能产业发展新动力，为支撑陕西高质量发展提供重要引擎和坚实保障，不断向三秦父老交上一份又一份满意答卷。

（作者系陕西省政协常委、人口资源环境委员会副主任，陕西省通信管理局党组书记、局长）

融媒直播镜头下见证陕西非凡十年

○任佳琳

党的十八大以来，习近平总书记情系三秦百姓、关心陕西发展，来陕西考察并发表重要讲话，十年间，陕西牢记总书记殷殷嘱托，紧抓西部大开发、共建“一带一路”等重大发展机遇，持续推动陕西高质量发展。作为媒体人，作为政协委员，我非常幸运也很骄傲，成为很多重大事件、重大新闻的见证者、亲历者和记录者。那就跟着我曾参与报道的一场场直播，感受陕西西安这十年非凡的成就。

深居内陆连通世界，这里成为“一带一路”重要支点

2013 年 9 月 7 日，国家主席习近平在哈萨克斯坦发表演讲时提出“一带一路”倡议。10 月份的时候我了解到，为了主动践行总书

记提出的“一带一路”倡议，第一列中欧班列“长安号”国际集装箱货运班列要从西安发出，我很兴奋，策划在当天的新闻节目中直播首发列车出发西安港的历史瞬间。11 月 28 日，西安港始发首趟西安到哈萨克斯坦阿拉木图的班列，我们派出多路记者在现场记录这激动人心的一刻，节目如期在当天的《西安新闻》中播出，播出后观众反响强烈，纷纷致电留言点赞西安。从那以后，我一直关注着“长安号”发展的动态，德国的厨具、比利时的汽车、东南亚的小吃、西安生产的液晶显示屏、泾阳茯茶、石油探井设备、汽车变速箱……品类繁多的生产生活用品通过中欧班列，实现了快速运输。陕西乃至周边城市的群众也因此能够买全球、卖全球、享全球。目前，中欧班列“长安号”相继开行 15 条国内集结线路，面向中亚、南亚、西亚和欧洲开行 15 条国际干线，覆盖亚洲、欧洲 45 个国家和地区，通过“干支结合”方式构建“+西欧”集结体系，辐射长三角、珠三角、京津冀等主要货源地，并吸引日韩等过境货物开拓第三方国际市场。“长安号”国际货运班列每天都在刷新纪录，它的每一个第一次都是我们节目关注的热点，它也见证着西安港这个不沿江、不沿海、不沿边的港口，逐步成为全国最大的内陆港口，陕西的对外贸易从此不再单纯依靠东南沿海地区。

1958 年，宝成铁路投入运营，成为我国第一条电气化铁路。2017 年，西成高铁要建成通车的消息成为人们关注的焦点，早上吃羊肉泡馍中午吃火锅的梦想即将实现。12 月 6 日西成高铁开通运行当天我带领团队精心组织了“奔跑吧，蜀道”西成高铁开通融媒体大型直播，四个小时的直播时间也创下西安台的纪录。节目中与陕西佛坪、汉中、宁强，四川境内的成都、广元、青川、剑门、江油、朝天等 9 个兄弟城市台联动直播，派出随车记者以及各个站点记者近 30 人，通过 4G 直播的方式，直击通车盛况。这次直播网上观看人数超过 33 万次。可以说，西成高铁的开通为蜀道插上了飞翔的翅膀，西安北站高铁直达省会城市及直辖市增至 23 个。如今，宝成铁路主要承担货运职能，西成高铁则负责客运，两条铁路将千年蜀道变为通途，在西部形成了一日对外经济圈。

文旅融合大放异彩，这里成为中外游客向往之地

2019 年 11 月，在大唐不夜城表演不倒翁行为艺术的冯佳晨因为一段“神仙牵手”的短视频在网络上走红。视频中化作“唐妞”的她一颦一笑将唐朝美人的妩媚娇羞演绎得淋漓尽致。“一个人带火了一座城”，多少人跨越千里、排队三小时只为和不倒翁小姐姐握一下手。2019 年 12 月 12 日，我策划了“美女记者变身唐朝美女、揭秘不倒翁练成记”的融媒体直播节目，抖音、快手、微博全程直播，500 多万人次涌进直播间围观。如今，大唐不夜城融入了商业、休闲、娱乐、体验等多种元素，华灯初上，一系列唐文化主题的演出铺展开来，不夜大唐的繁荣盛景映入眼帘。全国各地的游客们沉醉于大唐盛景，流连忘返。这里已经成为全国人流量最大的步行街之一。

大唐不夜城的高人气只是陕西文旅融合高质量发展的一个缩

影，这十年，陕西文旅融合、创新发展迈入快车道，实现了从追赶超越量的积累迈向高质量发展质的飞跃，“文化+旅游”的双引擎正在成为陕西经济的新支撑。

陕西文化产业大发展，考古新成就也是不胜枚举。2021 年 12 月 14 日，陕西考古有重大发现，确定了位于西安市灞桥区江村东侧的江村大墓真实的墓主身份为汉文帝，也破解了墓主陵墓位置的千古之谜。当天上午，我和我的团队推出了“汉文帝霸陵考古特别直播”，通过记者连线、专家访谈、情景再现等形式聚焦汉文帝霸陵近年来的考古历程和考古成果，特别是在节目中创新设置的“考古盲盒”环节增强了与观众的互动性，让更多人了解到了这次重大考古发现背后的故事。节目在人民网、新华网、人民视频、央视频移动网、环球时报等 40 余家媒体同步推出，全网观看量突破千万。2022 年 3 月 31 日上午，2021 年度全国十大考古新发现评选结果揭晓，江村大墓成功入选，至此陕西省已有 28 项考古项目登上榜单。而以考古为主线的陕西考古博物馆历经十余年建设，于 2022 年 4 月 28 日试运营，这也是陕西贯彻落实习近平总书记关于文化遗产保护利用和“努力建设中国特色、中国风格、中国气派的考古学”系列重要讲话和重要指示批示精神的具体行动，是陕西百年考古成果展示的重要平台。

绿满山川展现生态美，这里成为绿色宜居之地

陕西省唯一的珍稀野生动物保护基地——秦岭四宝科学公园于

2021年5月28日开园，开园当天全球唯一人工圈养的棕色大熊猫亮相。这样的新闻关注度可想而知，我们当然不会放过这样的机会。一场云游秦岭四宝科学公园的直播开场了，直播中展示了秦岭四宝大熊猫、朱鹮、金丝猴、羚牛，还有小麂、斑羚、金雕等多种秦岭地区的珍稀野生动物，百万人在直播中了解了陕西省生态文明建设的成果，看到了秦岭生物的多样性和陕西省野生动物保护的成果。

为做好秦岭的“生态卫士”，陕西省始终把秦岭生态保护作为各项工作的重中之重。十年中，陕西省通过野生动植物保护行动、生态空间修复行动等，持续推进天然林保护、退耕还林还草、自然保护地建设等保护工程，推动秦岭生态空间和生态系统质量不断提升。截至2021年底，秦岭陕西段森林覆盖率已达到72.95%，交出了这份秦岭“生态答卷”。

2021年4月30日，我们的一场“三河一山绿道贯通”融媒体直播通过航拍、主播体验等方式展示了西安城市水清岸绿、芦苇荡漾、白鹭翩飞、鱼翔浅底的动人画卷，看了直播的网友纷纷留言好评。“三河一山”绿道是西安市全域治水碧水兴城的重要成果，以浐灞河、渭河、沣河和环山旅游路为基础，绿道沿途串联103个生态节点、42个人文历史遗址和109个休憩驿站，为市民群众提供了一个望得见山、看得见水、记得住乡愁的城市绿色生态长廊。如今节假日大家到这里赏美景、散步、运动，尤其是2022年劳动节期间，不少西安市民选择到这些生态公园搭帐篷露营，享受春日野趣。有数据显示，截至2022年4月底，西安露营相关企业有1915家，是国内第二多的城市。这一切，都得益于陕西近十年高质量的城市生态治理。

呵护青山绿水“不老容颜”，搭建城市发展“生态骨架”，让人民生活在天更蓝、山更绿、水更清的优美环境之中。如今，公园城市、花园乡村等理念也正在变为现实，一幅山清水秀、地绿天蓝的生态三秦画卷徐徐展开。

（作者系陕西省政协委员，民进西安市委会副主委，西安市雁塔区人大常委会副主任）

十年峥嵘　见证中国内陆港发展

○屈锦薇

2009年，作为西安国际港务区最早的几批创业者之一，我们来到位于西安东北部的灞渭三角洲，踏上了漫长的中国内陆港的开创之旅。我们经历了开发区初创时的艰辛与激情，与中国内陆港一同成长，感受着将梦想逐渐变为现实的喜悦和自豪。十年来，我们创造了“港口内移、就地办单、多式联运、无缝对接”的中国内陆港发展模式；实现了中欧班列“长安号”从无到有，从小到大，从弱到强，逐步成为全国第一；见证了这座内陆港口从拔地而起，到功能不断完善，成为全球内陆物流枢纽的全过程。可以说，中国内陆港的十年发展，既是陕西外向型经济十年飞跃的生动映照，更是陕西高质量发展的真实缩影。对于这十年，我印象深刻，感受良多。

——这十年，中欧班列“长安号”服务“陕西发展速度”，班列发展跑出加速度。

早在 2011 年，西安国际港务区就开展了新筑欧亚大陆桥活动，从西安港出发，沿着新欧亚大陆桥（现中欧班列线路），一路西行来到荷兰鹿特丹。彼时我们已经认识到新欧亚大陆桥的重要意义：从中国到欧洲平均海运里程 20000 公里，而新欧亚大陆桥铁路里程仅 10000 公里，海运时效为 40 天左右，而经陆桥运输仅需 20 天左右。对于当时的我们来说，那是一次跨越十几个国家的创新之旅，我们第一次从实践上认识了亚欧物流通道的巨大潜力和发展可行性，因为它解决了现代物流运输最为关键的两个痛点：成本高和时效低的问题。

2013 年，习近平总书记开创性地提出了“一带一路”的伟大倡议，我们紧跟倡议的步伐，于 2013 年开行了首趟中欧班列“长安号”，第一次真正意义上将我们所构想的亚欧物流大通道付诸实践。中欧班列“长安号”的问世，让所有人都认识到陕西西安的区域优势，以及这样一条国际物流大通道背后蕴藏的巨大价值与潜力。

2018 年，经历了五年的探索和运行，中欧班列“长安号”开行量首次突破 1000 列，开行数量较前一年增长 5 倍，运送货物总量较前一年增长近 6 倍，一跃成为全国开行量最多的班列之一，陆港集团多式联运公司也成为中欧班列运输协调委员会的 7 个发起成员单位之一，陕西班列平台第一次站到了中欧班列最核心舞台。从此，中欧班列“长安号”按照高质量开行要求，不断优化开行线路，逐步成长为全国开行频次最稳定、线路最密集、重载率最高的班列。2021 年全年，中欧班列“长安号”共开行 3841 列，国际间运送货物总重达 287.3 万吨，重箱率 100%。同时，物流时效也越来越高，我们创新研发的“德国快线”，是中德间最快的国际货运铁路运输线路，10 天就可以抵达德国诺伊斯。

物流的巨大优势，带来外向型经济的高速发展，我们用实践证明了中欧班列开行给陕西省带来的巨大经济和社会价值，成为陕西发展速度的最好注脚：陕西省进出口贸易总值从 2012 年的 148 亿美元，增长到 2021 年的 746 亿美元，实现了年均 20%的增长。陕西由典型的中国内陆腹地，中国最具增长潜力的外贸大省之一，一跃成为直接面向国际的开放前沿。特别是在新冠肺炎疫情期间，全球海运受阻的情况下，为了支持全球抗疫，陕西通过中欧班列“长安号”，累计向境外运送防疫物资 2500 多标箱，口罩 8.6 亿个，防护服 250 余万套，以及各类防疫物资近 15 亿件。“长安号”助力全球抗疫的表现，受到了德国交通部部长和德铁总裁现场接车和德国媒体现场报道。芬兰大使为了表彰西安市与芬兰科沃拉市在两市经贸往来以及疫情期间合作抗疫的友好关系，向西安市赠送通过“长安号”运输的木熊工艺品，陈列在西安北客站。可以说，“长安号”已成为陕西全面开放的“龙头班列”、经济繁荣的“黄金班列”、国与国之间友好往来的“友谊班列”。

——这十年，西安港助力“陕西发展质量”，产业生态更具“国际范儿”。

2019 年，习近平总书记强调要坚定不移推进高质量发展，我们认识到，中欧班列的发展不能仅仅局限在数量的爆发式增长，更应该体现到运行质量和运行效率的持续提升，简言之就是要依托“长安号”，做大做强国际多式联运。

一方面我们打通中欧班列“长安号”与全国重要港口、重要物流枢纽节点连通，形成由点连线、由线带面的物流网络覆盖能力。我们率先与襄阳生产服务型枢纽互动合作，开行“襄西欧”班列，搭建了中国内陆城市、重要生产基地等连通“一带一路”的重要平台，开启了“+西欧”班列运行的先河。截至2022年上半年，“+西欧”班列已经开行17条线路，成为融入共建“一带一路”大格局的又一务实举措。另一方面我们与青岛、宁波、钦州、北部湾等沿海、沿边港口合作，大力拓展海铁、空铁、公铁等多式联运线路，开行日韩过境货物专列，率先实践了我省亚欧陆海贸易大通道的构想；开通西安—伊斯兰堡”“西安—加德满都”南亚公铁班列，填补了陕西与南亚国际货运班列的历史空白；开行西安—美国东海岸班列，是全球首个“大陆桥”海铁联运解决方案；开行中老铁路（西安—万象）国际货运班列，打通了我国中西部直达东南亚地区的快捷物流新通道。可以说，通过多式联运，不单单拓展和延伸了长安号的服务范围，更进一步完善了陕西的产业生态，为西北内陆地区的产业开放打通了连通美洲、北非、南亚、东南亚等地的通达全球的立体多式联运通道。

全球通道的连通，自然带来全球产业的导入，也加快了本土企业走出去的步伐！

汽车产业是西安市的六大支柱产业之一，近年来，陕汽、比亚迪、吉利等一批重点汽车企业取得了高速发展。从西安港整车口岸建立之初，我们就将服务好本土汽车企业，为其提供高效便捷的物流解决方案作为目标。为此我们主动拜访重点汽车企业，了解企业需求，对接资源合作。

2020 年 8 月，当得知陕汽大型汽车零部件急需出口至罗马尼亚后，我们成立陕汽项目专项协调小组，为其量身定制了物流解决方案，并多次前往陕汽与技术人员沟通装箱方案，最终于 2020 年 9 月 17 日成功发运第一批测试柜。通过首列测试，陕汽罗马尼亚项目铁路运输时效较海运提升 60%，“长安号”国际物流运输解决方案，为陕汽拓展了新的出海通道。

2021 年 12 月，当了解到比亚迪有大量汽车成套散件需要从西安工厂运往埃及，我们立刻组织沿海港口和船公司，制订埃及海铁联运线路和通过“长安号”将比亚迪公司的产品运往布达佩斯的专线。2022 年 3 月 5 日，比亚迪铁海联运班列（西安—埃及）和中欧班列“长安号”（西安—匈牙利布达佩斯）东西双向首发，新的运输方式将比亚迪公司的产品同时运往非洲和欧洲。截至 2022 年 8 月，比亚迪通过“长安号”已发运 595 柜，预计全年发运 2000 柜。

中欧班列“长安号”物流大通道不仅服务于本地企业走出去，更重要的是通过物流的强大带动作用，让众多招商引资企业，能够来得了、落得下、发展得好。

2010 年，西安爱菊粮油集团落户国际港务区，彼时作为本土粮油企业，其主要生产基地集中在西安周边。依托西安港粮食口岸和中欧班列“长安号”的物流带动优势，爱菊逐步在哈萨克斯坦建立了5万吨的粮库和30万吨的油脂加工厂，通过订单农业的方式，在当地种植、加工，再通过“长安号”运输回陕西，形成了全产业链效应，成为本地企业走出去的典范。目前爱菊已具备年加工面粉30万吨、大米10万吨、食用油55万吨的生产能力，成为大型综合性粮油集团。

2018年，冠捷科技国内第七座工厂落户咸阳，起初冠捷并不了解中欧班列“长安号”的物流优势，随着国内新冠肺炎疫情暴发和全球海运价格上涨，海运出现一箱难求的状况，冠捷生产出口受到极大影响。得知冠捷的困难后，本着全力支持陕西重点招商引资项目的原则，我们定制化地为冠捷开行了“西安—波兹南”冠捷光电产品专列，解决了冠捷的出口难问题，增强了冠捷产品在国际贸易中的竞争力，冠捷从西安港出口的集装箱量连年攀升。因为物流的便利，冠捷科技总部对陕西的投资环境表示肯定，现在陕西已经成为冠捷重要的欧洲出口生产基地。

2018年，沃尔沃整车物流项目在西安港整车口岸落地，陆港集团通过服务沃尔沃，建立了一整套成熟的运输体系。正是看中了这一点，2020年吉利smart汽车工厂落地西安，从落地伊始，就将利用西安港和“长安号”便利的整车物流经验和通道优势，打通出海通道作为重要的考量。随着smart汽车的批量投产，今年下半年，首批通过“长安号”发往比利时的汽车即将发出，由西安生产的汽车将通过“长安号”源源不断地发往欧洲，成为陕西制造“走出去”，开拓国际市场的又一重要例证。

——这十年，陆港团队彰显“陕西人才创新活力”，道路自信不断增强。

经过十年的发展，外国人对陕西的印象已经不仅仅是兵马俑、大雁塔这些古迹，西安港、中欧班列“长安号”等国际化的产业 IP 已经成为世界再次认识陕西的新名片。老陕人在国际舞台的自信心越来越强，这种自信心是从千锤百炼中积累而来，更是从将不可能变成可能的过程中拼搏而来。让我们印象最深的一件事就是我们与沃尔沃整车运输业务的合作。

事实上，沃尔沃作为世界 500 强企业，对生产物流要求很高，但当沃尔沃团队第一次来西安洽谈时，我们的整车口岸尚没有 CMA 检测资质，众多的检测设施设备、专业人员都还没有配备，也完全没有整车物流的经验，可以说是“一穷二白”。

面对问题，我们没有退缩，没有硬件可以加班加点建设，没有经验可以不分昼夜地学习，凭借着赳赳老秦敢做、敢为、敢担当的信念和态度，陆港集团多式联运公司的小伙伴们夜以继日，建检测线、审资质、学操作、做方案，仅仅用时 7 天就完成了其他城市平均需要 6 个月才能完成的 CMA 资质审批工作。特别是我们还利用西安港与马拉舍维奇两个枢纽节点，结合集装箱与笼车两种运输模式，创新打造了蝴蝶双枢纽运输模式，将运输时效和操作效率做到最优，最终向沃尔沃呈现了系统、全面、优质的国际运输解决方案，并最终中标。看着一米多高的中英文投标文件，和身边连续几昼夜加班的团队，小伙伴们真正地创造了奇迹。经历了这样的磨炼，这支奋战在一线的年轻团队，已经锻炼成为一支业务熟练、素质过硬、具有国际视野的整车物流精英队伍。

四年来，沃尔沃通过西安港发运整车超过 8 万辆，实现了疫情影响下的逆势增长；西安港整车口岸一度成为全国第五大整车进境口岸和第一大内陆整车进境口岸，可以说，“长安号”与沃尔沃的牵手真正实现了合作共赢。

中欧班列的高质量发展，不单单服务于大企业，更是在全球供应链受新冠肺炎疫情影响的背景下，重点关注陕西广大中小微企业的物流需求，从而解决中小微企业在疫情下的生存问题。今年 2 月，在西安车站海关的大力支持下，我们创新开发了“先报关、后装箱”的陆港集拼业务，为广大中小微企业提供小件集拼箱服务，使小批量货物照样能够便捷搭乘中欧班列“长安号”发往欧洲。同时我们配套提供门到门的头程和境外配送服务，真正解决了中小微企业的物流痛点。这种创新探索和主动服务中小微企业的做法也得到了赵一德省长的认可。

回首十年，最大的收获是我们通过中国内陆港的事业，为陕西培养了一批具备国际化视野和丰富经验的优秀人才，他们奋战在全省国际物流、国际贸易、跨境电商、口岸运营等多个领域，为我省外向型经济发展做出了骄人成绩。

十载春华秋实，今朝骏业日新。作为内陆港人，我们参与并见证了西安港从无到有、“长安号”发展壮大，经历了陕西对外开放的蓬勃发展，我们倍感自豪，更充满力量。未来的十年，是全面贯彻落实习近平新时代中国特色社会主义思想的十年，也是构建新发展理念、创新发展格局的十年，陆港集团将继续坚守初心使命，勇挑重担，依托中欧班列“长安号”，让陕西更多地参与全球资源要素配置，发挥全球产业链接功能，为陕西经济的高质量发展贡献陆港力量。

（作者系西安市政协委员，西安国际陆港集团党委书记、董事长）

服务企业最优化　营商环境再提升

——陕西简政放权这十年

○秦　超

党的十八大以来，我国深入推进“放管服”改革，一场“民有所呼我有所为”的系统变革，深刻改变了企业群众到政府办事的方式。作为一名基层窗口单位工作人员，今年是我在碑林区政务服务中心工作的第十个年头，也是践行为民初心的十周年。十年来，我的岗位从前台大厅接待到一线服务窗口，从政务网络机房到改革牵头专班，其间多次抽调至省级政务服务管理部门，体验了顶层设计的智慧，感受了一线服务的奋进，见证了技术赋能的迭代，使命感、成就感、幸福感贯彻始终。

2013 年，一个大厅让审批运行更阳光

2013 年，第十二届全国人民代表大会第一次会议通过《国务院机构改革和职能转变方案》，新一轮简政放权①的号角吹响，随后我省出台的《陕西省人民政府关于深化行政审批制度改革推进简政放权工作的实施意见》（陕政发〔2013〕49 号）提出了“实行‘阳光审批’，不断提高服务水平”。全省各级开始兴建改建服务文明、功能齐全、公开透明、廉洁高效、环境优美的政务服务平台。

空间组合，让服务更加阳光。2013 年，我作为首批干部调至新组建的西安市碑林区政务服务中心，宽敞明亮的政务大厅，统一的抽号机、LED 大屏、自助饮水机、舒适的沙发等各项硬件设施展现着“阳光、便民、高效”。

人员整合，让服务更加温暖。明亮的大厅是为群众办事，先进的设施是为服务便捷，但服务的主体仍然是各部门每一名干部。公务礼仪、系统操作、业务办理、服务规范和集中管理面面俱到的工作确保服务更温暖更贴心。

---

① 简政放权：指精简政府机构，把经营管理权下放给企业。是中国在经济体制改革开始阶段，针对高度集中的计划经济体制下政企职责不分、政府直接经营管理企业的状况，为增强企业活力、扩大企业经营自主权而采取的改革措施。

事项融合，让服务更加规范。按照“两集中两到位”[1]要求，窗口人员办理事项得到了充分授权，各部门窗口拧成一股绳，服务的效率得到了提升。曾经企业群众“东市买马、西市购鞭、南市打掌、北市配鞍”的办事模式得到了有效的解决，“推开一扇门、办成一揽子事”终成现实。

2014年，帮办代办让群众服务更温暖

2014年，省委办公厅、省政府办公厅印发了《中共陕西省委办公厅 陕西省人民政府办公厅关于在县乡村推行群众办事干部代办制度的意见》(陕办发〔2014〕14号)，在肯定了前一年各地政务服务大厅硬件建设的同时，明确提出了“服务群众‘最后一公里’，促进干部作风进一步转变”。我们开始了一场从“能办事”到“好办事”的自我革新的心路历程。

有诺必践，服务不只按章办事。“民有所需、我有所帮。”从改革的维度、审批的尺度、办事的速度、服务的温度、运行的法度五个方面推进改革创新，做到了让审批流程更简单、群众办事更快捷、审批服务更贴心。只要群众有需求就全力帮助完成，真正将帮办落到实处。

---

① “两集中两到位”：推进一个行政机关的审批事项向一个处室集中，行政审批处室向行政审批服务中心集中，保障进驻行政审批服务中心的审批事项到位、审批权限到位。

有求必应，服务不只在窗口接待。开展企业和群众“一对一”贴心帮办服务，最大限度节省群众的办理时间，切实增强群众的获得感。所有帮办人员佩戴“帮办工作人员”工牌走出窗口工作区，走进办事大厅，走到每一位办事群众身边，申请表填写、申请材料扫描上传等事宜都有一名帮办员协助完成。

有难必帮，服务不只在大厅实施。持续升级帮办代办，坚持传统服务与智能创新相结合、普遍适用与特殊服务相结合，特事特办、上门服务成为常态。

2015 年，商事改革让企业开办更顺心

2015 年，为响应《政府工作报告》中提出的“大众创业，万众创新”口号，省政府出台了《陕西省人民政府办公厅关于印发三证合一登记制度改革工作实施方案的通知》(陕政办发〔2015〕58 号)，先后明确了“三证合一”①“一照一码”②，自此优化营商环境服务企业发展成了我们政务服务领域一项重要的任务。“三证合一”即依托统一的并联审批系统，将工商营业执照、组织机构代码证和税务登

① “三证合一”：就是将企业依次申请的工商营业执照、组织机构代码证和税务登记证三证合为一证，提高市场准入效率。

② “一照一码”：指公司、个人独资企业、合伙企业、各类分支机构和个体工商户在办理设立登记时，不再发放商事主体的组织机构代码证、税务登记证、社保登记证、刻章许可证，只发放记载统一社会信用代码的营业执照。“一照”即营业执照，“一码”即统一社会信用代码。

记证“三证合一”，实现一套材料申请，一个窗口受理，相关部门一体审批。随后在2015年9月又改为了“一照一码”，撤销组织机构代码证和税务登记证。

随着“一照一码”及企业认缴制的实施，原先企业开办必须办理的三个证照压缩为一个，原先需要的验资报告也免去，群众创业的热情被激发，在我们政务中心显见的是企业注册井喷式增长。相应地，我们开展了代办服务、预约服务、导办服务、周末不休息服务、上门服务、志愿服务，拓展了服务渠道，让企业开办更快捷。

2016年，权责清单让行政权力更规范

随着党的十八届四中全会通过《中共中央关于全面推进依法治国若干重大问题的决定》推出，我省开始了对全省各级权力清单①的梳理，并印发了《陕西省权力清单管理办法》（陕政办发〔2016〕17号），明确了以转变政府职能为核心，以推进简政放权、放管结合、优化服务为重点，有序承接事权，集中清理事项，创新体制机制。这一年我参与了权力清单全区三千余项的梳理，将区政府各工作部门行使的各项行政职权及其依据、行使主体、运行流程、对应的责任等，以清单形式向社会公布，接受社会监督，依法保障了群众创业办事的权利，真正解决了群众“不知办什么、到哪办”的问题。

---

① 权力清单：将各级政府及其所属工作部门掌握的各项公共权力进行全面统计，并将权力的列表清单公之于众，主动接受社会监督。

2017 年，线上服务让只跑一次变成真

2017 年初，我省依照国务院“互联网+政务服务”①建设总体框架，印发了《陕西省人民政府关于加快推进全省“互联网+政务服务”工作的实施意见》（陕政发〔2016〕55 号），文件明确了建成省级“互联网+政务服务”平台，全面公开政务服务事项，实现统一申报、统一受理、统一反馈和全流程监督，显著提升省级政务服务能力。当年陕西政务服务网建成运行，政务服务开启了网上办事的时代。

这一年，我也开始组织各部门进行事项线上办理的尝试，按照“最多跑一次是原则，跑多次是例外”的要求，将线上速度与线下温度相结合，兑现“最多跑一次”②承诺。

2018 年，一网通办让审批便民再提速

2018 年，中共中央办公厅、国务院办公厅印发了《关于深入推进审批服务便民化的指导意见》，随后国务院连续印发相关文件，我

① “互联网+政务服务”：实现部门间数据共享，让居民和企业少跑腿、好办事、不添堵。简除烦苛，禁察非法，使人民群众有更平等的机会和更大的创造空间。

② “最多跑一次”：通过优化办理流程、整合政务资源、融合线上线下、借助新兴手段等方式，群众和企业到政府办理“一件事情”在申请材料齐全、符合法定受理条件时，从政府部门受理申请到做出办理决定、形成办理结果的全过程一次上门或零上门。

省相应出台了《关于深化“一网通办”推进审批服务便民化的实施意见》(陕办字〔2018〕116号)一文，有效降低了制度性交易成本，优化了办事创业和营商环境。

这一年我们政务服务事业发生了质的变化，按照“一网、一门、一次”①改革，我省在2018年公布了“马上办”271项、“网上办”1692项、“就近办”136项、“一次办”566项。政务服务从“摸着石头过河”走向了系统推进依法改革，由凭经验办变为凭标准办，“简至一个门、通在一张网”不再是各自为政的亮点工作，而是政府的任务。

2019年，许可集中让一窗办结成现实

这一年，陕西省的政务服务不再只完成国家的要求，随着《陕西省人民政府办公厅关于深入推进市县两级相对集中行政许可权改革的通知》(陕政办函〔2019〕160号)的出台，相对集中行政许可权改革②让陕西省的政务服务走在全国试点的前列。此项改革终结了原政务大厅各自为政的历史。从“分散审批”向“一枚印章”转变，解决了行政审批互为前置、互为牵制的权力碎片化问题。

---

① “一网、一门、一次”：推动企业和群众办事线上“一网通办”(一网)，线下“只进一扇门”(一门)，现场办理“最多跑一次”(一次)，让企业和群众到政府办事像“网购”一样方便。

② 相对集中行政许可权改革：指有权机关按照精简、统一、效能的原则，将多项行政许可业务集中在一个部门，统一对外行使。

例如：开劳务派遣公司，曾经企业需往返于工商与人社等多家部门之间，无形中增加了企业经营成本。现在，事项均由审批局一家审批，企业只需“进一扇门”“来一个窗口”，交一次材料可办完全部手续，实现了行政效能的提升。

2020 年，集成服务让一次办结再升级

2020 年，面对突如其来的新冠肺炎疫情，政务服务依托多年的线上服务自身经验优势，扛起了复工复产的大旗。2020 年 2 月，我抽调省政府办公厅，亲历了省政务服务网“复工复产”系统建成的全过程，四昼夜连续奋战，不亚于一场线上的“火神山建设”。

“复工复产”为企业获得优惠政策走出困境提供了线上远程平台，平台运行当天就发布了“招聘信息发布”“网上报税办税”“中小企业服务”“中小企业融资”等十余类 109 项政策，在最困难的时刻服务了市场主体。

这一年西安市碑林区行政审批服务局成为全省首批省级政务服务标准化试点单位，秉承“‘事好办’标准化、‘好办事’规范化、‘办好事’常态化”宗旨，我们按照国家标准、行业标准和地方标准，结合实际服务需求，构建了科学合理、层次分明、满足需要的标准框架。做到了制定服务规范标准，推进服务提档升级。制定管理保障标准，推进管理智能规范。制定事项办理标准，推进审批高效便捷。制定岗位工作标准，推进监督精细全面。

2021年，统一标准让跨地通办见成效

2021年，为巩固提升我省在政务服务方面的成果，省政府办公厅开展了全省政务服务“百日攻坚”行动，旨在全面提升我省一体化政务服务能力。作为基层大厅，我们用了三个月的时间对全区的政务服务事项进行了全面优化、系统进行了系统升级、服务进行了全面再造，碑林区区级1317项，其中，“最多跑一次”事项1311项，占比99.54%；即办事项777项，占比59%，办理承诺时限压缩不低于70%。全区政务服务事项总法定时限25189个工作日，总承诺时限19413个工作日，压缩比73.65%。政务服务在更大范围、更宽领域、更深层次得到了全方位的提升。

这一年，我负责牵头全区的“一件事一次办”①改革，将群众的“一件事”（如：开公司、开餐馆、开超市、开健身房等180个情景）涉及的事项（如：营业执照、食品经营许可证、门头牌匾备案）合并，群众只需提交一份资料便可同时取得相关的所有证照，变“反复跑、多头跑”为“一件事一次办”，平均办理时限压缩85.5%、往来政府次数压缩90.7%、平均受理材料精减26.1%。

---

① “一件事一次办”：企业、群众需办理的一个事项，既可以是单独的“一件事情”，也可以是需到多个部门办理或多件相关的“事”“一揽子事”，经过梳理整合、流程再造后，变成企业、群众眼中或窗口统一办理的“一件事”；“一次办”是指一次告知、一次表单、一次联办、一次办好，线上一次登录、一网通办，线下只进一扇门、最多跑一次。

2022年，要素重构让权力运行更高效

2022年，我省按照国家要求重新开始了新一轮的权力梳理工作，按照以上率下、条块结合、协同联动的要求，依法依规编制行政许可事项清单，加强对清单内事项全链条全领域管理，不断提升行政审批效率和监管效能，促进行政权力规范运行，减少制度性交易成本，为企业和群众打造更加公平高效的营商环境，更大激发市场活力和社会创造力，促进陕西经济社会高质量发展。

同时在我们区，我们按照"三集中三到位"①要求，逐一梳理政务服务事项，目前总计36个政府部门或服务机构、1138项审批或服务事项进驻大厅，让群众线上只在一个网站申请、线下只在一个大厅提交、办事只跑一次完成。

新时代赋予新使命，新征程呼唤新作为。今后我们陕西政务服务践行者将持续以精简再造审批、以标准优化服务、以共享引领技术、以法治保障运行，砥砺奋进，共同谱写陕西高质量发展新篇章，以优异成绩迎接中共二十大的胜利召开。

（作者系西安市碑林区政协委员，西安市碑林区行政审批服务局干部）

---

① "三集中三到位"："三集中"即行政审批职能向一个科室集中、承担审批职能的科室向行政服务中心集中、行政审批事项向电子政务平台集中。"三到位"即事项进驻大厅到位、审批授权窗口到位、电子监察到位。

免疫规划十年　筑起健康长城

○黄　瑾

浩瀚天地间，时间是稿纸，足迹是诗行。人人都用自己的足迹谱写自己的人生史诗。成功者披荆斩棘的足迹凝化为后来者追赶的路！

路该怎么走？该走什么样的路？秦都区疾病预防控制中心始终在思考、在探索、在实践。通过十年艰辛、十年打拼，中心上下心齐、气顺、劲足，步履稳健，足迹坚实。一路锦绣，一路高歌，一路辉煌！

逆境中奋起是秦都区疾病预防控制中心领导班子一致的认同，是目标，更是责任；是机遇，更是挑战。细审发展之势，方能妥应当前之务。中心一班人反复思考、研究，面对困难大、任务重、考验多的新形势，坚持“预防为主，依靠科技进步，动员全社会参与，为人民健康服务，为社会主义现代化建设服务”的工作思路；实施“以人为本，发挥优势，和谐进步，科学发展”的发展战略；落实“抓好基础，保住重点，单项突破，全面推进”的战术意图；以免疫规划为基础，以重大疾病防控和突发公共卫生事件应急处置为重点，全面推进疾病预防控制各项工作稳步、均衡、健康、快速发展；进一步加强政治思想工作和内部管理、完善各种规章制度、拓宽服务领域，步步为营，一步一个坚实的脚印，绘出一幅锦绣画卷！

破题之首，是创新工作升级。他们完善管理制度，建立健全各项《工作方案》和《规章制度》，指导全年工作，严肃工作纪律，规范工作流程，形成了事无巨细均用制度管理，用程序规范的良好运行机制。在重大问题决策上，始终坚持民主集中制原则，确保领导班子整体合力和科学决策能力的发挥，确保党员先锋模范作用的发挥，确保工作的稳步协调开展。

使命在肩，责任在肩。对预防保健工作最初的印象，就是“打疫苗”的。然而，真正接触了这份工作，才发现，打疫苗只是众多工作的冰山一角。一个辖区的预防接种单位，所承担的各种民生工作，远比打疫苗要繁重得多。

十多年前的预防接种工作，远没有现在这么完善。制度不完善，流程不完善，设备不健全，人员的素质也是参差不齐。但是，医务人员的工作态度都是积极的、端正的。当时，对于人员的培训，也没有系统的方法，都是传帮带、老带新。对于一些接种禁忌证的筛查，也都是一刀切，死板地遵守文字上的规定，知其然却不知其所以然。

2010 年为了提高工作效率，秦都卫健筹资自主研发了一套儿童免疫规划信息化系统，而我们原有的预防接种系统只是基于最基本的功能设计的，程序简单、方便操作，大家都已经习惯并且适应。

当2015年全省开始进行新系统更换时，很多同事都觉得新系统无法接受，磨合期问题多，跟原来的使用方式完全不一样，很多人拒绝改变。为了保证新旧系统顺利交接，每天的工作要重复做，新系统上录入一次，旧系统上还要录入一次，好及时发现新系统中存在的问题和不足，同时也为了保证数据的准确性。把简单的事做到极致，总会悟出一些道理。就是在这样高强度的数据录入过程中，大家理解了预防接种信息化的目的，明白了预防接种的真谛，从本质上理解了接种疫苗的意义所在。所以，在以后的日常工作中，更加明白了侧重点在哪里。

预防接种的根本意义在于通过最经济最有效的方式，让儿童获得最大的健康收益。所以，我们在筛查接种禁忌证时，也要本着这样的原则，权衡利弊，利大于弊，就应该及时接种；而不是像以前那样机械地照本宣科。

越了解，越喜欢；越喜欢，越钻研。就这样，满怀着这份热忱，我和大家在预防接种的岗位上走过了十多个年头。这十多年里，我们同祖国的免疫规划事业一同成长，从青涩到成熟；这十多年里，我们见证了国家对预防接种的投入，经历着一次又一次的变革；所有这些，都是为了让更多的适龄儿童享有公平的预防接种服务。

数字化接种门诊的创建，顺应了群众更人性化更高质量的预防接种服务需求，它已成为公众信赖的健康服务机构，也为构建和谐社会、维护社会稳定发展做出了贡献。

数字化计划免疫门诊系统是一套将预检、候诊、接种和留观融为一体的自动服务系统，能改善接种门诊的排队等候现象，为预防接种对象营造一个真正舒适、和谐的接种环境。

近几年，秦都疾控中心积极推进从规范化预防接种门诊建设到数字化接种门诊发展，预防接种信息化的发展日新月异，从以前的本地服务，逐渐向省内联网、省际联网乃至全国联网发展；由原先的手写记录，向正规的机打记录转变；冷链系统、疫苗的追溯制度、采购监管方面都越来越完善；就连基层医务人员的素质、学历也都不断地提高。不断加强预防用生物制品的管理，认真开展培训和督导，为保护全区人民身体健康、促进社会和谐和经济建设做出了积极贡献。在服务大众健康的实践中，秦都区疾控中心牢固树立群众观点、站稳群众脚跟，用群众工作的理念、思维和方法，拓展疾控工作领域，建立协调联动的群众工作新机制，练就一身统筹城乡、科学运作的真功夫。

纵观秦都区疾病预防控制中心免疫规划工作十年的改革发展历程，是一番绵绵喜雨洒清秋，秦都沃野春潮涌；又是一季累累硕果结满枝，疾控升腾和谐风。雄关漫道真如铁，而今迈步从头越。在疾控中心党委的带领下，团结进取，顽强拼搏，与时俱进，追赶跨越，走出更加坚实的步履，创造更加辉煌的成绩。

（作者系咸阳市秦都区政协委员，咸阳市秦都区疾控中心计免科科长）

科技创新　潮涌三秦

○胡　兵

党的十八大以来，陕西深入实施创新驱动发展战略，扎实推进创新型省份建设，科技创新实力不断增强，关键核心技术攻关不断取得突破，科技创新环境持续优化，科技创新对经济社会发展的支撑和引领作用日益凸显。

创新，正成为引领陕西高质量发展的第一动力。

2022 年 6 月 30 日，国内目前成本最低的煤化工二氧化碳捕集项目——延长石油年捕集 30 万吨二氧化碳项目在榆林建成投产。同日，该集团全球规模最大的煤基乙醇项目——榆神 50 万吨/年煤基乙醇项目建成试车。依靠科技创新，陕西传统优势产业已经走出了一条低碳循环的转型升级之路。这源于陕西始终坚持的一条理念：抓创新就是抓发展，谋创新就是谋未来。

2012年，党的十八大做出了实施创新驱动发展战略的重大部署。一张因地制宜、层层推进的创新蓝图在三秦大地迅速铺开。

2013年，陕西成为继江苏、安徽后全国第三家创新型试点省份建设省，围绕促进科技和经济紧密融合先行先试，开展多项改革探索。

2016年，陕西制定《陕西省实施创新驱动发展战略纲要》，明确提出把陕西建设成为创新体系健全、创新机制高效、创新创业活跃、创新能力领先的西部创新高地。

2020年，陕西省制定了《关于创新驱动引领高质量发展的若干政策措施》，紧扣各类创新主体、广大科研人员反映最强烈、最迫切需要破解的堵点难点，推出9个方面共38条政策，不断强化科技创新对现代经济体系的战略支撑。

2021年，为充分激发科技创新活力和潜能，陕西创新性地提出，举全省之力建设秦创原创新驱动平台，打造立体联动“孵化器”、成果转化“加速器”和两链融合“促进器”。创新千帆尽举，发展破浪前行。

十年来，陕西科技创新实现了从量的积累迈向质的飞跃、从点的突破迈向系统能力的提升——一批关键核心技术为载人航天、探月工程、火星探测、北斗组网等国家重大工程提供了重要支撑，在层出不穷的“国之重器”上烙上鲜明的“陕西印记”。

一大批原创成果喷薄而出。西安电子科技大学“逐日工程”团队研发的世界首个全链路全系统空间太阳能电站地面验证系统达到国际先进水平。宝钛集团自主设计研制的4500米深潜器钛合金载人球舱，实现了我国深海潜水器关键部件国产化。

在医药卫生、资源综合利用、公共安全、文化旅游、环境治理、生态保护、防灾减灾等领域，一大批科技成果也持续走进现实。

2022年7月13日，陕西省高校院所“三项改革”科技成果转化项目集中路演在西咸新区启动。此后，46家高校院所的439个优质项目在秦创原路演平台得到集中展示。

为了充分释放科技资源潜力，推动科技成果转化，陕西在全国率先开展高校科技成果转化“三项改革”，打破了科研人员“不敢转”“不愿转”“没钱转”的尴尬境地。截至目前，全省已有52家高校全面实施科技成果转化“三项改革”试点，17724项科技成果已单列管理，1052项成果正在实施转化，666名科研人员和36名科研管理人员凭借科技成果转化贡献参加职称评审。

在科技创新的赛道上，不仅要拼谁的创新资源多、谁的创新平台好，还要拼谁的创新生态更优、体制机制更完善。瞄准创新驱动高质量发展的难点、痛点、堵点，陕西的做法是改革。拆藩篱、涉深水、蹚新路、亮硬招、见实效，陕西科技体制改革全面发力、多点突破、持续向纵深推进。

立导向——针对科研评价难，陕西探索科研评价“换把尺”。陕西不断深化“三评”改革，开展“四唯”清理专项行动，完善科技人才分类评价机制，建立以科技创新质量、贡献、绩效为导向的分类评价体系。同时，陕西加强科研诚信建设，建立科研领域“红黑名单”，营造诚实守信的科研环境。

破羁绊——扩大科研单位对科研经费的使用自主权，让“打酱油的钱也能买醋”。陕西在科技重大专项试行“里程碑”式管理制度，在省自然科学基础研究计划推行“经费包干制”，开展“目标契约、合同管理”领衔专家项目试点，赋予科研人员更大的财物支配权和技术路线决定权。

重激励——陕西通过优化奖种结构、调整奖励对象、改变评审机制、实行提名制、强化科技奖励荣誉性等事项，构建科技奖励制度体系，激励自主创新，促进科技与经济深度融合。

科技创新“列车”跑得更快，还要金融支持。一系列精准的科技金融政策频频落地，设立科技成果转化引导基金、开展风险补偿、融资担保等，科技与金融的紧密结合，催生一大批科技成果落地生根、开花结果。

发展得益于面向企业的科技创新政策的支持，陕西航空硬质合金工具有限责任公司近几年先后完成了国家重大专项课题、陕西省重点研发项目等多个部省级科技计划项目。在这些科技项目的带动下，该企业累计投入研发经费 3500 余万元。

创新投入带来的效果显而易见：2021 年，该企业高技术产品收入占比达到 70% 以上，销售收入同比增长 32%，利润同比增长 52 倍。

从西安金藏膜环保科技有限公司，到陕西航空硬质合金工具有限责任公司，正是我省创新驱动引领高质量发展的生动写照。

2021 年，全省入库科技型中小企业 11189 家、增幅 38. 7%，数量位居全国第 10 位；高新技术企业 8397 家、增幅 35. 5%，连续两年新增数量超出全国增幅近 17 个百分点。科技对陕西经济增长的贡献率已经从 2011 年的 52. 07%提高到 2021 年的 59. 5%。

企业是创新的主体。党的十八大以来，陕西多措并举加大对科技型企业的支持，积极实施高新技术企业和科技型中小企业成长计划，强化企业创新主体地位，推动优势科技资源和创新服务向企业集聚，努力推动全省科技型企业发展不断迈上新台阶。今年 4 月，省政府印发《陕西省科技型企业创新发展倍增计划》，提出了针对科技型企业实施梯度培育、精准施策的科技型企业发展倍增计划。

聚力秦创原创新驱动平台建设，陕西聚众智、谋发展、创未来，努力形成科技型中小企业铺天盖地、科技型领军企业顶天立地的发展态势。今年上半年，全省登记技术合同 26167 项、成交额 1257. 79 亿元，较上年同期增长超过 43%；入库科技型中小企业超过 1 万家；高新技术企业新增 1766 家。

随着全国各地成绩单的公布，陕西省位列第 14 位。这十年，陕西从第 18 位走到今日第 14 位。“一方水土一方人”，陕西有三种不同文化、地理和自然形态。疫情，成为检验陕西经济动能的“试金石”。

陕西“爬坡”这十年，也是中国经济转型期：从“保八”到“常态化”，再到今日的变化。这十年，陕西 GDP 先后超过辽宁、黑龙江、广西和内蒙古等，从第 18 位升至第 14 位。这期间，陕西也经历了包括“能源经济”滑坡等挑战。2017 年，陕西生产总值首次突破 2 万亿。

梳理数据，陕西 GDP 多年增幅在 8%左右。这背后，是以西安为核心的关中城市群成长，陕北“能源经济”逐步起色，以及基数较低的汉中、安康等陕南地区经济高位数增长。2020 年受疫情影响，各省 GDP 位次再次变动。比如：湖北短暂“让位”福建，贵州连超内蒙古和辽宁。陕西出现近些年 2. 2%增速新低：受影响最大的是工业化和城镇化率都较低的城市。比如：安康、商洛和杨凌等。从现状来看，陕西将与江西长期在第 14 位较量。根据西安制定的 2025 年 GDP 过 1. 4 万亿目标，陕西可能将在 2024 年突破“3 万亿”。

2020 年，是不平凡的一年。对于整个陕西省来说，更具有现实意义。

第一，关中正在发生新的变化：2019 年，宝鸡 28 年来 GDP 首次超过咸阳，连续两年 GDP 增速稳定在 3%左右。在西安带动以及“关中协同”的大背景下，2020 年咸阳终于止住下跌。

第二，陕北出现“双核城市”：最新规划中，榆林将成为“陕西双核”之一。此前，它被国家划进“呼鄂包榆城市群”。客观来看，限于产业结构、地理特征和人群基数等，延安大概能保持当下的现状。但是，随着环境变化以及能源经济的持续恢复，榆林将成为陕西“GDP 新一城”。

第三，陕南地区将陆续“恢复性反弹”：除汉中外，安康和商洛 GDP 大幅下滑。它们皆属于“南水北调”重要水源区和“秦岭”生态保护区。疫情前，它们GDP高速增长，主要源于“长个子”，得益于城镇化、固投和三产。疫情后，陕南预计将“恢复性反弹”。但是，“生态和绿色”工业化，需要一个强大的中心城市带动。

中国有九个“国家中心城市”，其中西部就有三个：成都、重庆和西安。早些年，学界有人提出“西三角”之说。随着“成渝地区双城经济圈”上升为国家战略，某种程度上，西安是一个真正的“单核”。

至此，西安“破万亿”成为标志性事件：西北面积占全国面积的30%，“万亿”城市的出现，标志着西部经济重要“一极”真正成型。从卫星地图可看出，“西咸合体”具有必要性。

这里就需提到一直在加速的西咸新区：2020年增速达7.2%——和咸阳形成强烈反差。有人说，是因西安拿走了咸阳的地。实际上，占西咸新区GDP60%左右的沣东和沣西，其行政辖区也主要在西安。其他区域，代管前后对比即明。

西安的发展，决定着其对关中城市群、陕西省乃至西北的引领作用。从现实来看，产业、人口和资源向优势地区聚集，这是大趋势，也是事实。

亚洲是世界高密度城市的代表。以日本为例，面积仅占日本国土3%的东京都市圈，占着日本30%以上的人口和GDP；在中国，面积占2%的长三角，占全国人口的16%和GDP的25%。关中占陕西23%的土地拥有陕西63%的人口。对于西安这个“单核”来说，至今已占陕西GDP的38%和人口的26%。实际上，第一个有“天府之国”之称的地域正是关中，所谓“八水长安，金城千里”。这些，是西安成为十三朝古都的基础。这些，也是陕北黄土高原和以山区为主的陕南所不具备的。“本是同根生”的西咸两城，因行政割据导致政策、城市发展和交通等融合度不足。但是，它并不能阻止两城人本就是一家人。

当下中国的特大城市和城市群，是人口绝对集中地区。根据百度大数据显示：2021 年前十大城市人口迁入量占全国 13. 3%，因疫情影响相较一年前的 25. 5% 下降幅度较大。尽管由于疫情，西安的城市人口迁入各项指标都出现下降，但是，仍一直稳列全国前十位。

区域经济仍受到一定影响。比如作为“生态重地”的陕南，发展工业和制造业就存在难度。由于疫情，经济全面受到影响，也将影响人口的流动性。以陕南为例，其与西安之间的人口迁徙度，疫情前和疫情后有较大变化。这种情况下，关中内部流动性大幅提升，比如咸阳。这一是由于西安经济的吸附力大为提高，二也与城市通勤半径扩大有关。

因疫情影响，经济下行带来自由迁徙的程度有所降低。随着疫情控制，未来也可能恢复正常。

创新，潮涌三秦。发展，动力澎湃。经济，蒸蒸日上。陕西魅力无限。

（作者系神木市现代农业特色示范园管委会副主任）

三秦印记

巨变·这十年

民生保障

安居乐业家国兴

乡村健身广场 · 李小超 / 作品

小小社保卡变身暖暖民生卡

——从陕西社会保障卡十年变化看民生事业发展

○王晓萍

悠悠万事，民生为大。

中共十八大以来，以习近平同志为核心的党中央高度关注民生，“人民对美好生活的向往就是我们的奋斗目标”，始终把民生问题摆在更加突出的位置，坚持全覆盖、保基本、多层次、可持续方针，推动我国社会保障体系建设进入快车道。

陕西省委、省政府高度重视民生改善和社会保障，社会保障制度从无到有、从单项突破到整体推进，形成了社会保障体系基本框架。社会保障是保障和改善民生、维护社会公平、增进人民福祉的基本制度保障，是促进经济社会发展、实现广大人民群众共享改革发展成果的重要制度安排，发挥着民生保障安全网、收入分配调节器、经济运行减震器的作用，是治国安邦的大问题。

我曾在西安市人力资源和社会保障部门领导岗位工作多年。作为九三学社省委副主委、西安市主委和政协委员，结合自己的工作，这十年来，我一直十分关注社会保障事业的发展，多次深入调研，向省政协提出《关于进一步完善我省社会保障体系建设的建议》的提案，向西安市政协提出《统筹城乡经济社会发展，加快建立覆盖城乡居民的就业与社会保障体系》提案，并在大学任副校长期间，以“西安市社会保障卡建设内涵与方法研究”和“电子政务综合评估综合技术研究——以西安金保工程为例”为课题，深入研究了陕西社会保障事业的发展历程，见证了陕西社会保障卡的十年变化。

将时间的指针拨回到 20 多年前，群众就医买药只能到原西安市劳动保障局定点的医院和药店，通过刷医保卡输入密码才能完成。群众如果住院必须先持西安市城镇职工医疗保险本到医院医保办进行审核，缴纳住院押金后方可住院。出院时，医院结算费用后，群众持医保本将发票及有关住院证明材料由所在单位医保专干审核，再由医保专干到市医保中心报销住院费用。西安市医保中心受理大厅每天都有一二十个单位的医保工作人员，拿着一大堆住院医药费报销单据上门。那时，审核医药费报销单据要靠手工录入。经办员手里有“三件宝”：笔、尺子和计算器。拿到一份单据，先看参保人基本信息，再逐张辨识单据真伪，然后敲着计算器算总额，还要再跟参保人自算的金额“对对数”。

2007 年，参保群众看病时拿的医保本上多了个基本信息条形码。这个小小的变化，给单位医保专干减了负，由医院直接将门诊数据上传到医保中心，不用单位的医保专干拿着一大堆住院医药费报销单据频繁地往市医保中心跑，医保中心的工作人员也不用再去敲计算器了。

2011 年，陕西省开始筹备推出社会保障卡，发行社会保障卡对于全省统筹城乡发展，打造民生幸福工程，健全社会保障体系，提升政府公共服务能力，促进城乡基本公共服务均等化，加快城乡经济社会发展一体化进程等具有重要意义。社会保障卡将从根本上解决参保群众医药费报销周期长、垫付款负担重、经办机构超负荷工作的问题，从而实现便民、利民、惠民的目标。

对老百姓来说，2011 年 9 月是一个值得记忆的温暖时刻。陕西省社保卡在试点市宝鸡和渭南进行了首发，并由此掀开信息化促进我省社会保障体系建设的标志性一页，使人民享受到改革开放所带来的红利。

2015 年，陕西 1000 多家医保定点医院的信息系统改造完成，打通原本各自为战的医院系统和医保系统，百姓持卡就医实时结算成为现实。截至目前，全省已制发 2709 万张社保卡，实现城镇职工、城乡居民及机关事业单位参保人群的全覆盖。

社保卡发放初期，只是用于养老金的发放。社保卡在制卡、发放、领取等各个环节也经历了逐步完善的过程。2015 年以前，由省级社保部门统一制作社会保障卡，各市社保中心领取后，通知参保单位领取，再发放到各自职工的手中。但出现了很多因各种原因没有将卡发放到职工手中的情况，如：有的卡发放到其他单位，有的卡发放到其他地市和区县、乡镇，还有的职工因离职没有领取到社保卡等。2015 年，借助信息化，发卡方式改进为由参保者本人通过 12333 热线或网站预约后，7 个工作日内持本人身份证到银行领取并办理社保功能开卡手续。精确、快捷的领卡流程极大方便了人民群众。陕西社保热线 12333 实现了与国家人力资源保障服务热线 12333 和西安市民热线 12345 协同转接，以及与全省各地市人力资源保障服务热线 12333 转接功能。

2018 年 4 月，人力资源和社会保障部签发了首张电子社保卡，这意味着社保卡线上线下功能全面打通，以线下服务为基础，线上线下相互补充的社保卡多元化服务生态圈正在形成。在持卡人允许的前提下，电子社保卡可以通过各类经过安全授权的 APP 领取使用，包括人社部门 APP、商业银行及第三方支付平台 APP 等。只要手中有一张实体社保卡，持卡人可以随时随地通过可信 APP 领取电子社保卡。2022 年 4 月 27 日，人社部发布的一组数字显示：目前，我国社保卡持卡人数达到 13. 55 亿人，电子社保卡领用人数超过 5. 36 亿人，我国成功建设了具有鲜明中国特色，世界上规模最大、功能完备的社会保障体系。

因事而化、因时而进、因势而新，陕西社保卡也在不断“变身”。我省正积极探索电子社保卡替代就诊卡，逐步实现无卡就医的新模式，并已在铜川市、延安市上线使用，宝鸡市正在调试过程中。

回望社保卡十年的发展历程，一张小小社保卡，如今已成为百姓生活中离不开的民生保障卡。社会保障卡从零起步，经历了持医保卡结算阶段，覆盖到全省所有99.7%的市县。又进一步拓展到就业、社保、劳动关系、人事人才等各业务。从本地用卡，拓展到全国跨省异地就医住院费用持卡结算，再到目前的电子社保卡替代就诊卡的无卡就医的新模式。现在的社保卡功能在身份证明、信息查询、就医购药异地结算、社会保险费缴纳和待遇领取等人力资源社会保障业务领域落地开花，也在其他公共民生服务领域的应用不断深入探索。

斗转星移，沧桑巨变。小小社保卡，逐渐“变身”为民生卡，寄托着人民群众对美好生活的向往，承载着坚实、可靠的民生服务保障。

（作者系全国政协委员，九三学社陕西省委会副主委，九三学社西安市委会主委，西安市政协副主席）

西安教育这十年　推动义务教育不断均衡发展

○周怀忠

“入学难”“入园难”曾一度成为困住西安义务教育发展的难题。这十年，西安市将教育作为头号民生工程，多维度多举措推动问题解决，“每一个孩子都有一个公办学位”的目标已经基本实现。

十年间西安义务教育发展指标均衡

2012年，国务院印发《关于深入推进义务教育均衡发展的意见》，制定“2020年全国实现义务教育基本均衡发展的县（含县级市、区）的比例达到95%”的目标，构建义务教育均衡发展的顶层设计。

同年11月，党的十八大报告以“办好人民满意的教育”为指导，提出“树立教育均衡发展新理念”。

2012年至今，西安市通过“大学区管理制”“名校+”及校长教师轮岗交流等措施，推进义务教育从机会均等、质量均衡和资源配置等方面实现均衡发展。

十年间，西安市义务教育在学校数量、经费投入、办学硬件、师资配置方面有了明显提升，已经实现基本均衡。

附近村民说“这学校大变样咧”

2019年10月10日，西安市委、市政府发布《西安市基础教育提升三年行动计划（2019—2021）》，三年内新建、改扩建学校430所，增加学位38.95万个，不断扩大优质教育资源总量，让更多孩子能上上“家门口”的好学校。

笔者长期关注的临潼区零口中学，就因这些举措而受益颇深。这几年，该校不论外观环境还是内涵发展都有了质的飞跃。

一走进校园，主干道两侧功能齐全的综合楼、设备先进的实验楼、宽敞明亮的教学楼依次排列，与一旁的绿草坪、红跑道、乒乓台等设施营造出良好的育人环境。

自2020年起，零口中学与名校临潼区铁炉初级中学组成“名校+”教育联合体，通过名校的管理模式和师资的交流带动，2022年中考，零口中学初中部的上线率达到69%（较之2021年上涨了8个百分点），一名九年级考生从入学时全区排名5000名上升到前500名，乐得家长又是给学校送锦旗，又是写感谢信。附近村民纷纷评论说："这学校大变样咧！"

同时，因硬件设施提升明显，教学质量不断提高，2022 年秋季该校学区内生源"回流"明显，预计初一年级将有 170 余名新生。

在该校任教 20 年的张亚军老师说："2007 年，我校三个年级有 33 个班，约 2300 名学生。但随着进城务工人数不断增加，农村孩子进城读书越来越普遍。人数最少时，零口中学三个年级一共只有 320 来人。"

2000 年起，全国各地陆续开展的农村学校撤点并校一度加剧了乡村学校的生源流失。2012 年，这一行动被叫停后，因生源流失衍生出来校舍资源闲置，老师教学热情锐减等一系列问题；因农村教师缺乏有效晋升渠道、福利待遇不高、工作环境较差等导致的优秀教师流失；周边优质学校的激烈"生源争夺战"等问题仍是制约乡村学校发展的主要因素。

零口中学面临的可能是很多乡村学校的共同问题。比如，2021 年，碑林区义务教育段学校 45 所（普通小学 35 所、初中 8 所、九年一贯制学校 2 所），专任教师 7584 人；而同年临潼区有小学 144 所，初中 26 所，全区专任教师数 5480 人。临潼区在义务教育学校数量明显多于城区数量的情况下，专任教师数量却远少于碑林区。

2018 年，西安市城区小学生平均教育成本为 7073. 34 元，初中生为 7869. 05 元；而郊县小学生平均教育成本为 6784. 97 元，初中生为 6847. 77 元，郊县的生均费用明显均低于城区。

十年间，乡村学校整体上毋庸置疑地发生了巨大变化，但如何加快推进城乡教育一体化发展仍是我们必须正视的问题。

财政、编制、“名校+”和智慧教育推动义务教育向优质均衡不断迈进

2022 年，西安市人民政府办公厅印发《教育领域市以下财政事权和支出责任划分改革实施方案的通知》，从义务教育、学生资助、教师工资等方面确定省、市、区县（开发区）的财政比例分担，并依据各郊县实际情况对部分郊县进行了政策帮扶。

比如，在家庭经济困难学生生活补助的地方负担部分，周至、蓝田县全部由市级财政负担，其他区县（开发区）由市级与区县（开发区）财政按 8∶2 比例分担。在乡村教师生活补助方面，省级财政统筹资金予以奖补后，沿秦岭北麓区县乡村教师生活补助，市级与长安区、高新区财政按照 7∶3 比例分担，与临潼区、鄠邑区、蓝田县财政按照 8∶2 比例分担。在校舍安全保障、学生营养膳食补助、其他经常性事项等方面也有类似分担，在一定程度上弥合了城乡差距。

此外，《西安市基础教育提升三年行动计划（2019—2021）》为保障义务教育编制充足，保证教育编制在事业编制周转池中的优先等级，将编制名额优先提供给义务教育资源匮乏的学校，为缺编的公办中小学及时配齐教师编制。

最后，持续推动“名校+”工程，通过一长多校、集团化办学等

方式实现统一管理，发挥名校引领、带动作用，以名校长和财政投入双重投入带动弱校发展，优先扩大优质教育资源，逐步缩小学区内部各校教育资源差距，推动实现义务教育资源均衡配置。

2021 年 7 月 24 日由中办、国办发布的旨在推进义务教育优质均衡发展和城乡一体化的“双减”政策（《关于进一步减轻义务教育阶段学生作业负担和校外培训负担的意见》）以及正在逐步推进的消除“公参民”学校规范民办学校的发展，还有随着疫情防控而深入推进的“智慧教育”和只要有网络就能登录的“国家中小学智慧教育平台”，这些举措都让我们深信，“十四五”期间，义务教育优质均衡发展的目标一定会迈上新台阶。

（作者系陕西省政协委员，华商传媒集团董事长、华商报社社长）

十年委员历程　难忘履职担当

○陈　笑

2011年我经西安市工商联推荐，成为西安市政协委员，当时的我作为一名新委员，在西安市第十三届政协会议开幕式上，听着雄壮的国歌，置身于庄严肃穆的会议现场，兴奋、自豪之感油然而生。回想过去的十年时间，我收获了很多，通过参加政协组织的各种调研活动，在这个组织里，在老委员的一些亲身实践上，我认识到自己的很多不足，而值得庆幸的是我加入了政协这个参政议政的大舞台。在这里，责任感充盈着我的内心，使命感驱使着我前进，我遵循政协章程，积极参政议政、建言献策，也感谢组织的关心培养，使我相继成为西安市第十四届政协委员、西安市第十五届政协委员、陕西省第十二届政协委员。自此以后，怎样才能更好地履职尽责，就成为我一直以来思考的问题。

扶贫历程

自党的十八大以来，以习近平同志为核心的党中央把脱贫攻坚纳入“五位一体”总体布局和“四个全面”战略布局，摆到治国理政的重要位置，提出了以“精准扶贫”为核心理念的扶贫思想，将特困地区和特困群体作为主攻方向，吹响了打赢脱贫攻坚战的进军号。2013年6月，按照市委统战部、市工商联“多企带一村”的统一部署，我第一次参与了扶贫活动，第一次看到了蓝田县过风岭村的深度贫困，望着这些破旧的房屋，我的眼睛湿润了，心颤抖了。通过走访得知，这个村子里有相当一部分贫困户连最起码的温饱问题都难以解决，我随即当场承担了蓝田县三官庙镇过风岭村25户99人绝对贫困人口的重点扶贫任务。

从过风岭村回来之后，针对每一个贫困家庭致贫的不同原因，我们的扶贫团队制定了精准的实施方案。我们给他们送去扶贫鸡、扶贫羊等家畜，并派专业技术人员驻村指导，帮助他们解决家畜养殖过程中出现的问题，仅此一项，就给每户带来了每年3000多元的收入，使他们彻底脱掉了绝对贫困户的帽子。直到现在，每年的春节前，我都会置办灯笼、对联、大肉、米面油、干鲜果、瓜子糖等年货并准备现金亲自送到每一家贫困户手中。

这是我第一次做公益，而这一做就再也放不下了，我把自己的心和贫困群众的心紧紧连在一起。自此以后，只要是政协有类似的活动，我都会积极地参与进来。目前我帮扶过的贫困村有7个，将年人均收入从帮扶前的500元提升到了3500元以上，其间为多个贫困村进行免费义诊活动，帮农户消化滞销农副产品，捐赠产业扶贫资金。在帮扶贫困村之余，多年来我长期坚持公益事业，为陕西明堂环卫股份有限公司的环卫工人捐赠爱心物资及现金共计百万余元。

2017年10月，我个人出资承包了秦汉新城管委会西毛村贫困户的59亩土地，作为“西毛村绿化苗木示范基地”。其中种植十余种时令花卉和乔木，所得利润均用于贫困户扶贫工程，带动村上贫困户脱贫。使用人工时以有劳动能力的贫困户为主，培养贫困户绿化养护技能，投入总金额约200万元。

2018年6月25日，我个人投资20万元在西安市劳动公园东门旁开设了一家“爱心粥屋”，每日凌晨5点开始为周边孤寡老人及环卫工人等各类弱势群体提供免费的爱心早餐，并且无论多忙，我都会抽出时间去粥屋当志愿者，风雨无阻参与劳动。目前粥屋开办已经四年多了，志愿者人数已达近千人，每天服务200多名周边群众，迄今为止已经服务了近30万人次周边群众，真正从行动的一点一滴上做到为人民服务。

近两年疫情突发，我通过西安市红十字会捐赠人民币30万元，定向用于西安市第八医院疫情防控给予医务人员的补助；为了支持早日复工复产，我向基层社区捐赠医用口罩17万个，消毒液5吨，并多次慰问高速路口处在疫情期间仍然坚持在岗的一线民警，送去大批防疫物资及生活用品，并抽调公司50余名员工投身抗疫一线，助力社区；在 2022 年春节前夕为秦汉新城西毛村捐赠 10 万元现金，帮助贫困户共渡难关。

履职担当

担任政协委员其实并不轻松，这是一份沉甸甸的责任。我认为，要主动积极而且有准备地参政议政，而不是只在大会召开期间简单举举手、鼓鼓掌。在担任政协委员的十年间，我认真履职，积极参加政协的各项活动，提过很多关乎国计民生、增加人民福祉、促进社会和谐的社情民意，每份提案的背后都凝聚着深情和心血。

由于工作的原因，我经常出差乘坐飞机，我发现在航班到达后，一般需要走好久才能走到行李提取大厅。到达 T2 航站楼出站时还能近一点，到达 T3 航站楼出站时距离行李提取大厅则需要走近 20 分钟的路程，平行助步电梯太短，数量也不多，对于一些特殊的旅客，如老人、小孩和腿脚不便、携带大件多件手拉行李的旅客都很不方便。西安市作为国家中心城市，发挥着西北地区经济、科技、文化、金融、对外交往和综合交通枢纽的重要作用，作为陕西省的形象窗口，西安咸阳国际机场的细节服务质量尤为重要。我提交了一份“关于西安咸阳机场 T3 航站楼便民基础设施增置建议”的社情民意，建议放置轮椅和婴儿车等设施，满足旅客便捷出行的需求，此提案随即得到了机场方面的落实，并被评为“优秀民生提案”，便民设施也投入使用。同时，我还被西安咸阳国际机场聘任为服务质量社会监督员，我自承担起这份责任后，继续努力，为西安更好的发展献计支招。

成为政协委员后，为了写好提案、反映社情民意，我在工作之余抽出一些时间进行入户了解，亲身体验，下传党和政府的富农政策，上达群众的殷切心声，尽好一切我应该尽到的责任，做好一切我应该做好的工作。我积极提交有关民主团结、渭河沿线生态环境治理、工程招标程序、公共停车位、交通拥堵、保护我市儿童青少年视力的提案；反映关于给服务社会的非经营性公益事业免费提供房屋的社情民意；参加各种调研活动，坚持为群众办好事、办实事。

十余年的委员经历，让我身上多了一份荣誉感，我相继获得“中国好人”、“陕西好人”、“西安好人”、陕西省“五一劳动奖章获得者”、陕西省“十佳巾帼企业家”、陕西省“2019 十佳扶贫之星”的称号，并在 2020 年、2021 年连续两年评为“优秀委员”，这些光荣的称号一直激励着我，告诫我要牢记委员使命，把荣誉感和参政为民结合起来。为此，我不断地加强履职能力，不断地加深着对政治协商、民主监督、参政议政三大职能和政协委员的职责的理解。多年来的履职经历，让我沉淀、提升，我与政协已密不可分，同时越来越清晰地认识到委员的使命、责任和担当。

（作者系陕西省政协委员，西安市工商联副会长，西安源美景观工程有限公司总经理）

我家乡的这十年

○高海军

我的家乡在陕北，我从小在农村长大，是农村走出来的大学生。面对陕西这十年的巨变，我深有感触，我就说说陕北农村这十年的变化。

党的十八大以来，党中央不断探索统筹城乡经济社会发展之路，擂响了新农村建设的战鼓；强化推进城乡一体化进程，绘就了蓝图。短短十年间，统筹城乡发展改革渐入佳境，十年城乡统筹，十年城乡跨越，村庄秀美了，生活和美了，村民富裕了，农村基础设施不断完善，农民的出行、饮水问题得到解决，城乡、产业融合发展给农村注入了新的活力，农业农村发展取得瞩目的成果，我的家乡也发生了翻天覆地的大变化。

以前村里孩子考上大学都是借助驴拉车，先把人和行李送到公路上，然后再等班车到县城，到县城后再乘公交车到火车站，然后才能坐火车去西安。通常到学校就需要两天时间。现在村里通了柏油马路，村里到县里一天有三趟班车。从延安到西安已经有了动车，一天就可以抵达西安。榆林到延安也开通了动车。很多家庭都添置了摩托车、三轮车甚至小汽车，大大方便了家乡人民出行。中国共产党真是为人民谋幸福、谋出路，切实为咱老百姓办实事办好事。

教育上，陕西省教育改革发展取得显著成就，教育质量和水平稳步提高，村里的大学生也越来越多。今年春节回家探亲，我惊讶地发现村里已经考出去了 12 个大学生，二叔家的小堂妹还考上了美国得克萨斯大学的全奖博士研究生。她初中毕业时，听说当地中学的学生高考年年“剃光头”，没有上本科的，毕业后都回家种地，重复上一辈的生活。她当时也决定不读书了，后来堂哥听说国家要实施教育改革，硬把堂妹拉回了学校。2012 年，村里辈分最大的二大爷的双胞胎儿子大宝和小宝，双双考上长安大学，每年的奖学金都够支付学费。四叔家的孩子 2014 年考上西北政法大学后，两次都被减免学费。党的十八大以来，村里的孩子从小学到初中都是免费上学，早餐也免费供应。我们乡每个村都考出去了好几名大学生。现在，这些学子工作后开始回馈村里。前年大宝参加工作后，带着他的工程队，很快就为村里建起一座大桥。2018 年四叔家的孩子大学毕业后，志愿回到村小学支教，并且带领全村栽了 100 多亩杏树，发动家家户户种大棚菜，当年就帮助 12 户人家脱了贫。前年，他又担任了驻村第一书记，正筹划着在村里建一所香菇加工厂呢！

村里人的精神文化生活也逐渐丰富，不仅物质生活有保障，还有充沛的精神食粮，充分感受到幸福感、安全感和获得感。我记得小时候村里根本没什么娱乐活动，遇到谁家娶媳妇、嫁女子，那悠扬的唢呐声就成了我儿时最美的音乐。有时盲人来村里说书，也成了乡亲们必看的“大戏”，屋里人挤满了，有的就只能蹲在门外听。至于一年一度的庙会唱戏，更是山里人心目中的“文化大餐”。为了看场戏，路远的乡亲们鸡叫头遍就起床了，带着干粮、骑着毛驴结队出发，挤满了一条条乡间小路。如今的情况大不同了！家乡的文化生活多姿多彩，乡亲们看戏难的情况已经得到根本改善。特别是近五年以来，县里为村里赠送了一批曲艺科教类书籍、影视光盘。村里也翻修了龙王庙，搭了新戏台，运用现代化的科学技术，对舞台进行了布置。县市文工团经常送戏下乡，还把发生在农村的真实故事、日常生活中的常识编成新戏，使乡亲们在娱乐的同时，还能学到科技、卫生、法律、生活等方面的知识，深受家乡人民喜爱。

村里现在基本家家户户拉上了宽带，随时可以同亲戚朋友保持联络，还可以上网学习文化知识、开阔视野、提高眼界。在村里也可以网上购物，不用赶集就可以买到全国各地物美价廉的特色产品，甚至有的家庭的家电还可以联网，远程控制，老百姓的生活越来越现代化。村民们都参加了新型农村合作医疗，基本吃药治病费用的大头都由国家报销。村民们的厕所也都由国家帮忙给新建了，家家户户都是冲水的干净厕所，告别了茅坑时代。垃圾也由政府统一组织回收，保持了山村的大自然原生态风貌。最近，村里又引进了一批健身器材，供家乡人民业余时间强身健体，提高生活质量。老年人也都不缺吃穿，平均寿命由原来的 72 岁提高到了 81 岁。一些孤寡老人和贫困户都享受了国家的五保户政策，每月有固定收入，真正实现了老有所依。

纵观这十年，家乡人民的生活切切实实每天都在发生着改变，真是让我感慨万千！我们赶上了好时代，享受了在共产党带领下的好生活，但也要勇于承担我们这一代人的历史使命，延续这种美好生活。

（作者系陕西省政协委员，陕西少华建筑集团有限公司董事长）

老旧小区展新颜　十年变化铸新篇

○李　丹

岁月更迭，时代交错，十年光阴转瞬即逝。斗转星移，我与西安这座老朋友般的城市又多了十年相互陪伴的时光。倘若你问我，十年弹指一挥间，她有什么样的改变？我虽然无法道尽十年间一座城市的沧桑巨变，但是这一方土地上的高速发展，每一个土生土长的西安人都看在眼里，那种幸福感已融入心田。

十年之亲闻

十年转瞬，统计数据触动心肠；十年亲闻，人民幸福感日益提升。

以习近平新时代中国特色社会主义思想为发展前提是要点。回首过去十年的时光，习近平总书记曾三次来陕发表重要讲话，作出重要指示，阐明了新时代推动陕西经济社会发展的基本方略、总体要求和目标路径，为陕西的发展指明了前进方向，注入了强大动力。未央区政府和相关部门在前行路上始终以人民群众利益为中心，扎扎实实为人民群众办实事，力求让未央人民过上美好生活，印证了未央区的迅速发展是习近平新时代中国特色社会主义思想与未央区具体实际相结合所迸发出的强大力量所致。未央区政府共计投入近5500万元用于社区阵地建设提升，规范功能区域设置，使所有社区有了“一厅四室”，原来有些社区代管着8个小区，属于“超大社区”，小区距社区办公地较远，办事很不方便。现在社区拆分后，小区成立了新社区，如今在家门口就能办事，享受社区服务更便利了。目前，全区社区办公用房面积600平方米以上的社区71个，1000平方米以上的社区21个，社区办公用房面积不足问题得到有效解决。

以保障和改善民生为主要内容是发展之目标。党的十八大距今已有十个年头。当我们回首十八大以来未央区经历的这十年，我们不仅能看到实打实的统计数据，更能以普通老百姓的视角于生活当中窥见变化一角。未央区凝聚治理合力，强化养老服务，不断探索创新社区治理的方式方法，进一步提升了全区社区治理水平；开展社区规模调整，成立了63个新社区，将原有137个社区优化拆分为201个社区，为社区服务精准化和精细化奠定了组织基础。为保证新建社区顺利推进，区政府拿出3150万元，对每个调整优化的新建社区给予50万元的标准配套建设补助资金；拟投入1700万元用于提升改造85

个社区的办公场所；同时对社区办公用房面积不达标的10个社区进行整改，夯实硬件基础，提升服务能力；开展全区社区阵地建设工作观摩活动，通过实地观摩，找不足、补差距，促进社区建设工作再上新台阶。十年来，未央区区域交通能力不断提升，道路状况日益变好；城市绿化越来越到位，人们的生活环境越来越绿色健康；而老旧小区的改造工作也紧锣密鼓地往前推进，极大提升了人们生活的幸福感。

十年之亲历

十年转瞬，经历无不映入心间；十年变幻，亲历家乡沧桑巨变。

以解决道路拥堵为美好之愿景。两千多年前，驼铃声声，丝绸之路从长安出发。两千多年后，列车轰鸣，西安走向世界。

2021年以来，未央区委、区政府以保障“十四运”的自觉性、惠民利民的初心使命，按照拆违复绿、见缝插绿、立体增绿、全域植绿的总体思路，全面提升区域绿化品质和城市形象。凤城五路（太华北路至北辰大道段）正是其中的一条重点线路。整治之后的凤城五路路段，道路北边翠绿、整洁的草坪上，修剪整齐的冬青一字排开，整齐划一的圆形石楠球和近6米的雪松错落有致。“凤城五路（太华北路至北辰大道段）提升工程是未央区‘15+2’重点道路提升改造的一个缩影。”未央区相关负责人说道。2021年，随着一系列城市基础设施建设工程的竣工，未央区道路拥堵得到了部分改善。城墙下，车流依旧，列车呼啸。西安的城市交通，也正向着“十四五”规划中建成交通强国典范城市的目标，坚定向前。

以前走在未央区凤城五路，道路总是拥挤不堪，十分难行，令人苦恼，可是现在，这种情况完全消失了。如今的未央区凤城五路，从外到内形成了三层树墙，放眼望去，满眼绿色，生机盎然。如今路线周边绿了、美了，描绘出一幅城市与自然共融共生的绿色画卷。

以便民为主要目标是变化之核心。近些年，未央区政府和相关部门在习近平总书记三次来陕考察重要讲话重要指示的指引下，坚持以人民为中心的发展思想，以坚持保障和改善民生为中心，扎实办好民生实事，努力提高人民福祉。截至 2020 年，未央区已经对 63 个老旧小区实施了改造，其中包含 712 栋楼，20299 户居民，改造面积共有 187.17 万平方米，而居民们的满意度更是高达 95%。这是崭新且令人振奋的好成绩。2021 年，明光路南段 180 院、龙翔花园等 9 个老旧小区的改造任务也已经顺利验收完成，其中包含 31 栋楼，1567 户居民，改造面积总共有 14.88 万平方米。老旧小区的改造成功，为未央人民吹来了一股全新的春风，人们沐浴在新时代的阳光下，尽享属于他们的新生活。

十年之亲见

十年转瞬，过往一如尘嚣往事；十年光阴，亲见更能打动人心。

以推进城市形象进程为变化之核心。当我们回想起往日的未央区，我们脑海中浮现的是怎样的情景？那时，空气里灰尘密布，马路两旁空荡又光秃，连花坛和绿植的影子都看不到；而现在，却是完完全全大变样。房屋质量和居住品质提升是小区改造之重点，未央区老旧小区改造项目工程自开展以来，各方秉持“美好环境与幸福生活共同缔造”的工作理念，因地制宜、精准施策，自改造之后，老旧小区从之前“屋面漏水、绿化缺失、违章搭建”的状态摇身一变，现如今随处可见的是宽阔整洁的路面，简明亮丽的楼群，错落有致的绿化……小到一盏路灯、一株绿植，大到路面改造、物业安防，不仅达到了老旧小区配套设施的完善、小区内部景观环境改善以及房屋质量和居住品质提升的目的，还提高了未央区的宜居品质，真正推进了城市形象的更新进程。

以人民幸福感提升为小区改造之目标。我偶然间拜会一位居住在未央区文景路枣园安居小区的老友时，他与我聊起了枣园安居小区的改造背景和成果。我这才得知，未央宫街道枣园安居小区始建于1997年，长期以来存在屋面漏水、违章搭建、楼梯间杂乱、道路破损、绿化缺失、缺少照明等老旧小区的通病。经过改造，枣园安居小区发生了翻天覆地的变化，路灯亮了，小区居民可以在新建的健身广场上锻炼，孩子们也可以在新增的游乐设施上快乐地玩耍。枣园安居小区从改变小区面貌、改善房屋功能、改造基础设施、改优居住环境等重点处入手，对多处细节都进行了改造，从而使小区的居住舒适感和小区居民的幸福感都有了显著提升。

以城市面貌改善为小区改造之目的。我问他对于小区改造的看法如何，他说“小区不论是‘面子’还是‘里子’，都焕然一新，给两套别墅也不换，老旧小区的改造是真真正正地改到了老百姓的心坎上，政府真是全心全意地在为老百姓办实事”。看着老友真挚的笑脸，听着老友对老旧小区改造成果和政府人员工作能力的赞美，我心里竟也感到暖暖的。旧小区从过去道路泥泞、环境脏乱的样子华丽转身为道路宽阔、窗明景美的新面貌，小区居民获得满满幸福感的背后，离不开那些奋斗在一线的工作人员的汗水与努力，更离不开政府及有关部门的通力配合。在党的十八大精神和习近平总书记三次来陕西考察重要讲话重要指示精神的带领下，未央区政府及有关部门真抓实干，铆足干劲，出实招、下真功，回应了人民群众对美好生活的向往，践行了以人民为中心的发展思想。

岁月流转之间，朴实的未央人民不断显露出劳动人民的伟大精神品质。老旧小区的改造远远不止粉刷外墙、更换大门这么简单。就以枣园安居小区的改造为例，在改造过程中，除了需要对小区外在环境进行改变之外，更重要的是对与小区居民居住生活密切相关的隐患的修复与排除，比如对落水管进行翻新，维修和更换老旧污水管道，实现雨污分流，推进防水和保温改造等。这些工作烦琐费力，是个不小的工程，但是，那些奋斗在改造一线的工作人员从来都是不畏难，不怕累。我眼中的他们，总是愿意在细微处下功夫。他们严把施工质量关，进行多方联合沟通，不放弃深究任何一处细节，小到一颗螺丝钉，也要严格了解它的生产厂家及质量规格。他们始终坚持以习近平总书记三次来陕西考察重要讲话重要指示为指导思想，真真正正地将改造工程做到了小区居民的心坎里。

与老友叙旧完，我便踏上了回家的路程。走在小区里重新铺装的道路上，看着那些老人们在新建的健身广场上一边锻炼一边谈家常，几个孩子高兴地在崭新的游乐设施上玩耍，耳边还时不时传来孩子们欢快的笑声和家长们关心孩子的叮咛声，我的心情变得恬淡而满足。午后的阳光穿过树荫洒到我身上，温度适宜，让人感觉到舒适，不远处新修剪的绿植在阳光的照耀下闪烁着生命的颜色，正如经过改造的枣园安居小区一般，充满生机与活力，将为居住在这里的人们带来更多的欢乐与幸福。生活在未央区这片土地上，我坚信，美好的事物会一直出现在我身边。

（作者系西安市政协委员，西安市未央区政协常委，陕西权诚律师事务所主任）

西安“小葵花关爱行动”

○尤　婷

第一次遇到“小葵花”时，我还是驻地央企的一名专职团干部。那一年，我带着一群年轻的飞机制造工程师来到白鹿原上的陕西回归儿童村，在那里开展航空科普活动，带孩子们做航模，看无人机表演。就在那一次，我听说了一个叫“小葵花”的名字。在那之前，对于这些困境儿童、特殊儿童，我们都有些不知如何称谓，但这个充满阳光和希望的名字却给了我新的思路和认知。听说这个名字来自共青团西安市委的一个专项活动，他们把留守儿童、进城务工人员随迁子女、困难家庭子女以及特殊儿童称为“小葵花”，开启了小葵花关爱行动。我深感这项活动的意义所在，于是便主动将我们的工作和“小葵花关爱行动”结合起来，希望助一份力。

2018 年 6 月，按照组织安排，我被调往共青团西安市委任副书记，时任团市委书记汪国栋为我讲述了“小葵花”的起源，让我对这个项目有了更深刻的认知。2013 年他在临潼周边农村调研时，走在路上随口问路边的几个小孩子是否见过兵马俑，孩子们都说没有，这让他心里有种说不出的难过他说：“兵马俑是我们陕西的、国家的文化符号，可是生活在陕西的孩子却没有机会走近它。我当时就想，有一天一定要让更多的孩子看看身边的国宝，让他们在开阔眼界的同时，也对自己家乡的文化拥有更多自信。”后来返程时他看到路边盛开的向日葵，灵光一闪便定下了这个名字。之后结合西安市委市政府的工作重点，我们启动了“青春助力脱贫攻坚三四五工程”，“小葵花关爱行动”作为其中一项重要的工作载体，得到继续深化。

每个周末或节假日，在青年志愿者的带领下，“小葵花”们坐上大巴车，从乡村出发，到博物馆、儿童剧场、电影院、游乐场、西餐厅、大型企业甚至大学校园去，他们在参加“小葵花看西安”活动，在这里他们看到了更远的世界。“我觉得自己的思维比原来开阔了很多，在看到一个说法时脑子里可以立马产生一些相关的画面。”今年 11 岁的李文悦就读于蓝田县厚镇中心学校，经历的缺乏限制了她的想象力。“以前我总是跟她说要好好学习，但是她从来都听不进去，现在会自己主动去学了。”李文悦的妈妈龚正碧与丈夫都是高度近视，家里有两个孩子，早些年由于身体抱恙，每周的生活都需要借钱维持，因此大女儿初中还没毕业就选择了辍学，这件事情也成了她心里最大的遗憾。“现在家庭生活在政府的帮助下一步步变好，所以困难再多我也不愿意再耽误孩子上学。”但这份沉重的心情，年龄尚小的李文悦之前无法理解，直至参加了“小葵花看西安”活动。“我印象最深的是在西安翻译学院，老师带我体验了高尔夫球，这是我第一次接触，感觉很新奇。”李文悦高兴地说。丰富的活动不仅开阔了李文悦的眼界，也在她心里悄悄地种下了一颗名为“未来”的种子，她想要成为一名英语老师，在之后想靠自己的努力去看更远的世界，体验更多新奇的事物。城乡儿童最大的区别在于眼界，地域与环境的双重限制使乡村孩子缺乏更多的体验，这也影响了他们对未来的规划。“小葵花看西安”这个活动并不是三五年会见效的事情，但也许在十年或更远的以后，曾经的这段经历会在冥冥之中影响孩子的一些决定。

2020 年 9 月 30 日，这个日子对蓝田县东咀村的孩子们来说是个值得铭记的日子，这一天，陕西省首座乡村少年宫正式揭牌了，“小葵花少年宫”六个大字在秋日的阳光下熠熠生辉，从这一天开始，这个乡村的孩子们上起了美术课、声乐课、电子琴课……他们还拥有了属于自己的图书室、活动室……在城市孩子看来习以为常的手工实践课，却是很多山村孩子不可想象的事情。“贫穷限制了想象力，但是现在有了小葵花少年宫，孩子们的业余生活丰富多了。”蓝田县东咀村村支部书记宋小莉很高兴看到这个变化。现在来少年宫上课的不止有东咀村的孩子，还有很多外村的孩子。这座少年宫的落成让团市委在统筹社会资源开展扶志扶智工作中积累了更多的经验，通过这一次成功的尝试，团市委于 2022 年 3 月在鄠邑区栗峪口村打造了第二个“小葵花少年宫”。让“小葵花少年宫”形成一定的示范效应，持续发挥“造血”作用，惠及更多的山村儿童，这是我们共同的愿景。

在西安市蓝田县北峪小学，有一个特别的“温情驿站”。这是来自多个组织机构的青年志愿者们响应团市委的号召，共同为这里的留守儿童设立的。每一位小朋友只要将他们想寄给父母等亲人的东西塞进邮筒，就可以通过物流的形式把这一份思念进行传递。

9 岁的妞妞说：“我喜欢唱歌跳舞，也喜欢下河抓螃蟹，我简单的心愿就是把亲手抓的小螃蟹寄给远方的爸爸妈妈。”7 岁的钰轩，沉默得只愿缩在角落，他说：“家里没有人与我说话，我希望可以有一个奥特曼陪自己说说话，希望有更多的朋友陪我玩。”9 岁的雨洁很喜欢画画，她说：“我希望有更多的纸和笔，想要画一幅全家福寄给爸爸，我已经很久没有见过他了。”8 岁的小清说自己是一个小吃货，喜欢吃好吃的，可是她太瘦啦，想要吃好多的肉肉，想要给在外的爷爷寄一个自己亲手做的剪纸。10 岁的睿睿有着不一样的梦想，他说他喜欢看猪猪侠动画片，想要一把和猪猪侠一样的宝剑，打跑世界上所有的坏人。年仅 8 岁的兴兴，说成为一位打遍天下无敌手的跆拳道选手是他未来的愿望。孩子们纷纷说出了自己心里的梦想。

面对孩子们简单纯粹的愿望，志愿者们提前采集了每个孩子的“微心愿”并在活动当天帮助他们实现，孩子们的脸上都乐开了花。在中秋佳节到来的时刻，志愿者们还将孩子们亲手绘就、充满爱与思念的“画卷”，送到小朋友的父母等亲人的手中。

“小葵花微心愿”，是面向社会开展的一项“小葵花”爱心心愿认领活动，旨在帮助家庭贫困的“小葵花”们完成小心愿，激励他们努力学习，为他们送去祝福。截至2021年度，共有4000余名“小葵花”通过“爱心心愿认领”实现愿望，募集捐赠价值140余万元的9000份“小葵花爱心暖冬包”。

西安高新第四小学的操场上，人声鼎沸，热闹非凡，少先队员们最喜欢的“小葵花爱心集市”开市了。同学们各自亮出自己的宝贝，互相介绍自己的书籍内容，大家纷纷拿出自己的零花钱买心仪的书籍。五年级四班的杨夏囡同学说：“这次活动不仅使我们增长了知识，扩充了阅读量，而且还培养了我们的交际和营销能力。活动结束时，我们把这次义卖活动的收入都投进主席台旁的箱子里，捐献给那些贫困山区的孩子，给他们送去了我们的爱心，这让我觉得非常有意义。” 刘姝彤同学则希望学校以后多举办这样的活动，为贫困地区的孩子送去更多的温暖！她也想有时间走近那些贫困地区的孩子们，和他们手拉手、结对子，面对面交流，尽自己的一份力量去帮助他们，与他们在祖国的大家庭中共同成长。

这样的爱心集市在全市近200所中小学校里开展，通过组织学生开展义卖活动，将家中闲置的图书、学习用品进行义卖，所得款项全部用于资助困难青少年，旨在培养学生的无私奉献的精神和乐于助人的优良品格。

不论是“小葵花看西安”，还是“小葵花少年宫”，这些活动的初心都在于“志智双扶”。治贫先治愚，扶贫先扶智，要对农村贫困家庭幼儿特别是留守儿童给予特殊关爱。精准扶贫，关键在人，捐钱捐物，仅能解一时之困，要想得到长远发展，就要紧紧抓住教育扶贫的根本。

扶“钱”不如扶“智”，扶“今天”更要扶“明天”。“小葵花关爱行动”已经走过九年多的历程，这九年我们共同见证了脱贫攻坚战役取得伟大胜利，社会各界也为支持全省全市脱贫攻坚和乡村振兴工作做出了贡献，让“小葵花关爱行动”这个品牌能够不断深耕，发挥实效。自 2013 年 3 月至今，共青团西安市委联合多家单位，开展“小葵花看西安”“小葵花微心愿”“小葵花爱心暖冬包”“小葵花爱心集市”等活动，已有 6 万余人次的“小葵花”加入，每年开展活动 1 万余场，新增 200 个关爱流动儿童伙伴单位、2 万名青年志愿者和 1 万名儿童家长志愿者。

我们希望“小葵花关爱行动”是一粒种子、一束微光，可以为孩子的童年生活增添一抹色彩，让他们拥有敢于去追梦的力量，让更多的孩子在阳光的普照下，汲取养分。

（作者系西安市政协委员，团市委副书记）

从“槐乡巨变”说说陕西这十年

○李　娜

“一城花香半城树，两湖清水润槐乡。”这说的就是我的故乡——永寿。永寿是陕西省咸阳市的一个小县城，地处“秦陇咽喉”，南接乾陵，西邻东方佛教名刹法门寺，北界倚崖雕凿的彬县大佛寺。党的十八大以来，永寿像陕西许许多多的小县城一样，铆足了劲，实现了自身的跨越式发展。

前些年的永寿，是一个偏僻、无人知晓的“国家级贫困县”。记得刚参加工作那会儿，每次外出去咸阳、西安参加培训，总会有人问：“你是哪里人？”回答：“永寿。”提问者必会追问：“永寿是什么地方，从未听说过……”1995 年至 1998 年间，我在彬县师范学校上学，刚去的时候，一直惊愕于彬县这个山城居然这么“繁华”，东街、南街、西街、北街，夜市、商贸市场、大商场……管理规范，秩序井然，比永寿发达好多呀！相比之下，永寿唯一值得骄傲的是，距离咸阳、西安比较近，同学们每每坐着班车路过时，总会问：“永寿县城有几条街呀，大不大，美不美？”而我只能怯怯地回答：“两条街，南头和北头。”实际上这两条街站在南头，一眼就能望到北头，哪个铺子门口人多，哪家店卖什么的，街道上的人都了如指掌，充分诠释了一个字——“小”。

那些年，永寿县城除了“小”，还有一个特点“经济发展力不足”，基础设施建设相对滞后。1999 年，教育行业实施“普九验收”，有时需要加班，晚上忙完之后，黑漆漆的街道路灯早已关闭。县城教师没有宿舍，大多租住在新勤村、城关村或西村，于是一群女教师每次总是又惊又吓拿着手电筒往回跑。回到租住的小屋，下楼提水，上楼烧水，洗脸、洗脚，又下楼倒水，蹑手蹑脚，上上下下，折腾近一个小时才能睡下。每天早晨起床，大家最怕的就是“抢厕所”，有时一个院子里租住了十多户人家，二十多个人每天抢一个厕所，那个时候普通群众最大的愿望就是能每天洗澡以及解决上厕所“难”的问题。

2012 年，中共十八大描绘了全面建成小康社会、加快推进社会主义现代化的宏伟蓝图，向中国人民发出了向实现“两个一百年”奋斗目标进军的时代号召。至此，“国贫县”永寿也迈上了跨越式发展的新征程。在县委县政府“工业强县、生态永寿、大美槐乡”等一系列发展举措的推动下，永寿越来越美丽，群众生活越来越幸福。

实现县城供暖一体化

永寿地处黄土高原南缘丘陵沟壑区，以前每到冬天寒风凛冽、雪花飘舞时，县城所到之处大人小孩脸上都会出现标志性的“高原红”，因此红血丝也成了我们这里的固有产物。县城大部分小区无供暖设施，一部分人采用火炉取暖。冬季中小学无取暖设施，孩子们经常靠课间玩游戏热身锻炼。2012 年以后，在省市县各级政府的推动下，全县各小区逐步实现全面供暖，各中小学幼儿园均采取集中供暖或学校自主取暖。冬季供暖问题彻底解决，现在的永寿，冬无严寒，夏无酷暑，山水风光秀丽无比。如今走在永寿的大街上，再看不见“高原红”，城乡一体化逐步推进。

新农村建设成效显著

同事的舅舅家在永寿县御驾宫固室村，前些年去走亲戚时，住的都是土窑洞。每每过年吃饭时三个碟子，一个肥肉片片，一个甜米碗子（里面很少放糖），一个胡萝卜丝。家里有一个 12 英寸的小小黑白电视机，只能收到两个台，信号时好时坏，一会儿能看，一会儿不能看。全家四五口人挤在两个窑洞里，一个窑洞里面还养羊，整个院子一年四季弥漫着一股羊粪味。村子里交通工具较少，大多数人一年四季难得去一次县城，去县城时也大多为步行。一晃十多年过去，再去舅舅家时，他们已经搬到了新农村，高高的人字形大瓦房，白白的瓷片在太阳的照耀下闪闪发光，上房、偏房、厨房、卫生间，一应俱全。上房迎面正中间还有一幅瓷片贴成的山水画——《富水长流》。过年时，鸡鸭鱼虾样样都有，舅舅笑着说："快吃快吃，年年有鱼（余），富贵常在。"出门在村子里转转，新农村建设整齐有序，每一家大门口都种有月季花，门外是花砖铺成的小路。每到夜晚，路灯闪烁，老人小孩的说笑声、玩闹声不绝于耳。村子中间有一个小广场，花儿草儿生长得非常茂盛，春夏之际，香气浓浓，广场上的体育健身器械备受大家青睐。傍晚，"文化大舞台"更是广场舞大妈们的天地，大爷们在一旁下着象棋，一派祥和。村子旁边的公路上停着许多小汽车，人们已经正式跨入了小康时代。

落实教育教学信息化

我出生于 20 世纪 70 年代末，成长于 80 年代。记得上小学的时候，1987 年版的《红楼梦》热播，几个小玩伴聚在一起，把《红楼梦》中每一个人物的名字、故事情节都记得清清楚楚，讲得头头是道。于是邻居大妈、婶婶们就在一起笑着说："念书写字半天记不下，电视看一遍全记下了。以后干脆在电视上学习得了。"这样想来，当今时代真是一个伟大的时代，有想法就有机会创造奇迹。现在永寿县城大大小小的学校均已进入了信息化教学阶段，每位老师上课都会使用多媒体，将它的资源共享应用、实物展示、习题讲解、视频播放等功能发挥得淋漓尽致，也助推了教育教学质量的稳步提升。

人民群众生活水平普遍提升

作为教师，我们经常会去学生家里进行家访。以前进城务工人员相对较少，一家三四口人租住一间房子，没有下水，没有厨房，没有卫生间，做饭洗衣服都不方便，生活条件比较简陋。现在，乡镇大多数年轻人进城务工、做生意、种药材、开果园等，靠勤劳的双手让家人过上了好日子。有些人在小区里买了房，有些租住在单元房，有些人在城中村租住一室一厅一卫的房间。总之，普通农村群众早年最期盼解决的洗澡、上厕所等问题现在都解决了，家家是太阳能，水冲马桶已普遍化。每月定期家访时，看到孩子们家里香蕉、西瓜、苹果、面包、牛奶等应有尽有，不由得感慨，现在的孩子真幸福。党的第一个百年目标，已然顺利实现了。老百姓对生活的要求，不再是“吃得饱”，而是“吃得好”，人民生活水平逐步提升。

第二个百年奋斗目标逐步实现

天下之大，民生为先。人民对美好生活的向往，就是党和国家各级政府的奋斗目标。近年来，永寿县委、县政府着力打造“绿色、宜居、福寿、安康”的人居环境，一切以实现老百姓对幸福生活的追求为出发点，切实改善县城面貌。去年，永寿县建成了新 312 国道“百米景观长廊”、万寿路“景观绿化项目”等；西兰大街路灯改造工程更是人人称赞，给黑夜里上下班的人们、上学的孩子们，纳凉散步的老人们照亮了前行的道路。今年，永寿县积极开展“城市建设项目大推进、环境大整治、管理大提升、形象大改善”专项整治活动，对门头牌匾进行了更换，对车辆乱停乱放问题进行了整治，对早市夜市进行了规范管理，使城市面貌得到了改善，城市运行逐步规范，城市文明形象稳步提升。这一桩桩利民之举，一项项惠民之措，使永寿老百姓切实感受到了党和政府的温暖。著名作家梁晓声在《人世间》中讲道：人生在世有两方面的需求，一是养口体，解决吃饱吃好的问题；二是养心志，解决精神层面的追求问题。这两点恰恰对应了党的两个百年奋斗目标。2021 年，我国全面实现了第一个百年奋斗目标，永寿也甩掉了“国贫县”的帽子，目前正大踏步向着第二个百年奋斗目标奋进。永寿电影院、运动花园、“三横三纵一长廊”景观区打造、工业园区建设等，正在如火如荼地开展，群众幸福感不断攀升。

每天早晨，中心广场上的羽毛球爱好者们，你来我往、你进我退，替补队员、啦啦队员的欢呼声热闹非凡。散步、慢跑者三五结伴，悠悠闲闲。广场舞男女老少动作整齐划一，热烈而奔放。大槐树下秦人秦腔，铿锵婉转，围观者甚多。到了晚上，某社团开始汇报演出了，钢琴独奏、舞蹈表演、男声独唱、中华武术、书法绘画，引来阵阵喝彩声。

国泰民安，民安方知国泰。党的十八大以来，永寿发生了翻天覆地的变化，福银高速、西平铁路、西银高铁穿境而过，人民生活水平日益提升，处处欣欣向荣，处处朝气蓬勃，处处催人奋进。“见一叶而知深秋，窥一斑而见全豹”，槐乡永寿这座渭北小县近十年的巨变，正是陕西乃至整个伟大祖国翻天巨变的一个缩影。

（作者系咸阳市政协委员，永寿县政协常委，永寿县实验小学校长）

从供销社的十年变化看陕西发展

○王　婧

十载砥砺前行，十载春华秋实。这是新时代、新征程上第一个非凡十年。党的十八大以来，习近平总书记多次到陕西考察，做出一系列重要指示，寄予陕西“要有勇立潮头、争当时代弄潮儿的志向和气魄”“谱写陕西高质量发展新篇章”的厚望。十年来，陕西牢记殷殷嘱托，解放思想、改革创新、再接再厉，推动创新驱动发展做实成势，打造内陆改革开放高地，加强民生保障和社会建设，取得的成绩有目共睹、令人欣喜。

作为一名供销人，十年时间，看到最多的就是供销合作社深化改革，突破自我，频添新举措铸就新辉煌，为高质量发展潮涌三秦添油加力。

十年前，供销社留给人们的印象是“院子大、房子破”，思想守旧封闭僵化，组织机构残缺不全，人去院空的基层网点和网破线断的服务体系急需得到改善。十年来，在发展基础薄弱、矛盾问题叠加、体制机制不全、队伍力量不足的环境下，供销社一班人以习近平总书记对供销合作社工作的重要指示精神为指导，认真贯彻落实中省市《关于深化供销合作社综合改革的决定》和《实施意见》，埋头苦干、综合施策，持续深化供销社综合改革，办成了许多惠民生的实事、利长远的大事、补短板的难事，“供销社又回来了”已经成为群众的广泛认知。

夯实发展基础　打造为农服务“主体系”

供销社为农服务对象在农村、在基层，健全的基层组织体系是为农服务的基础。十年来，铜川市供销社牢牢把恢复基层组织抓在手中，扎实推进“供销社培育壮大”工程和“供销进万村”工程，恢复基层供销社 25 个，新建村级综合服务社 202 个、惠农服务中心 72 个、村级供销社 52 个、庄稼医院 45 个、经营连锁网点 302 个，领办、参办各类专业合作社 125 个，组建专业合作社联合社 16 个，服务范围覆盖 328 个行政村、34.6 万人口。

在铜川市耀州区，人们惊叹于供销社千锤百炼后的华丽蜕变。从 10 间砖木结构的老旧危房，到钢筋混凝土打造的二层楼房，从占地 300 平方米到营业面积 900 平方米，从单一的农资经销到农产品收购、日用品经销、便民金融、费用代收代缴等农村社会化综合服务，关庄供销社以全新的面貌重新回到当地百姓的视野。耀州瑶曲，一群孩子的欢笑，如同动人的音符。2017 年 8 月，瑶曲供销社投资 200 万元、占地 1000 平方米的中心幼儿园正式开园，200 名农村适龄孩子和留守儿童，走进宽敞明亮的教室，享受高质量的学前教育。印台肖家堡，一座占地 2000 平方米、配套冷藏库 300 吨的农产品交易市场彰显着供销社的时代巨变。

拓宽服务领域　打造为民服务“主阵地”

供销社的宗旨是“为农、务农、姓农”，可以说，为农民服务就是供销社的主责主业。这十年，依托“三社一中心”，供销社为农民提供农资供应、日用消费品、技能培训等一站式服务，以及种植、销售、技术一条龙服务，有效打通了为农服务最后一公里；在破解农村耕种人少、撂荒地多的难题中，实施土地托管 7.6 万亩，实现了“农民外出打工、供销社为农民打工”；主动参与全市城乡人居环境整治工作，由市直回收公司与安泰集团合作，成立长策鑫业环保科技有限公司，进行城乡垃圾分类收集和处理，在村、社区、企事业单位建成 165 座再生资源回收屋、220 座生活垃圾分类收集房、46 个智能垃圾分类回收亭，全省供销系统再生资源及乡村振兴现场会在铜川召开。在疫情防控和春耕保供中，供销社积极开展开仓直销、线上预约线下配送上门等特色服务，组织供应化肥、农药、种子、饲料等农业生产资料，全力确保春耕生产不误农时和疫情防控对农资的需要，有力发挥了供销社流通“主渠道”和为农服务“国家队”的作用。

线上线下相融合　打造农产品流通“主渠道”

供销社的一个重要职责就是帮助农民把农产品“卖出去”，不光要“卖出去”，还要“卖得好”。十年来，市供销社先后组织基层供销社、专业合作社、涉农企业参加各类展会40余场次，累计销售苹果、核桃等农产品3.2亿元；在北京、盐城、厦门等地举办了铜川市名优农产品产销对接会和扶贫产品展销推介会，在西安、上海、盐城等地设立农产品展销窗口23个，进一步扩大和提升了全市农产品对外知名度和影响力；主动适应近年来“互联网+”新形式，成立铜川惠农长丰供销电商公司，建成4个区县电子商务运营中心，7个乡镇电商服务站点，98个村电商服务站点，初步形成多层次、多形式的农村电商服务体系，“互联网+”商业模式和消费方式在农村深入人心；抓住春节产品销售旺季，举办了“铜川好物 供销优选”2022年新春线上年货节，销售特色产品552.45万元，并评选出“我最喜爱的年货”，聘任了8位网红主播作为“铜川好物 供销优选”推广大使。今年，市供销社还组织18家优秀陶瓷及茶产品企业参加第十六届中国西安国际茶业博览会，线上线下销售达到56.1万元，其中现场销售额37.6万元，线上销售额18.5万元，签订合同7个，达成合作意向43个，涉及金额1500万元，为铜川茶产业和陶瓷产业发展搭建了高效、便捷的产销对接平台。

聚焦精准帮扶　发挥脱贫攻坚“生力军”作用

这十年，我们亲历了世界上规模最大、力度最强的脱贫攻坚战，近1亿人摆脱绝对贫困，提前10年实现联合国可持续发展议程确定的减贫目标，14亿人迈入全面小康生活。供销社在此过程中充分发挥在脱贫攻坚中的重要职能部门作用，大力推广“供销合作社+龙头企业+农民专业合作社+贫困户”的产业扶贫模式，因地制宜发展特色产业，带动一批贫困群众实现脱贫增收；最大限度释放供销社综合改革红利，对接贫困户4300余户，赊销供应生产资料和日用品达1080万元、让利126万元，贫困群众的生产生活难题得到有效解决；大力开展消费帮扶，积极推进“三专一平台”建设，建成消费帮扶专馆13个、专柜28个、专区16个；指导全市126家企业入驻“832平台”，总计销售扶贫产品7889万元；持续深化盐铜扶贫协作，累计向盐城地区销售苹果、核桃等产品1250万元，带动500余户贫困户实现增收；积极开展农村实用技术培训，累计培训3200余人次，有效增强了贫困群众“造血”功能。

供销社的十年，只是陕西十年发展的小小缩影。展望未来，供销人将持续努力织密为农服务体系，夯实为农服务基础，提升为农服务能力，以昂扬的斗志、开放的思维、一流的标准，绘就供销助力乡村振兴的蓝图，在深化供销社综合改革的道路上不断迈进！

（作者系铜川市政协委员，铜川市供销合作社党组成员、副主任）

从公交出行看家乡变化

○丁芳莉

自2013年把家搬迁至铜川新区后我几乎淡忘了铜川老区的模样。今日上老区办事，想体验一下铜川市老区开往新区的公交车。

来到文化宫公交车站，几辆崭新的空调车整整齐齐停在马路边。通过扫健康码，我选择了即将要发出的9路车。车内舒适的温度一扫人在烈日下的烦躁和闷热，宽敞整洁的车内环境瞬间吸引了我。由于是第一个上车的乘客，所以我首先选择司机后方的第一排位置坐下来。望着车窗外的高楼大厦、车水马龙，我的思绪回到了人多车少的十年前……

那是一个整日为挤公交车发愁的年代。新区开发没几年，开往新区的公交只有一条六号线路。2005年铜川职业技术学院成立，我要天天坐车去新区上班。“哎，来了一辆车，是空调车。”“好像不是空调车呢！”“哎，车要停了，赶紧的赶紧的……”“怎么又没停……原来这是去接其他单位的车。”“唉，来的是一辆旧车，算了算了，还是坐上走吧……”一群工作在新区、家住在老区的上班族像等待投喂的鱼群，在翘首期盼公交6路车快点来的同时，三三两两聚在一堆讨论着今天6路车什么时候能来、路上会不会又堵车、能不能按时到家等问题。这是十余年前在新区上下班坐车的场景。

车子在司机的操控下缓缓启动，我的回忆突然被身前传来的一串标准的普通话打断。“各位乘客，大家好！今天是8月1日，农历七月初四，也是庆祝中国人民解放军建军95周年的日子。1927年的今天，中共中央指定周恩来、恽代英、彭湃组成前敌委员会，组织和领导南昌起义，打响了武装反抗国民党反动派的第一枪，中国共产党领导的人民军队从此诞生。1933年，南昌起义的8月1日被确定为中国工农红军成立纪念日，中华人民共和国成立后，将此纪念日改称为中国人民解放军建军节。欢迎大家乘坐从铜川市文化宫开往铜川新区的9路车，我是本车乘务员，请大家提前打开手机微信上的乘车码，现在开始售票，谢谢配合！”这温暖的声音，让我惊叹我市公交变化之大、之快，曾几何时，陈旧破损的柴油车全部焕然一新，不只是有了6路、9路、12路等多条线路，而且公交服务有了全面的改观。

作为土生土长的铜川人，我清晰地记得童年时代物资匮乏的情况：没有空调的夜晚，一帮小伙伴热得实在睡不着，起来在水管前冲凉；冬天饭桌上一成不变的主食是苞谷，反复出现的菜肴是土豆、大白菜和萝卜；如果有一辆代步的自行车，就会骄傲地认为自己是一个富有的人。现在呢？用大家的通用比喻，那就是大家天天都在过年。

作为在铜川工作20余年的人，我仍记得刚上班时拿到第一个月200多元工资时的兴奋，仍记得那时从工作单位到家往返间乘坐车资一元的公交“招手停”（见招手就停）走走停停、喊人上车的场景。

作为在新区工作了十余年、见证了新区建设和发展过程的职业教育工作者，我仍记得学校刚搬迁至新区时，出了校门去最近的长丰市场吃饭要么步行，要么骑自行车，要么坐三轮蹦蹦车；仍记得那时的新区路宽车稀人少，一到夜晚马路上静谧得看不到一个人、一辆车；仍记得一次和同事们骑着自行车去耀县吃了碗窝窝面，上了大坡后肚子又饿得到处找商店买吃食的情景……

而今，变化之巨令人讶异。十年间，从这座城市公交行业发生的变化就可窥一斑而知全豹。现代化的品质出行服务使乘客的出行变得省时、省力又舒心。现在，每等五分钟就能坐上公交6路、9路车。随着从新区到老区路况的改善、线路的不断优化，再也不会出现路途上堵车的场景，到达的时间也逐渐缩短，从最初的2小时减少至40分钟；市内公交车从原来的售票员喊“上车请买票”到推行无人售票、电子语音报站，再到扫码乘车，人们切切实实感受到出行的便利；一系列惠民举措的实施更是让老年人、残疾人等可以免费乘坐公交车，充分彰显了铜川市公共交通的社会公益性。

世界在变，时代在变。十年间，铜川这座城市的人居环境也在不断改善。书画公园、运动公园、植物园把铜川市的生态环境、人文景观、自然山水和传统文化串成美丽的风景线。劳累一天的人们在小区旁的公园里散步、跳舞、锻炼，小朋友们在广场中的喷泉边追逐、游戏。绿树成荫、花草成片，一条条宽敞的柏油马路上车来车往，井然有序。湛蓝的天空下，不论是走在人行道上，还是穿梭在公园里，清新空气中的花香沁人心脾，让人流连忘返。道路两旁的商场、超市、宾馆、小区、学校、医院高楼林立、设施齐全。蓝天白云成了这座城市的常态，幸福的笑容时时荡漾在每个人脸上。

世界在变，时代在变。十年间，铜川这座城市的人文明素质、文化修养不经意间提升了许多。城市环境得到改善，城市基础设施建设显著提升，南北市区城市道路改造完成，城市治理能力和治理水平不断提高，“新时代文明实践中心试点”和“文明有礼铜川人”建设扎实推进。倡移风易俗，树文明新风，市民文明素质得到提升。铜川市人民政府对物质文明和精神文明齐抓共管，“德润铜川·好人之城”已成为大美铜川的名片。铜川人民有了真真切切的自豪感、获得感和幸福感。2020 年 11 月 10 日，铜川市成功入选第六届全国文明城市。

世界在变，时代在变，十年间，铜川这座城市的红色教育、文化旅游在发生着质的变化。铜川剧院、铜川博物馆、铜川书画公园、孙思邈纪念馆、耀州区文化艺术中心等一批公共文化场馆拔地而起。照金滑雪场、药王山游客服务中心、玉华宫景区和智慧房车营地、陈炉民俗文化广场、宜君花溪谷、孟姜女故里秦人村落、秀房河湿地景观等重点景区项目和“拾花山居”“云水三千”等一批特色民宿建成运营，大数据、智慧旅游信息化服务平台顺畅运转。铜川已跻身全国首批、西北地区唯一的国家中医药健康旅游示范区创建地市，荣获“中国最具特色魅力旅游城市”“中国最美宜居宜业宜游城市”“中国最美康养休闲旅游名城”等光荣称号。

安居才能乐业，乐业才能更好地发展。如今的铜川，旧貌换了新颜。社保医疗体系不断健全，教育文化事业稳步发展，购物通讯快捷方便，市政设施逐渐完善，大数据、智能化的生活模式给人们带来极大的满足感。人们期待的学有所教、劳有所得、病有所医、老有所养、住有所居已成为现实。

社会在进步，历史在发展，站在新的历史起点，我们一往无前。铜川这座因煤而兴、因煤而困，曾经在卫星上看不到的传统老工业城市，努力奔跑在转型发展的道路上。十年里，一个个镜头、一组组数字、一幕幕感人的故事，记录着市民们的一言一行，记录着这座城市日新月异的变化。随着经济发展、人居环境不断改善、人民生活安定和谐，如今的铜川更加生态化、数字化、网络化、智能化。铜川这座好人之城、幸福之城已经顺利完成了从煤城到绿色之城的生态蝶变，成为一座独具特色的转型发展城市。

幸福都是奋斗出来的，奋斗本身就是一种幸福。铜川这座因矿设市的城市在党的光辉照耀下发生着翻天覆地的变化，我们生活在这座城市，热爱着这座城市，亦为这座城市不断奋斗、增砖添瓦。正是有了这十年的奋斗，才有了今日之铜川，也见证了今日之陕西。我们生逢盛世，应当自觉担负起当下的责任，站时代之潮头，发时代之强音，聚时代之力量，踔厉奋发、笃行不怠，做美丽铜川、大美陕西、幸福中国的积极建设者，还家乡一片美丽的天空。

（作者系铜川市政协委员，铜川职业技术学院宣传统战处宣传科副科长）

我的家乡榆林这十年

○邸　飞

如果要选出陕北最具有代表性的标志，那一定是红色革命，黄土高原，窑洞，头戴白头巾、面朝黄土背朝天的人和信天游，当然还有煤炭石油。

而提及我的家乡这十年，它有太多改变令我惊喜，我也有太多感慨，想要一一道来。

“塞上绿洲”告别黄沙肆虐岁月，成就希望的沃土

如果要介绍家乡，我曾经应该会这样开头：我的家乡榆林，位于毛乌素沙漠的边缘，是一颗“塞上明珠”，也是一座“沙漠之城”……陕西是中国土地荒漠化和沙化危害较为严重的省份之一，也是阻止西

北风沙东越南进的重要防线，是京津地区重要的风沙源。而陕西荒漠化和沙化土地面积的99%都集中在位于毛乌素沙漠南缘的榆林。“山高尽秃头，滩地无树林。黄沙滚滚流，十耕九不收。”这曾经是家乡大地和人民生活的真实写照。是的，春天的风沙，曾经是每一个陕北人记忆里关于家乡最浓墨重彩的一笔，若是以言语描述，那必然是“昏天暗地”与“飞沙走石”，“吃土”在这里并不是一个单纯的词，没有亲身感受过沙尘暴的暴虐，很难体会那种震撼。它就那样永不停息地在每一年由春到夏，循环往复，每个陕北人憎恶它却又习惯它。

之所以在忆及我的家乡这十年时首先提及它，那必然是因为它关乎近年来榆林人最为之骄傲的壮举，也关乎中国环境史上开天辟地的大事——毛乌素沙漠即将消失。是的，我们把沙漠变成了绿洲。

第五次荒漠化监测报告显示，地处防沙治沙第一线的榆林沙化土地治理率达93.24%，毛乌素沙地将退出陕西版图。这一切都离不开党的十八大以来，榆林积极践行“绿水青山就是金山银山”理念，坚持山水林田湖草综合治理，最终完成三北工程2170.03万亩造林任务，全市林木保存面积达2248万亩，林木覆盖率由1977年的12.5%提高到现在的34.8%，实现了局部区域由“沙进人退”到“绿进沙退”的转变。每年流入黄河的泥沙由1977年的3.6亿吨减少到现在的2.9亿吨……在今天，静静的榆溪河流过繁华的市区，两岸杨柳葱郁，红碱淖碧波荡漾，湖畔鸥鸟飞翔……榆林这座如今的“塞上绿洲”，成功筑起一道抵御风沙、保持水土、护农促牧的绿色长城。

在每个榆林人的一生里，都遭遇过无数次的沙尘天气，沙尘遮天蔽日，我们的春天曾经那么不同，但是在 2014 年以后，沙尘暴却几乎再也没有发生过，如今年沙尘暴发生次数由 30 多次降至几乎没有，年扬尘天气由 100 多天减少到 10 天以下……这样举世瞩目的成就离不开政府的投入和带动，也离不开家乡人民与沙漠、贫穷抗争的坚韧。牛玉琴、石光银、郭成旺等毛乌素“治沙英雄”，以及万千榆林人，仍在默默地，用一棵棵小树苗在沙漠里书写“不畏艰难、敢于斗争、矢志不渝、开拓创新”的治沙精神。

城市变迁，折射家乡发展“加速度”

城市建设的轨迹，记录着一座城市的发展历史。如果从十年前突然跨越到现在，那我可能会迷路，这种感慨很难用言语准确地描述，正如同这座城市的变化，若是非要用言语来形容，只能是一个字——快。是的，太快了，细数我的家乡这十年变化，城市发展在高起点规划和大规模建设中实现了华丽转身，我愿称之为飞速发展、不断提速的十年。

十多年前，这座城市的发展刚刚开始按下“快进键”，彼时变化还主要集中在老城区和东、西沙片区，高新技术产业园等地方还是印象里的“荒沙梁”。而现在，旧城区草木繁茂的街头绿地、人山人海的文化广场、山水相映的休闲公园，与高新技术产业园鳞次栉比的住宅高楼、笔直延伸的柏油马路、独具匠心的地标建筑，勾勒出全新的城市天际线，组合成亮丽的城市风景线。

在这十来年间，榆林市区城市道路与道桥建设取得了巨大成就。榆林大道、环城北路等一大批主、次干道和城市支线相继建成投用，一条条宽敞整洁的道路、桥梁，在不断拓宽延伸中拉开了城市的框架，四通八达的交通路网，不仅改善了出行条件，更将老城区和东、西沙片区及高新区有效连接起来，实现了互联互通。纵横交错的路桥网络组成了这座城市肌体最基本的框架，也成了这座城市飞速发展最直接的体现。

在这十来年间，政府依托河道水系、山川地貌等自然资源，精雕细琢，先后建设东沙季鸾公园、榆溪河生态长廊、沙地公园、大墩梁森林公园、运动公园、红石峡沙生植物园等，这座城市逐渐彰显出它的独特魅力。在当下，在这个夏天，无论行走在这座西北内陆城市的哪个角落，都能就近享受公园绿地。特别是集历史文化、民风民俗、生态休闲于一体的榆溪滨河公园柳岸河堤、亭台小榭美不胜收，仿明清建筑别具一格，春日百草权舆、盛夏树木葱郁、金秋橙黄橘绿、冬季银装素裹，四季时节四季景，使人切身感受到城在青山绿水中，人在鸟语花香里。

在这十来年间，我的家乡就像是一件艺术品，不断雕琢自己，一座座高大上的新地标、新景观陆续亮相。科技馆、档案馆、大剧院、二院等重大社会公益项目快速推进，一批标准化中小学校、幼儿园建成投用，公用设施承载能力不断提升，逐步改善民生的同时，也全面提升着城市综合服务功能。而正在建设的本地建筑史上规模最大、品位最高的标志性工程——“四馆两中心”（博物馆、图书馆、展览馆、东沙文体馆、体育中心、会展中心）将成为全方位、多角度展现城市魅力的“城市会客厅”和“城市金名片”。

在这十来年间，宽阔笔直的城市道路横贯东西、连通南北，绿树成荫的景色映入眼帘、随处可见，设施完善的学校、医院等一应俱全……我们见证着榆林朝着建成陕甘宁蒙晋交界最具影响力城市的目标阔步迈进。

乡村聚力，迎来好光景

城市是生活的地方，而乡村是每个人灵魂的故乡。对于陕北广袤的黄土地，很多人的刻板印象仍来源于“平凡的世界”，但是，这片乡土如今正焕发着不甘“平凡”的生机与活力。

在这十来年间，特色产业促进着乡村的振兴。这片过去干旱贫瘠、道路坎坷崎岖、一眼望去黄土飞扬的大地正通过统一流转土地，村集体统一规划经营；发展山地苹果、沙地红薯等旱地农作物；引进社会资金，打造商贸综合批发市场等一系列举措让乡村的发展进入“快车道”。以绥德县的裴家峁村为例，建成了标准日光温室大棚，发展起山地果园，引进各类企业。到 2021 年村集体企业年收入 1050 万元，村民人均收入达 2. 11 万元，村民分红超过 200 万元。

在这十来年间，精神文明之力铸造着乡村振兴之魂，榆林着力打造一个个宜业宜居的美丽乡村，充分挖掘生态文化资源，建设着“中国美丽田园”。其中，赵家峁村正是榆阳区建设美丽乡村发展文化旅游产业的一个缩影。它是陕西省首批美丽乡村标准化试点村，通过美丽乡村建设，建成百余套新型住宅及设施农业区、现代养殖区、水上游乐休闲区等十余个休闲游乐景点。飞腾悬空的高空滑索连接着一脉相承的新旧村落，由北向南的田园湖光散发着浓郁的乡土风情，绿遍山野，满目葱茏。这是一个黄土风情与现代风格相融的乡村文化旅游示范项目。

十年，时光飞逝，沧桑巨变。

党的十八大以来的这十年，在习近平总书记掌舵领航和党中央坚强领导下，我的家乡发生了巨大的变化，身处其间的每个人都切身感受着它的飞速成长，注视着它逐步走出发展困境，跳出“资源陷阱”，破除“能源崇拜”，经济逐步构筑起以发展高端能化、现代农业、现代服务、文化旅游、传统轻工、装备制造、新能源、新材料等为主的产业体系。它以前所未有的速度，远超过去的数个十年，并一路走向更好的将来。

在这十年的进程中，我们也从这一个个的缩影，深刻地感受着陕西乃至整个国家的飞速发展，见证着经济、政治、文化、社会、生态文明建设等方面取得的历史性成就与发生的历史性变革。而在见证了这一系列伟大成就后，我们也充满信心，并将同心共力，以实际行动为下一个十年奋斗。

（作者系榆林市政协委员，陕西宇内律师事务所执行主任）

十年变迁郝家桥

○孙虎生

在张家砭镇绥德西国道过境线三岔路口，一座红色雕塑巍峨矗立，“陕甘宁边区农村楷模郝家桥”几个大字格外引人注目，昭示着这个地处黄土高原丘陵沟壑区的贫困小山村十年来所取得的非凡成就。

“农村楷模”光荣称号是对郝家桥村红色革命历程和大生产运动先进典型的高度肯定，是当时绥德区特别是郝家桥村全体干部群众集体智慧的结晶。1943 年 3—4 月，时任陕甘宁边区绥德地委书记的习仲勋带领调研组在郝家桥村开展了为期 44 天的蹲点调研，完成了符合全区大生产运动的《谈收夏》《记两个变工队》《谈锄草》等几篇调研报告，掀起了“村村学习郝家桥、人人学习刘玉厚”运动浪潮，在全区大力推广“郝家桥经验”。1944 年，绥德地委将“农村楷模”

荣誉称号授予郝家桥村。从此，这个不起眼的小山村成为远近闻名、村村赞誉的“楷模村”，村民刘玉厚也成为人人争学的好榜样。

郝家桥村几代人一直守护、捍卫着“农村楷模”的尊严，用实际行动传承赓续着“农村楷模”勤劳苦干的血脉精神，为实现全村脱贫致富自强奋斗、生生不息。

2021 年 2 月 25 日，在全国脱贫攻坚总结表彰大会上，习近平总书记将“全国脱贫攻坚楷模”奖牌颁授给郝家桥村党支部书记刘振喜。

在刘振喜书记回村的当天，村民早早等候在村口，要求他分享领奖时的激动心情和所见所闻，大家争先恐后用手抚摸着这份特殊的荣耀，喜悦的背后是众人汗水与泪水的交织、是奋斗与责任的相融。78 年间两获“楷模”称号，郝家桥村用楷模精神谱写出与天争荣、增收于地的恢宏壮歌，用实际行动完美诠释着薪火相传、接棒奋斗的不朽传奇。

2021 年 9 月 14 日，习近平总书记来到郝家桥村，参观村史展室、察看村容村貌、了解产业发展和村民生产生活，对郝家桥今昔楷模褒奖赞誉，对郝家桥再创乡村振兴新辉煌寄予了厚望。

2012 年 7 月 1 日是我第一次到郝家桥村。由马家坬村深入，道路便变得崎岖不平，虽然是水泥路，但早被岁月冲刷得“坑坑洼洼”。大概 40 分钟的车程，便停靠在“两委”阵地的楼下，那是一栋不起眼的二层小平房，当时仅为村“两委”办公所用。阵地旁的广场非常狭窄，排水渠的垃圾也比较多。驻足纪念碑，左方是农户的小卖部，左侧后下方是砖砌旱厕，正上方是纪念馆，右侧是早已无人居住的窑洞。仰望纪念碑，显得高大伟岸，中间“习仲勋同志纪念碑”几个大字格外亮堂，旁边的劳动模范刘玉厚碑记历历在目。手执党旗，右拳在握，重温入党誓词，革命历史教育意义非凡。顺台阶而上，便来到纪念馆的院子，抬头可见刻有“农村楷模”四个大字的蓝色牌匾，虽稍有裂迹，但楷模精神足以让人倾慕无比。纪念馆的门都是敞开的，可自由出入，由于当时只有老马一个绥德方言讲解员，应接不暇，所以自由参观的人员比较多。习仲勋旧居室内仅放置着一张方桌，院内碾盘中间棒孔生长的那棵椿树故事很多，起皮的窑面上悬挂着“习仲勋故居”红色标识牌，这足以说明郝家桥对红色文化传承的保护意识和重视程度，以及对老一辈无产阶级革命家的尊崇和爱戴。

停留小广场，放眼郝家桥，苍突的高山在年久失修的民房映衬下显得巍峨伟岸。我主动和老乡聊天，他们似乎并不给“面子”，沧桑脸庞间略有几分拘谨。问起收入，思绪良久、低头嗫嚅，靠天吃饭难改命；问起文化，兴奋不已、头头是道，“一根话头不间断”；问起想法，意气风发、满怀希望，“天帮忙、产业兴、人有劲”。只言片语间的闲聊，给我最大的感受，是即使是郝家桥这样的楷模村，也会受到学校撤并和人员外流这两个当前农村最大最实际的问题的影响。

2017 年 9 月，调任县委组织部后，我分管基层党建工作。当时的郝家桥的情况未有大的改善，所以往后的一年半时间，我一直和郝家桥村“两委”班子专注探讨党建引领发展的路子，集思广益后，掀起一股“转型先转心”的思想热潮，党员干部的学习教育以及思想观念的转变自然而然就成为必修课。记得有一次大家讨论征地置换的问题，一名党员想置换更好更近的地块，原任党支部书记曹奇华说："置换土地是为了抢抓机遇，发展产业办大事，作为一名党员要以大局为重，要坚决执行村'两委'的讨论决议，而不能向组织讲条件、要好处！不然群众的工作怎么做？"正是有这样的党员干部，群众才有了啃"硬骨头"的勇气和信心，才能始终同党想、听党话、跟党走、跟党干。短短几年，郝家桥就又干出个"楷模村"。

如今的郝家桥，一条二级公路横贯东西，天堑变通途。沿路而进，高速公路桥墩上的红色宣传标语与道路两旁路灯杆上的五星红旗交相辉映，犹如置身红色海洋；村内银行网点、老年幸福院、服务中心、供销社、幼儿园、超市、卫生室等公共服务设施应有尽有；民居外墙用薄厚相同的石板斜铺成"波浪形"，犹如清澈小溪高山流水，美景尽收眼底；纪念设施、展览布置科学高端大气，吸引着中外游客；建造的生态果园、温室大棚、湖羊和生猪养殖场、光伏电站等，形成了极具陕北特色的现代农业产业体系，大大拓宽了群众的收入渠道；依托红色文化资源打造的红色旅游胜地，配套秧歌、歌舞、场子、道情、快板等独具陕北特色的风情文化，让游客流连忘返。靠着"政策好、人努力、天帮忙"，2020 年，郝家桥村顺利退出贫困村序列，贫困人口全部脱贫。2021 年，农民人均可支配收入达到 1.25 万元，基本与全县农村居民人口可支配收入持平。

如今的郝家桥，不仅赓续着红色记忆和血脉，而且承载着乡村文明的弘扬和宣传，一系列乡风民风典范的评选表彰，让"楷模村"的模范成为传播时代新风的引领者、弘扬正能量的示范者、古贤家训的倡导者，不断引导着群众向好向上向善，涵养着文明村风民风。

如今的郝家桥，天蓝蓝、地盎盎、水清澈、路通畅、产业兴、人心齐、干劲足，一派欣欣向荣、蒸蒸日上的生动景象。“道路宽又长，窑洞亮堂堂，山沟里把温棚建，荒山变成花果园……”这首郝家桥群众自撰自唱的快板，不仅表达了郝家桥群众对共享脱贫攻坚成果的喜悦和自豪，更表达了郝家桥群众对“光景越过越好”的信心和决心。如今“日子大有奔头”的贫困户侯志荣家仅仅是郝家桥脱贫攻坚“功德簿”上的代表之一，习近平总书记离开时的深情寄语，经过郝家桥人民勤劳奋进、勇于实践，一定会再次成为神州佳话。

如今的郝家桥，仅是陕西十年发展的一个见证和缩影。我们坚信在中国共产党的领导下，坚韧挺拔、敢为人先、奋力拼搏的三秦人民定会在陕西下一个高质量发展的十年中，续写更高效、更辉煌的新篇章。

（作者系榆林市政协委员，绥德县政协主席）

研学路上花芬芳

——略阳县徐家坪镇十年蜕变记

○晏彩琴

“盼望着，盼望着，乘坐慢火车去山城略阳徐家坪镇研学的日子越来越近啦！”刚放暑假，孩子们研学的热情赛过了七月的骄阳。

“一座又一座大山的梦想，哐当哐当载向远方。”孩子们一路走来一路欢歌，惠民绿皮慢火车如美丽的格桑花把山路迷了很远很远……

快看！美丽的秦岭南麓，层峦叠嶂，绿树成荫，嘉陵两岸风光旖旎，在这如诗如画的山水长卷中，有一块历史悠久、文脉绵长的土地——略阳县徐家坪镇。她曾经镌刻着享誉世界的文化瑰宝《郙阁颂》，曾经见证了红军浴血奋战的革命史。现在，她正带着习近平总书记的殷殷嘱托，奋勇开拓，如阳光照耀下的五彩蝴蝶，破茧而出……老师难掩激动侃侃而谈。

为了深入推进陕西省“三个课堂”建设，推动基础教育高质量发展，在继“第一课堂”所指的在教室上课和“第二课堂”以校内场所资源育人之外，打造“第三课堂”成为重要任务。让孩子们走出校门进行社会实践学习锻炼，以研学基地、爱国主义教育基地、文化馆、博物馆等校外教育服务设施为活动载体的课堂，实现区域文化融通育人，落实立德树人的根本任务，培养孩子们的实践能力和家国情怀，变得尤为重要。所以徐家坪研学之旅是我们教学的一个分支。

秦岭深处的徐家坪，在夏日阳光的照耀下显得格外清丽而静谧，走在火车站的柏油小路上，路旁绵延的彩绘墙让人眼前一亮。沿路走去，几节绿皮火车车厢映入眼帘，旁边是一幅巨型火车彩绘，结合周边具有年代感的厂房，一个独具风情的“铁路小镇”呈现在眼前。

老师，老师为什么我们要去徐家坪镇呢？

2008 年 5 月 12 日，四川汶川发生里氏 8 级特大地震，略阳县遭受重创，被国务院列为全国 51 个重灾县之一。时任中共中央政治局常委、中央书记处书记、国家副主席习近平同志冒着余震危险，亲临略阳县徐家坪镇，察看灾情，慰问干部群众，指导抗震救灾工作，坚定大家重建家园的信心与决心。在习近平同志的关怀下，承担灾区援建任务的天津市和省级机关迅速行动，无私援建，略阳县干群积极投身灾后重建，重建工作取得巨大成就，昔日嘉陵江畔的河滩地上，一座座新居如雨后春笋般建起。

时隔十年，习近平总书记的牵挂一直不变！2018 年上坪群众给习近平总书记写信，汇报震后十年生产生活的变化。习近平总书记亲切问候嘱托当年的受灾群众："祝愿乡亲们在致富路上越走越稳，用勤劳的双手把家园建设得更加美丽。"2020 年 4 月，习近平总书记在来陕考察期间，再次提到徐家坪上坪。

十四年间，在总书记的亲切关怀和巨大鼓舞下，这里的群众始终牢记嘱托，摆脱贫困，接续奋斗，巩固拓展脱贫攻坚成果，建设美丽家园。今天，勤劳勇敢的徐家坪人民正乘着浩荡春风，在乡村振兴新征程上迈出更加坚实有力的步伐。

"殷殷嘱托，催人奋进。略阳县徐家坪是习近平总书记亲临视察、回信嘱托、亲切关怀的地方，如何把习近平总书记的嘱托、关怀变成群众的幸福生活，是我们一直以来思考和实践的命题。"略阳县委常委、徐家坪镇党委书记陶智君说，这些年我们大力推进脱贫攻坚和乡村振兴，努力在提高农民收入和改善农村人居环境上实现新突破，着力实施厕所改造、污水治理、垃圾分类及试点转运等工程，做大做靓"郙阁故里、醉美家园"名片，促进文旅融合发展，努力把家园建设得更加美丽。

"十四载涅槃重生，再还世间锦绣。"思政教师感叹道。

是的，在奋进的征程上，徐家坪镇始终把习近平总书记的殷殷嘱托牢记于心、实践于行，切实把总书记的关怀嘱托转化为奋发进取的强大动力，把家园建设得更加美丽，让老百姓生活富裕，未来日子过得更加幸福。站在新的历史起点上，略阳县徐家坪再次吹响了蓄势发力的集结号，以镇域内的"1+4"（以徐家坪社区和上坪为核心，辐射朱儿坝村、周家坝村、明水坝村、街口村）组团发展思路，全力建设感恩奋进体现区、“两山”理念实践区、乡村振兴示范区。

“慢火车”下的风情小镇

徐家坪火车站是宝成铁路线上的一个四等车站，每天有一列宝鸡至广元间往返开行的公益“慢火车”在这里停靠，为当地 18 个村 1 万余群众提供出行服务。为助力徐家坪乡村振兴楷模建设，利用现有资源，挖掘铁路文化，打造徐家坪铁路风情片区，依托明水坝村 3.8 公里宝成铁路遗址，通过包装打造隧道记忆、时光怀旧隧道、星空隧道、梦幻隧道、天空之境等场景，建成集观光、体验、露营、旅拍为一体的铁路隧道公园。建成后，将形成铁路职工怀旧街区、宝成铁路文化博物馆、文化礼堂及会议中心、铁路文创会客厅、旅居文创基地、特色火车厢吧摄影基地等八大主题体验区，形成以铁路文化为主轴，以铁路历史为脉络，轴脉相互融合呼应的多元空间，吸引人们到这里休闲度假研学。

“醉美红叶在略阳。”秋天，我们若能在“哐当—哐当”摇晃的绿皮车厢里，观赏着沿途嘉陵江的红叶、《郙阁颂》石刻，探讨“古道”，在徐家坪环线上来场越野赛，在“铁路小镇”尽情享受惬意时光，那该多好啊！研学刚拉开帷幕，孩子们又在盘算着下次的计划啦。

小桑叶做出“大文章”

站在山腰，极目远望，伴着朝阳的升起，阶梯式的坡地上，一排排翠绿、清幽的桑树错落有致。正值桑叶采摘期，600 余亩桑园也热闹起来了，村民们早早就来到桑园劳作，到处都洋溢着幸福与喜悦，个个铆足劲奔跑在致富路上。

习近平总书记的亲切嘱托让徐家坪群众备受鼓舞。“徐家坪兴桑养蚕，将‘绿水青山’和‘金山银山’完美融合，蚕桑基地形成了多产业融合发展的完整产业链，让群众在绿水青山中共享自然之美、生活之美。”为了让乡亲们在致富路上越走越稳，2019 年初，徐家坪社区引进蚕桑基地项目，建起现代化蚕桑产业链，农户流转土地有租金、入园务工有工资、入股还有分红。社区还修通了一条连接上坪安置点和养蚕大棚的 3 公里产业路，村民运送物资不用再肩挑背扛。“依托蚕桑基地，公司建设产品加工车间 600 平方米，引进 2 条生产线。2021 年蚕桑基地生产桑叶、蒲公英茶 2 吨，桑果酒 30 吨，实现蚕桑综合产值 560 万元以上。”福瑞源实业有限公司经理自豪地说。

名校来帮，做山区“大教育”

在汉中市教育局协调帮助下，徐家坪初级中学、徐家坪镇中心小学、徐家坪镇中心幼儿园有幸分别成为汉中市名校龙岗学校、东辰外国语学校和市中心幼儿园教育集团总校的分校成员，与名校组建教育集团后，各名校领导、教师轮流驻校送教，师生互换，每周按时开展送教活动，仅一学期送教老师就达 120 余人次，举办专题讲座 20 余次，通过与名校“集团化办学”，推进办学资源有效共享，协同共进，促进了山区教育均衡发展，全面提升了徐家坪镇基础教育办学水平。

生活中的“大课堂”

徐家坪镇充分利用当地自然、生态、人文等资源优势，以徐家坪为核心，围绕街口伏击战纪念碑、《郙阁颂》石刻旧址、宝成铁路及过境段改线遗址、嘉陵故道、郙阁田园康养综合体和产业园区等，建设集观光、休闲、康养、学研、农事体验为一体的高品质、个性化、多元化旅游新业态，打造《郙阁颂》艺术品、秦岭慢时光体验小火车、宝成铁路纪念馆和铁路小站、“上坪院子”特色民宿等旅居产品，形成徐家坪精品旅游线路。家乡文化厚植于心，人才返乡成为佳话。历史文化、革命文化、红色文化、区域文化、自然与饮食文化、乡贤文化……徐家坪镇正把乡村振兴的美丽图景一步步变成美好现实。

感恩亭下话恩情

7月雨后初霁的上坪安置点，鲜花怒放，青山滴翠，大地披绿，忙碌的身影，轰隆的机器，施工作业声处处可见可闻，一派欣欣向荣之象。美丽的新村落掩映在绿树青山间，2009年栽种的小树苗，如今已有碗口粗，枝叶茂盛。洁白的院墙上张贴着家风家训，家家户户门前挂着“十星级文明户”牌。

走进该镇明理馆，“习近平总书记嘱托”分外醒目。这里，一张张弥足珍贵的照片、一件件充满着历史印记的物品，震后重建、帐篷中复课……无不生动展示着徐家坪镇干部群众在灾后重建、脱贫攻坚、乡村振兴中接续奋斗的场景。走出明理馆，抬头遥望，在青山绿水之间“牢记嘱托　感恩奋进”几个大字催人奋进。

孩子们一路好奇，一路探个究竟，似火骄阳阻挡不了欢快的步子，不知不觉来到感恩亭。

巍巍青山岭，滔滔嘉陵江。在苍松翠柏掩映下，一座造型古朴典雅的亭子飞檐翘角，衬托着远山——这就是感恩亭。地震时的满目疮痍早已成为过去，曾经的创伤被时光抚平，有些记忆却如感恩亭的对联——“情深恰似嘉陵水，恩重浑如秦岭山”，这副对联道出了干群们的共同心声，也激励群众在知恩感恩中踔厉奋进。这永远铭刻心间的恩情，不由得使孩子们朗诵着、畅想着……

感恩亭下，桑叶郁郁葱葱，一张张规划图表、一个个展板讲述着该镇“乡村振兴楷模”总体规划建设情况。“徐家坪镇如何完成历史赋予的使命？”展板上的内容也给出了清晰的答案，那就是“把徐家坪片区打造为全国乡村振兴发展新楷模”，让徐家坪镇成为“全国加强基层党建和高质量乡村建设示范点”。

未来可期，家园更美

阳光照耀下，上坪天麻智能大棚闪闪发光。恒温大棚防晒防雨，增产增收管理也方便多了……

家园重建后，产业和经济亟待重振。徐家坪通过“企业+农户”“合作社+农户”等模式，让农民在供应链、产业链上获得更多收益……

徐家坪还因地制宜建设“三区”，发展板栗、核桃、樱桃、天麻等特色产业，千方百计让老百姓的腰包鼓起来……

脱贫摘帽不是终点，而是新生活、新奋斗的起点。从地震灾后重建的主阵地，到脱贫攻坚的主战场，再到乡村振兴示范区，徐家坪始终把习近平总书记的亲切嘱托牢记于心、践之于行。

建设产业兴旺的生产空间、和谐宜居的生活空间、乡韵乡味的生态空间，让大家在绿水青山中留住乡愁……

大力推进田园综合体农业旅游、红色研学、古栈道《郙阁颂》文化旅游等项目，力促三产协调发展，真正实现生产、生活、生态融合……

在莽莽秦岭和滔滔嘉陵江的环抱下，略阳县徐家坪镇处处新绿、生机勃勃。曾经在“5·12”特大地震中满目疮痍的大山沟，如今“伤口”已被抚平，新农村欣欣向荣、新园区朝气蓬勃、新民居鳞次栉比，城乡面貌、民生事业、基础设施、产业发展、生态环境等方面取得新的喜人成就……

……

一草一木、一砖一瓦都在诉说着感恩奋进的故事！在伤痛中崛起，在感恩中奋进。如今的徐家坪，正阔步走在乡村振兴的大道上。徐家坪正以更加自信的姿态走向未来。

徐家坪，美了，靓了，富了。

在巍巍青山岭和滔滔嘉陵江孕育的这片土地上，徐家坪正跨越时间的维度，以崭新的面貌向世人展示重建后的光辉。

风雨，挡不住历史前进的脚步，

未来，属于永不懈怠的奋斗者，

一座又一座大山的梦想，

载向远方。

——沉醉夕阳，研学已是返途。

（作者系汉中市政协委员，略阳县政协委员，略阳县教师发展中心副主任）

汉滨区移民搬迁十年历程

〇蒋　平

雨过天晴，伴着晨雾，安康市汉滨区县河镇红升社区屋舍俨然、白墙黛瓦、飞檐高挑，格外清新亮眼。21 栋徽派建筑楼间，回荡着群众们的欢声笑语……

汉滨区地处秦巴山区集中连片特困地区，全区贫困人口曾超过 10 万人，占全市的 25%，占全省的 4%，分散居住在自然灾害频发的山区。实施易地扶贫搬迁十年来，汉滨区从破解乐业难、融入难、管理难入手，在搬迁群众搬得出、稳得住、快融入、可致富方面打出了一系列组合拳，实现了群众“乐业又安居”。

组织在身边，办事更方便

党的十八大以来，乘全省易地扶贫搬迁政策的东风，汉滨区先后制定后续扶持发展实施方案和党建工作等15个专项方案，建立易地搬迁后续扶持项目库，涉及14大类554个子项目，总投资1.3亿元，实施后续扶持项目37个。23809户81594人通过易地扶贫搬迁，搬进新家园，开始新生活。

“红升社区能有今天的变化，真是离不开社区党支部一班人，现在社区一月一个样，大家的日子一天比一天红火。”县河镇红升社区老党员汪德玉说。

以前办事，村干部都是上门服务，现在搬到这里，人心怎么凝聚？怎么方便群众办事呢？

人在哪里，党支部就建在哪里。红升社区党支部书记刘志宝道出了秘诀——汉滨区一方面在全区300户以上的安置点单独设置党支部，300户以下的安置点采取联合、挂靠方式组建党小组，对暂不具备成立党组织条件的安置点选派党建指导员、第一书记，设立工青妇群团组织；另一方面建设集便民服务、就业指导、日间照料、综治调解、文体活动“五个中心”功能为一体的党群服务阵地，为搬迁群众提供宣传教育、保障维权、帮扶救助、综治调解、志愿互助、应急避险、信息公开、文化活动、新时代文明实践、老年和儿童日间照料等服务。

夕阳西下，走进红升社区党群综合服务中心，各服务窗口的标牌引人注目；工作人员正热心地为群众办理相关业务。广场上数位妇女，正伴着动感节奏，翩翩起舞……如今，红升社区党群综合服务中心已经成为发挥搬迁安置社区职能作用的主阵地、服务搬迁群众的主平台。

“以前养老保险、合作医疗的事情，都需要回到原来村上办理，现在好了，有了党群综合服务中心，我们走出家门，几分钟就办好了。”搬迁群众陈彬说。

县河镇红升社区只是汉滨区以党建引领、推进易地扶贫搬迁后续扶持管理的一个缩影，七堰社区、沈家岭社区、恒华家园社区等社区也是如此。纵观汉滨川道沿线、南北二山，170 个安置点，共单独或联合组建党支部 68 个，挂靠邻近村 103 个，新建、改扩建党群服务中心 7 个，全区易地搬迁安置点实现了党组织和党的工作全覆盖，为搬迁群众乐业安居提供了组织保障，把搬迁安置社区打造成“方便之家、温暖之家、乐业之家”。

产业走在先，门口把钱赚

走进汉滨区关庙镇沈家岭社区新社区工厂，工人们正坐在缝纫机前娴熟地操作机器，送布走线，缝合一只只毛绒玩具。

“在这里上班，一月能挣 2000 元左右，最主要的是能照顾家人，比出门打工划算多了。”社区搬迁户刘从红满脸堆笑地说。

一年前，刚刚搬入社区的刘丛红，面临的还是另外一种境遇。父母体弱多病，两个孩子在学校读书，丈夫一人在工地挣钱，日子过得紧紧巴巴。

“群众搬了新地方，生活就要有所改变。可搬进社区的群众远离了土地，吃棵葱都要花钱，钱从哪里来？”沈家岭社区党支部书记王洪平说。

稳定就业才能解决根本问题。为了给搬迁群众找到好出路，汉滨区摸清搬迁群众“底子”，认真分析各社区周边主导产业、集体资源、劳动力分布、就业状况、人均收入等优劣势，充分考虑搬迁户中青壮年劳动力大多外出务工的情况，结合留在社区大多是妇女、中老年劳动力等特点，因地制宜，确定在全区300户以上的移民搬迁安置社区建设标准化厂房，在100户以上的移民搬迁安置社区建设加工车间，形成一批以家庭手工业为主要业态的新社区工厂。

“政府给我们引进了工厂，现在只要自己努力奋斗，日子一定会越过越好。”搬迁群众刘凤琴说。截至2022年6月，汉滨区共建成新社区工厂181家，提供就业岗位2.5万个，带动就业11335人，4523名贫困群众在家门口实现就业增收。

新社区工厂无疑解决了一部分搬迁群众的就业问题，可还有一部分群众又陷入了“窘境”。“人能搬走，土地却搬不走，我就适合在土地上干活，进新社区工厂我干不了……”大竹园镇七堰社区搬迁群众侯运琴一句话，说出了很多人的想法。

为确保搬迁群众就业增收一个不漏，汉滨区在实现搬迁社区新社区工厂全覆盖的基础上，实施“党支部+产业就业”模式，发展绿色产业、循环农业，一批以茶叶、辣椒、核桃、猕猴桃等为主的农业园区如雨后春笋般纷纷在社区附近建设起来。

“这一片茶园就是我务工的地方，前一段时间，我就在茶园剪枝，7 块钱一小时，一天基本做十来个小时。”侯运琴说。

抓好产业就业，做实安心工程。汉滨区充分发挥搬迁社区党组织核心纽带作用，大力培育新社区工厂、农村专业合作社、现代农业园区、旅游景区等市场主体，完善利益联结机制和风险防控机制，让搬迁群众深度融入现代农业发展，分享产业发展红利。围绕易地搬迁安置点，全区累计建成现代农业园区、产业基地 187 个，发展生猪养殖 79 万头，魔芋、蔬菜种植分别达到 15 万亩、17 万亩，47910 名搬迁群众实现稳定就业增收。

十年来，汉滨搬迁群众劳动力有序转移，职业和务工环境发生了明显改变。如今，在金州大地的各大社区，搬迁群众正沐浴在“楼上有新房，楼下有岗位，山上有园区，山下有笑语”的春风里，群众脱贫增收的路越来越宽，幸福指数逐日提高。

治理有良方，和谐又温暖

关家镇小关社区居民孙明辉是一个出了名的热心人，平时在社区里面只要发现一些不和谐的因素，他总是会指出来。后来，在社区群众的推荐下，孙明辉被推选为楼长，社区党支部还为孙明辉安排了公益性岗位。

“以前住在山里，大家都不集中。现在搬到了社区，我们就好比一个大家庭，为了让这个大家和睦和谐，我愿意做这个家庭里的调和剂。”孙明辉说。

“我们社区好，每个楼都有楼长，管卫生、管水电，两口子吵架都管……真是没想到！”这是关家镇小关社区居民现在的一致心声。

汉滨区明确，由各安置点党组织牵头，搭建以网格党小组长、楼栋长、党员中心户长为核心，业主委员会为主体的群众矛盾排查和化解工作机制，社区居民尊法守法意识逐步提高，社区和谐稳定。

“过去社区管理不规范，群众纠纷多……自从陈宇明同志到松坝社区任职，及时改变社区管理方式，现在社区民风好了，矛盾也少了。”汉滨区谭坝镇党委书记成超对松坝社区党支部书记陈宇明连连称赞。

成书记口中的年轻书记陈宇明毕业于北京大学、曾任团区委派驻谭坝镇松坝社区第一书记、党支部书记、居委会主任。

松坝社区党支部班子调整后，他通过摸民情、访民意，研究制定了“德治松坝”管理模式，落实“一约四会”，设置“善行义举榜”“新民风文化墙”，建立“新时代文明实践站”“文明积分超市”，每季度开展道德评议，弘扬“诚孝勤俭和”文明乡风，引导形成了文明和谐、崇德向善、自立自强的社区风气，成为全区社区治理的典范！

为实现群众“安居”的目标，汉滨区在“政治、自治、法治、德治、智治”上下功夫，加大宣传引导力度，在各搬迁安置点成立自治组织和群团组织，建立居民代表大会、党建联席会等议事协调机制，制定自治公约，激发搬迁群众参与社区事务的积极性和主动性，让群众在潜移默化中受到感染，自觉践行社会主义核心价值观。

目前，按照新设、融合、挂靠三种形式，全区规范设置 4 个搬迁社区居委会、46 个融合型社区及 120 个挂靠居民小组，推行网格化管理；在易地搬迁安置点实施一楼一网格，共推选网格长 700 余名；建立文明实践中心 24 个，开展道德讲堂 170 余场次，开展道德评议 400 余场次，群众自发成立“治安巡逻队”“义务清扫队”“文明新风宣传队”等各类志愿服务组织 400 余个，构建了联系无障碍、管理无盲区、服务无缝隙的“立体化”搬迁社区管理服务体系。

十年巨变，汉滨区数万搬迁人民亲历了“从山上到山下、从脱贫到致富”的奋斗历程，正如习近平总书记 2020 年来安康视察时所说：“乐业才能安居。”百万汉滨人民对美好生活的向往正在金州大地一步步实现！

（作者系安康市政协委员，安康市汉滨区政协主席）

商洛侨联砥砺十年

○刘彦锋

从党的十八大到党的二十大，转瞬便是十年。于商洛市而言，这十年，是加快推进高质量发展的黄金十年，是商洛经济社会发展实现历史性跨越的十年，是栉风沐雨、春华秋实的十年。

十年的工作难中求成，十年的成绩来之不易，作为两届政协委员，我亲眼看见和参与了商洛十年的巨变和奋进，真真切切感受到了商洛经济的高速发展、生态环境的明显改善、脱贫攻坚的全面胜利以及海外统战工作的快速提升。见微知著，商洛每一点发展进步，离不开全市上下的努力拼搏，侨联的突破发展也反映着商洛的经济腾飞。十年来，商洛市侨联成绩斐然，我和侨联一起奋力开启高质量发展新征程，为商洛对外开放和经济社会高质量发展做出了自己特殊的贡献。

抓基层、强基础，从侨联机构改革看商洛发展观念革新

商洛位于秦岭腹地，因全境地处秦岭山区，交通不便，长期以来，虽生态优美，但经济发展滞后，侨务资源匮乏，出国求学、务工人员本来就少，愿意回乡投资兴业的更是寥寥无几。近年来，商洛市委、市政府在省委、省政府惠及全省人民小康社会建设进程中，紧紧抓住我省加快生态文明建设、统筹区域发展的难得机遇，主动适应侨务工作的新变化、新特点，树立“大侨务”工作观念，坚持“走出去、请进来”工作思路，不断扩大侨联“朋友圈”，实现侨务资源共享，从而推动了侨务工作的思路创新和实践创新，打开了商洛侨务工作的新局面。

市委、市政府历来高度重视侨联工作，在编制、财力紧张的情况下，积极解决侨联机构设置、人员编制、干部配备、活动经费、办公条件等问题，充分体现了对侨务工作的重视和支持。2017 年 5 月 12 日市委常委会会议同意成立市侨联党组，设党组书记 1 名、党组成员 2 名。2018 年，围绕贯彻中省侨联改革方案精神，商洛拟定了《商洛市侨联改革方案》，在省市各级领导的支持和我市侨联的积极争取下，市侨联增加编制 2 人，目前共有编制 9 人，侨联机关干部队伍结构进一步优化，为全市对外开放的不断发展打下了坚实的基础。

抓中心、强服务，从侨联服务大局看商洛经济高速发展

以前社会上很多人不知道侨联，也不理解侨联的工作。我刚调到侨联的时候，有人认为我去了一个“闲的没事”“难有作为”的单位。但是我看到习近平总书记关于做好侨联工作的重要论述后，充分认识到我们侨联担任着凝聚侨心、汇集侨智、发挥侨力、发挥“以侨引侨”作用，不断扩大对外开放，助力招商引资的重大责任。

我带领市侨联坚持“走出去”“请进来”双管齐下的工作思路，先后与浙江省温州市侨联、舟山市侨联，江苏省南京市侨联等 9 个侨联缔结为友好侨联，共享侨务资源；聘请中国侨商会常务副会长、白俄罗斯欧亚投资集团执行董事总裁雷宁等 5 名侨领为市侨联招商大使，近年来引进项目 5 个涉及资金 6 亿元；助推商洛特色农产品销往海外市场获利超过 1000 万元。这下很多朋友大吃一惊，说没想到商洛还能引来这么多高端资源。我说我们商洛的发展早不是你们想象的那样滞后，十三五期间，商洛坚持项目带动战略，实施了重点项目 3359 个、完成投资 4705 亿元；实施延链补链强链项目 120 多个，培育科技型企业 231 家、高新技术企业 43 家，这些数据实实在在说明了商洛发生的巨大变化。很多侨商也大赞商洛营商环境的变化，随着商洛市县区政务服务中心全部建成运行，相对集中行政许可权改革有序推进，办事效率大幅提升，原来跑几趟办不下来的事现在最多跑一趟，甚至直接动动手指在网上就办好了，再也不怕来回跑耽误时间

了，为在外地甚至国外的侨商提供了很大的便利。

抓外联、强内引，从侨联对外宣传看商洛对外形象提升

为讲好商洛故事，不断扩大商洛影响力。商洛侨联通过开展“亲情中华”华裔子女夏令营、“海外华文媒体商洛行”、“亲情中华·百年变迁”庆祝中国共产党成立100周年等活动，在海内外推送商洛对外宣传稿件200多篇。积极推荐商洛剧团李淼、刘博表演的《屠夫状元》参加“亲情中华·魅力陕西”在加拿大多伦多、美国洛杉矶举办的慰侨演出活动，申报丹凤县商於古道、山阳县漫川古镇等四家为中国华侨国际文化交流基地，提高了商洛的美誉度和知名度。我印象最深的就是开展“亲情中华”华裔子女夏令营的时候，一个来自美国的华裔小朋友，虽然长着中国面孔，可他一直强调自己是美国人，他听说过，商洛非常的贫困落后，甚至感觉参加这个夏令营非常危险。但是经过几天的游玩，在柞水县参观时，他震惊地说：“这些山水太美了，空气太好了，更没想到中国发展得这么好，中国的治安更是好得让我吃惊，我还要再来中国。”听到这些话，我为商洛发展自豪的同时，也感到宣传商洛、宣传中国任重道远。

抓扶贫、强民生，从侨联结对包扶看商洛脱贫攻坚成果

要说商洛近些年的大事情、大变化，脱贫攻坚全面胜利必须排在

前列。侨联也持续关注民生，汇聚侨力，助推全市脱贫攻坚。侨联驻村包扶期间，为包扶村山阳县天竺山镇柳山坡村积极争取落实建设资金200多万元，全村规模化、立体化、多元化产业发展格局初步形成，群众稳步增收，全村顺利实现脱贫。针对贫困、孤寡侨眷家庭建立帮扶常态化机制，实行市县两级结对帮扶，2018年我市22户贫困侨眷已全部顺利脱贫。2021年新包扶洛南县永丰镇李洼村以来，积极打造秦岭山水乡村，为李洼村落实资金20万元建设新的村便民服务中心，争取的价值2.5万元2500株绿化苗木已全部栽植到位，李洼村村容村貌及环境卫生明显改善，当地群众生活幸福指数有效提升。

近五年来侨联争取捐资1000多万元，实施援建教学楼、镇卫生院、村级卫生室、便民桥、资助贫困学生等爱心项目30多个。能得到这么多华人华侨的捐赠，我非常感动，特别是香港松峰基金会的梁老太太，她立志在内地捐赠100所卫生院。2013年以来，她先后为商洛捐资250万元援建了5所乡镇卫生院。80多岁高龄的她，时常电话联系我们询问项目建设情况，甚至亲自来商洛观看了所捐赠卫生院的建设情况。最近一次来商洛，她的感受大为不同，直言十年来，商洛的农村变化太大了，完全不是她以前印象中的灰头土脸、脏乱不便的农村了，甚至觉得想再援建卫生院似乎都没有合适的地方了，表示只有来实地看，才能感受到商洛已经真正实现了全面小康。

集民智、献良策，从侨联参政议政看商洛城市环境优化

市侨联为侨界人大代表和政协委员搭建平台，按照“侨界有声音”的要求，组织侨界人大代表和政协委员深入开展调研活动，提交有关教育、就业、医疗、扶贫等方面的建议和提案20多件。省政协委员、市侨联主席王亚莉在省政协会上提交《关于切实保障学前教育发展的建议》等十多份提案受到省市相关部门高度重视，我牵头起草的《提升中心城区公用事业保障服务水平的建议》被市政协列为2021年一号提案。我既是城市建设的参与者，又是一名建设成果的受益者。青葱的树木、盛开的鲜花、舒适的长椅，便民设施一应齐全……走过商州区大大小小的街道，一处处口袋公园将城市点缀得越发美丽。今年以来，商洛利用城市的犄角旮旯“见缝插绿”，让其成为附近居民日常休闲的高品质公园，家门口的这道绿色风景线，获得市民纷纷点赞。

抓防疫、献爱心，从侨联抗击疫情看商洛对外号召力

商洛的发展离不开全体商洛人的奋斗，也离不开外界爱商人士的关怀和支持。新冠肺炎疫情发生之后，商洛侨联团结引领海内外侨界人士，充分运用海内外资源，千方百计为疫情防控工作贡献新时代侨界力量。通过不懈努力，最终为我市争取了价值480多万元的防疫

物资，帮助购买防疫物品 73 万件（套）。国内疫情不再紧张后，我们又向 55 名商洛籍海外侨胞邮寄了小型“侨爱防疫包”。2021 年商洛“7·23”水灾后，为受灾群众争取“侨爱工程”捐赠物资价值 483 万元，惠及群众 100 多万人。

（作者系商洛市政协常委，商洛市人民政府副秘书长，商洛市信访局局长）

杨陵　杨凌

○高凤香

2015年10月21日，这一天是重阳节，宜乔迁新居。我们原本在城的最北端住着，现在搬到城的最南端。原本住在一层，现在住到17层；原本是125平方米，现在是138平方米。

房子南北通透，阳台、客厅、饭厅、厨房直通，东侧南北是两间卧室，西侧是书房。房间敞亮，风可以直来直去，阳光可以照到客厅的沙发上。晚上睡觉，不拉窗帘，月光照到床前，地板上一个月亮，天上一个月亮。月亮和月亮对视，我和月亮说话。说着说着就到月光照亮的梦里去了。冬日午休，阳光把半床被子照得暖暖的、亮亮的，都不忍心揭开被子钻进去。地暖不燥，光着两只脚在家里跑来跑去，脚心热乎乎的，像给谁的手掌暖暖地捂着。

每间房都摆着花草。主卧飘窗有玉树和君子兰，客厅有绿萝和富贵竹，阳台有虎皮兰和金钱草。书房的绿萝长到书架顶上，长一圈再掉下来垂到地上。闲暇时，我坐在书房的飘窗上往远处看，雨后天晴，秦岭清晰得好像一抬脚就能站到山顶。渭河明晃晃的，像横在面前的一条白绸，手一提就能搭在肩头。斜阳落在河面，红彤彤的一河霞光，像燃烧的火焰。你不敢回头，哪怕一眨眼，就会变出一种景象。此刻，太阳就是神奇的魔术师，手里提着一桶染料，想怎么染就怎么染，想染什么色就染什么色。秦岭也变成太阳的道具，任它挥洒满腹的才艺。曾经浑浊不堪的渭河，被橡皮坝聚起高高的水面，一日比一日清澈，一月比一月平静。河边修起一条休闲路，架起一道回廊，栏杆护着，站到上面，可以凌驾于水面之上，听风观水流，听水看鸟飞。

渭河大桥横架南北，杨凌到周至，近到只有十几分钟的路程。田园山庄矗立在渭河边，不知接待过多少场会议，迎来送往过多少客人。它是示范区成立后修建的，见证过水运中心举行的第四届城运会，见证过心连心艺术团歌唱的火热场面，见证过杨凌汽车越野赛的彪悍与疯狂，见证过杨凌马拉松的有序与温情……

夜色起来时，河堤路亮起一带灯火，沿着渭河一字儿排开，东到武功，西到绛帐。远远看着，像一行人举起火把，整夜不睡地守着渭河。那些花儿，那些果子，那些移植过去的行道树，也是一夜一夜地守着渭河。

到北边厨房里做饭，一抬头，就是一条笔直通往城区的邰城大道。大道把城区分成东西两片。东片是更加高耸的恒大城，一到夜里灯火点点，一点灯火就是一户人家。西边是新天地酒店和新天地示范园。一座座塑料大棚里种着专家的试验作物。一棵大白菜雕塑耸立在门口，耸立在邰城大道路边。

新天地北边，是通往高铁站的马路。杨凌的交通已远非昔日能比。20 年前结婚时，相距太远，因为经济紧张，他雇不起一辆婚车拉我当天从临潼过来，所以提前一天，我和五叔清早出发，坐汽车倒火车再坐汽车，赶到杨陵天已擦黑。吃过晚饭，他把我们领到一间低矮的瓦房里住着，第二天从这里接我参加婚礼。婚后，我在临潼栎阳初级中学工作。那时每次来杨陵，要从栎阳街道坐阎良到临潼的公共汽车，再坐三轮车到临潼火车站。临潼到杨陵只有一趟火车，赶不上时间点就坐到普集，再从普集坐汽车到杨陵，或者坐阎良到西安的汽车，再从西安坐车到杨陵。杨陵镇火车站停的多是货车，客车基本是过往车辆。

后来，新火车站移到铁路以南，火车站广场比以前大十倍，各种绿化树点缀着空阔的广场。过去停在普集的火车基本停到杨陵站。动车开通后，杨陵站必停。我一站坐到西安，再坐到阎良，回到家只需半天时间。高铁站开通后，我半个小时就能到西安，弟弟开车在西安北站等着，两个小时就能回去。西咸北环线修通后，家里买了汽车，一个半小时就能坐在父亲跟前。

嫁到杨陵后，隋文帝泰陵是我常去的景点。我们骑着一辆飞鸽自行车慢悠悠地行走在土路上，悠闲惬意。车座后面，带起一蓬淡黄的尘烟，留下一条清晰的车辙。两边是新播种的麦田，湿润的泥土刚翻耕出来，似厚厚的地毯铺在天子陵的脚下。新鲜的泥土味儿被秋光照得透明，能听到小麦种子在泥土里孕育的芳香。

泰陵在五泉镇王上村东面100米处。远远看去，墓冢被浓密的柏树笼住，像从天上落下的一团飘累的绿云，卧在地面。西北坡有一条被游人踩出的羊肠小道，攀登时得低头弯腰小心翼翼。走到墓顶，上面平整开阔，草木稀疏。朝东望去，村庄错落，大棚如棋。向南远眺，秦岭巍峨，渭河如练，姜嫄祠默然无语，水田旱地沿坡势层级排列，各种作物生长有序，风调雨顺。向西看去，岐山遥遥，周原膴膴。生于邰地的后稷，植麻培菽，教民稼穑，子子孙孙，率族人在周原一带发展农业，布德苍生，民心归附。向北俯瞰，林木葱茏，湋河邈邈。河谷隐于丛林之中，旖旎婉转，幽静神秘。

当然，最热闹的要数一年一届的农高会。中国杨凌农科城技术成果博览会自1994年10月18日开始举办，逢着周末，我还能从临潼过来看看，但只能转半天就得赶火车回去。1998年，我到杨陵中学上班，天天下班都要去街上走走。五天会期，马路上街道上到处是人。早晨我去学校，人流潮水一般往农博馆拥。中午放学后，学生挤进去，农博馆里想顺畅走几步都艰难。稍不留意，就会踩了别人的脚跟。肩头的丝巾被过路的纽扣挂住，一扭身就不见了。等你回头找，都不知道是哪个人挂走的。那人走出很远，低头发现丝巾时，高高举起来招手，你也无法走过去拿。

再后来，农高会的会场转移到会展中心。那一片地过去是毫无遮挡的田野，现在盖起一栋栋高楼，示范区管委会也在那里办公。宽敞的马路纵横交错，桃花、樱花、紫薇等各种花木，一季接着一季开放，走在马路上，仿佛走进了花的海洋，仿佛漂游在花的河流里。农高会的展区分类更加细致，活动更加丰富，产品更加多样，参展的企业和单位扩展到世界很多发达国家。十个展销区到处都是人，第一届21万人，到第23届，人次已达到165万，超过前五届的总和。展销区散开来，看起来没有过去拥挤，但人数却远远多于第一届。农高会期间，杨陵火车站增加停车车次，便于老百姓出行，便于全国各地的朋友前来参展。停车场、宾馆饭店、商铺的生意也比以前红火。

高速出口不能满足农高会期间的车流量，政府新建了杨凌东和杨凌西两个出口。小小的杨凌高速收费口比某些大城市的收费口还要多。环城路连到一起，东边到建子沟，西边到杨凌大道，南边到滨河路，北边到崔西沟。顺着宽阔洁净的马路绕一圈，你就能看到杨凌的变化有多大。

2017年4月，杨凌示范区获批为“农业自由贸易试验区”，这是陕西三个获批的片区之一，也是中国目前唯一的农业自贸区。划定的区域为：东起新桥路，西至杨凌大道，南起城南路，北至西宝高速公路，总面积5.76平方公里。也就是说，我现在居住的小区，就是杨凌自贸区的所在地。在这里，我曾俯瞰马拉松的人流，从城南路东边跑来，顺着邰城路跑进城里。如今，我可以伫立窗前，亲眼见证自贸区的建设，日复一日的变化，看她高举中国农业的先锋大旗，迎风猎猎地朝前奔去……

今日的杨凌，不再是后稷时代的刀耕火种，不再是隋唐时代的日出而作日落而息，不再是80年代的封闭落后独立摸索……她凌空而起，跳出杨陵人世世代代的农耕状态，在丝路经济带的田野，插上现代农业高新技术的翅膀，飞向全国，走向世界。

雨后乍晴，我盘腿坐在渭河北岸小区17层楼上的飘窗，北望城区，满天的霞光浮在小城上空，如仙境一般，红彤彤金灿灿，栋栋高楼仿佛耸立在昆仑瑶池里，清风徐来，紫气缭绕。波光闪闪的邰城路笔直北向，连通西农路，直入五台山顶的西农校门。塬头赫然挺起一座耀眼的红楼，无数学子迎着霞光走进教室，奋笔疾书，他们将会成长为杨凌又一批批后稷，背负着农神的圣光，奔赴祖国大地……

（作者系杨陵区政协委员，杨凌示范区文联副主席、作协副主席）

普通人的十年感受：交通出行和环境改善

○窦　豆

作为一个普普通通的老百姓，每一天的日子好像都过得很平淡，没什么新奇，但是将这看似平淡的每一天累积十年，仔细在心头盘点一番，就会发现我们平淡的日子后面隐藏着很多的不平凡。

十年时间，虽说没有经历沧海桑田，但是单单看看身边人的遭遇，从普通人的红尘烟火气中也能见微知著，深刻感受到陕西这十年的变化。

话题先从我婆婆谈起。婆婆今年六十六岁了，一辈子忙忙碌碌，喜欢到处跑来跑去地找活儿干，据说当年在生产队时就是乡上有名的“铁姑娘”，工作后也是个“工作狂”，再后来退休了，还是闲不住，天天满世界跑，一会儿要去照顾照顾孙子，一会儿要去瞧瞧外孙，还要经常和老姊妹们聚一聚，每年间或还要抽空回老家陪陪她的老母亲尽尽孝。可是偏偏这些人都不在一处，她平日里住在咸阳，孙子在宝鸡，外孙在西安，老母亲在陕北黄龙，老姊妹们又零零散散分布在咸阳、西安的各处，所以感觉婆婆这十年间总是在路上。

十年前，婆婆跑得可不容易。去宝鸡看孙子，光火车就得坐差不多三个小时；到西安看外孙，得先坐咸阳市的公交，然后到三桥倒西安的公交，再在各趟公交间辗转腾挪，从西郊跑到东郊，若碰上堵车，那真是一言难尽，出来一天，经常大半天的时间都浪费在路上了；去黄龙看老母亲，坐城际班车，车次少不说，路程还长，要么朝发夕至，要么夕发朝至，而且中间除了一截子高速，还要走好长一段盘山公路，婆婆经常被转得晕头转向，偏偏性格好强，又想把家里人老老小小都照顾到，谁劝也不听，每年的行程雷打不动。但是私下里闲谈，婆婆也吐槽：“哎呀，要是高速能一直通到老家就好啦，哎呀，要是在西安坐车不堵车就好啦，哎呀，要是火车能再跑快点就好啦……”

这十年间，还真如婆婆所期盼的，她的跑动果然开始“加速度”了。陕西的高铁线路开始变得越来越多，越来越快，去宝鸡从原来的三个小时缩短到如今不到一个小时，提速了2/3，而且车次还很多，现在她想什么时候走就什么时候走。从咸阳到西安，随着地铁1号线一期、二期先后通车运行，婆婆再也不担心堵车了，我到现在还记得婆婆第一次坐地铁的样子，她看哪都觉得新奇，一波波地点赞：“政府修的这地铁就是好，跑在地下也不用操心红绿灯，既不堵车，还不晕车，地方又干净又凉快！”朴素的语言凝聚了满满的欢喜。而且随着地铁3号、4号、5号、6号、9号、14号线的陆续开通，婆婆跑动的范围也更大了，她不时地坐地铁到处找自己的姊妹淘，对各个路线玩得比我们年轻人还明白。有时候外地的老朋友来，她还会拉着人家坐上地铁到处观光，热情好客地介绍，藏不住对出行便利的满足和自豪。再说回老家，去年老家终于通了高速，婆婆高兴得不得了，一路高速两个多钟头就回老家了。在高速上，婆婆一路都在感慨："哎呀，这个高速路真宽呀，哎呀，这还有这么大一座桥，国家建它可是不容易，哎呀，这下不用走盘山路啦，安全多啦，哎呀，这路修得好，路上的风景也好看，跟画儿似的……"

现如今，婆婆已经是我们家的交通达人，这些公共交通她坐得别提多溜了，天天一会儿跑这，一会儿跑那，想孩子们啦，起身就走，一会儿到这家，一会儿去那家，一会儿约几个老友去哪个景点转一转，一会儿又跑到老家。有时候早上还帮小姑子送孩子呢，中午就跑到儿子家帮忙做好午饭，像插了翅膀似的，飞来飞去。

婆婆能够跑出"加速度"，看似只是她个人出行方式的改变，其实背后反映的是陕西这十年来在公共交通建设方面的投入和付出，反映了陕西各级政府这十年来始终以人民为中心，为了不断满足人民日益增长的美好生活需要而不懈奋斗和拼搏的历程。正是有了这些辛勤汗水的浇灌，才有了我们眼下这些日新月异的改革成果，才使人民的获得感、幸福感、安全感更加充实、更有保障、更可持续。

说完婆婆的这十年出行变化，再说说儿子。

十年前，儿子还在上幼儿园，和每一个孩童一样，天生就对各种动物兴趣满满。每一个到家的活物，不管是老家村子里来的大公鸡，还是菜市场买回来的小泥鳅，只要被他看到，基本就别想再上家里的菜单了。因为，他挂在嘴边的一句“那是我的好朋友”，就将这些生物统统划入自己的保护范围了。

那时，为了培养孩子对大自然的热爱，也为了让孩子能多接触多观察小动物，我经常想办法带孩子去找他的“朋友们”。但是除了菜市场的小动物以外，野外的小动物特别少，而且警惕性都极高，就连不起眼的小麻雀，但凡多看它两眼，它都要扑棱棱地飞得离你再远些，和你划清界限，更别提那些大一点的鸟了。那时我们在浐河边居住，河道里的水颜色可疑，气味难闻，两边都是荒滩，虽说浐河是“八水绕长安”的八水之一，其实当时并不怎么具备河流的基本功能，更谈不上能见到什么“鹰击长空，鱼翔浅底”的景象啦。可怜的孩子，想要看看他自然界的“朋友”，只能偶尔去动物园过过瘾。

但是随着时间进度条的推进，我的孩子从懵懂稚子长成青春少年，十年间，他的“朋友圈”也随着他的成长变得越来越大，“朋友们”越来越多。

一年一年地，先是院子里的小麻雀们，从原先零星的几只，壮大到一小群一小群，每天呼朋引伴地从院子这头飞到那头；原先偶尔才能见到的灰喜鹊，现在经常在树梢上互相吵架拌嘴，每天叽叽喳喳的；而胖嘟嘟的珠颈斑鸠，也经常在院子里挪着四方步慢慢散步，儿子看它们时，它们也经常歪着头瞧瞧儿子。除了数量多，这些“朋友们”的胆子也越来越大，一改过去有一点风吹草动就落荒而逃的性子，有时候就停在离人很近的地方，即使你向它凑近一点，它们也仅仅是向边上移开两步而已。

走出院子外，儿子的“朋友圈”变化更大，离家不远的桃花潭公园建成开放，三河一山绿道建设等都让周边的自然环境大为改观。今年横空出世的“西安后海”，更是火遍全网，美出了新高度，成了网络热词。自然环境的大改观，让儿子的“朋友圈”也日益丰富，儿子常常和我分享他的“新朋友”，比如在河里发现了他的小鱼朋友，在河面上看到了他的小鸭子朋友，有时候还会看到一些长得很大的可能是白鹳之类的外地朋友，还有好些大大小小、毛色不一、叫不上名字的飞禽朋友。有一次儿子回老家，居然在一条乡村公路边偶遇了褐马鸡，那可是国家一级保护动物，就那么堂而皇之地在马路边觅食，儿子特别兴奋，立即把它划定为自己的“珍贵朋友”，并开心地跟小伙伴们吹嘘了好久。

栽下梧桐树，引得凤凰来。我想，儿子“朋友圈”的变化，应该是得益于陕西这十年来对于生态环境保护的重视，这些年，我们明显感到山更绿了，水更清了，空气质量更好了，鸟语花香绿树掩映的口袋公园遍布城市各处。“绿水青山就是金山银山”，像对待生命一样对待生态环境，走生产发展、生活富裕、生态良好的文明发展道路，建设美丽陕西，在这十年间的变化里得到了最好的体现。

我们家这一“老”一“小”的经历变化只是陕西这十年发展中一个微不足道的缩影。这十年，是陕西极不平凡的十年，陕西在经济社会发展和各项建设方面都取得了很大成就。这十年间，习近平总书记三次来陕考察并发表重要讲话，作出“五个扎实”“五项要求”“谱写陕西高质量发展新篇章”等重要指示，给了我们极大的鼓舞和激励，我相信，在以后的工作中，只要我们不折不扣按照习近平总书记重要讲话重要指示办，按照党中央决策部署干，陕西的未来一定会无限美好。

（作者系西安市新城区政协委员，西安市新城区行政审批服务局政策法规科科长）

大明宫的巨变

○袁小川

朋友在大明宫居住，亲历了大明宫多年的风风雨雨，用他的话来说，党的十八大以来，大明宫的变化是千年之变，由脏乱差到高大上，由贫民窟到现代化的文化遗址公园，天翻地覆，旧貌换新颜，让人惊叹、惊奇、惊艳，并且感慨、感叹、感动。

朋友在西安铁路局工作，未退休前是运转车长，他告诉我，他刚成家时，没有房子，在南郊鲁家村一带租农民的房子居住。当时孩子小，家务事繁多，爱人工作也忙，每次上班，他都踩着点骑着自行车往火车站赶，常常汗流浃背，大冬天也从不例外。那时，他就盼望火车站附近能有属于自己的一间房，哪怕脏一点破一点小一点都没有关系。

后来，多年的媳妇熬成婆，他由青工成为资深员工，单位总算在大明宫的家属院为他调剂了一间房，突然间，他成了大明宫的居民。拿到房子钥匙那一刻，他觉得，他成了这个世界上最幸福的人。他把这事写信告诉了外地的一个同学，同学回复他，能在大唐帝国皇帝曾经居住过的地方占有一席之地，是人生幸运，也是值得炫耀的。同学用当时很火的一部电视剧歌曲中的一句词祝福他，“千年等一回”，他终于等来了这一回。

虽然有了一间小居室，但当时大明宫周边的环境却没有同学祝福的那般美好。若干年以来，这个叫大明宫的地方，是西安市最脏最乱的地区之一，是西安人望而生畏的道北核心地带，除了单位盖的简易公房，就是居民乱七八糟搭建的棚子，包括城中村，挤成一疙瘩，迷宫一般，居住在这里的人有时不注意就走错了方向，外地来的人根本弄不清它的深深浅浅。

朋友刚搬来时，那种乔迁新居的新鲜感和愉悦感很快被沮丧感所替代。大明宫到处都是弯弯曲曲的巷子，七绕八拐，路高低不平，许多地方都是坡道，上上下下；污水沟纵横，只要下雨，就是一片泥泞，要垫着砖，跳着走，才能通过。

他爱人初来乍到，不熟悉路，好几回竟迷失了方位。朋友总结出这片居住地的特点：一是冬天冷，夏天热，空调是个奢侈品，根本不敢想，就连电扇也不敢多用，保不齐哪一会儿就超了负荷，停了电；二是购物不方便，买个酱油醋还算可以，因为跟前有个小卖部，买其他的日用品则要走很远很远，即使是买回来，也需手提肩扛，一路磕磕碰碰；三是如厕不方便，要跑很长一段路，尤其人着急时，只能强忍；四是空气混浊，做饭时各种味道相杂，气味难闻。尤其到了冬季，煤烟味整天驱不散，直呛人肺管子。

有一次，他邀请同学来西安转转，同学高兴地答应了。他电话告诉同学，下火车后直接打的，并给同学说清了他家的具体方位和具体门牌号，但是他转念一想，怕同学寻不到，便约好在巷子外面某地见面。正好那天天下大雨，满地泥泞，接到同学后，跌跌撞撞，一路坎坷。同学没走过这样的路，只能小心翼翼地绕着走，特别是在几个岔路口，他告诉同学要一站二看三通过，同学不解，他解释说，许多人骑自行车在巷子里穿行，有些人速度很快，不注意就会被撞，或被溅一身泥，这样的事以往发生过好多回呢。

晚上，他和同学促膝长谈，忆旧说今。为排除干扰，他让爱人调换成夜班。家里就剩他俩人，他们都爱喝茶，水烧了一壶又一壶，畅饮的同时，带来的却是如厕的不方便，因为厕所很远，他平时在家里备有夜壶，这时却不够用了，无奈只好找了一个废铁桶，才算解决了问题。同学虽然没说什么，却令他窘迫又难为情。

同学有晨练的习惯，但偌大的大明宫，却无一块平地可以用来锻炼身体，他只能在第二天早上，陪着同学坐公交车到数里之外的市图书馆小广场去活动筋骨。同学无限感叹，说真实的大明宫不应该这样，它是大唐帝国的大朝正宫，是唐朝的政治中心和国家象征，原本是那样的金碧辉煌、庄严而神圣。在它存在的 200 多年里，曾经有 17 位皇帝在这里办公，接见朝臣、接见外宾，处理各种各样的事情。同学哀叹声连连，说这个地方 1961 年就被国务院公布为首批重点文物保护单位，咋也想不到竟会沦落成这个样子，完全没有了旧时的模样，帝宫气象更是荡然无存。他颇有同感，大唐王朝毁于内乱，毁于战争，“皮之不存，毛将焉附”，政权没有了，作为政权象征的帝都毁废了，大明宫自然也宿命般地成了广袤的麦田，千余年来，太阳一天天升起，庄稼一年年收割，周而复始。再后来，城市扩大了，城圈里挤不下，人们到城圈外发展，更远的人往城市靠拢，这块失去主人的地方便成了人人皆可占据的首选之地。

1936 年，陇海铁路通车，拉架子车的、蹬三轮车的、拾破烂的、做小生意的都往这儿拥，这块地方人口慢慢稠密起来。再后来，1942 年，河南大灾，许多难民逃到西安，搭个茅棚就安了家，这地方竟成了最多逃难者聚集的地方。看来朋友对西安还有一些了解，但这些说的都是过去。

渐渐地，大明宫变了，尤其近十年，大明宫以全新的面貌走进人们的生活和视野。大明宫的过去，那令人不愉快的痛苦的记忆也渐渐变得遥远。

一个变化是在 2010 年以后开始的。2007 年 9 月，西安市委、市政府正式决定进行大明宫遗址保护及周边环境改造工程，总共有 19.16 平方公里的改造面积，计划五年完成，总投资 1400 亿元。其中，用三年时间，投入 120 亿元，打造占地 3.5 平方公里的大明宫国家遗址公园，即唐大明宫所在范围，复原唐时大明宫部分景观。

经过三年多的努力，2010 年 10 月 1 日，公园正式对外开放。时尚大气的公园更多突出的是空阔与壮美，宫殿只有极具象征意义的丹凤门。

大明宫占地面积约3.2平方公里，如果要找参照物，它应是如今北京紫禁城的4.5倍，相当于500个足球场。从南端的丹凤门走到北端的玄武门，对于有一把年纪的人，颇需要费些气力。

朋友是大明宫改造的直接受益者。他原来居住的大杂院被夷为平地，他用拆迁补贴又添了点钱，分到了一套三室一厅的单元楼，窗明几净，视野开阔，一开窗子似乎手能触到白云。那里距离大明宫遗址公园不远，走路只需要十几分钟。

几年后，他再次邀请同学来西安做客，此时此刻，他心情愉悦，神采飞扬，言语之间充满了底气。同学如约而至。这次，大明宫境内大路坦荡，一路畅通，同学打的径直到他家楼下。饭后，依旧是彻夜长谈，一壶又一壶的茶，品尝的是生活的滋味。爱人退休了，家里几间房，关上门各成一统，留给他和同学足够的空间。说起当年充当夜壶的那个废铁桶，俩人开怀大笑。第二天早晨，他们来到大明宫遗址公园晨练，绿草茵茵，绿树婆娑，人很多，跳舞的，跳绳的，唱歌的，跑步的，打拳的，舞剑的，在运动器械上翻上翻下的，一派勃勃生机。

同学说，保不准他们的脚印就踩在古时候某位皇亲国戚或者王公贵族遗留下的脚印上。为了这次老友再度重逢，朋友在文史上做了一些功课，他告诉同学，大明宫如今是西安一景，到西安来，如果没到大明宫，就等于没到发展中的西安，最起码是没见到一个完整的西安。他接着说，大明宫最早叫永安宫，后更名大明宫，据说是根据魏征的一句话："夫以铜为镜，可以正衣冠；以古为镜，可以知兴替；以人为镜，可以明得失。"也不知是不是天意，魏征的那番话竟然一语成谶，大明宫情愿或不情愿都充当了一面镜子，映照出王朝兴衰变迁的历史。

同学则补充说，大明宫的变化，当之无愧是一面最真实最清晰的镜子，它不仅映照着王朝兴废的历史，也映照出了大西安这些年的变化，映照出了中国改革开放这些年的变化，尤其是党的十八大以来翻天覆地的变化。这些变化，大家有目共睹，每个人也都成了幸福生活的分享者，因此要感激这个时代，也要为这个时代鼓掌呐喊！

（作者系西安市未央区政协常委、文化文史和学习委员会主任）

清凉山公园与一条社情民意信息的故事

○赵宝顺

垂柳依依，小船儿荡漾在碧清的湖面；青山秀美，散步游玩的人流如织，一派和美景象。这个美丽且充满人间烟火气息的地方是位于西安市长安区上塔坡村的清凉山，一座曾经荒芜的小山。

2022 年的一天，站在庄严的井勿幕广场，凝望将军纪念碑，我心潮起伏，久久难以平静，思绪不由得回到了 2010 年 12 月 19 日。

2010 年 12 月 19 日，为缅怀追随孙中山先生的革命先驱井勿幕先生，我们民革雁塔区工委第一支部、第三支部的全体党员冒着严寒来到了井先生墓地，为先生扫墓，同时开展纪念辛亥革命 100 周年的支部生活会。

车子沿着一条狭窄的水泥路一路上行，路两边荒草萋萋，毫无生机。到达墓地，映入眼前的景象让人十分唏嘘。一大片一米多高的荒草堆中，几乎看不到墓冢，只能看见立于 1981 年 10 月的墓碑和立于 2008 年 12 月的纪念碑，用手拨开杂草才能走到近前。行至纪念碑跟前看到的景象更是令人唏嘘，整个纪念碑附近，以及将军墓冢上不但长满了荒草，更是被生活垃圾所包围。看得出，作为荒草地，这里显然已经被登高望远的游客或村民当成了扔垃圾的地方。再看墓地周边环境，左前方五米的地方是一所简陋的公共旱厕，正后方是上塔坡村的骨灰堂，与荒草萋萋的将军墓地一起展露出来的是整个清凉山大部的荒凉和待开发状态。

看到荒芜且垃圾遍地的情形，支部的同志们心情很沉重，并迅速开始了徒手清理荒草和垃圾的工作。经过一个多小时的努力，将军的墓地变得肃穆整洁了。随后，支部全体同志对将军进行了祭拜，敬献了花篮，上香、祭酒，并深深地鞠躬三次。支部老党员，黄埔后代李淼还向大家讲解了井先生的生平及革命事迹，大家深受教育。

在本次支部生活会结束后，我执笔撰写了提案《关于重修辛亥革命先驱井勿幕陵园的建议》，提出了三点建议：第一，重修井勿幕陵园，将其建成爱国主义教育基地，并申请省级文物保护单位。第二，公路路口树立“辛亥革命先驱井勿幕陵园”指示牌。第三，聘请 1—2 名当地村民看护陵园。

虽然我当时还不是政协委员，但通过民革雁塔工委第一支部集体提案的形式立即向民革雁塔区工委对此进行了汇报。同时，因当时刚好受聘担任民革陕西省委会社情民意信息员，通过社情民意信息渠道，我向民革陕西省委会做了报告。幸运的是，时值辛亥革命100周年前夕，这个建议得到了民革陕西省委会的高度重视，并以省委会集体提案的形式向省政协十届四次会议进行了提报。提案最终将三点建议完善为：一、以政府名义重新整修陵园，并为井勿幕先生树碑立传。二、将井勿幕陵园列入陕西省爱国主义教育基地，并确定为省级文物保护单位，以更好地发挥教育功能。三、陵园修复后应加强基本维护管理。修复是一项短期工程，而管理则是一项长期工作。井勿幕陵园修复后，建议加强日常管理工作，聘请当地村民看护陵园，建立陵园保护、管理长效机制。

这个提案随后被列为省政协2011年重点督办提案，由时任省政协副主席的李晓东领衔督办。2011年7月27日，省政协第49次主席会议专题督办纪念辛亥革命100周年有关提案。主席会上，时任西安市副市长的段先念在答复时表示："今年，清凉山公园项目被列入市政府重点建设项目，目前已启动筹建，该项目由西安建工集团实施。井勿幕先生陵墓作为该公园的景点之一，现正在设计施工图。"省委宣传部副巡视员成立笠就将井勿幕陵园列为陕西省爱国主义教育基地的问题进行了答复，他表示，待陵园整修完毕后，将及时对其陈列布展方案进行审定，并按照相关程序进行报批，帮助陵园尽早建成省级爱国主义教育基地。

2011年7月28日，《三秦都市报》报道了省政协本次专题督办主席会议的相关新闻。

由此开始，井勿幕陵园，以及整个清凉山地区迎来了翻天覆地的变化。以重修井勿幕陵园为切入口，清凉山公园已于2013年7月29日建成并对市民免费开放。

公园依山而建，山、寺、水、林，及文化景观错落有致，顺然天成。清凉寺、半山亭、凤栖广场、佛缘广场、隋文帝雕塑、井勿幕纪念广场、1∶1赵州桥等代表性景观使公园的隋文化特色非常浓郁且鲜明。走进雄伟壮观的公园大门，极目之处，乔木高耸，灌木成簇，草本满地，一片绿意盎然，昔日杂草丛生的情形不复存在。

时至今日，整个清凉山区域已成为西安市内少有的拥有山景森林和湖泊且极具文化内涵的市民免费公园，是附近居民晨夕锻炼的又一片城市绿肺和天然氧吧，也是西安城南市民最喜欢游玩的著名景区之一，在为老百姓提供休闲娱乐的同时，也显著地带动了周边区域的综合发展。

往昔历历在目，今朝灼灼其华。清凉山公园的诞生及整体改造提升凝聚了民革雁塔区第一支部基层党员和省、市、区民革组织的心血，更是西安市政府认真办理省政协提案的典型之作。小小清凉山在党的十八大之后发生的翻天覆地的变化，也是西安市以及陕西省这十年令人欣喜的发展变化的缩影。同时，也体现了党的十八大以来，在以习近平同志为核心的党中央领导下，在地方发展中，党的统一战线工作不但极大地凝聚着人心，凝聚着智慧，也结出了累累发展硕果。

作为当事人，我亲历了这一切，见证了十年的发展巨变，切身体会到了一个基层普通民主党派成员、一份政协提案、一条社情民意信息也能结出这样宏大成果的欣喜和欣慰。这一切，足以让我们为党的领导、为我们的制度自信，为我们的统一战线和政协委员的努力工作喝彩，并为今后更加用心参政议政、用心关注民生、关注发展坚定信心。

十年前，我还只是一名普通的民革党员，撰写社情民意信息源于支部生活会的启发和支部同志们的共同心愿，也是自己作为民革陕西省委会基层社情民意信息员的责任。今天，我已经成为一名光荣的区政协委员，回望十年，精神振奋，前瞻未来，信心百倍。相信在党的二十大即将开启的新十年，一定又是一个激情飞扬、奋发有为的十年，每一个政协委员都须守纪律、讲规矩、重品行，同时更应该懂政协、会协商、善议政，认真做好深入调研，撰写好社情民意信息和提案，躬身入局，切实为我省社会经济的综合发展贡献智慧，付出全力。

（作者系西安市雁塔区政协委员，西交康桥教育集团合作办学总监）

从出游西安看十年变化

○朱晓竟

吃完晚饭，我刚刚坐到桌旁就接到表妹的语音电话，说他们一家圆满结束古城西安之行，已经坐上了高铁，即将返回广州；说她发现西安变化太大了，她都要认不出来了；说她的公公婆婆非常高兴，不停地夸西安空气好了，环境很干净，民宿条件好、有格调，交通特别方便……言语间全是满意。我的思绪不由得回到了十年前——十年前，我和爱人曾陪着表妹的公公婆婆逛了一趟古城西安。

表妹大学毕业远嫁广州，2011 年国庆期间，她和妹夫第一次带着公婆回陕西（虽然每年都会回来，但是带公公婆婆来却是第一次），委托我们带两位老人家游览古城西安，她和妹夫要回铜川陪伴父母。

想当年，为了让从未谋面的老人玩得愉快，爱人研究了好几天，做好古城西安游览攻略。我们更是提前一天赶往西安，住在火车站附近的宾馆里，准备迎接他们。

尽管计划安排十分周密，但忽略了很重要的一点：国庆假期出游的人太多了，熙熙攘攘，挤得人透不过气！表妹一家到达已经是下午了，天上下着毛毛细雨，我们第一站就带两位老人坐上公交车去了西安钟鼓楼。表妹的公公婆婆一下子就被钟鼓楼吸引住了，一边认真地听着导游讲解，一边感叹着西安的悠久历史。兴奋之余，老两口要拍张照片留念，但是这个看似简单的心愿却大费周章——人流如潮，爱人举着相机，怎么也找不到合适的时机，最后只能勉强拍了几张“众人照”。好在老人的心情没有受到影响，兴致很高，甚至提出要在附近住宿。这个要求可难坏了我们，当时的酒店早已人满为患，找了半天才在回坊边的一条巷子里找到一家有空房的小旅店，条件很一般，两位兴奋的老人并不介意。

放下背包，我们一行人便迫不及待地奔向回坊去吃小吃。如今回想起来，十年前的回坊，没有太多套路，只有许多美食，价格亲民，对于游客来说，实在太友好了。吃点贾三家灌汤包子，吃点小酥肉，来点麻酱凉皮，配个肉夹馍和甑糕，再来一碗岐山面，喝上一杯现榨石榴汁，实在是美味又舒心。只是苦了爱人，到处排队、抢座，享受美食的愉悦打了折扣。

第二天一大早再来，此时的回坊褪去了夜晚的喧嚣，别有一番韵味。商铺都还没营业，我们在卖早点的小推车上花了十来块钱就解决了早餐，然后奔赴下一个景点。

印象最深的是去兵马俑。为了保证参观时间充裕，我们早晨六点就起床出发，先是冲上地铁（当时我们家还没有自己的汽车），接着拼命挤上市内公交大巴，然后抢上旅游专线……一路上爱人冲锋陷阵在前，我守护两位老人断后，历尽坎坷，大汗淋漓，赶到兵马俑已经快十点了。当然兵马俑带来的震撼冲淡了赶路的疲惫，两位老人激动地看了一圈又一圈，迟迟不愿离去。我和爱人却不由得担心起来——回程还要一番跋山涉水，时间晚了怕来不及。我们完全不记得是怎么回到西安城里的，只记得每趟车都是人挤人、人挨人、人靠人。之后的几天，我们的行程满满当当，大雁塔、西安古城墙……最后一天去了西安世园会，每一处景点都是人山人海，每天出门都像是打仗。

两位老人对古城西安赞不绝口，对我们的陪伴十分感激，但是也吐槽了空气污浊、环境差、服务员态度差、景点之间交通不便利、陕西历史博物馆排不上队……

本想着这次没有了我们的全程陪同（我们都在上班），又有疫情影响，表妹一家的古城西安之旅的感受一定会大打折扣，没想到却恰恰相反。第二次来古城西安的表妹的公婆，比第一次还要兴奋，放下行李就赶去了陕西历史博物馆，他们早已经提前预约好了，说要把十年前没有去过的景点都补上。这次表妹一家全程都是在手机上操作，住宿吃饭选择民宿，离景点非常近，而且价格实惠；游览参观提前预订门票，直接参观；为了方便出行，妹夫还用手机扫码了一辆共享小汽车……

坐在桌前，看着窗外的灯光，对比着十年前后西安所得到的评价，也想起了这十年来陕西的变化。十年前陕西交通还有“死角”，2020 年，随着旬邑至凤翔高速公路太峪至良舍段通车，陕西县县通高速的目标就此达成。十年间陕西企业实现了从“陕西制造”到“陕西创造”，2022 年陕汽的纯电动重卡以其国际一流的性能，迎来了销量突破性增长。十年间陕西科技发展突飞猛进，2021 年，陕西综合科技创新水平指数 67.86%，排名全国第九位。十年间，陕西教育大发展，高等院校由 98 所增长至 111 所，高考录取率稳定在 80%以上……陕西这十年令人感慨!

（作者系铜川市印台区政协常委，印台区方泉小学教师）

移民搬迁前后大哥的生活变化

○徐祯霞

说到陕西十年，我忽然想到了我的大哥，想到大哥一次一次地搬家。作为一个政协委员，大哥的事情是我亲身亲历和见证着的。大哥在人生的暮年，还能享受一份优越而有品质的生活，这是大哥的幸福，也是我们国家时代发展的必然。大哥的一生是他个人的一生，也是众多人的一生，更是时代发展与变迁的缩影。

冬天来临的时候，大哥搬进了新居，我们兄弟姐妹前去道贺。大哥拉着我的手，紧紧地攥着，两眼闪光，脸上笑成了一朵秋天的菊花，兴奋而激动地对我说："哥终于有一个可以安身立命的房子了！"言语之间，竟然满含热泪。看到大哥不能自抑的快乐，我由衷地笑了。大哥的一生，可以说是一直在为房子活着，房子就是他的理想，房子就是他奋斗的目标，能有一个可以安居乐业的房子，就是他人生最大的梦想和幸福。

大哥结婚时，已经27岁。在20世纪70年代，那已经是超大龄了，可没有女子愿意嫁给大哥，一者来说因为我们家里住房紧张，二者来说，因为我们当时的成分是地主，嫁到地主家庭没有前途。那时，地处秦岭深处的柞水县，除了种一点薄田，便无别的生计，外地的女子不想来，当地的女子要往出走，除了家里有困难的，没有人愿意嫁到本地。母亲着急，四处托人，后来，姑姑在她的婆家附近物色了一个女子，由姑爷辗转说合，总算说成了这门亲事，这就是我后来的大嫂。

亲事说成了，接下来就是结婚。结婚就得有房子，可是我们家八口人，只有两间房子，这简直是个天大的难题，为了让大哥能结婚，母亲发动家里所有的人，砍木棍，剁麦草，和泥浆，在堂屋中间硬是用木棍糊起了一面墙，又钉上了一个木板门，这个简易的房子就是大哥的新房。

大哥的婚事很简单，大哥将大嫂从娘家接回来，在院子中间摆了张条桌，我的大哥和大嫂站在条桌中间，村长走上台讲了几句话，大哥就算是结婚了。记得那天，家里做了一大锅苞谷米蒸的干饭，村里人都来我家吃，两个菜，腌莲花白和洋芋丝。那一天，母亲一直忙，跑前跑后，跑出跑进，招呼这个，招呼那个，乐呵呵的，在母亲眼里，这是我们家有史以来最大的喜事，母亲高兴，我们也跟着高兴。我们有了第一位嫂嫂，这于我们来说，是一件倍感兴奋的新奇事，因此，我们尽可能地把喜事办好。

尽管我们家尽了最大的努力，给大哥提供了一个勉强可以结婚的地方，但是大嫂并不满意，因为泥糊的房子并不严实，也不隔音，以现在的生活条件，作为婚房，肯定是不妥，但是在那样的条件下，我家实在腾不出可以供大哥他们居住的空间了。大嫂不喜欢在家里住，就常回娘家待着，大哥好不容易娶回一个媳妇，却常常回娘家住着，大哥心里有说不出的懊恼。大哥同母亲置气，母亲也没有好的办法，我们家里都是三四个人挤一张床，还是大哥的床宽松，可想不出办法，大嫂就不回来住。到最后，母亲想到了本家的叔叔，叔叔一家因为受不了这样的苦日子，在一个风雨交加的夜晚，全家跑离了村庄，后去了咸阳，自此，再没回来。中间这么多年，房子一直空着，可不可以先将他们的房子借来让大哥大嫂住住？母亲同父亲商量着，让父亲联系一下咸阳的叔叔，父亲将我们家的情况写信说给了叔叔，叔叔同意了父亲的请求，让大哥先住到他们的房子里，顺便照看着房子，但日后房子还是他们的，大哥只是借住。

对于大哥来说，能有房子住就已经很好了，就算是借住的，好歹能有一个独立的空间，可以和大嫂有一个属于自己的夜晚，也就足够。他兴冲冲地去接大嫂回家，大嫂一听有房子了，也就很顺从地随大哥回来了。从那天起，大哥开始过起了自己独立的小家生活，过起了他们自己的小日子。

一年后，大哥生了儿子。大眼睛，宽额头，是一个很漂亮很俊的男孩。大哥开心，母亲也开心，我们全家人也都开心得不得了，全都高兴地围着这个新生儿转。对于母亲来说，她终于抱上了第一个孙子，实现了为人父母传宗接代的愿望；对于我来说，有人叫我姑姑了，我升了辈分，可以嘚瑟嘚瑟了。

大哥是一个勤劳的人，能吃苦，又极节俭，在他和大嫂的辛勤劳作下，日子一天一天好起来了，慢慢地，家里饭有的吃了，而且可以吃得好点了，再慢慢地，生活有了节余，大哥就惦记着盖房子，因为眼下的房子毕竟是叔叔的，不是自己的，为长远打算，还是得盖一栋自己的房子，才住得心里踏实安然，也好早早结束寄人篱下的生活。大哥说："我觉得我不笨，也不懒，只要我们勤快，总可以通过自己的努力过上好生活，毕竟寄人篱下不是个办法。"

听了大哥的想法，母亲觉得甚好，大哥想盖自己的房子，也算是有志气，于是就把我们家的菜园划出来让大哥盖房子。大哥要盖房了，我们是一家人，袖手旁观在我们家的传统中是不允许的，我们所有的人都得跟着一块帮忙。那时候，盖房不像现在，承包出去，尔后出点钱就行了。当然，那时家家都没钱，修建房子全是自己动手，靠自己家里的劳力往出磨，大人干重活，小孩子干轻的活，一家大小，都甭想闲着，抬石头、拉屋基、筑墙、挑土，都得自己一手一脚地来，直到最后上梁、盖瓦的时候，村里的人都来帮忙。最终，大哥的房子宣告落成。

从春天到冬天，我们整整忙活了一年，大哥总算是搬进了新家。尽管也并没有啥可搬的，但是大哥毕竟有了一个完全属于自己的房子，我们家甭提有多高兴了，尤其是我和弟弟，天天凑在大哥家的火炉边，直到夜黑了很久，父亲严厉叫喊之后，我们才不情不愿地回去。因为在我们这些小孩子的眼里，大哥的新家比我们年长日久陈旧且弥漫着黑烟的家要好。

在大哥住进新家的第三年，生了第二个儿子，大哥简直开心得不得了，天天乐得合不拢嘴。大哥以为，有房子，有家，有一双儿子，有吃有喝，就是人生最大的幸福。

一晃眼，儿子们都长大了，到了成家娶媳妇的年龄，原本大哥觉得宽敞的房子如今便有些紧张了。大哥的大儿子结婚，房子占去了一半，一家人勉强凑合着可以住，可是在大哥的二儿子结婚的时候，房子明显不够住了，这又让大哥为难起来。不管怎样，不能让孩子结不成婚吧，大哥和大嫂合计着，将房子腾出来给孩子结婚，自己再另盖个简易的房子住着，人这一生，不都是为娃活着嘛，在大哥看来，两个儿子就是他一生奋斗的事业，就是他的人生目标。

大哥大嫂又开始盖起了房子，他们在院子对面的坎檐上拉了一间房的屋基，用空心砖抹上水泥垒起来，地方有限，房子无法盖大，只能放一张床、一个衣柜、一张桌子和一个炉子。这样简陋而又粗糙的房子成了大哥老年的家，搬家的时候，大哥没有请人，只是将自己和大嫂要用的衣物拿了过去。过年的时候，我们来到了大哥的家，大哥对我们说："房子小，挤着坐一下，就这条件，没办法！不过，好在一家人都在一个院里，天天早晚起来都能看得见。"他觉得，没有什么比一家人在一起生活更能让他们满足的了。或许，在大哥和大嫂的意念里，这个简易的房子就是他们以后栖身和养老的窝了，毕竟他们年事已高。

谁知没几年，国家有了新政策，移民扶贫，就是将贫困地方的村民移到交通便利的地方。令大哥做梦也没有想到的是，他的人生又要面临着重新盖房子。村子整体迁移，大哥的大房子和临时窝棚都拆了，大哥只得随村人移民，他们的庄基地被划到了另一个村子，整体规划，整体修建。此时的大哥已经六十开外，大哥时常对我们说："老了，老了，都六十的人了，看能住个啥房子！"他满怀着疑惑和不解。以前的房子都是自己盖，现在国家参与到老百姓住房的工程中了，这会有怎样的结果，他用一贯审视的目光打量着。

前年，大哥脖子上长肿瘤，在西安做了手术，身体明显虚亏，按理说，在大哥这个年龄，应该好好休养了，可是盖房子又成了大哥人生头等的大事。没有房子如何生活，没有房子何处安身？没有房子他怎么儿孙绕膝、含饴弄孙，关键是没有房子他的儿孙回来了往哪里待？这是大哥昼夜难安的事，他可以没有房子住，但是娃儿们不能没有房子住，不能没有家，不能过年了回家连个吃饭的地方都没有，于是大哥又下定了决心：盖房，明年继续盖房。

国家既然给了补助款，又给划拨了地基，盖房子于老百姓来说，就轻松了很多，不用跑地基，有了补助资金兜底，花费也能少一些。他和大嫂一合计，现在赶上了国家的好政策，到老了，还能过上宽屋大宅的生活，想着想着便又有了劲。

一入冬，大哥趁着闲时开始拉屋基。盖房，是子孙大计，一要盖得美观好看，二要盖出质量，为了不耽误来年盖房的最佳时间，也为了能让房基好好地沉一下，大哥和大嫂天寒地冻地下河抬石头。一个冬天，他们差不多抬够了拉屋基的石头。看着那么大一堆石头，我真不相信，这是大哥和大嫂用他们已经年迈的肩一次一次抬回来的，我有些担心，大哥却反过来宽慰我："没事的，你看，大哥不是好好的么，干点活，人还精神，权当锻炼，大哥自小干活干习惯了，不让我干活，我才难受呢！这不，家里的炉子都不用生了。你还别说，这一冬啊，省了不少煤呢！"面对大哥的幽默，我不禁又笑了。我的大哥呀，什么时候都是个乐天派！

年一过，大哥大嫂就忙活开了，因为今年他们要盖起两幢房子，大儿子一幢，小儿子一幢，在两个儿子成家的时候，他们就说好了，大哥老了随大儿子，大嫂老了随小儿子。大哥大嫂尚能行动，两个儿子的事就是他们俩老人的事，大儿子是儿子，小儿子也是儿子，要盖，就得两个一块盖，两块庄基地两对门，今年得一起将两幢房子竖起来。

经过一年的紧张修建、装修，大哥的两幢三层小洋楼总算大体完工，在冬天将近的时候，房子里里外外终于收拾好了，然后买家具，装窗帘，配家电。突然有一天，大哥打来电话，说他们准备搬家了，日子已经看好了，让我们去凑凑人气，我说："这个一定，大哥搬家，这可是大喜事，我们咋能不去，你放心，到时，我们一定早早地来，给你放大鞭炮！"我们这儿有个讲究，搬家一定要放鞭炮，鞭炮放得越多，越喜庆，越吉利，这叫"日子越炸越红火"。

大哥搬家的那天，我专程从西安赶回来，我们兄弟姊妹给他买了筛子大的一饼鞭炮，为的是给大哥炸个满堂红，满堂生彩，两幢房子门对门，我们就在两幢房子中间将鞭炮放了起来。毕时，噼噼啪啪，响声连天。大哥听到鞭炮响，笑呵呵地跑出来，连忙将我们迎进家里：“走，到屋里，看看新屋！”北面一幢是大儿子的，南面一幢是小儿子的，一边写着“亲朋来贺喜，两边请随意”，横联“乔迁志喜”，另一边写着“两家一起搬，只收一个礼”，横联“图个热闹”。我一猜，这对联就是大哥自己拟的。一问，果然。大哥说不能老麻烦大家，只热闹一下就行了。我能体会大哥的心情，无屋不成家，安居才能乐业呀！

在当今的扶贫政策下，农村的生活确实是发生了天翻地覆的变化。这在以前，是想都不敢想的！大哥一家能同时拥有两栋漂亮而又美观的三层楼，这不禁让人感慨万千，我没有想到社会会进步得这么快，大哥自己也没有想到他们家能够在短短的三十来年实现这么大的跨越。生活不是梦，未来同样不是梦，只要我们每个人都努力向上，生活一定还会越来越好。我对大哥说：“这下可以安心养老了！”大哥说：“哦，这以后基本上就没有什么太大的事了，老了，老了，也干不了什么了，只有带带孙子了。这一辈子，有了这两幢房子，娃们能生活得这么好，知足了！”

入住新居，应该是大哥一生中最引以为豪最庄重最欣慰的事了，大哥的一生都在为房子忙碌，临到暮年，终于住进了宽松敞亮的三层小洋楼，可谓是了了一生最大的心愿。曾经贫穷落后的家乡，在短短的几十年间，竟然发生了如此天翻地覆的巨变，看着村民们一个个都住上这么宽敞这么美观的房子，让人感觉仿佛是在做梦一般，有点不敢相信是真的，可是，这却是实实在在的真实！

大哥拿着酒杯，一个一个地给人看酒，一个一个地跟人碰杯，我明显地感觉到大哥醉了，可大哥却说他没醉，他踉踉跄跄地走着，从这一桌走向那一桌，从这幢房子走向那幢房子，一杯一杯的酒不停地跟来客碰撞着。今天的大哥是如此快乐，那么，他想喝，就让他喝个痛快吧……

（作者系柞水县政协委员，商洛市作协副主席）

蓄得碧波惠民生

——洛南县张坪水库建设侧记

○赵银峰

夏日清晨，站在位于大秦岭深处的洛南县张坪水库堤坝之上，透过斑驳的阳光放眼望去，一潭碧波宛如一块晶莹剔透的“绿宝石”镶嵌在了崇山峻岭之间，堤坝之下湿地深处水鸟翻飞，堤坝不远处横竖成行的大片烟田丰收在望。

治水保安，兴水为民。张坪水库枢纽工程作为陕西省、商洛市“十二五”重点水源工程，也是洛南县近年来最大的民生水利工程项目。从 2013 年 7 月一声令下开工建设，到 2016 年 12 月下闸蓄水，洛南的建设者们不负使命、奋勇前行，一手抓项目建设，一手抓工程质量，从上到下全力以赴打造精品工程，实现了秦岭山地“高峡出平湖”的梦想。

张坪水库坝址位于伊洛河干流上游，地处洛南县保安镇八道河村二道河，是一座以城镇供水和农业灌溉为主，兼顾防洪、生态保护于一体的综合性调节水库。工程总投资2.64亿元，水库总库容995万立方米，联合洛惠渠现有三座水库调蓄，年供水量2169万立方米，有效解决了40里梁塬及县城近20万群众生产生活用水以及产业发展，是继洛惠渠之后又一造福洛南人民的世纪工程。

缺水之殇：洛南人民心中的痛

洛南县位于秦岭东段南麓伊洛河的上游，是陕西南部唯一的黄河流域县，黄河一级支流伊洛河从县境中部穿流东去，大小支流均以指状分布，构成了山峰林立、河川交汇、丘陵起伏的山地地貌。全县总面积2830平方公里，总人口46.2万人。

“苦瓜梁塬黄柏川，吃水更比吃油难”。这是千百年来梁塬群众吃水困难的真实写照。分布在洛南县城以北的梁塬丘陵，起伏连绵40余里，覆盖了保安、永丰、四皓、城关等6镇52个村8万余群众，梁塬群众极度缺水，日常用水全靠涝池集雨，水质、水量难以保证，遇到干旱季更需到塬下十余里外的伊洛河挑水，群众视水如命、水比油贵。而位于梁塬坡下的伊洛河水白白流掉，每逢暴雨季节，还洪水泛滥、吞没良田、危害群众。几千年来，梁塬群众望水兴叹，渴望引伊洛河之水上塬的梦想均未能实现。缺水之殇，成为洛南人民心中的痛。

1958年，洛南县决定修建洛惠渠，从伊洛河上游张坪峡谷引伊洛河之水上梁塬，将涓涓清流送至“吃水更比吃油难”的40里梁塬，解决群众生活饮水和靠天吃饭的困难局面。从此后的三年时间里，洛南人民在没有任何测量工具和现代化机械设备的情况下，克服重重困难、战天斗地，硬是在地势险恶、石质坚硬的悬崖峭壁上凿出了一条人工天河，修建了一条蜿蜒盘曲在悬崖峭壁上长63公里、宽深各1.7米的洛惠渠，同时修建了李村、辛岳、鼓楼河三座水库，并进行除险加固和节水改造，有效缓解了沿途镇村及县城耕地灌溉及安全饮水问题。

但伴随着经济社会的快速发展，截至2011年底洛南梁塬及县城人口由原来的8万人增加到近20余万人，农业产业由原来的主产小麦玉米调整为以烤烟和蔬菜等经济作物为主。随着城镇人口急剧增加和特色农业产业的发展，仅靠20世纪50年代修建的洛惠渠自流引水功能已经远远不能适应全县经济社会的快速发展，供需矛盾愈来愈突出。而且，洛惠渠进口处为低坝溢流式引水，渠道用水直接引自河道，取水保证率极低，稍遇干旱季，洛惠渠就会出现供水不足甚至断流现象，导致城乡的群众生活用水无法得到保障，特色产业发展也受到了严重制约，加之近年来汛情险情不断，修建张坪水库工程迫在眉睫、势在必行。

破解之路：合力攻坚修建世纪饮水工程

为了破解难题，洛南县建设者们开始重构宏伟设想：在保安镇八道河村洛河峡谷地带修建一个库容1000万立方米左右的水库，蓄起伊洛河水，将洛惠渠进口深埋在水库之下，无论旱季涝季都能满足下游供水需求，同时还能有效调节伊洛河水位，避免出现暴雨洪涝，有效保护生态。

水不兴，梦不止。为了让这一夙愿变成现实，洛南县建设者们接续奋斗、勇毅前行，一代接着一代干、一棒接着一棒传。2003年，洛南县水保局委托陕西省水环境勘测设计研究院进行了张坪水库项目可行性研究报告编制，并进行咨询评估，上报省水利厅、省国土资源厅、省发改委。2008年7月，省发改委对张坪水库工程可行性研究报告批复立项，2011年5月批复了初步设计，2011年6月张坪水库进入实施准备阶段。

“要充分做好前期工作，确保张坪水库工程尽快开工。” 2010年冬天，张坪水库即将建设的消息在洛源镇和保安镇的五龙、八道河等村迅速传开，从此，山村不再寂静。

张坪水库前期建设工程，共包括174米导流洞和128米临时供水洞建设、7.83公里的绕坝公路以及移民拆迁工作，让人忧虑的是张坪水库蓄水后将淹没保安和洛源两镇三村138户419名群众及3公里的洛霸路。要顺利施工，必须妥善安置搬迁群众，修建好绕坝公路，并设计修建好洛惠渠入水口。

“我在这里生活那么多年，不想搬！”“政府把我们的土地征了，我们吃什么？”……

不舍、猜疑、对立、激动，种种问题扑面而来。

这一年，张坪水库建设工程指挥部被推到风口浪尖之上。一方面，张坪水库是省市重点工程，是造福百姓的民心工程，抓紧建设是当务之急；另一方面，老百姓的思想要讲通，老百姓的利益要顾及。一个个矛盾和难题横亘面前，绕不开、躲不掉……

“必须啃下这块‘硬骨头’，确保工程如期启动。”2010 年 10 月 8 日，洛南县成立由县长任组长的张坪水库及水电项目建设协调工作领导小组，从县纪委、县发改委、水利、城建、国土、交通等部门抽调 20 余名骨干人员，全面推进张坪水库建设工作。

方向既定，路径找准。大山深处，一场硬仗全面打响。一张张宣传图画贴在了村里村外最显眼的地方，一本本宣传手册发到了每一户村民的手中，一条条鼓劲振奋的宣传标语随处可见。

矛盾在贴心暖肺中化解，工作在坦诚相待中推进。2011 年 6 月 10 日，张坪水库导流洞和临时供水洞的相继开工，标志着张坪水库工程正式破土动工了。随后，138 户 419 名群众全部被集中安置到了四皓街道小渠川口的移民安置小区，确保了群众生活无忧。

2012 年 3 月 25 日，绕坝公路开工建设。

2013 年 7 月 10 日，枢纽大坝工程开工建设。

……

时间就是生命，速度就是效率。工程在倒逼中推进，在追赶超越中加速，张坪水库的建设者们跑出了加速度，用工匠精神解决了一个个大难题。大型挖机不停地摆动，推土机伸长“手臂”，一辆辆装满沙石的工程车进进出出，建设场面热火朝天……

建一个工程，树一座丰碑。各相关单位、各部门紧盯目标、倒排工期，集中力量、合力冲刺，倾力打造精品工程。

项目部制定了“三班倒”工作制，实行24小时不间断施工，严把原材料关口，坚持把质量放在第一位。指挥部、施工方、监理方每天全方位检查监督，指挥部墙上天天更新工作计划，一种齐心协力赶进度的氛围悄然形成。

2011年10月20日，导流洞和临时供水洞全线贯通。

2015年1月10日，绕坝公路全面建成通车。

2016年12月28日，大坝进行落闸蓄水。

2021年1月21日，张坪水库大坝枢纽工程通过验收。

……

“人心齐，泰山移。”在全县上下的共同努力下，张坪水库工程建设的步伐在比赛中加快、在倒逼中赶超。整个工程历时三年，累计完成投资2.64亿元，开挖土石方178359立方米，混凝土砌块石122759立方米，浆砌石5234.54立方米，混凝土26761.5立方米，钢筋364.34吨，建成的张坪水库实现了防洪与供水的双重效能。

效益之高：全面助力经济社会高质量发展

“下闸蓄水！”2016年12月28日，张坪水库彩旗飞扬、礼花绽放，下闸蓄水仪式隆重举行，随着水库闸门的缓缓落下，清澈的洛河水迅速在库底汇集，一项功在当代、利在千秋的伟大民生工程完美

“问世”。

“水库蓄水后，下游的饮水、灌溉就有保障了。”这一天，五龙、八道河的村民纷纷赶来，看着世世代代居住过的地方即将沉入水底，他们除了不舍外，更多的是对新生活的向往。村民们纷纷举起了手机，“这是一个富有纪念意义的时刻，我们要把它拍下来”。

张坪水库的建设，不仅解决了县城和梁塬群众供水紧张问题，而且对促进洛南工业、农业产业、旅游产业高质量发展具有十分重要的意义。张坪水库与洛惠渠灌区内现有的李村、辛岳、鼓楼河三座小型水库联合调蓄，年供水量 2169 万立方米，较修建前增加供水量 1752 万立方米，同时共同承担了县城水厂、梁塬水厂及沿线村庄的原水供应调节任务，满足 40 里梁塬地区 6 个镇 20 余万群众生活用水问题及 13. 6 万亩农田灌溉的需求。

张坪水库的建成在防汛抗洪方面也发挥了巨大作用。当水位处在汛限水位以下时拦蓄洪水，水位在汛限水位至堰顶以下时，由泄洪冲砂孔调节，当水位超过堰顶时，由泄洪冲砂孔和溢流坝联合泄洪，保证了伊洛河沿线人民生命财产安全。张坪水库建设，按照水库枢纽 50 年一遇洪水设计，500 年一遇洪水校核，水库校核洪水位 1121. 62 米，正常蓄水位 1120 米。2021 年 7 月 23 日张坪水库经历了最大泄洪调度，最高水位达到 1121. 75 米。据统计，伊洛河“7・23”的特大暴雨洪水，是洛河流域自 1919 年以来的最大洪水，入库洪峰流量为 500 年一遇洪水，张坪水库经受住了严峻考验，保护了下游群众的生命财产安全。

征途漫漫，唯有奋斗。站在新的起点，洛南县的建设者们将紧紧围绕“让每一位老百姓都喝上放心水”目标，全面加强张坪水库的养护与管理，致力将张坪水库打造成让领导和群众放心的优质工程，经得起历史检验的民心工程和形象工程。世纪工程——张坪水库将和时间同行并发挥造福一方百姓、恩泽子孙后代的巨大作用。

（作者系洛南县张坪水库技术干部）

三秦印记

巨变·这十年

脱贫攻坚

砥砺前行铸辉煌

精准扶贫 · 李小超 / 作品

我所经历的咸阳市脱贫攻坚工作

○程建国

我从 2016 年 10 月份开始分管咸阳市的农业农村工作。在全市 13 个区、县中，除秦都区、渭城区外，其余 11 个区、县均有脱贫攻坚任务。其中长武、永寿、淳化、旬邑 4 县为国定贫困县，长武、永寿、淳化 3 县属于六盘山片区县，彬州、长武、淳化、旬邑、泾阳、三原 6 县是革命老区。全市建档立卡贫困户共 13. 3 万户 46. 54 万人，贫困村共 773 个（现已合并为 759 个），总体来看，脱贫任务较重。从 2016 年底脱贫攻坚战开始，直至 2021 年 2 月习近平总书记宣布脱贫攻坚全面胜利，其间，我全程参与和见证了这一伟大的历史壮举，我本人也获得了全国脱贫攻坚先进个人称号，在人民大会堂参加表彰大会。每当回想起过去几年的工作，我都会心潮澎湃，心情久久难以平静。

党中央吹响打赢脱贫攻坚战的号角后，咸阳市委、市政府坚持以习近平新时代中国特色社会主义思想为指导，深入学习贯彻党的十八大、十九大精神和总书记关于扶贫工作重要论述以及来陕考察重要讲话重要指示精神，坚持把脱贫攻坚作为重大政治任务、第一民生工程和全面建成小康社会的底线任务，真正做到了在脱贫攻坚行动中彰显政治站位、政治担当、政治自觉。

首先，在市、县、镇、村四级分别成立脱贫攻坚领导小组和指挥部，根据工作需要随时召开市委常委会议、市政府常务会议、领导小组会议、指挥部专题会。

其次，坚持“五级书记”同抓、党政领导同责、“关键少数”同管，主要领导、靠前指挥，分管领导现场督导、狠抓落实，市县行业部门协同推进、共同发力，严格实行市级领导与包联县、包村部门与包联村、驻村干部与派驻单位、市县行业部门“四个责任捆绑”，逐级逐部门签订“军令状”和责任书，建立了横向到边、纵向到底的攻坚责任体系。

再次，推动建立了与脱贫攻坚任务需求和财力相适应的投入增长机制，全力保障“八个一批”等帮扶政策措施落实。2016—2020年，全市累计投入财政专项扶贫资金46.89亿元、整合涉农资金33.89亿元，市、县两级财政扶贫资金投入年度增幅均在20%以上，最大限度保障了脱贫攻坚的“弹药粮草”。

咸阳市委、市政府坚持把脱贫攻坚摆在经济社会发展的突出位置，按照中央统筹、省负总责、市县抓落实的工作机制，强化措施，狠抓实效。一是研究出台了《咸阳市抓党建促脱贫攻坚实施意见》、脱贫攻坚《责任制实施细则》《考核办法》等文件，建立健全了安排部署、推进落实、督导考核、问题整改等制度体系，推动形成了党委领导，政府落实，人大、政协监督，“八办三组”协同推进、扶贫干部合力攻坚的工作格局。二是在脱贫攻坚领导小组的统一领导指挥下，建立了产业、就业、教育、医疗、住房、饮水、生态、兜底和基础设施、财政保障、综合协调“八办三组”帮扶体系，扎实推动党中央和省委、省政府关于打赢脱贫攻坚战的《决定》、三年行动《实施意见》和“六个精准”基本方略的落地落细，确保中央决策和省委、省政府部署要求具体化、本地化、实战化。三是将脱贫成效纳入各级、各部门年度目标责任考核范围，将县级分值权重提高到 20 分，市级部门提高到 5 分；按照工作成效、驻村帮扶成效两个体系每年组织实施一次考核，并将考核结果作为单位评优树模、干部提拔使用的重要依据。同时，组建了督查、纪检、媒体三支队伍，不定期进行督导检查，用最严的纪律、最严的监管、最严的问责机制倒逼脱贫攻坚责任、政策和工作落实。

认识到脱贫攻坚是一项艰巨庞杂的系统工程，我们从一开始就坚持全市动员、全社会参与、全面推进、全力保障政策，确保各项重心向脱贫攻坚聚焦、各类资源向脱贫攻坚聚集、各级力量向脱贫攻坚聚合，汇聚起了强大的帮扶工作合力。一是建立和完善了优秀年轻干部、后备干部到扶贫一线驻村锻炼制度，持续加强领导包联和干部驻村帮扶，先后选派省、市、县驻村工作队 1568 个、第一书记 2598

名、驻村干部8794名，结对帮扶贫困户8.83万户，累计投入帮扶资金1.08亿元、帮助引进资金3.58亿元，推动形成了跨部门、跨单位，全社会共同参与的多元化帮扶体系，确保了各级各类帮扶措施全面落实落地。二是充分利用国家建立的设施、国有企业帮扶市县等帮扶机制，动员各类社会资源力量，真金白银投入，为全市脱贫攻坚带来新资源、输入新血液、汇聚新力量。与中国银行联手，在北四县设立中银富登村镇银行并发放专项贷款，打造“公益中行”精准扶贫平台。引进正大集团现代农牧食品生猪养殖全产业链项目，成为全国金融扶贫典范。与江苏省泰州市深入开展东西部协作，围绕产业联动、产品销售、劳务输出、人才支援、资金支持等开展帮扶合作，实施产业合作项目29个，投入资金10亿元，探索形成的“5+N”镇村结对模式在全国东西部扶贫协作工作推进会上被评为优秀典型案例。三是动员省、市国有企业，社会组织等广泛开展村企合作、结对帮扶。其中省级国企合力团投入资金3亿元，建成扶贫项目九个，省内高校、医院以及恒大集团等对口帮扶解决贫困村上学难、看病难等问题，引导各级驻村帮扶单位累计投入帮扶资金4.67亿元。

我们按照“八个一批”的工作思路，坚持因村因户因人制宜、精准高效靶向施策，多措并举解决了农村贫困人口“两不愁三保障”和饮水安全问题。一是坚持把最硬的干部用到最硬的事上，着力打造了一支能打硬仗、善打胜仗的“四支队伍”帮扶力量，累计选拔重用一线扶贫干部500多名，召回不合格第一书记42人、工作队员18人，约谈问责工作不力干部412人，树立了正确的用人导向，激励广大干部勇于担当作为，深入一线解决问题。二是结合我市产业发展实际，大力发展“3+X”特色产业，培育发展扶贫产业基地1800多个、龙头企业286个、扶贫工厂76个，“一长一短、一大一小”产业项目覆盖8.83万户贫困户，形成了北部苹果、中部奶山羊和畜牧、南部蔬菜和乡村旅游等三个特色产业带。三是依托咸泰对口协作、中行定点帮扶等平台，大力开展有计划、有组织的劳务输出；鼓励支持各类扶贫基地、社区工厂、产业园区等吸纳群众就近就地就业；通过增设保洁员、护林员、光伏管理员等公益岗位安置，促进全市25.3万贫困群众实现就业或创业。四是通过财政资助政策，为贫困群众提供基本医疗保险、大病保险和医疗救助“三重保障”，在全市范围内推行贫困人口县域内“先诊疗、后付费”“一站式结算”等服务；同时全域建设标准化村卫生室，为贫困群众提供慢性病签约等服务，实现了贫困群众病有所医、医有所保。五是大力改造薄弱学校，落实乡村教师生活补助，严格落实精准资助、助学贷款、送教上门等政策措施，全市建档立卡贫困家庭义务教育阶段学生无一例因贫失学辍学。六是积极选聘贫困群众担任生态护林员，兑付岗位补助资金，发放退耕还林补助资金、生态效益补偿资金，做到了当地群众增收与生态环境增效双丰收。七是坚持“应保尽保、分类施保”，通过低保兜底、特困供养、医疗救助、临时救助等措施，让农村低收入人口和失劳、无劳、残疾贫困群众等重点群体的基本生活得到基本保障。八是大力开展职业农民教育，组织农业、林业、人社、畜牧等相关部门，深入田间地头广泛开展多层次、多批次、多类别的涉农实用技术培训，确保有条件、有意愿的贫困家庭至少掌握一门实用技能实现至少一人就业，有效提升群众脱贫致富的技能水平和信心动力。九是坚持把思想引领、典型带动贯穿扶贫扶志始终，全面推广“扶志六法”“一约四会”“一评三治”“村规民约”等有效做法，做到以身边事教育引导身边人。我市拍摄的脱贫攻坚主题电视剧《一个都不能少》在央视一套热播，扶贫题材的公益励志电影《无翅飞翔》在全国热播，营造了“崇尚劳动、脱贫光荣”的良好社会氛围。

经过全市各级各部门共同努力，全市四个贫困县2018年底全部摘帽，773个贫困村（现已合并为759个）2019年底全部出列，46.54万贫困户2020年底全部脱贫，全市脱贫攻坚取得圆满胜利，如期兑现了“军令状”和脱贫路上“一个都不能少”的庄严承诺。

在产业帮扶方面：我们因地制宜、错位发展，建立“一村一品”脱贫产业基地1800多个，建成“咸阳马栏红”苹果基地252万亩、时令水果基地56万亩、蔬菜基地108万亩、奶山羊存栏74万只，各区县均形成2—3个主导产业。全市893个产业扶贫市场主体累计与4.05万户贫困户建立稳定利益联结关系，773个贫困村实现村级集体经济组织全覆盖，累计培育致富带头人2546名。大力发展到户产业，全市产业扶贫对象达到7.78万户21.7万人，建档立卡产业脱贫户实现中、长期产业全覆盖。累计投入资金3.45亿元，在四个摘帽县建设光伏扶贫电站216个，带动8700余户贫困群众获得收益；旅游扶贫惠及贫困人口4000人以上，创出了袁家村、马嵬驿、龙泉公社等一大批旅游扶贫先进典型；建成七个县级电商运营中心、七个县级物流配送中心，贫困村电商物流网络实现全覆盖。充分发挥消费扶贫助推作用，累计认定扶贫产品1024个、供应商250家，年均销售额超过十亿元。

在稳岗就业方面：采取“集中授课+实训操作”的方式，精准培训贫困劳动力24249人次，其中技能培训20829人次、创业培训3420人次。通过定向招聘、校企对接、异地劳务协作等方式，多渠道实现转移就业16.7万人，灵活就业1.5万人。利用公益性岗位累计安置贫困劳动力10316人，建设并认定就业扶贫基地122家、社区工厂96家，吸纳贫困劳动力就近就地就业1711人。

在“两房”建设方面：聚焦“建档立卡户、农村低保户、分散供养户、贫困残疾户”四类重点人群，累计实施农村危房改造16802户（C级1702户，D级15100户），其中建档立卡户12393户，累计兑付资金2.6亿元，达标入住率和资金兑付率均为100%。全市96个易地扶贫搬迁安置社区累计搬迁4322户14970人，兑付补助资金8.6亿元，基础设施小配套和公共服务功能100%完善到位，有劳动能力的搬迁户至少有1到2人实现稳定就业。

在健康扶贫方面：全面落实“一补一降两不低，一便两消三提高”健康扶贫政策。2016年以来，全市累计新建标准化村卫生室138个，修缮52个，市域内270所医保定点医院100%实现先诊疗后付费和“一站式服务、一窗口办理、一单制结算”，全市69150名慢性病贫困人口100%实现签约服务，贫困群众住院报销比例最高达到90%，累计报销门诊及住院医疗费用234.27万人（次）14.07亿元。

在教育扶贫方面：2016 年以来，累计投资 17. 85 亿元，实施薄弱学校改造项目 1312 个；累计聘用特设岗位教师 1264 名，完成国培、省培、市培计划 6. 37 人次，“名师大篷车”送教 1. 73 万人次，为四个摘帽县 6160 名乡村教师人均每月发放生活补助 400 元以上。13 个区县全部通过国家义务教育发展基本均衡县评估认定。累计资助家庭经济困难学生 73 万人（次）4. 75 亿元，其中建档立卡贫困生 23. 5 万人（次）1. 59 亿元；发放生源地信用助学贷款 54903 人（次）3. 77 亿元，社会爱心资助 10626 人（次）4447. 8 万元。全市所有建档立卡贫困户义务教育阶段学生无一例因贫失学辍学，在校建档立卡贫困学生“一对一”结对帮扶实现全覆盖。

在生态扶贫方面：2016 年以来，累计争取林业项目投资 10. 35 亿元，其中投向四个摘帽县 5. 8 亿元，占比 56 %；累计选聘贫困户生态护林员 5479 人（次），兑付岗位补助资金 3285 万元，年人均增收 5996 元；累计发放退耕还林补助资金 1725 万元、2. 7 万人（次），生态效益补偿资金 989. 3 万元、22. 88 万人（次）；通过“五个一批开放”工程帮助 523 名贫困人口实现稳定就业，年人均增收达 6770 元；累计举办干杂果经济林丰产栽培培训班 178 期，发放资料 12 万份，培训人员 10 万人次；累计吸纳 4000 余名建档立卡贫困群众参与生态建设，实现收入超 430 万元。

在兜底保障方面：2016 年以来，累计发放农村低保金 693310 人（次）20. 77 亿元，特困供养金 25778 人（次）1. 71 亿元，临时救助资金 248121 人（次）2. 22 亿元，困难残疾人生活补贴 287617 人

（次）1.98 亿元，重度残疾人护理补贴 122230 人（次）1.25 亿元，对 1899 户 6105 人收入不稳定家庭实施“渐退帮扶”低保政策，并将 1280 户 1293 人仅靠家庭供养且无法单独立户的重病、重残、丧劳贫困人口全部按程序纳入“单人保”，实现了应兜尽兜、应保尽保。

在设施建设方面：以脱贫攻坚“三年行动”和农村人居环境整治为抓手，全面提升农村基础设施和公共服务设施建设水平。攻坚期内，全市累计投资 8.97 亿元建成农村饮水安全项目 779 处，773 个贫困村和 13.3 万户贫困人口安全饮水实现全覆盖，全市自来水普及率达到 99.9%，供水保证率达到 95%以上。累计完成县乡公路、通村公路改造 2114 公里，实施“油返砂”整治 1503.2 公里，建设道路联网工程 421 公里、安全生命防护工程 3246 公里，建制村通硬化路率 100%。累计对 138 个中心村、35 个贫困村、110 眼机井实施了配套电网改造，全市农村电力入户率达到 100%，所有行政村、易地搬迁安置点实现 4G 信号、网络宽带、文化广场等全覆盖。

在打赢脱贫攻坚战的过程中，我们坚持从理念、机制、平台、方式等方面不断创新，形成了一些具有咸阳特色的典型经验、做法，既提升了帮扶效能，确保了脱贫成效，也为推动后续各项工作积累了丰富的实践经验。

在责任落实上，我们按照尽锐出战的要求，严格落实“六个”责任捆绑（包联领导与包抓镇村，市县两级行业部门、主管部门与下属单位，帮扶单位与帮扶村，镇村干部与“四支队伍”，帮扶干部与贫困户），并在全市积极推进脱贫攻坚“总队长”制，由各区县全体县级领导、县级部门及镇办正科级以上领导干部担任村级“总队长”，通过发挥党政领导干部示范带头作用，协调“四支队伍”和帮扶干部解决脱贫攻坚工作中存在的突出问题，形成“层层有责、人人担责”的责任落实体系，切实将脱贫攻坚责任落实到了基层第一线。

在政策落实上，为有效解决部分贫困群众行动不便、知识有限、不会办理、政策知晓率低，干部帮扶责任不清、作风不实、能力不足等不想为、不会为、慢作为，扶贫政策落实走样不到位、阻滞不畅通、落地落细落小难等问题，我们创新出台了《关于建立健全脱贫攻坚政策落实服务机制的实施意见》，在全市推行扶贫政策精准告知、协办帮办、全权代办、上门服务、集中办理、监督核查六项服务制度，厘清压实了县镇政府、县直“八个一批”等部门和“四支队伍”的职能，为群众提供精准到户到人的九大类 44 项服务，切实提高了群众的获得感和满意度。

在工作落实上，我们探索出了“四有四联兴产业”（县有主导产业、镇有产业基地、村有合作组织、户有脱贫项目，产业联结、基地联户、股份联心、责任联体）；“四增四创促就业”（转移就业、公益岗位、扶贫基地、社区工厂增岗，开展创业培训、服务、信贷、帮扶）；“四通四建夯基础”（通路、通水、通电、通信，建好“两房”、卫生室、幸福院、文化活动中心）；“四扶四送添活力”（扶心、扶志、扶智、扶技，送政策、送技术、送服务、送温暖）；“四帮四促聚合力”（以定点、对口、结对、社会帮扶，促奉献、促支持、促合作、促共建）；“四抓四查强保障”（抓队伍、制度、管理、考核，检查、巡查、暗查、自查）的“六四四”工作法，确保了工作务实、过程扎实，结果真实。

在精准施策上，为了打通市县和部门之间的数据壁垒，着力解决基础信息不精准、资金拨付不及时、帮扶措施不到位等方面问题，我们运用互联网+大数据技术，精心研发了精准扶贫大数据平台和手机APP，整合了31个部门和企事业单位的127项业务数据，实现了脱贫攻坚数据的“一网贯通”，走出了一条用大数据保障“六个精准”落地落实的新路子，被中央网信办、国家发改委、工信部联合授予“2018数字中国示范案例”。

在社会力量动员方面，我们与帮扶北四县的中国银行商量，动员中国银行的国际客户涉农企业正大集团参与，引进了正大集团现代农牧食品生猪养殖全产业链项目，成为全国金融扶贫典范；与对口帮扶咸阳的江苏省泰州市反复磋商，围绕产业联动、产品销售、劳务输出、人才支援、资金支持等开展实质性的帮扶合作，实施产业合作项目29个，投入资金10亿元，探索形成了“5+N”镇村结对帮扶模式，在全国东西部扶贫协作工作推进会上被评为优秀典型案例。

我们注重把国家政策与咸阳实际结合，积极探索脱贫攻坚的路径方法，取得了非常好的效果。《中国扶贫》杂志社曾连续刊发《劲风激扬谱华章——陕西咸阳脱贫攻坚取得决定性成效》《咸阳，一路向阳》等评论文章；一些阶段性的工作成效，被上级或媒体关注，比如我们的“六四四”工作法，得到国务院扶贫办的肯定并在《中国扶贫》《半月谈》等杂志刊发；淳化县的“移民搬迁+产业配置”模式，被作为典型案例在全省农村工作会上向全省推广。

习近平总书记说，脱贫摘帽不是终点，而是新生活、新奋斗的起点。我们一定要以习近平总书记来陕考察重要讲话、重要指示为指引，深入贯彻落实中央和省委、市委关于巩固衔接、乡村振兴各项部署要求，坚持一手抓成果巩固、一手抓有效衔接，持续压实各级责任，细化帮扶政策措施，以乘势而上、接续奋斗的新姿态，奋力开启乡村振兴的新征程！

（作者系陕西省政协常委、农业和农村委员会副主任，咸阳市人民政府一级巡视员）

小山村里的大变化

○柏　华

我叫柏华，是西安市第十四届、十五届政协委员，是脱贫攻坚的一名驻村扶贫干部。我想和大家分享一个普通乡村在党的十八大以后，加强党的建设和落实脱贫攻坚所发生的显著变化。

故事发生在周至县翠峰镇新联村，它位于西安市最西边秦岭北麓美丽的青山脚下，总面积 3.2 平方公里，辖庞家吊庄、周家吊庄、张家吊庄、喻家吊庄、孙家吊庄、华家吊庄等 6 个村民小组，共 383 户 1474 人，主要产业是猕猴桃、苗木和杂果，是一个关中平原上典型的靠天吃饭的农业村。

我是在 2018 年初被组织派到这里驻村帮扶，任第一书记兼工作队队长。这是我人生第一次深入农村生活，周边的一切既新奇又陌生，但总体感觉是“穷”。就拿我住的房间来说，除了一张床，其他什么都没有。和村书记交流，除了多弄点钱，基本没有工作思路。工作、生活，一切都要自己一点点开始。生活条件再苦我都觉得好克服，可是如何开展工作，这是摆在面前的大问题。为了尽快熟悉环境，找到工作思路，我主动和村两委接触，主动到农户家去“聊天”，很快在心里绘制出“民情地图”，找到了工作的方向。

通过走访，我对新联村有了两个最基本的判断：一是村两委为人正直且有一定的工作能力和群众基础；二是群众都很朴实，绝大多数都愿意勤劳致富。有了这两个基本判断，我心里就有了底，只要有群众基础，再大的困难都能够克服。

首先，我确定了抓党建的工作目标，这也是做好一切工作的基础和保障，随后立刻确立了以党建促脱贫、以党建强能力、以党建增团结的工作目标。一是落实党的各项工作制度。把“两学一做”学习教育、“三会一课”“四议两公开”和“农村基层小微权力清单”等固化为支部的常态化“必修课”。二是学习先进典型做法。先后邀请雁塔红专南路社区党委书记闫中华、周至县委宣传部副部长冶远明等专家教授为党员讲授主题党课。三是加强党组织阵地建设。在文化广场和村部营造浓厚的党建氛围，设立党员承诺践诺公示栏、党务政务财务公示栏和公告张贴栏，建设专门的党员活动室、学习室和会议室，为提高党建工作标准打下良好基础。四是采取多种形式凝聚人心。组织全村党员赴铜川市照金革命圣地、凤县两当兵变纪念馆、周至县知行小学等红色教育基地参观学习，每月坚持开展主题党日活动，通过微信群强化流动党员管理，提高全体党员政治觉悟、思想认识，提升支部的凝聚力、战斗力和号召力。许多老党员都欣慰地对我说：“柏书记，村上支部已经好多年没有组织我们参观学习了，你来了，把党员的心聚起来了，我们感到组织又回来了，党就在我们身边，看得见，摸得着。”通过抓党建，提高了村两委的思想认识和工作能力，团结了全体党员，凝聚起了群众的心。如今新联村党员先行、干部先上已成为新风尚。2021 年，新联村作为周至县五个申报陕西省村级党组织标准化建设示范村中唯一的样板村，接受省、市组织部门的验收，得到上级领导的高度评价。因为这两年党建基础扎实，群众满意度高，2022 年新联村被确定为市委书记的党建联系点。

有了村两委的支持和群众的认可，工作队全身心投入脱贫攻坚工作中，首先指导联户干部一对一制订精准的帮扶计划，并帮助和监督落实。在确保所有贫困户高质量脱贫的基础上，注重发现典型，激发内生动力，鼓励积极就业、自主创业，多渠道做好扶志扶智，这是实现稳定脱贫的关键。工作队积极联系协调残联、人社局、农业局等部门在村上为群众开展健康知识讲座、农业技术指导、就业培训等。在此期间，我通过走访了解到贫困户孙兵有养牛创业的意愿，但就是缺资金，经与村两委商议后，帮助他申请无息、贴息贷款建起了牛棚，买了牛。记得孙兵刚开始养牛的时候，牛总是拉肚子，还不长肉，急得他团团转，我心里也没了底。都说张口货不好养，这牛要是生了病，不能及时治疗，那损失可就大了。于是我多次联系县农业局，请来技术专家手把手教他养牛。两年多时间，孙兵的牛由最初的十几头牛发展到现在的 40 多头牛，年纯收入 20 多万元。从昔日的建档立卡户，到如今十里八乡小有名气的牛倌，孙兵打了场漂亮的脱贫翻身仗。现在他逢人就说："还是党的政策好！"

在扶贫的过程中，我发现村里的贫困户享受了党的各项政策，不仅脱了贫，而且生活条件明显改变，精神面貌也有了很大提升，然而有些非贫户心里却不平衡。为了缓解这一矛盾，我在心里又盘算起如何能让全村的老百姓受益。思考再三，只有尽力完善基础设施，改善村容村貌和发展村上的集体经济，让广大村民都受益，大家自然也就会理解脱贫攻坚的重要意义，理解"脱贫摘帽不是终点而是新生活新奋斗的起点"的深刻内涵。四年来，我们工作队为了改善村基础设施，积极协调残联、发改委、财政局、水务局等部门，共为村上争取各类资金1200余万元，新建水塔，开展上、下水管网改造和污水治理工程，解决了全村的吃水难问题；安装路灯，新建村委会办公楼、康复室、残疾人辅助器具服务室、图书室、文化广场，改善了人居环境和治安条件。记得初到村上时，为了查看生产路施工，我晚上独自走在漆黑的村道上，由于视力不好，一个不慎掉进了沤粪池险些丧命，当我借助一根树枝爬上来时，早已浑身酸软。现如今晚上走在明亮的村路上，不仅出行方便，而且安全也得到了保障。

为让全村人尽快富起来，我们工作队联系发改委和农业局，争取多项资金，通过"党建+合作社+农户"形式，壮大村集体经济。建起了占地25亩的苗木示范基地，每年为27户贫困户每户分红2000元，提供用工800余人次及相关技术培训；新建存栏50头的肉牛养殖基地，帮助村集体增收，形成长短期产业相结合，可循环利用的集体经济发展模式；同时，充分发挥合作社引领作用，利用村上有 800 吨冷库的优势，组织建档立卡户通过电商统一销售猕猴桃；还在村上建立了中国邮政 EMS 快递发货点，极大地方便了新联村和周边群众，新联社就此形成了合作社收、冷库存、电商销、快递发的良性循环。在猕猴桃成熟季，工作队鼓励村里的能人，组织全村的剩余劳动力开展猕猴桃干加工，工作队还制作了微信短视频为村上带货，有效助力猕猴桃销售。每年仅帮助村上销售猕猴桃和开展猕猴桃干加工，就为村民增收 40 余万元。通过几年的帮扶，新联村的村容村貌明显改观，集体经济也初具规模，实现了自我造血，发挥了带贫益贫作用，为乡村振兴打下较好基础。现在十里八乡的老百姓提起我们新联村都会竖起大拇指称赞。

农村医疗资源匮乏是目前的普遍短板，作为一名主任医师和辅助技术工程师，我自筹资金在村里建起了康复室，每天坚持工作之余为村民义务开展康复服务和辅助器具评估。记得 2020 年春节疫情期间，村民刘芳营的女婿付冬回家探亲时突发脑出血，出现严重的半身不遂。他是家里的顶梁柱、主要的经济来源，他一病倒，刘芳营家的天算是塌了。无论疫情防控工作多忙，我每天都坚持去给他做针灸按摩功能锻炼，我在心里默默告诫自己，一定要让付冬站起来，决不能让我们村再增加一户贫困户！起初付冬对生活几乎绝望了，但随着病情的一天天好转，渐渐地他眼睛里有了希望，还和家人开起了玩笑。由于治疗及时，一个多月付冬就基本恢复了健康。在返回工作岗位之前，他们全家给我送来了锦旗，刘芳营拉着我的手，含着眼泪对我说："柏书记，要不是你，俺家的日子以后真的不知道该咋过呀！"我还多次邀请自己长期参加义诊的西安雁塔邓景元社区康复服务中心的专家们来村上开展大型义诊、健康知识宣讲和免费体检，并把新联村康复室正式纳入我们组织的服务体系。虽然现在我已离开了新联村，我们仍然定期派专家巡诊，还坚持开展远程会诊和医疗转介服务，尽可能地为新联村和周边百姓消除因病致贫的风险。新联村目前已建立了动态检测、集体经济、健康扶贫、公共服务和资产管理等多项防返贫长效机制，打造出一支"不走的工作队"。新联村先后被评为：周至县"五面"红旗村，优秀基层党组织，西安市"美丽党建"示范村、"一肩挑"示范村，陕西省村级党组织标准化建设示范村。

四年的驻村岁月，在人的一生中确实是一个不短的时光，但对一个地方、一个时代而言却是短暂的一瞬间。就是这瞬间的变化，让这片土地和这里的人民在村容村貌、基础设施、生活水平和思想认识等方面都发生了前所未有的改变。它充分体现了我们党对群众工作的重视，对群众生活的关心，必将为做好乡村振兴这篇大文章提供宝贵的经验，也为我们这些干部补上了人生难得的一课。

（作者系西安市政协委员，西安市残疾人康复中心副主任）

从精准脱贫到乡村振兴的西安探索

○白　瑾

2015 年可以说是中国反贫困理论与实践的分水岭，也是西安市下派大批扶贫干部的一年，引起了社科理论界的高度关注。这一年西安市的扶贫工作从浮躁的“数字脱贫”逐渐沉着了下来，要求各单位对口扶贫，并派出驻村工作队，扶贫力度之大、措施之强硬前所未有。出于对国家“精准扶贫”战略实施成效的关注，我申请了一项西安市社科基金课题，对秦岭北麓的五个区县进行了深入走访调研，特别是对周至县花儿坪村进行了长期的跟踪调研。我也因此近距离观察见证了西安市农村农业现代化的十年历程，对都市农村地区的社会变迁有了一些直观感受，对党的反贫困战略与各项举措有了一些深刻领悟。

凋敝的农村、迷茫的留守人、孱弱的集体经济：回不去的乡愁

看不到生活希望的村民。与高歌猛进的城市化对比，2015 年西安农村的凋敝现象则十分严重，青壮年人口流失，留在农村的基本是残障人士、有精神疾病的人和老年人，留守妇女和儿童也基本不多见。周至县是国家级贫困县，由于村子基本没有集体经济，国家精准扶贫战略实施前，村委会基本名存实亡，村干部基本不理事，留守村民基本看不到生活的希望。走访中我还发现，周至县深山里的许多村子都有因矿难致残的贫困户，这些人基本没有脱贫能力。位于秦岭深处的花儿坪村并不是周至县最贫困的村，相反，是周至县较早发展民宿旅游的村子，有点经济头脑的村民基本在县城或马召镇上有房子。但对一些深度贫困户来说，能享受到的村集体红利，可能就是多拿点政府救济款。村里就有这样一个贫困户，因年轻时到外地煤矿挖煤时遭遇矿难，双腿高位截瘫，生活不能自理。他的双亲已是高龄，且父亲是继父，既没有能力也没有精力负担他的后续治疗和护理，于是他就把自己封闭在一间破屋里，长期拒绝和任何人接触，吃饭都是父母从窗口递。

看不到希望的村干部。在周至县王家村和蓝田县杨家堡村的走访中我发现，因为村里普遍发展落后，贫困户太多，村民为争当贫困户，经常和村干部吵架。村干部为公平起见，对贫困户的认定采取轮

流制，而真正的特困户、急需救助的家庭只能听天由命。王家村有一个妇女，她的丈夫开小货车时发生车祸身亡，留下高龄父母和两个年幼的小孩，而她当时马上要生产第三个小孩。据村书记反映，村上把上级的扶贫款优先补助给了这户人家，但是一年后，这个指标必须让给下一户。没有丈夫的经济收入，这户人家马上就会返贫。

与周边美丽的乡村风景形成对比的是，秦岭深处的留守村民大部分家徒四壁，床上堆着几团看不清颜色的破被子。据村干部反映，因为交通不方便，一些农产品卖不出去，农民辛苦一年赚不到钱，年轻人不愿意在农村待，老年人没办法在城市生活，只能待在村里，村里就剩下一些走不出去的老年人、残疾人和精神病人，干部也没有好办法。还有干部说，有上级部门和很多热心企业送来过新棉被，但村民一般不用。我听后，一边为农村的破败和凋敝而心痛，一边又为他们的“小聪明”而心情复杂。这一年，我参加了很多为贫困村举办的慈善募捐活动，深刻领悟到为什么“小康路上一个都不能少”，明白党中央和总书记为什么要补短板。

从精准脱贫战略到乡村振兴战略的衔接：留住乡愁

扶贫模式的转变。习近平总书记在 2015 年提出了分批分类扶贫理念，并概括为“五个一批”，即“通过扶持生产和就业发展一批，通过易地搬迁安置一批，通过生态保护脱贫一批，通过教育扶贫脱贫一批，通过低保政策兜底一批”。从此，中国的扶贫模式从“大水漫灌”式减贫转向了“精准分类”施策，从“输血式”扶贫转向“造血式”开发。经过长期观察，我发现，对口帮扶工作不仅使帮扶单位对农村的情况有了更细致、更深入的了解，一些下派的帮扶干部更是和村民建立了深厚感情，不愿意回原单位工作。雁塔区每年给每个帮扶村 40 万元资金投入。周至县马召镇统一规划扶贫资金，通过引进大型养猪企业，整合各村扶贫资金并入股养猪企业，进而壮大集体经济。针对留守村民长期得不到健康体检，雁塔区动员企业、政协委员、人大代表、社会组织等社会力量参与扶贫工作。民营企业天佑医疗集团定期为村民检查身体，对筛查出的需要进一步做检查治疗的病人，帮扶干部尽量帮助联系区域内医院。对花儿坪村的那位双腿残疾贫困户，实行重点帮扶，先后为其提供免费护理、装假肢、送轮椅等服务。驻村工作队还为他改善住房条件，盖了两间楼板房。这些变化促使病人的精神面貌发生了质的转变，现在他已经愿意走出房子，见人主动打招呼。还有一名妇女，因前夫犯了刑事案件，自己带着 20 多岁的儿子改嫁给本村的一名老光棍。这户人家有两个儿子，大儿子已分家，在县城打工。二儿子因家庭条件差，娶不到媳妇，成为老光棍。这名妇女与二儿子结婚后，和公婆同住一个院子，但只分到一间厨房，妇女带来的儿子也已成年，一起居住十分不便。帮扶工作队进村子后，针对这名妇女的生活状况，提出诸如养鸡、种茱萸、帮忙联系外出打工等各种帮扶办法，都被她以各种理由拒绝。帮扶干部介绍说，这个女人在城市生活工作过，心已经野了，既想赚大钱，又不想吃苦。村干部和帮扶干部为鼓励她尽快脱贫，先帮助她改善住房条件，工作队在院里新盖了四间楼板房，其中一间作为女人儿子的婚房，其他三间鼓励女人发展民宿。这样实实在在的帮助，逐渐温暖了这名妇女，让她看到了生活的希望。在采访过程中，我们从她过去冷漠的面容上，逐渐看到了笑颜和信心。经过三年的“精准脱贫攻坚战”，国家采取了一系列的社会扶贫、电商扶贫、产业扶贫、青年扶贫、乡村发展、残疾人精准扶贫措施，到 2020 年，我国建设全面小康社会的目标已经基本实现。在 2020 年的最后一次拜访中，女人把自己采摘的一些香椿芽硬是塞给了驻村干部，我深深感受到驻村干部的心与村民的心紧紧贴在了一起。即使在今天，我依然能从微信朋友圈中看到驻村干部、村干部发的乡村发展变化的信息，体会到他们对农村事业的热爱。

党的十九大报告提出乡村振兴战略，制定了《乡村振兴战略规划（2018—2022）》。这一方面表明了“三农”问题在党中央工作中占据的重要地位，另一方面也为实现农业农村现代化指明了方向。在这五年里，西安的农业农村发展又一次实现了腾飞。2015 年我第一次去灞桥区水泉子村时，整齐的村舍规划，干净整洁的村子环境，以及邻里和谐、婆媳和睦的村风家风给我留下了深刻印象。在深入访谈中，我进一步了解到，水泉子村在老支书的带动下，整体以民俗旅游经济为龙头，兼顾杂果经济林种植。由于优越的地理条件，全村每年可以接待游客将近 10 个月，户均年收入 20 多万元，并带动周边村的妇女就近打工。除了村支书外，村党支部成员基本是年轻人，这与当时农村支部党员平均年龄 50 多岁的情况形成鲜明反差。一名值班干部告诉我："我们村全是靠老书记带着干起来的。"这名受到村民爱戴的致富能手，原来在城里有个彩钢厂，经济效益还不错，但是，看到村子发展越来越落后，年轻人不愿意在家待，于是他决定回村带着村民一起致富。他先后带领村民代表，自费到袁家村、东韩村考察民宿旅游业，回村后，首先带头搞民宿，遇到游客少时，自己又主动关停民宿，让利于民，就这样一点点把村子的经济发展起来。了解了这个集体经济发展的故事后，我深深感到农村要发展必须有个好的带头人，基层党组织越强，脱贫致富的效果越好。同时，乡村旅游业和民宿经济由于具有就业门槛低、技能要求不高、投资回报较快等优点，更适合转移农业劳动力，这就解决了长期困扰基层政府的年轻人如何就近就业的问题，还有利于家庭和睦、乡风文明建设。后来我多次去水泉子村调研，我的这些观点得到了印证。2020 年，当我再次回访这个地方时，我发现电商经济、微视频宣传等新经济形态，正在形成村经济新的增长点。京东、淘宝、盒马生鲜等平台将杂果的零售形式转变为集体上门收购，既解决了物流问题，也解决了村民"多收了三五斗"的难题。经过几年的乡村振兴发展，村里的旅游舒适度又有了大的提升，大批游客自发进行宣传，短视频中的水泉子村美不胜收。

水泉子村代表了新农村发展的方向，风景优美、村风文明、经济蓬勃发展的农村，不但留住了农村一代人的乡愁，而且随着乡村振兴战略的深入实施，必将变成城里人的诗意栖居地。

（作者系西安市政协委员，西安市社会科学研究院党建与人才发展研究中心主任、研究员）

十年绘就壮丽脱贫画卷

○冯军平

记得十年前，我在宝鸡麟游县深度贫困村曲家沟村采访时，曾在村民口中听到这样一首地方小调：

一个娃娃才十八，
姑娘小手不会拉，
当房卖地也娶不起她，
想破了脑袋没办法，
去做上门女婿呀！
……

实际上，这可不是调侃，在这个“九沟十八岔”的曲家沟村，

“上门女婿”曾是这个深度贫困村的常态，也是174户村民最不愿提起的事情。户籍登记信息显示，仅最近五年，村里就先后有超过20名到了婚龄的小伙因为娶不上媳妇，无奈出村做了上门女婿。

为啥？这个村子被“穷根”困住了，村民去镇上买袋食盐，都得天不亮出门，天擦黑回家；村里几乎家家土坯房，户户山坡地，人均年收入还不到1000元，贫困发生率一度高达48%。

实际上，从这个村看开去，十年前，整个宝鸡的“穷根”之深同样触目惊心。

数据显示，宝鸡贫困人口一度高达55万人，贫困村一度高达521个，贫困发生率一度超过20%……

娶媳妇，难；盖新房，难；学技术，难；上好学，难；做生意，难……难道就让这55万人，这么祖祖辈辈“难”下去？绝不，党的十八大之后，脱贫攻坚开始加速，尤其在“十三五”期间，宝鸡开建城史上有计划、有组织、大规模扶贫先河，展开了一场战天斗地的反贫困斗争。

作为一名政协委员，我深知自己的职责所在，在采访中，我率领记者在完成新闻报道的同时，牢记委员的担当，对脱贫攻坚的基层实践进行了深入的调研。我发挥观察者、实践者、推动者的职责，在见证中积极汇集民意、建言献策，发挥委员的参政议政职能，用自己采访调研形成的文字参与并推动着这场脱贫攻坚战役，为这场世人瞩目的伟大工程做出了自己作为一个政协委员的贡献。

时光荏苒，十年后，宝鸡扶贫的“成绩单”新鲜出炉了：全市贫困人口从55万人减少到2.03万人，521个贫困村全部清零退出，贫困发生率已下降到1%以下。如今，在宝鸡1.82万平方公里的热土上，勃发的生机扑面而来。十年反贫困斗争中可歌可泣的人和事，以浓烈的色调，绘就了一幅壮丽的历史画卷，让人振奋，让人赞叹。

思想上全力以“扶”

“喊啥喊，叫啥叫，如今吃喝不用愁，政府送来米和油，日子这样也凑合……”2016年夏，我带领记者在宝鸡陈仓区采访，一个山村正在演出新编的秦腔戏《狗剩脱贫》，台下观众笑声一片，这“狗剩”活脱脱就是村里那些扶不上墙的懒汉啊。

然而，懒汉也有觉醒时。当“狗剩”通过干部帮扶立志脱贫时，台下的掌声最为热烈。当时，我在台下欢快鼓掌的同时，也从一名政协委员的角度深深地思考着。有的放矢的演出、宣讲，正在点燃贫困群众心中的火苗，一个个“狗剩”正在励志脱贫，这种变化，何其难得，何其珍贵，何其发人深思。

实际上，在平时基层走访中，我就认识一个懒汉。懒汉名叫闫桂平，是陈仓区花园村人。

花园村是宝鸡市陈仓区最偏远的山村之一，诗意的村名背后，掩不住“贫困村”的现实。村民看似人均3亩耕地，但太多属于跑水、跑土、跑肥的“三跑田”，一季小麦亩产不过300斤。在这样的环境下，闫桂平如同“狗剩”一样被磨平了志气。

闫桂平那一年47岁，虽然身强力壮，但也曾过着“政府送来米和油”的日子。然而，随着驻村第一书记王建峰一次次的开导，给他说政策、解心结，2016年春上，闫桂平变了。村里修水泥路，他全勤上工，谁家盖房子，他总是跑去出力赚工资，甚至还承包了3亩柴胡地。年底一算，这一年他的收入破万，一举摘掉了贫困户的“穷帽子”，这让乡亲们大为惊叹。

实际上，闫桂平的转变，正是“扶贫先扶志”的基层写照。而这种变化中，也渗透着政协浓浓的关怀。

据我了解，市、区政协，都到过这个村。而这些年，闫桂平正是政协重点“关照”和“攻关”的对象，“关照”集中在物资捐赠、技术培训等方面，而“攻关”，则是解开他的心结，让他重新树立志向，主动“站”起身来。

据我了解，党的十八大以来，宝鸡市政协系统一直都在脱贫攻坚中坚持“扶志、扶智、扶德”相结合，着力消除一些贫困群众“习惯穷”“争当穷”“无奈穷”的思想顽疾，持续激发贫困群众脱贫致富的内生力，为脱贫攻坚提供了坚强的思想保证和智力支持。

产业上全力以“富”

大规模产业扶贫，最能形成“棍扫一大片”的威力，而目的性极强的专业培训、产业落地等，最能让贫困户尽快甩掉穷帽富起来。政协在这方面发挥着积极的作用。

以2019年召开的市政协党组中心组学习（扩大）会议为例，当时会议就着重要求，市各级政协组织和政协委员要深入学习贯彻习近平总书记关于脱贫攻坚工作的重要讲话精神，高度聚焦“两不愁三保障”脱贫标准，进一步强化政治责任和政治担当，真抓实干，发挥作用，以强有力的责任担当助推脱贫攻坚任务落实。要充分发挥政协优势，探索助推脱贫攻坚的新办法、新路径，聚焦热点难点问题，持续贡献政协智慧和力量。

政协的力量，体现在脱贫攻坚的各个方面。

这些年，在采访调研脱贫攻坚的过程中，我认识的很多贫困户，都是通过政协的一系列硬措施，打出了漂亮的翻身仗。

首善街办王长官寨村59岁的贫困户张连生，如今在原有四间平房的基础上，加盖起二层小楼，屋外瓷砖贴面，屋内家具一应俱全。很少有人知道，这个人，曾被一个“穷”字逼得走投无路。

多年前，张连生还是家里的顶梁柱，下地干活是公认的好把式。然而，突如其来的脑出血改变了这个家的轨迹。求医问诊，留住了自己的命，却留不住一家人半辈子的积蓄，甚至还欠下亲朋好友6万元。直到眉县脱贫攻坚开始加速，不过短短几年，依托家中的6亩猕猴桃地，他“像做梦一样”，实现了人生的“三级跳”：

第一跳，镇上的猕猴桃专业培训班，他满满当当记下一大本笔记，先富了“脑袋”。第二跳，剪枝、摘心，在干部全程帮扶下，6亩猕猴桃园产量稳步提升，从7000公斤稳步提升到今年的1.3万公斤。一声汽笛响，他在地头将猕猴桃直接卖给果商，真金白银到手7

万多元。第三跳，还清外债后，他又盖起二层楼，还亲手从县城买回了 50 英寸的大彩电。

“大翻身哩！”张连生笑着说。他相信，好日子还在后头哩！

同样实现“大翻身”的还有眉县凉阁村 39 岁的贫困户吕亚娟。这个朴实勤快的农妇，在丈夫因病去世后一度慌了神。苍老的公公、年幼的女儿、高筑的外债，生活的重担压得她喘不过气来。种植猕猴桃需要劳力，她一个农妇又该怎么办？在政府的帮助下，她被安置进距离凉阁村不远的太白山美源果品有限公司当上了工人。掰着指头算算账，这可真是一个好工作：一天 70 元的工资，活儿也不累，还可以就近照顾家里；因为是贫困户，她只要按时上班，每个月还能多领 50 元奖金；一年上满九个月，每年还能领到 500 元的年终奖。除此之外，她家的 5 亩猕猴桃还在公司参股，每年都能领到分红。现在，靠着她的打工收入，一家老小的日子越来越有奔头了。

市场是“看不见的手”，而帮助这些贫困户脱贫致富的，却是一双双“看得见的手”。各级政协委员的帮助，正是这一双双“看得见的手”。

这些年，全市各级政协组织和广大政协委员积极响应、及时跟进，充分展示出新时代政协委员的新形象。在围绕脱贫攻坚主题开展的政协活动中，各级政协组织和政协各参加单位紧扣活动主题，拓展活动载体、丰富活动内容、注重活动实效，在凝聚共识、资政建言、扶贫脱困、服务群众中取得了丰硕成果。可以说，政协系统在助推全面建成小康社会、助力脱贫攻坚方面的积极作用得到了有效发挥。

生活上全力以“福”

脱贫攻坚，归根结底是为了贫困人口的幸福，在这一点上，我在采访中，看到了许许多多贫困人口的日子在蒸蒸日上。

很多政协委员以集体帮扶、结对帮扶等多种形式，在决战决胜脱贫攻坚中，尽显政协的担当和作为，为很多贫困人口带来了“福祉”。

凤县是秦岭腹地的山区县，这里的一名村民张宝成，就实实在在感受到了这份“福祉”。

走进张宝成位于凤州镇移民新村的新家，客厅、厨房、卫生间一应俱全，这个50多岁的山里汉子很难相信，不过五年，自己再也不需要借酒消愁了！

张宝成父母去世早，只在村后大坪山顶上留下三间土坯房和六亩山坡地，张宝成和妻子陈爱凤土里刨食，种小麦、种苹果，一年到头能挣下千把块钱就不错了。每当手里有些余钱，张宝成总会到村里的小卖部买瓶酒，靠着透风裂缝的屋墙喝两口酒，逗逗儿子，唱段秦腔。

然而，2008年，张宝成的妻子陈爱凤被确诊为乳腺癌晚期。他花光积蓄，借遍亲朋，欠下八万多元外债给妻子治病，但妻子还是在瘦成了一把骨头后撒手人寰。出殡那天，纸花飞扬，张宝成一手牵着十岁的大儿子，一手抱着咿呀学语的小儿子，眼睛里几乎没有了希望。

于是，政协干部和村干部与他交心长谈，又多方联系帮他争取来五万元扶贫贴息贷款，还轮番到果园里与他一起干活，尤其在“嫁接”这个关键环节上，政协和村上甚至想办法邀请到西农大教授，在张宝成的果园里一对一进行专题辅导。

这三四年，张宝成再没沾过一滴酒，他一门心思想着咋样还债，咋样赚钱。用他的话来说：“酒那东西，看着像白开水，喝到肚子里闹鬼，实在没那闲工夫。”

不过五年时间，张宝成改变了人生轨迹。6 亩果园中，花椒、苹果亩产分别超过 200 公斤和 3000 公斤。农闲的时候，他还被聘到村内公益专岗，实现了家门口务工增收。2017 年，张宝成摘掉了“穷帽”；2018 年，收入超 2 万元；2019 年，再超 3 万元；2020 年秋，算算账，一家人年收入已经超过 4 万元。如今，张宝成外债还清了，小儿子在镇小学读书，大儿子更是走出大山，在一家酒店当上了厨师。同样，张宝成也谨守着自己的承诺，五年来没碰过一口酒。

张宝成的日子越过越好，实际上，和他一样，实现了命运逆转的人数不胜数。

以前文提到的麟游县曲家沟村来说，五年前，全村已经整体搬迁至丈八镇镇区，不但全村实现了“楼上楼下、电灯电话”，更重要的是，村子在山沟里建起了 1450 亩核桃园，办起了存栏量上千头的牛羊养殖场，再加上种植 500 亩绿色小杂粮、300 亩烤烟、220 亩中药材……2020 年，该村 81 户贫困户全部“清零”，人均收入达 6000 元以上，真正实现了搬得出、稳得住、能致富。更令人振奋的是，短短几年中，这个村再没有一个小伙子远赴他乡去当“上门女婿”，恰恰相反，富起来之后，这个村已经娶回了 13 名新媳妇，每次村里都敲锣打鼓，好不热闹。

十年为功磨一剑，不斩穷根誓不还。闫桂平、张连生、吕亚娟、张宝成……一个人、一个家、一个村、一座城、一个国，都在这十年中发生着深刻的变革。千千万万的贫困人口实现了命运逆转，这充分说明，广大政协委员在履职实践中发挥了独特的优势和作用，或深入调研建言资政，或扶危济困推进民生，或依托企业帮助群众，让群众切实感受到委员就在身边，从未走远。

民族要复兴，乡村必振兴。如今，脱贫攻坚一系列目标任务完成后，“三农”工作的重心历史性地转向全面推进乡村振兴，而这也为我市政协各级组织和委员，画出了今后工作的路线图。

宝鸡，这座拥有 8000 年文明及 2770 年建城史的城市，从没有在任何一个时期以如此规模、如此程度和如此速度高歌猛进，作为一名政协委员，我骄傲。

（作者系宝鸡市政协委员，宝鸡日报社社长、党委书记）

民之所盼　我必行之

——镇巴工作二三事

○范　英

西乡至镇巴的高速公路通车了，车程由原来的 3 小时缩短到 1.5 小时，这是汉中秦巴山区腹地曾经唯一没有通高速公路的贫困县。在党的坚强领导下，这里已经实现了全面脱贫，高速公路的开通又加速了这里乡村振兴、城乡融合发展、实现共同富裕的进程。车行在去镇巴的高速公路上，我不由得回忆起在镇巴工作的那 1800 多个日日夜夜。

初到镇巴的印象和决心

2011 年国庆节前夕，组织安排我到镇巴县工作，任职副县长。彼时的镇巴，没有高速路，与外相连的只有一条国道，还正在进行二级路改造，时通时不通，当时的领导们出行前都要打探好哪条道还能通畅。当然，堵在半道那是常事，路程顺畅去趟汉中4个小时，不顺畅，那就不好说需要多长时间了。对于我，一个在平原县一直生活的人初到山区县镇巴，首先给我的下马威便是晕车。经历了镇巴这条路，才真正体会到晕车的感受，这条道路的艰难，可以用当时在任的县委书记赵勇建的一句话来说明：“要来镇巴当干部首先得适应这里的路。”

“国家级贫困县”是镇巴当时最“靓”的标签。条件艰苦、干部辛苦、群众困苦是我对当时镇巴的第一印象。随着对镇巴了解的深入，镇巴干群面对这“三苦”所体现出的“吃苦耐劳、甘于奉献、激情实干、勇于创新”精神也深深感动、感染了我，作为县政府班子中唯一的女同志、民主党派人士，我暗下决心：一定要做些什么，改变现状，方能不辜负组织的培养和群众的信任。

民生无小事

万事开头难，压力与动力让我必须尽快适应镇巴的一切，没有想到这条路给我的下马威仅仅是个开始。

为了尽快了解工作情况，我加快了工作节奏，带领分管部门走访基层乡镇情况，在平川县一天能跑几个乡镇，而在镇巴那是不可能的。11月份，镇巴便早早进入了早冬的气候，温差大，湿度大，雨水多，雾气大，晕车加上内心着急，让我在雨后步行乡镇途中滑了一跤，竟然尾骨骨裂。此时的我才真正体会到来镇巴之前一位老领导给我的嘱咐：“镇巴山大沟深，要注意安全啊。”

镇巴县是国家扶贫重点县，也是灾害频发县，民政救助对象多、矛盾难点问题也多。民政救助又是一项兜底性政策，与民生息息相关，社会关注度高，稍有不慎就会引发舆论事件。作为分管民政工作的领导，我首要考虑的问题就是“如何做到让真正有需要的群众得到及时救助，杜绝优亲厚友和违规操作等现象，特别是‘开着豪车却领着低保’的社会焦点事件”。骨裂的疼痛没有让我停下脚步，一个月内我跑遍了县内的20个乡镇，与村组干部、村民代表和基层民政专干座谈交流。“救助对象、类别该如何确定，群众才会满意？”“申请、审批流程还可做哪些优化？”这是我问得最多的问题。有了深入调研的基础，后面的工作开展得也就得心应手了。在城乡低保、五保救助上做到应保尽保；在临时救助上做到重点保障支出型贫困家庭、急难型贫困家庭、贫困型居民家庭；在医疗救助上简化程序，大力推行医疗救助“一站式”服务，这一做法受到了省民政厅的通报表扬；在救助对象确定上，坚持“公开、公平、公正”原则，推行相关工作人员近亲属备案制度，县、镇、村三级联审制度，三榜公示制度，动态管理制度，得到了群众的高度认可和遵守执行。

民生无小事，一枝一叶总关情。只要用心用情去做，始终把群众记在心里，就能把党的惠民政策落实好。

联乡扶贫结远亲

在镇巴工作期间，我联乡扶贫碾子镇。

碾子镇是距离县城最远的镇，没有之一。从县城出发到碾子镇，要翻越星子山、学堂垭、土地庙垭三座大山。就是在这样的大山里，我结对帮扶，攀上了三门远亲，分别是：辜从礼家，有3口人，其中劳力2人，住房是20世纪40年代修建的土坯房，耕地6亩，家庭主要收入来源是养殖业；徐荣贵家，有4口人，其中残疾者1人，劳力2人，住房是20世纪50年代修建的土坯房3间，耕地面积5亩，家庭主要收入来源是养殖业；余如田家，有6口人，其中劳力3人，住房是20世纪30年代修建的土坯房4间，家庭主要收入来源是养殖业和务工。他们都住在离集镇5公里左右的半山腰上，交通不便是导致他们贫困的主要原因。在和他们的交流座谈中，我了解到，他们都有搬迁的意愿，在生猪养殖方面也具备成熟条件，我与他们共同分析商讨利弊后，制订了脱贫计划。我告诉他们我的联系电话，让他们有事就给我打电话，有困难或拿不定主意时都可以给我说，我来解决困难、出谋划策。我是他们的脱贫帮扶人，责无旁贷。

“小康不小康，关键看老乡。”只有智志双扶，激发群众内生动力，发展产业，改善条件，才能实现小康路上一个也不掉队。这一段经历也为我后来回到市人大后当好扶贫工作队队长打下了坚实的基础。

建言献策促发展

“蜀道难，难于上青天。”在镇巴工作的几年，我切身感受到李白当年面对蜀道时的无奈。镇巴因巴山重镇而得名，是入蜀道路荔枝道的一部分。大部分群众生活于偏远山区，基础设施薄弱，生产生活十分困难。区位偏远、交通不便、产业不强是制约镇巴发展的主因。在与群众、外来客商的多次交谈中，他们反映得最多的就是交通问题。由于交通不便，物流运输成本增加，导致内运物资价格高、外输物资缺乏价格竞争优势，最终形成县内生产生活成本增加而收入锐减的怪圈。摆脱贫困的第一步，就是“先修路”。为此，作为当时的县市两级政协委员，我先后向汉中市政协会议提交了《关于加快推进镇巴红色生态旅游环线建设的建议》《关于将镇巴至四川通江界高速公路列入省际高速路网规划的建议》等提案，均被立项。红色生态旅游环线已于 2016 年建成，“古镇高速”也于 2017 年正式动工。

一路相伴花有声

2018 年 8 月，我随汉中市人大机关离退休党员、老同志到镇巴考察脱贫攻坚工作，看到一个个移民安置小区拔地而起，大片的药材种植基地药材长势良好，光伏发电、社区工厂、合作社等扶贫模式发展迅捷、成效显著，贫困群众脱贫奔小康的信心十足、干劲十足。在与贫困户座谈时，一位妇女认出我来，拉着我的手激动地说：“范县长，您来了哇！”她是一名癌症患者，2012 年在县妇联组织的一次“牵手行动”中，是我把救助金发放给她的，她一直记着。我问她有什么困难，她再次激动地说，现在党和国家这么好，看病给报销，每月给发钱（低保），还给分新房，自己再不努力再不满足那成什么了。我再次被他们所感动、感染，他们依然是那么的淳朴，懂得感恩，我也为曾经给他们做的这些工作所带给他们的变化而感到这是一件多么有意义的事。

十年弹指一挥间，离开镇巴也已五六个年头了，但我总是常常梦见镇巴，忆起在镇巴的那些个日日夜夜，默默关注着镇巴的发展。回首过往，我总是感叹于人生路上的那些相遇，怆然而美好，正如我刚到镇巴时的暗下决心：一定要做些什么，来改变现状。现在，镇巴已整县脱贫摘帽，北上汉中的高速早已通车，南下四川的高速也已动工。我何其有幸，生于这个伟大的时代，成为历史的见证者和亲历者。

（作者系汉中市政协副主席，农工党汉中市委会主委）

从方相村巷道硬化看脱贫攻坚

○白利民

六月六日的时候，我回了一次老家，发现原来泥泞不堪的巷道被整齐划一的水泥巷道所替代。 望着那一排排水泥路，我的思绪不由得又回到了过去。

我出生在黄章便民服务中心方相村，听老人说，我们村的村名与此地出了两个丞相有关，最初叫双相，只是随着时间的推移，人们以讹传讹地把双相说成了方相。黄章则与汉武帝刘彻有关，因其到黄帝陵祭祖，在此纳了一个妃子，而被称为“黄丈”，这个名字一直沿用到民国时期。

我曾考证过这两个地名的来历，从方相村田尧科组出土的两块烧变形的“人生长寿”方砖和“长乐未央”瓦当来看，汉武帝在此纳妃子可能确有其事。据说这种砖和瓦当是汉武帝为妃子建造行宫时用的建筑材料，这两块砖和瓦当因为不符合标准被废弃了才得以保留下来，其他的皆随着行宫的毁灭而灰飞烟灭了。双相虽然找不到依据，但民国《洛川县志》对设立坊厢镇却有明确记载。

方相村人少地多，在靠地吃饭的年代按说应该富裕，但似乎村子一点也没有沾皇丈的人脉、双相的天时和地多的便利。老百姓春天把种子种到地里，秋天收获的是微薄的希望，集体经济非常薄弱，村容村貌差，村民光景也不富裕，2016 年的时候这里还被确定为贫困村。

作为从方相村走出来的为数不多的在外干部，我一直牵挂着村子的发展，也为村子的发展尽了自己的一些绵薄之力，但无奈村子基础太薄弱，村里的人才有限，建成的农家书屋及发放的秧歌服等很难对村子的发展起到很好的推动作用。

前几年，方相村的村干部曾找过我，想通过我解决村里的巷道硬化问题，每次回老家酒酣耳热之际，村民也一再地问我看能不能找人把村里的巷道硬化了，我知道这里面有难度，但还是答应他们问问情况。

我经过多方打听，知道巷道硬化有两个途径：一个途径是申请扶贫局实施的项目，另一个途径是申请新农办实施的项目。扶贫局的项目需要排队等，新农办的项目需要村民配套资金，方相村不论是在排队等方面还是在村民配套资金方面都没有优势，巷道硬化的话题就此搁浅。

也许村干部和村民也知道这件事情有难度，在我回复他们的时候他们像平常一样没有多说什么，但我仿佛是亏欠了他们人情，感到浑身不自在。后来，因在村里维修文化室和其他事上我给帮了点忙，这种亏欠感才有所减轻。

就在我把硬化巷道的事都快淡忘的时候，去年 5 月份方相村第一书记郭云霄告诉我，黄章便民服务中心领导非常重视和支持方相村巷道硬化，县上领导也同意实施这个项目，估计过不了多长时间，村子的土巷道就会变成水泥巷道。 我听了之后非常高兴，还专门为第一书记写了篇新闻稿，对他帮扶期间所做的工作及所取得的成绩予以了肯定。

在等待项目实施的日子里，我有几次逢见方相村的村民，他们脸上都洋溢着幸福的笑容，一想到巷道硬化后的各种方便，他们一而再再而三地用感激的语气说，这个项目多亏了大家的帮忙，要不是这么多人帮忙，还不知道哪年哪月才能实施。

听村民说，在田尧科组实施巷道硬化的日子里，方相组的村民就隔三岔五地组队到田尧科组去看，他们既看工程的进展情况，还看施工中存在的问题，并想工程在方相组实施时候的对策。正因为他们比较珍惜这次巷道硬化机会，在施工过程中进行了全程的监督，方相村巷道硬化的质量非常高，群众很满意。

如今，走进方相村，我感觉到村容村貌和村民的精神面貌都有了很大的变化，觉得村民的想法也发生了翻天覆地的变化。他们不仅想着怎样把自己的生活过好，早日能够达到小康水平，而且想着怎样让孩子有出息，在不久的将来能让方相村重新焕发双相的风采，展示坊厢镇的辉煌。

方相村的变化只是全国众多贫困村变化的一个缩影，我为方相村的变化而高兴，也为全国众多的贫困村的变化而高兴。我相信只要方相村和众多的脱贫村能认识到发展的根本所在是人才，那么距离实现中华民族伟大复兴的那一天就不会太久。

我等待着这一天的到来……

（作者系洛川县政协委员，洛川县融媒体中心总编辑）

小城志丹的“脱贫路”

——志丹县推动脱贫攻坚与乡村振兴有效衔接纪略

○刘　莹

十年，言其久也。

十年时间，于个人而言，足以衡量初心坚守，计较人生得失；于城市而言，不仅是时间的标尺，更是发展的刻度。

从 2012 年到 2022 年，从“十二五”到“十四五”，志丹县这个黄土高原腹地的小城，“群众领袖，民族英雄”刘志丹将军的故里，蹄疾步稳，踔厉奋发，摘掉了贫困的帽子，奏响了经济发展的凯歌。

2021 年 2 月 25 日，是一个值得被中国人民永远铭记的日子。这一天，习近平总书记庄严宣告：我国脱贫攻坚战取得了全面胜利。

从 2015 年 11 月中央召开扶贫开发工作会议，正式吹响打赢脱贫攻坚战冲锋号，到 2021 年 2 月 25 日脱贫攻坚战取得全面胜利；从党的十九大报告首次提出乡村振兴战略，到 2021 年 2 月 21 日《中共中央、国务院关于全面推进乡村振兴加快农业现代化的意见》发布，一路走来，志丹县把脱贫攻坚与乡村振兴同步安排、同步推进、有效衔接，交出了“全县贫困村已全部退出，贫困人口全部脱贫，边缘户、脱贫监测户致贫返贫风险全部消除；在全省脱贫攻坚考核中，连续被评为较好格次，财政绩效考核两年均为A档”的志丹答卷。

在完成脱贫攻坚“历史大考”的基础上，志丹县乘势而上，严格落实“四个不摘”要求，建立监测预警和动态帮扶、稳定增收、“两不愁三保障”巩固提升、基础和公共服务设施建设管护、村集体经济发展、乡村治理、扶贫资金投入及风险防范、驻村联户帮扶、易地搬迁后续帮扶、消费扶贫、扶贫资产管理等11个方面的长效机制，初步解决了脱贫成果“谁来管、怎么管、管什么、为谁管、管得好”的问题。同时，该县坚持“工作不留空档，政策不留空白”，聚焦产业、人才、文化、生态、组织五大振兴，接续奋斗、有效衔接，加快推动农业高质高效、乡村宜居宜业、农民富裕富足，真正让农业成为有奔头的产业，让农民成为有吸引力的职业，让农村成为安居乐业的美丽家园。

产业振兴，让农民的钱袋子鼓起来

产业振兴是实现乡村振兴与脱贫攻坚的重要标志，也是实现二者有机衔接的必然要求。

近年来，志丹县坚持把产业扶贫作为治本之策，出台了《支持现代农业发展的十条措施》《建档立卡户产业扶持办法》等一揽子政策文件，动员3000余人返乡创业，引进龙头企业12家，培育农民专业合作社313家、家庭农场2008个、产业大户3589户，建起陕果集团2万亩苹果、绿葆农业8000亩黄芪、北京惠农合3000亩油用牡丹等15个“三变”改革基地，引进新希望和东方希望两大龙头企业落户志丹，催生出了纪鹏、任华、郝文龙等一大批产业能人、种植大户、返乡创业者……

春节刚过，志丹县各个山峁间的果园便热闹了起来，技术员和果农们纷纷下到地里，开启果园春管模式，盼着秋日时的丰收。

在距离志丹县城40余公里的旦八镇石洼庄村，天刚蒙蒙亮，果农韩仁祖便进到果园开始忙活，清理杂物、翻地、补栽苗子……

2013年，在宜川县的苹果园里摸爬滚打了六年的韩仁祖带着过硬的苹果管理技术回到老家石洼庄村，以每亩200元的价格流转了240余亩果园。经大改型后，2015年陆续挂果，到2019年，年收入达到209万元。

在韩仁祖的带动下，石洼庄村村民发展苹果产业的积极性空前高涨。截至目前，石洼庄村果园面积达到20亩以上的有35户，年收入5万元以上的有十余户，果业技术能手27人，全村果农的技能水平整体得到了提升。

近年来，志丹县按照延安市乡村振兴规划，积极构建做强苹果产业、做优设施农业、做大现代养殖业的“一主两翼”现代农业生产体系，坚持将苹果产业作为群众脱贫致富和实现乡村振兴的“头号产业”，构建起了“苹果+特色种养业”的“1+N”现代农业框架。该县财政每年列支7000万元，用于苹果产业后整理、新品种引进及新技术推广。按照“一户一法、一人一技”的办法，先后选派119名科技特派员、1200名果业骨干技术员到田间地头，解决苹果产业发展技术难题；采取“双基联动”“双扶双帮”等措施，破解产业发展资金难题；安装4.0智能选果线、修建大型气调库，在一线城市召开志丹山地苹果推介会，不断推进苹果产业后整理，精准对接消费需求，提高志丹苹果产业的综合效益和竞争力。

如今，志丹县苹果种植面积达到30万亩，挂果面积达到15万亩，年产量达到12万吨，年产值突破5亿元。

“我们要通过行政推动、典型带动，不断夯实苹果产业基础，真正让苹果产业成为富民强县的主导产业。”志丹县委书记李炜成竹在胸，清晰描绘着该县苹果产业的发展脉络。

人才振兴，让干事者到乡土中去创业

乡村振兴，人才是关键。

大力培育新型职业农民，是实施乡村振兴战略，实现农业、农村现代化的基础。

“我计划种植的西红柿正赶上播种时节，这个培训办得及时，不仅让我学到了技术，还让我对发展产业有了新的认识，成了货真价实的新型职业农民。”刚刚结束十余天优质蔬菜种植培训的顺宁镇白草台村蔬菜种植大户段荣富深有感触地说。

段荣富口中的优质蔬菜种植培训，只是志丹县实施新型职业农民培育项目的一个缩影。

近年来，志丹县依托农村实用人才、职业技能培训、新型职业农民培育等农民培训项目，大力开展技术技能和经营管理知识培训。精准选择素质高、文化基础好、学习意愿浓、创业意愿强、从业稳定性高的农村一线实用人才，推行固定课堂、田间课堂、流动课堂、空中课堂等教学模式，在学中干，在干中学，助力他们真正成为促进农业现代化、集约化发展的主力军。

目前，该县通过职业农民资格认定的有 407 人，拥有中级资格以上人数达 169 人。

2019 年 3 月，志丹县开始实施“金穗工程”，先后选派 100 名有情怀、有资源、有经验、有能力的科级干部到 88 个行政村担任乡村振兴特派员。这些特派员以“发展现代农业、增加农民收入、壮大集体经济、倡导文明实践、推进基层治理”为突破口，为村子理清发展思路，引领文明实践，带动产业发展，推进乡村治理。

与此同时，志丹县积极鼓励社会能人、农民工、大学生等有识之士返乡创业。截至目前，该县已有 3000 余人参与返乡创业，签订各类意向合同 1250 份，实施土地流转 1. 32 万亩，发展产业大户 3809 户，通过创业人员带动就业 2360 人。

文化振兴，让文明新风吹却陈规陋习

文化振兴是乡村振兴的铸魂工程。如何铸好乡村文化之魂？文明乡风是重要内容和有力保障。

2020 年 11 月 21 日，志丹县迎来了入冬以来的首场降雪，大地被严寒包裹，格外寂寥。但在志丹县城 2 公里外的东武沟村，却是另一番热闹景象。全村男女老少齐聚，恭贺村民王佐俊小儿子新婚之喜。

“以前给我家大儿子娶媳妇的时候，是按照陕北习俗吃的羊肉饸饹和特色宴席‘十三花’，实在是太浪费了，这次小儿子娶媳妇，我们对宴席进行了优化，还请来了县上的‘文明大篷车’助兴，比起以前更加热闹，还节省了婚宴费用，‘文明新风’确实是好。”说起小儿子的婚礼，王佐俊十分满意。

在志丹县，像王佐俊家的喜宴这样“传播新思想，引领新风尚”的活动还有很多。

2022 年春节收假第二天，志丹县的“文明大篷车”便再次开动，载着 20 余名志愿者，带着浓浓的“文明新风”，驶向该县旦八镇新时代文明实践广场。

2018 年 10 月，志丹县新时代文明实践中心挂牌成立，成为全国首批 50 个新时代文明实践试点县、第二批 500 个试点县和全国 10 个重点联系县。理论宣讲、教育服务、文化服务、科技科普服务、健身体育服务“五大平台”应运而生，“百姓小喇叭”“文明大篷车”“红色故事会”“新时代乡贤会”“百姓大舞台”“新时代夜校”“农民家庭会”“新时代新民歌”等特色项目春风化雨，起到了移风易俗、弘扬时代新风、破除陈规陋习、传播文明理念、涵育文明乡风的作用，使乡村变得更有活力，群众的幸福指数也得到提升。

生态振兴，让乡村旧貌展新颜

生态振兴就是要实现农业农村绿色发展，打造山清水秀的乡村风光，建设生态宜居的农村环境。

在志丹县城以南十公里处，有个小村庄名叫向阳沟村。夏日，这里绿树成荫，鸟鸣幽谷；冬日，这里玉琢银装，静谧安宁。村容整洁，屋舍俨然，则是四季常态。

这是志丹县紧紧围绕打赢“碧水、蓝天、青山、净土”四大保卫战，推动生态持续改善、环境质量稳定向好的一个典型。

“确实不一样了，过去路烂、沟深，灰尘和垃圾随风飘，现在村民爱护环境了，院内、院外都有垃圾桶，路上几乎没有什么垃圾。”对于村子的变化，村上的保洁员张志芳最有发言权。

为提高村民爱护环境的意识，向阳沟村每天都组织工作人员挨家挨户上门宣传，并根据村里住户的情况在村里放置了相应数量的垃圾桶，实施了生活垃圾集中转运。

2018 年，向阳沟村荣获“省级美丽宜居示范村”称号，2019 年得到了中宣部、全国文明办领导的赞扬，实现了基础设施强化、山体道路绿化、村庄院落美化、垃圾污水净化、村风民风转化、村民增收多元化的目标。

志丹县还通过系统推进山水林田湖草综合治理，开展大规模国土绿化行动，使志丹大地实现了由浅绿向深绿、由绿化向美化的转变。通过实施重大水源工程建设，逐步解决生产、生活用水短缺问题；通过推进“厕所革命”“垃圾分类”项目实施，全面开展“改四小、清四堆”（小鸡圈、小羊圈、小猪圈、小旱厕，畜粪堆、柴草堆、垃圾堆、杂物堆）专项整治；通过组织县镇村三级医院、卫生院、卫生室工作力量上门开展卫生健康服务，努力打造生产、生活、生态“三生”契合的乡村环境。

脱贫不是终点，而是新生活、新奋斗的起点。乡村振兴不是遥不可及，而是让群众更真切地感受到生活的美好。志丹县已然握好了脱贫攻坚“接力棒”，按下了乡村振兴“快进键”。

（作者系志丹县政协委员，志丹县融媒体中心干部）

十年新叶　十年新生

○左　睿

对于人生而言，十年是一段漫长的岁月，长到足以改变一个人的容颜；对于历史而言，十年是一瞬而过的短暂时光，短到还没来得及感受，就如流水般匆匆而过。十年间，我从青年步入中年，在平淡的岁月中寻找那份属于我的生命意义；这十年，我生活的这座小城，在时代的洪流中努力前行，潜移默化地成长着。

环　境

十年前，我的办公室在小城的东边，邻近一座历史悠久的钢铁厂，透过窗户，经常可以看到厂子里的烟囱冒着黄黑色的浓烟，直冲云霄。那时的天空总是灰蒙蒙的，看世界的眼睛像是被蒙上一层薄纱。有时候，中午在办公室的椅子上小憩，待到醒来，桌上的手机屏幕已落上一层细密的灰。我总是为我的肺鸣不平，在一呼一吸之间，在不知不觉的匆匆岁月中，它承受了多少不该承受的生命之重啊！

2022年，在一轮一轮的技改之后，钢铁厂的烟囱已经许久未见冒出黄黑的浓烟了。我也早已搬到了明亮的新办公楼，窗外正对的是漂亮的南山公园，斜角对着雨山。嘉陵江、八渡河、玉带河在山脚下汇合，欢快地奔腾着一路向南。夏天，山上的黛绿让人陶醉，茂密的植被把山和人家严严地包裹起来，南山塔矗立在密林之中，默默地注视着这座小城。我最爱的还是雨后的清晨，半山腰以上都笼罩在氤氲的雾气之中，飘飘然，陶陶然。如果有人问我："山里面有没有住着神仙？"我想我可以回答这个问题了。深吸一口气，缓缓吐出去，慢慢地去体会一呼一吸之间的清爽。根据环保部门的统计，在刚刚过去的2021年，略阳的空气质量优良天数达到360天。这个数据足以让我的肺欢呼雀跃了。

十年前，我第一次下乡，是去调查一起山体崩塌事件。大量的土石从山坡上崩滑而下，杂乱地堆积在坡脚，树木凌乱地在土石堆上随风摆动。山坡上的崩滑面光秃秃一片，在周围葱郁树木的映衬下，显得那么突兀，让人不忍直视。略阳的城镇大多建立在山水之间的狭长地带，开挖山脚搞建设就成为一种生存需要。比之更严重的是矿山开采带来的破坏，巍峨的群山在大型机械昼夜不停的运转下，这一片那一片地裸露着，满目疮痍。远远望去，在一片青翠之间，露出片片斑驳，像是人脸上的伤疤。我常常想，如果山如人，它应该也会像我一样感觉到痛吧。

2022 年，当我穿行在连绵的秦岭山脉之中时，我的内心总是涌起一股渺小之感。大自然的鬼斧神工创造出壮美的群山，亘古未变地屹立在这里，不知岁月几何，不论沧海桑田。我愿意相信它们是从天地诞生的一刻就在这里，养育了这片土地的万物生灵。平川县的人经常把我们叫作山里人，我以为这是最准确的称呼。我们应该是，也一定是山的孩子；我们应该要，也一定要保护我们的母亲。这十年中，随着地质灾害和矿山环境恢复治理项目的实施，大量被破坏的山体得到修整，秦岭南麓的自然环境得到极大改善。初秋的略阳，山上随处可见迷人的红叶，一簇簇，一片片。赏叶人常约三五好友，纵情于山水之中，体悟天地之美，夫复何求！

我认为，经济发展和环境保护在绝大多数情况下是一对矛盾体。现代国家在发展中都会面临同一个选择题：发展经济还是保护环境？一般来说，经济发达地区侧重环境保护，经济落后地区侧重发展经济。当以牺牲环境换取经济发展优势，在完成原始积累之后，应当转变经济发展模式，转为可持续发展模式，达到发展和保护的平衡。

十年前，略阳被人们称为“小香港”。中国第一条电气化铁路宝成线从这里经过，人口和货物在这里集散。这里是中国的乌拉尔，矿产资源富饶，以钢厂和电厂为首的工业企业众多，易就业，好发展。在小小的 6.5 平方公里的主城区，居住着约 8 万人口。周围县城的人们，会来这里打工、上学、就医。略阳俨然成了这片区域的中心城市。然而，这些繁华背后，有一部分是以破坏环境为代价交换而来的。污染的工业废气排放，无序的矿业开发，让这里布满了一道道难以愈合的伤痕。我们以为得到的财富，正是我们正在失去的财富。

十年后，略阳正在经历经济转型带来的阵痛。往昔的优势已经不再突出，甚至不复存在，但新兴的产业正在逐步发展。在这连接过去和未来的时间节点上，也许就存在浴火重生的契机。虽然身躯有些蹒跚，虽然步履有些艰难，但是我从不怀疑这座小城一直在进步着。

扶　贫

十年前，“扶贫”对我来说只具有字面上的意义。我从未想过，有一天，我会和这个词语联系得如此紧密。2016 年春天，我和所有同事一样，投入轰轰烈烈的脱贫攻坚战，联系帮扶贫困户 1 户 2 人。这是一对母女，母亲和我母亲年纪相仿，吃苦耐劳；女儿当时还在大学读书，恬静温婉。自从女孩的舅舅因病去世之后，这个家庭再无经济来源，依靠母亲耕种的 5 亩多土地和养鸡养猪的收入维系着生活。2017 年，县上出台产业帮扶政策，养猪每头可以补贴 500 元，母亲毅然买了 3 头猪仔。你很难想象一个 60 岁的女性，可以用山区传统的种养方式，同时种 5 亩地，养 20 只鸡、3 头猪。记忆中，她总是佝偻着身子忙碌着。

她们的房子是高大的土坯房，三间二层。一层是堂屋、睡房、灶房，堂屋里空荡荡的，地上堆着各种农具；二层用于堆放粮食和杂物。上下是一把可以搬动的简易木梯子，我第一次上去的时候有些害怕。房子四面的墙上都有裂缝，顶上盖着的青灰色的土瓦，有些已经残缺不全了。母亲告诉我，房子一到雨天就会漏雨，她很担心时间长了会把土墙泡塌。经过鉴定，房子被定性为 C 级危房，按照政策可以补助 2 万，用于危房改造。她说想在靠近河坝边交通方便的地方重修，但是无力负担修房的费用，只能作罢。2017 年秋天，在我驻村之前，房子维修完成。

2017 年秋天，响应号召，我成为一名光荣的驻村干部。那年秋天，雨一直下个不停。不下雨的时候，我会到她们家里去帮忙干农活。我用背篼背着苞谷粒，到山下的作坊加工成苞谷粉，再背回家，这些苞谷粉可以作为主料，和猪草混合在一起喂猪；和她请的乡亲们一起种冬小麦。男人们在山坡上干活，有锄地的，有散种的；女人们在家里做饭，劳累后的一顿酒肉背后承载着主人家的感谢之情。她告诉我，现在"换活"越来越难了，她已经年老力衰，劳动能力远远不能和年轻人相比了。在农村，男人生理上的优势依然明显。

2018 年夏天，女孩大学毕业了，市里出台了针对贫困大学生的事业单位招考优惠政策。那一年，这个村三人参加考试，录取了二人，她是其中之一。从此，这个家庭开始逐步摆脱贫困。《贫穷的本质》指出，稳定的收入带来了生活质量的提升和对未来的把控感，这是最有吸引力的改变贫穷的途径。也许，女孩和母亲还不能了解一份稳定的收入对于大部分普通人来说意味着什么。年底，她们"两不愁三保障"达标，如期顺利脱贫。

2020 年，一个阳光明媚的下午，我爬上小山坡，来到她家门前。屋顶上早已换上淡红色的脊瓦，整齐鲜亮，粉刷过的墙壁和门窗反射出亮光，房檐下挂着一串串丰收的玉米。母亲正坐在屋檐下剥玉米，和绝大多数时候一样，她依然独自在家里干着这些繁重的农活，不同的也许是如今她可以有更多的选择。我坐在门墩上，一边随手拿起一根玉米剥起来，一边和她聊天。她说："你是一个好人。"我微微一笑，不置可否。我很高兴，因为一个不善言谈的人说出的话往往是心里话。

我们往往用贫困户的笨拙、懒惰等个体原因，来掩盖扶贫者的错误和懒惰，我想这是不公平的。在21世纪的今天，贫困更多的时候是一个社会问题，而非技术问题。财富的创造和再分配也是一个复杂的过程。集中力量，统一分配社会共有财富，这是社会主义制度的优越性之一。愿我们在共同富裕的路上，共同进步，一个都不要落下！

（作者系略阳县政协委员，略阳县自然资源局干部）

十年与李塘村群众携手奋进

○李　博

初夏的雨后，空气格外清甜，一脚踏进简池镇李塘村，心就醉了。李塘村位于镇巴县城西南，与四川省接壤，距县城80余公里，红四方面军当年由此入川。这里水秀地沃，民风淳朴，红色文化氛围浓厚。在县政协近十年倾心、倾力、倾情持续帮扶下，李塘实现整村脱贫，为乡村振兴打下了坚实基础。站在新征程的起点上，面对新形势新任务，县政协强化“以人民为中心”和“包联到底”的责任担当，以更高站位、更大决心、更强力度投入乡村振兴事业中。如今的李塘村，村容村貌焕然一新，群众收入多元化。每天众多游客来到李塘村赏田园风光，品田园美食，成了一道亮丽景观，大家无不感叹着李塘的新变化。

派“硬”人驻村，让力量强起来

脱贫攻坚、乡村振兴，人才是关键。县政协把选优配强驻村队伍作为根本保障，选派出农村工作经验丰富的正科级干部任第一书记，综合协调能力出色的政协办公室主要负责人为工作队队长，党建工作熟练的机关支部书记为驻村队员的“重装部队”，蓄势而发，尽锐出战。同时，县政协在该村建起了全市首个政协村级委员工作室，不定期地邀请部分农业界政协委员、行业专家，与镇村主要负责人一起，深入田埂地间、山林河滩、村角村落实地踏勘，优化思路，明确发展方向。结合该村水、路、桥、田、堤，以“角色代入”方式切身体会，探寻突破农业生产、产业振兴的短板瓶颈，了解群众期盼，广泛征求群众意见建议，研究制定了村级总体规划和产业发展规划。乡村振兴事业开启以来，政协领导亲自抓、现场办，先后组织召开院落会议 33 场、党员会 7 次、镇村组干部会议 29 次，使镇村干群统一思想认识，同心同向，完成了村庄、产业、土地、旅游、公共设施等“多规合一”的整体推进方案，为扎实推进乡村振兴谋新篇、布良局。

筑幸福路，让交通畅起来

要致富，先修路。这不仅是山区群众的心声，更是巩固脱贫攻坚成果、同乡村振兴相衔接的关键之法。公路通，百业兴。近十年来，县政协协调各方大力投入，先后为李塘解决通组标准水泥路 5 条、便民水泥路 12 公里、生产观光道路 30 余公里、便民桥 4 座。别具一格的康庄大道、幸福路、奋进路，一座座形似彩虹的同心桥、孝心桥、爱心桥在山乡的俊秀田园间，不断延伸，不仅畅通了村镇的“最后一公里”，更温暖了民心。如今李塘的路不但方便了群众出行生产，更成了十里八乡的一道亮丽景观。每到下午，彩色的康庄大道就变成了群众、游客休闲打卡的好去处。

建富裕渠，让田园俊起来

山不在高，有水则灵。李塘村有近 700 亩水田，位于丘陵地带，灌溉成了最大的难题。原张家坝小组因灌溉缺水，曾叫“干家坝”。通过社会各界近十年的携手合力，此地共新建灌溉拦水坝 3 座，灌溉水渠 11 公里。并在过去就有的“筒车坝”的地方，修建了既实用，又成景的灌溉水车，实现了水绕路边、水进田边、水韵庭院。一渠渠清水既浇灌出了该村的生态大米、生态油菜和稻花鱼，更浇灌出了以“水”为核心的俊秀田园，以及四季花开、风光各异的漂亮李塘。

以文为魂，让山村美起来

乡村振兴既要塑形，更要铸魂。依托李塘优越的地理位置，县政协以文化政协、书香政协为载体，为村上打造出了特色乡村书屋、文化院落、文化田园，努力做好创意提升、主题景观小品设计的策划和实施工作，以推动文化田园创意向乡村旅游延伸，激发文旅田园产业在李塘开花结果。七月，骄阳似火，李塘正孕育着下一个丰收季。沿河边景观步道前行，30 多块就地取材的石头画、十二生肖图案栩栩如生；16 幅提神聚气的乡村振兴创意标语沿步道依次排放，书写着李塘乡村振兴的奋斗方向；8 处充满乡土气息的立体打卡小品，吸引游人驻足拍照留念；因地制宜的打卡点和以花为主的节点绿化，点缀着美丽田园。河水如镜，镜上泛舟，清风徐来，如身处画中。整洁的村庄，呈现出一幅“百姓富、生态美、天然居”的“醉”美画卷。美丽的乡村文化大舞台上，乡村大妈也在闲时跳起了广场舞，让静谧的乡村夜晚也有了几分热闹。整洁的文体活动室等综合性文化服务中心，进一步提高了基层文化设施的利用率，打通了农村公共文化服务“最后一公里”。

发展新业态，让山村富起来

要乡村振兴，首先要振兴产业。乡村振兴以来，县政协与镇村干群一道，以三月油菜花节为“媒”，九月“丰收节”为主题，协力推进乡村基础设施建设、民生改善、产业振兴等重点工作。粮油加工厂、农电改造、农家书屋及妇女儿童之家、道路绿化美化亮化等建设项目正紧锣密鼓有序推进。县政协采取大事齐心办，难事重点办，有利的事众人参与办的“三办”方法，利用现有水田资源，发展生态大米 500 亩，发展稻田养鱼 400 亩，进一步发展茶叶、树花菜、农家乐和民宿产业。同时，还以“村集体经济+村民众筹入股”的方式成立了李塘乡野田院旅游公司，办起了田园特色烧烤园、乡村儿童乐园等特色产业，不断拓宽整村群众增收渠道。让群众农忙时在田园耕作，农闲时成了店小二，自家的农产品也成了农家乐餐桌上的道道美食。一幅“乡村田园+旅游”文旅融合的诗意画卷正徐徐展开，一个引得起乡愁、留得住游客、富得了群众的新李塘，正踏着美好时代的欢歌幸福起航。

（作者系镇巴县政协委员、文史法制委主任）

难忘的脱贫攻坚岁月

○余兴健

2022年2月27日，陕西省政府批复同意紫阳县退出贫困县序列，全县干部群众欢欣鼓舞。作为全省自然条件最恶劣、脱贫攻坚任务最重、贫困程度最深的县，以后发劣势起跑，实现与全国人民同步小康，全县干部群众付出了极大的努力。作为一名县政协委员，和全县几千名帮扶干部中的一员，我有幸全程参与了这场百年一遇、如史诗般伟大的脱贫攻坚战，不由得常常回忆起那些让人难忘的岁月。

2020年12月23日，全市脱贫攻坚表彰大会召开，对全市脱贫攻坚工作开展七年以来的先进集体和先进个人予以表彰，我所包联的深度贫困村紫阳县毛坝镇岔河村被安康市委市政府表彰为先进集体，全县仅有三个村获此殊荣。得到这一消息，我心里既欣慰又酸楚，欣慰的是和战友们三年多日日夜夜的鏖战得到了群众的认可，得到了组织的赞誉，贫困群众顺利脱贫，贫困村顺利出列。酸楚的是这几年，我和我的战友们失去了太多对家庭的责任，年迈的父母住院没人陪同，年幼的孩子童年没有父母亲，妻子失去了丈夫的依靠，丈夫不能吃到妻子可口的饭菜，年轻干部推迟了婚期和要孩子的时间……回忆起过去的一幕幕，泪水模糊了双眼，这样的日子即将成为历史，但在我们生命中却刻骨铭心。

2018 年初，镇党委安排我担任毛坝镇岔河村和干沙村两个深度贫困村的扶贫驻村工作队队长，全县共有 35 个深度贫困村，每个情况都相当复杂。我的心理压力很大，害怕干不好，对不起组织的培养，更重要的是怕贫困群众不能如期脱贫，影响全镇甚至全县大局。但是既然答应了，就要勇于去面对，要坚信，只要努力拼搏，就一定会有好的结果。

去岔河村那天，春光明媚，我们一行人沿着盘厢河逆流而上进入小河口，顺着再往上，只见河岸山上金黄的油菜花盛开，粉色的桃花和白色的樱花夹杂期间，茶园吐着青翠，清澈透明的河里，鱼儿和鸭子游来游去；村里公路干净整洁，路两旁房舍俨然，良田美竹，村里的小伙俊朗，姑娘漂亮，群众朴实厚道，热情超乎我们的想象。目睹这一切，我的压力减轻了许多，下定决心要大干一场，改变这里的贫困现状，让群众早日脱贫奔小康。

我们驻村工作队由县镇村三级包联干部组成，包联的县级单位是紫阳县城乡养老失业工伤保险经办中心。他们派出了 22 名干部包联，包联单位领导贾学平主任是个低调务实、认真严谨、和蔼可亲、踏实肯干、综合协调能力强的好领导，他把单位仅有的两个男性（驻村第一书记王武奎和何飞）干部派到村上，吃住在村，其他 20 名娘子军也每周至少走访一次贫困户，把单位有限的办公经费投入村上脱贫攻坚各项工作中。驻村第一书记王武奎是曾经在乡镇干过多年的老领导，农村工作经验丰富，镇上干部是我分管的农业综合服务站的三名干部，村上的支部书记覃承平同志是一个幽默诙谐、踏实务实的老村干部，我们这支队伍在一起一干就是三年，一千多个日日夜夜，我们团结一致、奋力拼搏，共同为群众脱贫致富想办法、要项目、兴产业、挪穷窝、改房子、修桥修路……对群众的一个个诺言逐步实现。

岔河村属于比较边远的村，全村 306 户 1142 人，贫困户就有 160 户 558 人，其中 47 户贫困群众住在交通不便的半山坡，还有 13 户贫困群众还住在危房里。村里的组级道路还是泥土路，村里的电连米饭都煮不熟，饮水工程未实现全覆盖，群众增收产业单一，主要靠在煤矿务工打工，不安全也辛苦。想到这些，我几天几夜睡不着……痛定思痛，穷则思变，一定要通过这几年的工作，改变这一切。

我和战友们在村上连续召开了多次会议，逐户走访调研，在征求群众代表和党员代表的意见后，制订了村上三年脱贫攻坚规划，一是先完善村内的水电路、讯房桥等基础设施，改变群众生产生活条件；二是大力发展群众增收致富产业，发展茶叶、土豆等农产品深加工致富产业；三是大力实施教育扶贫政策，隔断贫困传递；四是大力开展新民风建设，摒弃大操大办、好吃懒做等不良之风，激发群众内生动力。

我们先后修建了村上的村委会活动室和村卫生室，新建了文化活动广场，对全村 7.2 公里水泥路实施了完善工程，硬化组级道路 1.5 公里，新修便民桥 8 座，实施电网改造 10 公里，新建饮水工程 3 处、改造 3 处，群众出行更加安全方便了，农产品也能顺利运输出去。电压提升了，很多群众家里买了冰箱和空调，群众喝上了洁净甘甜的山泉水，群众的生产生活条件得到了很大改善。

为了让贫困群众告别土坯房，战友们走村入户，动员贫困群众搬迁，共实施“十三五”异地搬迁 47 户，危房改造 13 户，现在这些贫困群众每户交不到 1 万的自筹款，便住上了宽敞明亮的安置房。改造的房屋坚固美观，居者有其屋的梦想得到了实现，群众有了温馨的家园。

为了促进全村产业发展，为群众增收奠定基础，我们在岔河村积极推行“三变”改革，按照“支部+X+贫困户”的脱贫思路，采取“支部牵头、企业承办、贫困户参与、年底分红”的模式，积极探索以“资源变资产、资金变股金、农民变股东”为主要内容的农村“三变”改革，为贫困户架起了脱贫致富桥。岔河村自清代以来就是我县的贡茶产地，漫山遍野的茶叶却卖不了钱，守着金山变穷山。为盘活资源，我们积极动员本村返乡大学生龙伦增引进广州投资商投资 760 万元，在岔河村兴办了紫阳县振农农业有限公司，年产茶叶 80 吨，成为该村茶叶产业龙头企业。该村茶农主要以茶园入股的方式入股该公司，32 户农户将 500 亩茶园入股公司，群众自己的茶叶每年春天也能卖成现钱；100 多名群众在茶园里除草，采摘鲜叶，家里留守老人的就业问题得到解决，收入也逐步增加。我们积极争取协调郑远元集团投资 128 万元，并由公司负责人龙伦增、胡清叶和岔河村村民以入股等形式融资 120 万元，在岔河村投资兴办了紫阳县清叶生态农业有限公司，年产干土豆片 100 万斤，成为该村土豆种植龙头企业。群众的土豆在家门口由公司收购，这几年分红达到 20 多万元。两家龙头企业的建成投产，极大地带动了茶叶产业和土豆种植加工业的发展，成为贫困户稳定的收入来源。目前全村已实施低产茶园改造 1500 亩，新建标准化生态茶园 400 亩、观光示范茶园 100 亩，签订土豆种植合同 600 亩，另外我们大力号召群众参加职业茶农等技术培训，群众的腰包逐步鼓了起来，我们的辛苦指数，终于换取了群众的幸福指数。

另外，在各级领导的协调下，西安铁路公安局主动包联岔河村。2019 年 8 月 27 日，总投资 170 余万元的“铁警情”隧道整修工程正式开工，消除了多年困扰村民出行的安全隐患。陕西西安西荷丰润大酒店、陕西绿投实业公司、福建胜金公司注资 374 万元，成立岔河村茶叶产业合作社，建设高山茶园；铁路公安局筹集资金，免费为岔河村发放鸡苗 4000 只。通过各种帮扶措施，岔河村村民在脱贫致富的路上真正看到了希望，得到了实惠。

为了让村里贫困学生上得起大学，彻底脱贫，在县级包联部门负责人贾学平主任的联系下，陕西郑远元集团在前期为村里投资 128 万元发展产业的基础上，每年又为村里考上本科和专科的学生提供

20000 元和 15000 元的补助，解决学费问题。两年来，共为村里考上大学的 11 名大学生解决助学金 20 多万元，让山里贫困群众的娃也能读上大学，插上腾飞的翅膀，彻底让贫困不再隔代传递。

村里以前有大操大办红白喜事的习俗，好吃懒做、躲在墙根晒太阳的人也不在少数，为了彻底改变这一现状，我们开展了扶志扶智双扶帮扶计划。开展表彰好媳妇、好婆婆、致富能手、公益奉献模范等活动，制定了村规民约，成立了红白理事会、禁毒禁赌会等协会组织，设立了红黑榜。村民龙步方以前好吃懒做，有了先进的榜样，他自己觉得不好意思，想要进步。于是我们给他安排了公益性岗位，他积极主动把公路打扫得干干净净，还喂了两头大肥猪、种了三亩茶园，危房也进行了改造，日子越过越好，去年顺利脱贫。我们在后来的先进表彰会上，给他戴上了大红花，颁发了荣誉证书。现在他对未来的生活充满了信心。这几年我们共开展了十次这样的先进表彰活动，全村群众的脱贫内生动力得到增强，陋俗越来越少，邻里更加和睦，矛盾纠纷也少了。

这些年，我包联了覃承云、覃建柱、覃培孝、覃培林、李玉林、谢必志、贺勇心、欧贤品等八户贫困户，和他们结下了深厚的友谊，我为他们每一户制定了精准的帮扶措施，如今他们都顺利脱贫。看着他们的房子越来越安全漂亮，公路硬化到家门口，自来水甘甜可口，收入逐步增加，我心里很高兴。他们对我也很好，每次都把家里最好的吃的留给我，袖子拉断也要留在家里吃个便饭，干群关系融洽如鱼水。

这些年，多少个日日夜夜，我和战友们用脚步丈量了岔河村的山山水水，在这个美丽的地方播撒下青春汗水；我们放弃了多少个陪伴家人的周末，与群众一起围着火塘制定帮扶措施、宣讲政策，用我们的辛劳换取群众的满意和认可。再过很多年，再来这个美丽的地方，回忆起曾经奋斗的一幕幕，我们一定会感慨万千。

愿岔河村的明天更加美好，更加美丽富饶，岔河村的各位父老乡亲日子越来越好。

（作者系紫阳县政协委员，紫阳县水旱灾害防治监测站副站长）

衣食住行看商洛变化

○田小惠

我出生在陕西省商洛市腰市镇下面一个偏僻的小山村。20 世纪 90 年代末，我的家乡还属于穷乡僻壤，交通十分不便，“雨天两脚泥，晴天两腿灰”。全家六七口人仅凭借父亲微薄的工资生活，日子过得捉襟见肘，只有逢年过节才能吃点荤菜。1998 年中秋节前夕，在小县城的出租屋里，我和上卫校的妹妹仅有的两件像样点的衣服，洗后挂在外面晾晒却被小偷偷走，我和妹妹伤心痛哭，这坚定了我要离开这个贫穷落后的地方的想法。

那年中秋多雨，我怀着复杂的心情离开了生我养我的地方，去了南方工厂打工，这一晃就是十多年。后来婚后有了孩子，为了孩子不成为留守儿童，我又回到了家乡，并见证了十年间的巨大变化。

现在我们已经从结婚时一间小小的出租屋住进了宽敞明亮的商

品房，交通出行更是发生了巨大的变化。 当时去一趟西安要翻越秦岭，路途遥远且艰险。四五个小时的车程，摇晃得人晕晕乎乎。如今高速公路建成，商洛到西安仅两个小时的车程。后来去西安还通了火车，从此去省城又多了一个选择。眼下正在修建的高铁在不久的将来会让商洛的交通更快捷。在南方打工时，别人当红娘要让我嫁去海外，说海外家家户户都有电话，但当时我就相信我的家乡一定也能有家家户户通电话的一天。现在看来，不但家家户户人人有手机，连私家车也是普通得不能再普通了。当年在深圳看到公园里绿茵茵的草坪，我总在想，我的老家什么时候也能有这样的草坪。而今，我每天都可以漫步在绿草如茵、如诗如画的丹江湿地公园。

去年国庆，和我当年在深圳打工的闺蜜提出要来商洛游玩，我欣然答应。回想起她十多年前在我坐月子时来商洛看我的情形，我不由得脸红，当时一大家子人，挤在五六十平方米的房子里，洗澡要去南街的红豆澡堂，想带她去附近转转，找不到像样的大商场，更没有像样的公园和酒店。她走后，我愧疚了好久。后来她总是给我和孩子寄衣物和钱款。十年过去了，闺蜜再次来商洛，我一定要做好这个东道主。她到商洛那天，我开着车去沙河子火车站接她出站，她惊奇地发现我俩的风衣竟然是同款，物流的发达，让商洛人的衣着也能跟上大都市的潮流步伐。当她走进我刚搬进的带电梯新房时，忍不住啧啧称赞，说装修得真漂亮。我告诉她，我这样的装修风格在商洛是最普通不过的了。

宴请闺蜜的地方，定在京信德北京烤鸭最大的一个包间，我叫上了父母朋友。饭后，我带着闺蜜徜徉在丹江湿地公园，碧绿的丹江像一条宽阔的玉带一路向东，汉白玉护栏上篆刻着文人墨客的诗句，江面上野鸭子自由自在地游弋，偶尔还有几只白鹭飞来。闺蜜开心地说："蓝天白云，依山傍水，绿植丰富，又富含文化底蕴。我太喜欢了，真不想走了。这十年商洛的变化可太大了，看来你回来对了。"我笑了，我答应带她去我的老家江山走走。

她问我，老家可还是像我刚去深圳时说的，用柴火烧大铁锅，交通不便。我笑而不答，说去了她就知道了。

第二天，天气出奇地好。我们驱车上高速去往江山景区。

当闺蜜看到硕大的江山 4A 级风景区的招牌时，说："哇，这该不会是你的老家？"我笑着点点头。沿途看到古香古色的农家小院，她说仿佛到了欧洲小镇。当经过我大姐家的小洋楼时，我指给她看，她说想不到农村现在的条件这么好。在村头我们遇到了已经年迈的五保户哑叔，他扯着自己的衣服，用手比画着给我"哇哇"个不停，还竖起大拇指。看我们一脸迷惑，旁边的人给我解释说他是在夸奖共产党好，他穿的用的都是国家管，每月都有高龄补贴和低保补贴。看来党的好政策真是让人民受益呀！在我们老家新盖的宽敞明亮的房子小坐了片刻，我们便去往江山景区。

在绿树青山的映衬下，江山游客服务中心显得雄伟气派，四面八方的游客满面春风地在广场合影。此刻我脚下的一方土地曾经是我家的一块责任田。我和母亲来种地的情景仿佛是昨天的事，像做梦一样，这些年农村城市天翻地覆的变化让人应接不暇，想都不敢想。下了观光车，拾级而上，阳光透过茂密的树枝洒下来，听着鸟语，闻着花香，伴着潺潺的溪水，我们一路到了石林，赞叹大自然的鬼斧神工，让石头神态各异，惟妙惟肖。本就是文化人的闺蜜情不自禁地吟诵起唐代诗人白居易脍炙人口的诗句：“我有商山君未见，清泉白石在胸间。”我趁机给她录下了小视频留念。闺蜜说，陕西商洛可太美了，江山更美，真是大自然赐予人类的福地。此次不枉来陕西一趟，并笑着调侃我现在是景区人。回来的路上，她还在回味，说退了休要来这里开民宿，修身养性。我告诉她今天看到的只是商洛的一小部分美景，还有洛南的音乐小镇、金丝大峡谷、天竺山、牛背梁等等都值得一去。

是啊，小家反映大家，窥一斑而见全豹。这十年来，陕西的变化可太大了，作为新一届政协委员，我生活在群众之中，每天，都会听到百姓对陕西这十年间变化的赞叹。 我的公公婆婆总是说他们赶上好年代了，党的政策好，城市建设好，吃穿不愁，还有退休金保障，住得宽敞，冬暖夏凉。他们一定要锻炼身体，颐养百年。作为政协委员，就是要参政议政，建言献策，代表人民发声。每年的政协会上都有政协委员的优秀提案被选取采纳并得到实施，这也是这十年间陕西取得巨大成就的一个重要原因。就商洛市而言，这些年，不但脱贫攻坚战取得了决定性的成果，基本民生得到有力的保障，而且秦岭生态保护扎实有效。城乡面貌发生了翻天覆地的变化，并获得“中国气候康养之都”“中国最佳康养休闲旅游城市”等一批“国字号”荣誉。我相信未来的商洛一定会更上一层楼。

（作者系商洛市商州区政协委员，商洛文达科技有限责任公司总经理）

一个山村的华丽转身

——我亲历的洛南县音乐小镇建设

○梅治平

党的十八大以来，洛南县走过了十分不平凡的发展历程，具有里程碑意义的事件很多。就拿全域旅游来说，2012 年之前，洛南旅游产业还是一张白纸，连一个 A 级景区都没有，当时全县群众甚至连“旅游”的概念都没有，但经过十年的努力，特别是近五年实施的“全域旅游攻坚战”之后，旅游产业有了突飞猛进的发展，音乐小镇等 7 个景区获评 3A 级以上景区。

我是洛南县政协八届、九届委员，参与了音乐小镇的建设过程，在这里，我想讲述亲历亲见亲闻的故事。

音乐小镇地处洛南城区馒头山与呼伦山接壤处的山谷地带，核心景区 1 平方公里，总投资 20 亿元，分三期建成，2019 年 5 月被评为 4A 级景区。作为项目管理处的处长，从决策、规划到立项，从征地拆迁、基础配套到功能项目建设，我几乎全程参与，见证了这片山谷从昔日的沟壑纵横到成为享誉三秦的特色小镇的华丽转变。

前奏曲——从棚户区改造到旅游扶贫项目开发

馒头山是距洛南县城最近的一座山，因形似馒头而得名，2008年，此地建成仓颉文化主题公园。低矮平缓的馒头山与高耸入云的呼伦山山体相连、相依相伴，峡谷之中的赵南沟村（现“栖凤湾社区”）中，居住着300多家农户。

目前，赵南沟村虽然属于城区，但在2014年之前，它还是个深度贫困村。2014年2月召开的县政协八届三次全会第5号提案提出《关于按照陕南民俗村定位开发赵南沟村的建议》后，县委、县政府对赵南沟村扶贫开发做出了三年两期的建设规划和项目设计，当年，整合整村推进扶贫项目、城区棚户区改造项目和美丽乡村建设项目资金，完成基础设施配套和民居改造工程。

2015年，县委、县政府对赵南沟村扶贫开发项目规划进行调整，经当年“两会”讨论审议通过后，决定在扶贫开发一期项目建设的基础上，实施“‘陕南印象栖凤湾民俗村’旅游扶贫项目”，成立项目建设管理处（我以四皓街道党工委书记的身份担任处长），自此拉开了旅游扶贫项目建设的序幕。

项目建设启动之初，面临的最大难题是按照旅游景区道路建设标准，拓宽赵南沟村通村公路，这需要拆除大量的民居。一方面是建设资金不足，另一方面是群众漫天要价，导致基础设施建设工程迟迟不能开工。时任县委副书记、县长的王宇鹏分管该项目，他对时任洛南县公路建设征迁办公室主任的王晓鹏进行约谈。王晓鹏和他的一班人马立即组成征地拆迁组，整体加入栖凤湾民俗村项目团队，采取“因户施策抓关键人、迂回推进攻难缠户”的策略，很快打开工作局面，短短三个月，118 户农户全部拆迁安置到位。

2016 年 5 月，栖凤湾民俗村项目建设基本成型，基础设施建设配套到位，绿化美化亮化工程跟进实施，各类管线预埋到位；昔日歪七扭八的土路变成了宽阔笔直的大道，横七竖八、破烂陈旧的居民楼变成井然有序的红墙碧瓦；污水横流、垃圾遍地的村庄变成了雨污分流、柳绿花红的美丽乡村。到 2017 年 5 月，栖凤湾民俗村项目竣工，具有陕南特色的传统民居建筑群建成，昔日的土房土院变成青砖碧瓦、雕梁画栋的仿古建筑。

变奏曲——从美丽乡村向特色小镇跨越

在实施全域旅游战略中，“仓颉造字”和“伶伦制乐”无疑是洛南县必须打的两张人文品牌。典籍记载：皇帝南巡时带着史官仓颉和礼官伶伦，经过洛南时，仓颉在保安阳虚山观鸟兽，首创 28 个汉字。登上馒头山身后的呼伦山时，闻鸟鸣，于是伶伦首创五阶乐谱。

2016 年 6 月，县委、县政府主要领导陪同西安建筑科技大学等高校的专家团队，指导考察栖凤湾民俗村旅游扶贫项目建设时，听取当地一位白眉长髯的百岁老人关于“馒头山”“呼伦山”“栖凤湾”地名的传说时，了解到伶伦在洛制乐的故事，提出了“依托现有项目，整体开发馒头山、呼伦山、栖凤湾的自然山水田园，建音乐小镇”的初步设想。

2017 年 1 月，县委、县政府委托县政协组织专家学者和社会各界代表进行可行性论证后，决定在“栖凤湾民俗村旅游扶贫项目”基础上建设“中国 · 洛南音乐小镇”，随即成立“‘中国 · 洛南音乐小镇’项目建设管理处”、组建“洛南县音乐小镇文化旅游有限公司”，管理处的主要职能是负责基础设施配套、公益性项目建设和征地拆迁工作，公司主要职能是项目整体规划和功能项目设计、招标、建设及后期的管理和运营。当年 5 月，完成“中国洛南音乐小镇文化旅游项目”总体规划编制和功能项目策划，把栖凤湾民俗村建设作为一期工程，音乐主题公益性项目和旅游主题功能项目建设作为第二、三期建设任务。

如果把栖凤湾民俗村项目破土的 2015 年 5 月作为开工之日，那么“中国 · 洛南音乐小镇”项目建设实际工期为 33 个月。2018 年 5 月，秦岭生态旅游节开幕式在洛南音乐小镇成功举办，标志着这个洛南县全域旅游骨干项目建成并投入商业运营。

音乐小镇的总体定位是：依托自然山水、挖掘人文资源、打造全域旅游战略支点，以音乐为魂培育核心产业、以新型业态为牵引打造三产融合高地，建成全国乃至全球知名的音乐主题小镇。

2017—2018 年，按照“一个定位”“三大板块”和“五个战略着力点”，主要实施了旅游业态的功能板块、功能项目建设。

一个定位是指：在“秦岭最美是商洛”品牌引领下，以音乐为魂，培育核心音乐产业，打造“丝路国际音乐节及论坛”，建设全国知名音乐产业基地，建成全球化的音乐主题小镇。

三大板块是指：着眼打造“音乐+旅游+互联网”产业新格局，建好音乐产业板块、精品旅游板块、互联网产业板块。

音乐产业板块——建设音乐工厂、音乐风情街、音乐广场和万亩花海，支撑和培育音乐人孵化、音乐创作、乐器制造营销、文艺演出、版权交易、音乐产品线上线下交易和音乐教育培训等音乐文化产业。同时，创办秦岭栖凤湾大学城项目，引进多所音乐、舞蹈、美术等艺术类院校，合作建设音乐艺术学研基地，支撑音乐文化产业发展。

精品旅游板块——建设音乐风情街、万亩花海、四皓草堂、栖凤堂酒店的同时，配套建设花海温泉、儿童乐园、露天音乐广场，做精做实衍生产业，实现音乐产业与旅游服务、养生养老、休闲观光相互融合的产业链。

互联网产业板块——引进陕西广电卫星传媒集团、陕西省演艺集团等战略合作单位，招商阿里音乐、咪咕音乐等音乐企业，致力于构建完整的音乐产品交易平台。

经过两年建设，基本实现“五大战略”目标，一是依托优美生态和厚重人文，打造“秦岭明珠”；二是定期举办丝路国际音乐节及论坛；三是聚焦打赢脱贫攻坚战，建成“旅游脱贫示范基地”；四是坚持市场与资本运营相结合，推动营利性功能项目走向资本市场；五是发展音乐生产、乐器制造、音乐产品线上线下交易和音乐教育培训等音乐产业，打造“国家音乐产业基地”。

2017 年 5 月，音乐小镇的万亩花海对外开放，同年 10 月，君悦 87.8 音乐酒店投入商业运营。至 2018 年 9 月，音乐风情街、民宿客舍投入商业化运作，音乐广场、音乐工厂、花海咖啡、四皓草堂等多功能板块相继建成，儿童乐园、温泉酒店、滑雪场、艺术家公社和伶伦文化研究院等项目完成招商任务。

交响乐——从特色小镇向乡村振兴接轨

2018 年秦岭生态旅游节开幕式在音乐小镇成功举办后，县委、县政府对音乐小镇的建设和运营有了更加科学的定位和更加系统的谋划，决定围绕实施乡村振兴战略的陕西名片来推进二期项目，统筹实施三期项目，突出音乐产业链培育，打造特色精品小镇。

经过多年打造，音乐小镇成长为宜居宜业宜游的乡村振兴的陕西样板。以创建“5A”级景区为龙头，把做强音乐产业链、延长花卉生态链，作为产业振兴的主攻方向；把辐射带动周边，发展蔬菜、花卉、餐饮、住宿业，作为核心工作；把提升品质、提升体量作为基本任务，一体化推进馒头山、呼伦山、栖凤湾乡村振兴示范基地建设。至 2022 年 6 月，伶伦文化研究院、君悦 87.8 音乐酒店、音乐工厂和线上线下音乐产品交易平台等公益性项目和营利性功能项目投入运营，一尊黄牛、陕北铁锅炖、天堂鸟琴行等知名企业在音乐风情街落户。目前，已安置 1.5 万余名各类专业人才和当地群众从事音乐、蔬菜、花卉、餐饮、民宿业态。

回望音乐小镇走过的路，有许多事让我难以忘记。2016 年 6 月，西安建筑科技大学李岳岩教授提出“中国音乐小镇”创意，当年完成总体策划和主要项目设计任务。2017 年 5 月，陕西广电“年代音乐广播频道”落户音乐小镇。2018 年 9 月，实施“艺术家公社”功能项目建设，陕西省音乐家协会主席尚飞林教授、西安市音乐家协会主席赵潇松教授等艺术家签约服务。

依托秦岭山水和洛南人文基础建成的音乐小镇，将成为面向全国乃至全世界的音乐主题小镇，我相信这一蓝图终将实现。

（作者系洛南县第九届政协委员，洛南县发展改革局干部）

汗洒扶贫坎坷途　健康情系千万家

○陈　涛

巍巍大巴山，悠悠泾洋河，这里自然植被覆盖率近80%，这里人口区区29万，这里有婉转悦耳的民歌，有西北最大的苗族聚居地，有红色血脉的绵延赓续，这里就是隐匿在秦巴深处的我的家乡镇巴。镇巴似未经雕琢的璞玉，不染城市的喧嚣；似春雨滋润下的嫩苗，正在发芽成长。

我是一名医务工作者，也是一名扎根基层的驻村干部，亲历了脱贫攻坚期间的工作，也参与了2020年以来的疫情防控。五年时间的集中攻坚，让我们的县城有了地覆天翻的变化，在习近平总书记向世界宣布全中国已经全面摆脱贫困步入小康社会的那一刻，我内心澎湃，这是我作为一名中国人的自豪，也是作为一名党员的自信与激动。

我回想起担任驻村队员在县观音镇驻村的日子。那里的村委会位于一处废弃的教学点，距镇办所在地有 7 公里。进村入户，出门见山，一条条蜿蜒向山上盘旋的道路，直入密林深处不见尽头，即使是在清晨，出门也会汗流浃背。在这大山深处，虫鸣鸟啼不绝于耳，树木枝繁叶茂参天蔽日，怡人的自然景观对于习惯了城市喧嚣的人而言，倒想在此驻足留观一番，贪享一隅清静，但对于自小生长在此山中的我来说，已无暇顾及这迷人的风景，只得顶着烈日，加快脚步继续前行。大自然的鬼斧神工，造就了巴山深处秦岭腹地的秀丽风景，提供了富有的森林物产资源，却也因此交通闭塞，天堑于前，山里的民众只能重复着晨兴理秽、带月锄归的劳作。

在 2018 年搜集健康扶贫事迹的时候，我们一行人来到了碾子镇，有一户特殊的家庭让我至今仍记忆深刻。这是一户特别的人家，一共六口人，早些年倒也算是过得美满富足，却被突如其来的一场意外打破了本有的平静与祥和。2015 年，家中的独子与儿媳在本地务工时，自驾三轮车不幸遇到车祸，儿媳当场身亡，儿子身受重伤，经过两天两夜的抢救才得以保住性命，却因伤及脊柱及颅脑神经，下半生只能在轮椅上度过。 更令人惋惜的是，他生活完全无法自理并伴有重度癫痫，一生都需要有人照顾饮食起居。这晴天霹雳，让整个家庭陷入绝望，高昂的治疗费用加上一双儿女的抚养费，让原本并不富裕的家庭更是雪上加霜。两位老人就这样不得不忍受天灾人祸的痛苦折磨，拖着年迈的身躯支撑着这个支离破碎的家庭。听到这里，我的眼眶不禁湿润，究竟是什么样的毅力支撑着他们？ 应该是那割舍不下的血脉亲情。我自作主张，将大家剩下的干粮收到一起，留给了他们，并掏出随身不多的现金，让他们补贴家用，此时我的战友也纷纷伸出援手，慷慨解囊，想要尽己所能帮助他们渡过难关。通过深入的攀谈，我们了解到该户人家在当地党委和政府的关心关怀下，通过健康扶贫、教育扶贫、兜底保障多重帮扶政策的支持，已脱离苦海，重拾新生活的希望。

建立健康扶贫的新机制无疑是一项大胆而又正确的选择，镇巴县的健康扶贫模式，是一条助力因病致贫因病返贫人群摆脱贫困的新路子。一站式结算服务，着力解决了群众办事难、办事慢的根本问题。先诊疗后付费，基本医疗保障加大病保险、爱心救助、专项救助的模式，让挣扎在贫困线上的群众不再因为不敢住院治疗而丧失对健康的追求。这些强有力的工作举措最终也凝结成了全国脱贫攻坚的先进经验，这是镇巴卫健工作者的骄傲，更是广大患者群体的福音。在现如今的巩固衔接期内，虽然部分政策做了调整，但我们依然信守承诺，将签约服务和精准分类管理工作延续下去，将健康帮扶各项政策精准落实到每一个需要的家庭。乘着改革的东风，镇巴县医疗健康体系能力建设也实现了跨越式的发展。这是人民生活水平提升的具体体现，是对生命健康和更高生活质量的必然需求。就拿我们乡镇卫生院来说，近年来，我们不断审视自身水平，不断填补技术空白，在政策和项目的支持下，大力开展专而精的医疗服务，多学科融合发展的趋势已然形成，组团式帮扶、医共体指导，让县域整体医疗水平实现了大幅提升。随着标准化村卫生室的建立，以及医疗业务的精准指导，“小病不出村、大病不出县”的愿望不再遥不可及。日益健全的管理体系，更为清正的医疗环境，更加完善的惠民政策，让人民群众的生命健康有了更为有力的保障。

医务工作者就是这样，群众需要什么我们就做什么，不懂什么就学什么，如同守卫着国土安全的战士一般，守护着人民群众的生命健康。我们或许抱怨过任务的繁杂琐碎，是因为我们不曾去深入体会助人为乐、扶贫济困的乐趣；我们或许冷眼对待过就诊的穷苦患者，是因为我们未曾体验过食不果腹、无以为继的困苦生活。对于医务工作者而言，健康扶贫的深远意义，就如同涓涓细流，滋润着穷苦百姓生的希望，照亮着他们前进的道路。但只有亲身经历，亲身参与，才能真正有所感悟。很庆幸我是这众多驻村干部中的一员，能用实际行动回报养育我的家乡父老，将惠民政策传播到家乡的山山水水。

健康扶贫工作只是全面小康社会建设的一角，现如今，老百姓生活富足了，高速公路通到了家门口，高山上的老百姓也搬到了移民小区，各类经营主体联农带农机制日趋完善，从事传统种养殖业者也能靠着一亩三分地赚到钱。“4+X”产业发展模式，中药材产业基地的建设，高标准农田建设和现代设施农业、智慧农业的不断引进，让山区小县与发达地区实现了并轨发展。各项惠农利民政策的全覆盖，让更多的老百姓切身感受到了共产党的温暖与关怀。

都说十年磨一剑，这十年，我们紧紧跟随党的脚步，在广大干群的携手共进下完成了历史的壮举，面对新起点新征程，我们将继续保持昂扬奋进的姿态，继续坚定不移团结在中国共产党的周围，为实现中华民族伟大复兴的中国梦贡献自己的力量。

（作者系镇巴县政协医卫界委员工作室成员，镇巴县人民医院纪检监察室主任）

无悔扶贫路，汗洒马连滩

○叶斌斌

在脱贫攻坚战役中，有一群人，从单位来到包扶村，吃住在村，和村干部一起起早贪黑、同甘共苦，为村上的发展、稳定尽心竭力，为村民的脱贫、致富想方设法。 他们是第一书记，他们心里装着党的惠民政策，装着群众的急难愁盼，装着为民服务的赤诚，装着甘于奉献的情怀。我也有幸成为其中的一员。

作为商洛市文旅战线的一名普通干部，2016 年 1 月，我和洛南县古城镇结缘，成为文旅局派驻草店村的驻村队员，开始了脱贫攻坚战役。自 2018 年 3 月被选派为古城镇马连滩村驻村工作队队长、第一书记，至 2021 年 7 月，因乡村振兴包扶村调整，我返回文旅局办公室工作。我在马连滩村担任第一书记，历时三年半时间，与这里的人结下了深厚的情谊。

马连滩村背靠蟒岭，山清水秀，民风淳朴，环境优美，村域面积12.5平方公里，全村耕地面积3618亩，林地面积31600亩。该村下辖13个村民小组，有农户430户1518人，是古城镇唯一的深度贫困村，全村有建档立卡贫困户87户278人，全村80%以上的贫困户主要致贫原因为病、残、缺技术。经过结对帮扶，马连滩村2018年脱贫25户99人，2019年脱贫30户83人，2019年贫困发生率降至0.66%，实现了整村退出贫困序列。

刚来到这里，我看到村上的情况，就立即下定决心，开始走村入户，了解现状，熟悉村情，因户施策找出路，对症下药斩穷根，为贫困群众增收谋门路。同时，我积极为村里争取资金和项目，支持村两委会的所有工作。

脱贫攻坚，消除贫困，是一条长路。驻村期间，我和村上一班人团结奋进，全身心投入脱贫攻坚，大力发展天麻产业，建成了天麻产业园，带动了群众增收和村级各项事业发展，收获了群众赞誉和各级肯定。为群众解决一点实际困难东奔西走，虽然我人变黑了，头发变白了，心里却乐滋滋的。

2019年，看到村支部存在软弱涣散现象，我和支部书记下决心抓好党建，坚持党建领航，凝聚合力促脱贫。结合“党旗引领脱贫路”主题活动，鼓励党员在产业发展上发挥带动示范作用。在县委组织部的指导下，马连滩村党支部与邻近的何村党支部结成对子，形成以“联学提素质，联建强堡垒，联育聚合力，联治保平安，联产促发展”为主要内容的“党支部1+1”党建模式，定期相互学习交流，开展党建知识培训，比学赶超，相互促进。通过开展“党支部1+1”工作，马连滩村党支部的凝聚力、战斗力明显增强。

产业兴则百姓富。因地制宜发展产业，是群众增收的基础。我鼓励贫困户发展“8+X”主导产业，带领村民调整产业结构，根据群众产业发展意愿，大力宣传产业扶贫政策，引导村民做好传统药材种植。马连滩村2018年以来，年均发展猪苓5万窝，发展茯苓5万窝，发展桔梗500亩，栽植连翘500亩，2019年栽植花椒400亩。我还鼓励村民发展香菇、油菜、辣椒、艾草、油葵和养蜂等多种产业，多渠道增加群众收入。

马连滩村因地理位置、气候、土壤等因素，天麻的药用价值较高，产业市场前景较好，种植天麻具有得天独厚的地理位置优势和适宜的土壤、气候条件以及悠久的产业传统，几乎家家户户懂技术，80%的农户发展有天麻产业。2018年，该村贫困户发展天麻13万窝，2019年增加天麻12万窝，每年新种植天麻约30万窝，年产值1000万元左右。2020年，压茬累计发展天麻约1300亩、78万窝，贫困户种植10万窝，年产值300万元左右，天麻产业大户20余户，每户平均发展2000窝以上。该村天麻产业基本形成种植、收购、外销一条龙产业链。

2020年开春之际，在县林业局、县文旅局、古城镇的支持下，我和马连滩村四支队伍克服一切困难，白天忙村上工作，夜晚连续入户上门给天麻产业园范围内的农户讲政策，积极做好群众思想工作，用了近四个月时间，在该村一、二、五组相继完成了土地流转、规划设计、菌材准备、种植点播等工作，建成了一个初具规模、规划合理、带动有力的集中连片的308亩现代天麻示范园，并配合完成天麻培训学校改造。全村350户群众参与天麻产业发展，发展天麻规模达到1300亩80万窝，年产值约4000万元。该示范园的建成，对该村乃至古城镇产业经济的提等升级、脱贫成果的巩固提升、农旅融合的跨越发展，起到积极的带动和促进作用。为了做好马连滩村天麻的宣传，我邀请县电视台来村拍摄了宣传视频，采访了天麻大户张新山、张小红、何玉银、何善术等人，天麻栽种、收获、晾晒的照片上了洛南新闻，“土窝窝里刨出金蛋蛋”，马连滩村的天麻开始走入媒体视线，何玉银身残志坚发展产业脱贫的事迹登上了新华网，我为马连滩村天麻代言的视频登上了“学习强国”平台。

产业发展起来了，但我深知，光守着村里的“一亩三分地”是不行的，还得要让村民走出去。我鼓励并组织村民外出务工，村上每年劳务输出约450人。

马连滩村摆脱了贫困的帽子，村民银行卡上的数字让人喜笑颜开，出行的道路硬化了也宽敞了，路灯照亮了愉悦的心情。

扶贫先扶志。我在驻村工作期间，注重提振群众精气神，经常上门为群众宣传脱贫攻坚政策，解疑释惑，组织开展技能培训，年均开展集中宣讲培训6次，组织四支力量和帮扶干部分片开会20余次，召开院落会议40余次，上门宣传讲解政策100余次，使有劳动能力的贫困户每户有1个技术能手，能熟练掌握1—2门手艺。通过开展“两讲两评三提升”活动，扶贫政策知晓率明显提高，贫困户脱贫信心明显增强。同时我注重发挥文旅系统优势，累计开展扶志扶智文化惠民演出活动6场次，开展各类展览及送春联、送书画、送图书等文化扶贫活动15余场次；累计召开现场表彰会6次，树立了脱贫先锋等各类先进典型60余人，发挥榜样的示范引领作用，倡导文明新风。

2020年春天，面对疫情，我第一时间带领全村党员群众落实疫情防控各项措施，坚守岗位、冲锋在前。在疫情防控的重大使命面前，我坚决落实省市县委疫情防控工作要求，积极响应动员，迅速进入战斗岗位，奋战在马连滩村防疫一线；舍小家为大家，践行初心使命，勇于担当作为，尽心竭力抓排查、抓宣传，全面落实疫情防控监测、排查、宣传、预警、防控等各项措施；在村上进出路口设立2个疫情防控检测点，并在何村路口处设立检测点，24小时轮班值守；制定了《马连滩村防疫工作预案》，逐户摸排、登记造册湖北武汉返乡人员和途经武汉回家人员，并对全村外地返乡人员进行排查登记；组织村上志愿者成立疫情防控服务车队，每天到镇上集中购买生活所需物品，逐户发放，解决群众后顾之忧。

汗水倾洒马连滩，青春无悔扶贫路。马连滩的一切在变得越来越好，群众的钱包在鼓起来，村里买小汽车的人越来越多。现在的马连滩村，13个组的通组道路基本实现了硬化，主要路段安装了防护栏和太阳能路灯，村民安全饮水问题得到解决，群众产业规模逐步扩大，稳步增收有了支撑。

这一切，凝聚着我和村干部、驻村干部、包村干部的辛勤付出，有付出才有收获。我担任第一书记期间，始终严格落实党中省市县工作要求，保质保量完成脱贫攻坚各项工作任务。2018 年、2019 年、2020 年、2021 年我连续四年被古城镇评为“优秀第一书记”，2020 年被县委组织部评选为“最美第一书记”，被县委评为“全县优秀第一书记”，被县政府表彰为脱贫攻坚工作先进个人。

五年过去，回顾自己担任第一书记期间走村入户帮群众办的一件件事，工作中结识的一个个好朋友，第一书记之间的相互帮衬，感慨不已！能以功成不必在我的心态、功成必定有我的担当，以第一书记的身份，参与脱贫攻坚这项伟大事业，贡献自己的一份力量，何其荣幸！

脱贫攻坚磨砺的不忘初心、勇担使命的意志品质，让我的青春闪光，让我的青春无悔！

（作者系洛南县文化馆干部）

三秦印记

巨变·这十年

特色农业

因地制宜惠家乡

柿柿如意 · 李小超 / 作品

从泾阳果蔬线上销售看“互联网+农业”

○刘思矣

说到农产品果蔬“触网记”，我细细回忆了一下，不知不觉间，竟然进入这个行业快六年了，中间的酸甜苦辣，用一句话概括就是“痛并快乐着”。我们跟随着县域的发展，一同见证了它从无到有，从最早传统渠道的销售发展到现在丰富的网络营销手段、全渠道销售方式，通过全县从上到下的努力，我们泾阳县的果蔬生鲜农产品得到了客户更广的熟悉和认可，这真是一个惠及多方的大好事。

记得2015年，我从四川刚刚来到泾阳，在这块土地开始接触“互联网+农业”。一头雾水的我们，最早并不知道如何下手，只知道这是一个全新的事情，需要的是试错的勇气，只有不断地学习、尝试、改正、再尝试，我们才可以有开篇的可能。幸运的是，泾阳县地处关中“白菜心”，也一直是西北蔬菜主要集散地，这样的先天优势，为我们发展农产品网络销售的货源提供很好的保障。

2017 年，我们无意间吃到了一款西红柿，那种一口爆汁、沙糯香甜的口感在市面上很久没有吃到过了。我迫不及待地想把这口美味分享给更多的朋友，就想以这个为主要单品开头，那是我们第一次试水，于是，就这样开启了我们的农产品电商销售之路。刚开始，我们通过朋友圈的线上销售方式，销量只有 1 万余斤，触达新用户 3000 余人，虽然订单远远不够，但是反馈特别好，正好验证了我们的销售模式是正确的，选择的产品也是正确的，为此，我们有了更高的热情投入进来，就开始做这款果蔬——泾阳西红柿。

2018 年开始，通过学习走访，我们渐渐把网络平台面拓宽，不仅通过身边的朋友圈，还通过了淘宝、京东这样的广域大平台，开始对西红柿这个既可以作为水果又可以作为蔬菜的产品，赋予其新的品牌与产品附加值，升级了包装与品质要求，开始全网销售；那一年，总体订单竟然翻了几番，销售达 10 万余件，累计销量已达 60 余万斤以上，用户涵盖陕西、北京、四川、广东、上海等多地。

中间也遇见了很多困难，比如：做果蔬电商其实是比较难的一件事情，需要扎根到基地，要去跟农户沟通交流，从田间地头到客户手中，这是一个周期较长的工作流程，中间很多事情需要沟通协作；再者销售渠道的拓展，需要自己去各地走访，谈合作，也会遇到很多困难；如果我们监管失误，其中一批产品品质出现问题，就会影响客户的体验，也会损失很多信任。但是我们都没有选择放弃，而是在一次次失败中总结经验，避免再次出现类似的情况。

2019至今，通过网络及线下的销售，我们的订单突破了几番，累计销售达120余万单，1000余万斤果蔬农产品，市场覆盖了全国20多个省，100多个城市，带动了当地的群众就业，同时也带动了种植户的受益。如今我们也在发展更多的新品种，新的果蔬产品，把本地更多优质的农产品带给更多的朋友。

以上便是我们西红柿果蔬的"触网记"。抛砖引玉，目前在泾阳县还有很多这样的团队，用不同的营销方式，做着农产品的销售，每一个团队都有自己出彩的一面，都有自己独特的风格，才会有现在泾阳县网络销售农产品丰富多彩、百花齐放的一面。

当然，这一切都离不开政府的全力支持与助力。2016年，我县就被评为全国电子商务进农村示范县，随后县上成立了领导小组，调动了全县相关部门推进此工作，设立专项资金、大力扶持，成立孵化中心、加强硬件建设，强化宣传培训等举措，为泾阳县电商的蓬勃发展起到了积极的推进作用。一个地方要发展一个产业，除了要有干实事的创业者、基层人员，更离不开政府的支持与鼓励，领头人的关注与助力。一路走来，多少风风雨雨，都是靠全县上下齐心努力才可以获得不错的成绩。

目前，我们的特色产业逐渐壮大，特别是西红柿产业取得了突飞猛进的发展。2021年，西红柿种植面积达10.7万亩，产量63万吨，产值12.7亿元，占全县农业总产值的1/5，占全县GDP近1/10，平均为农民增加收入2万元，成为泾阳县乡村振兴的特色支柱产业，培育了果蔬电商销售团队100多家，粉丝10万以上网红10余个，通过直播带货、旅游采摘等营销方式全面带火了泾阳的西红柿产业。有了这样的成绩，我们看在眼里，乐在心里，体会到付出就一定会有回报。

现在不仅仅是西红柿成为泾阳的特色产业，还有泾阳的葡萄、绿色蔬菜等，也都成为炙手可热的果蔬农产品。还有很多的年轻人加入农业这个行业，把这些优质的农产品通过他们自己的销售方式推广到全国各地，真是一件值得高兴的事情。

作为政协委员，我们要立身于自己的行业内，把自己的事情做扎实、做全面、做深广，不断完善并自身学习，做好自己的事情，才可以帮助到更多基层需要帮助的群众，把他们的诉求原汁原味地听取回来，用自己的能力去助力解决；再者，要不断加强学习政协委员的责任和义务，提高政治站位，牢牢把握政协的正确政治方向，在这个发展超快的时代中，能为当地的果蔬电商产业做出自己的贡献，是值得欣慰的。今后的道路还很长，我们还有很多难关要突破，商业销售在日新月异，我们也要紧跟市场的变化，用探索、创新的精神，为带动一个企业和行业的前进，并在人民追求幸福道路上献出自己的微薄之力。

（作者系泾阳县政协常委，陕西优农匠心农业投资发展有限公司总经理）

奔腾的旬邑

○侯小艳

时间的巨笔，总是在沧桑巨变中写就真切。

历史的感悟，往往在深情回望时更加真切。

回望旬邑，自周封邑，秦置县城，历经两千多年的光阴流逝，在豳风里孕育，在《诗经》中吟唱，从历史中走来，在风雨中奋进，充满生机活力的旬邑，正在挥写着更加精彩的新篇章。

（一）

今年 5 月，我们部分政协委员被抽调，分组对全县重点项目进行视察调研。

那是一个天气晴好、阳光朗照的清晨，我们从县城出发，沿着辽阔的大路一路向前。

路上但见碧浪滔滔，拔节生长的玉米、含苞待放的果花、金碧交映的油菜花、茁壮的烤烟苗……而掩映在蓬勃绿色里的，是一座充满生命力的城。这是生我养我的城，这是离我最近的城，这条路是我个人由乡进城的生命之路的缩影。敞开了窗的车里，灌满了泥土的清香，灌满了洁净的山风。

车一路疾驰，我们谈论着、思考着。车窗外绿树扶风，像一条绿色的带子在巨毯上延伸。车窗内，旬邑县政协副主席曹忠印激情澎湃地给我们介绍将要参观项目的具体情况，旬邑县政协委员王宗民讲解分析旬邑的发展前景……我们愈听愈激动，愈听愈热爱这座城。

我们不是一般的观光客，我们不在意不断翻新的名词，不在意表面的浮华，我们在意民生、在意生态、在意文化……我们去视察调研，是去了解项目现状，是去督促项目进展，是去感受蓬勃的发展现场。

一个个鲜活的细节从山沟里、从树林里、从乡村里、从工房里惊鸿一瞥，从沟壑中那肆意横斜的水库中，从蔬果采摘园里，从现代化的香菇养殖棚里，从简短的交谈中撞进我们的心窝，让我们一次次“触电”。小塔村改造、仁安村育菇棚、蔬菜连片基地、蔬果采摘园、大棚花菇种植、王家咀水库、蚂蚁沟水库、中药饮片建设、中药饮片项目、林麝养殖基地、马栏学院扩建项目……这一个个项目基地，终于没有令我们这一行人失望。这座隐在山沟里的小城，每一个山沟、每一条河川、每一个角落都充满着希望，喷涌着与众不同的东西。这是奔腾的发展细节，这是可以反复品味的旬邑人民未来生活的景象，从这里也可窥见旬邑一路奋进的漫天霞彩。

（二）

在文家村林麝养殖基地，我疑惑起来。这里，满山满沟都是闪闪发亮的绿，耳畔除了清脆的鸟声，细听还有溪声。鸟声洗耳，溪声洗心。每一声鸟鸣，都让人顿生美丽的乡愁；每一条细小的山溪，都像是闪亮的琴弦，叮咚演奏着古豳大地古老的《诗经》之乐。

身处此情此景，我的心里不禁升起几缕古意。

假如我是一位满怀闲情逸致的漫游者，到此真可以莫问前路了。我会放下肩负的视察调研的责任，独自流连在这青山之间，或坐看闲云出岫，或遥望白云生处的人家，或者干脆赤脚涉过山溪，随意叩开哪扇门，没准就能遇见一位山中隐者，或邂逅一位布衣山翁，捧来清清的山溪水，轻煎一壶茶色……

遐想中，我的目光被那一排排圈舍吸引过去。在这青山绿水间，在这日新月异的年月，奋斗在山沟里的工人，可没有像我这样遐想的工夫！

望着眼前青白相间的屋舍，我问工作人员：“这规模可不小啊，林舍建成了，什么时候开始养麝，什么时候能产麝香？”

“这儿三面临沟，适合林麝养殖。合起来 100 多亩的地方，计划建林舍 300 个，今年 7 月份引进林麝 100 余只。建成后，这里将成为全省规模最大的林麝养殖基地。”

工作人员说："你要是秋天来这里就能看见林麝了，我们还计划在基地种植柴胡、金银花、党参、甘草、连翘、车厘子，这项目是生态工程，既能带动经济，又能形成生态保护链！"

"戏与鸣雀争山果，流蜂若草复粘花，忽闻异香扑鼻来，从中林麝是仙家。"我信口吟诵，笑着问，"你们这可是写在旬邑山岭上的'创业史'！"

"那可不是我们写的，是伟大的共产党带领人民一起开动思路'写'出来的。"

之前，我曾听人说林麝很难饲养，便又问道："你们的林麝怎么才能做到科学养殖，市场价格怎么样？"

"我们聘了专业人员科学饲养。麝香在医药和香料业中一直是珍贵的原料，一头成年林麝年产香 15—20 克，现在市场上 1 克麝香能卖到 400 多元！"

我禁不住为他们叫好。在这旬邑山岭上，到处是万物勃发的生命气息，到处是充满朝气的崭新气象，到处是欣欣向荣的繁忙场景……

（三）

在马栏干部学院扩建项目场地中，脚手架高高耸立，挖掘机隆隆轰鸣，我们惊奇地发现，施工现场竟有一段经受风雨侵蚀、长满了青藤的土垒台。

"这是一段明城墙，我们施工时没有破坏。"一个工作人员看我们饶有兴趣，便给我们介绍。待问及来龙去脉，他也摇头不知。

我不免有些走神。这段长满了青藤的土台，不知见证了多少历史风云，经历了多少人世沧桑，它是历史演变和时代变迁的记录者。没有破坏这段城墙，这是旬邑人高度的文化自觉的象征。

在一片朦胧中，似乎这些都动了起来。在这段土城墙后，仿佛还能看到当年修筑城墙的民夫，和他们担运土石时被压弯的脊梁。还有走过城墙的一拨拨人，一群又一群出城进城的人，这么多人来来往往，一代接连一代，从三水河出发，从旬邑出发。这里也是革命的沃土，革命的星火从马栏到延安，并最终成燎原之势。

也有了声音，城墙下驼铃声、马蹄声、叫卖声，山风声、流水声，还有城墙外的旌旗在风中猎猎的声响、离人分别的呜咽声。

看了一会儿，听了一会儿，我发觉自己也被裹挟进去了。身不由己，被声浪所融，被荒草所融，被千年不灭的历史长河所融。

我深深地体会到，文化是一个地域的根，是一个地域的灵魂，文化的核心则是人文。建设一个物质的小城有钱就行，但建设一个文化的小城却需要一代代人共同努力。那天，我带着古豳文化的水气，在马栏的山路上行进着。过去对古豳这两个字我概念模糊，如今则完全地清晰了：旬邑与众不同的东西，正是世世代代的旬邑人构建、坚守而又不断强化的古豳文化。

我想，只有筑建了人文高地的城市才是美丽的城市，才会在城市之林中显出自己的亮色。它的城市规模可能是小的，但它的人文高地却可以与任何大城市一比高低。如果将这段明城墙很好地保护、利用起来，与马栏窑洞、七孔桥、工字房相邻，互相映衬，彼此佐证，这一片就会成为研修古豳文化浓缩的课堂。

（四）

马兰花开正艳丽，乘借东风上青云。车子在山路上盘旋，走走停停歇歇，我们一上午先后察看了十多个重点项目工地，一种前所未有的欣慰感涌上心头。

2022 年，全县重点项目 112 个，总投资 150 多亿元，项目涵盖产业发展类、基础设施类、福利民生类、乡村振兴类，以发展的眼光看旬邑，项目助推经济发展，以广阔的视野看未来，旬邑前景一片光明。

旬邑的美既有大自然的眷顾，也与旬邑的发展理念有着密切关系。这几年，旬邑人整治疏浚了多条河道，改造美化堤防河岸线，打造马栏河湿地公园、石门山森林公园、古豳文化博览园，扩展公共海绵空间，让整座县城变得更加整洁、更加美丽，让人民享受着梦幻般的宜居环境。

在县城规划布局中，旬邑人也将乡村振兴纳入县城建设这个“大盘子”，坚持城乡一体化，融合发展，整体推进。发展建设过程中，没有大拆大建，而是保证在耕地不减、农田不废、保护村庄原貌的基础上，把县城发展延伸到乡村，把乡村振兴融入城市中，使县城建设和改造中触不到的街头巷角、盲点、断点得到改善，变身为街区亮点。旬邑人对居民身边的公共空间进行重新布局，以满足不同身份、年龄的居民对小区、街道以及公共空间的功能需求。同时，充分挖掘古豳文化底蕴，将古豳文化记忆融入空间建设，建成了书香公园、廉政文化广场、消防体验广场等多个高品质公园绿地和小微空间，让那些沉睡的公共空间重新焕发出生命力，让绿色发展成为旬邑现代化建设的亮丽底色。这些小微空间有温度、有颜值、有内涵，被外人亲切地称为“温暖明珠”。

在旬邑，不光是公园建设，在乡村改造等方面也是如此。旬邑境内的张洪镇西头村云尚·乡舍，被赋予了旬邑人创业的时代精神，焕发出蓬勃生机，处处都是关中传统韵味，不断勾起人的乡愁记忆。青石板、磨盘、大青缸、炕桌子、苞皮墩，悬挂在屋檐下的玉米、辣椒串，斑驳中留住了岁月的印记；搅团、芋面、饸饹、锅盔馍、辣子沫溢出的香气撩拨着人们的食欲；窗花、纺车、捻线搓绳编织着旬邑人的生活情结。在清晨、在黄昏、在雨中，无论何时，你在这里走一走，住一晚，品一品田园之风，静享生活慢时光，定能体会到不一样的人生。

一方水土养一方人，一方人也涵养了一方水土。平静而自信地生活着的人才能把自己的家园建设成这恬静自然的模样。现今，我们最常见到的是一座座城市急吼吼的面貌，看到过夏天热得灼人的没有一棵树的广场，声光电设备齐全、占地大却内容空的博物馆，很少演出的大剧院，门可罗雀也没几本书的恢宏图书馆，与山比肩的雕塑……旬邑少了这样大而无当的浮躁夸张，它的山水风光、人文古迹都和生活在这里的人一样，不急不躁，不疾不徐，张弛有度，恰到好处，具有难能可贵的品质和风景。

旬邑，离繁华不远，离田园很近。在这里，你的心灵可以找到诗意，找到宁静……

（五）

不知你有没有在夜晚的旬邑山路上赶路的经历？夜色茫茫，山路迢迢，看不见一个人影，只有天上的星斗伴你前行。

我们参观完北环线防汛道路建设最后一个项目，已是星光满天。而天幕上的星河，与远方翠屏山、凤凰山上的景观灯连接在一起，显得如此恢宏灿烂。虽然不能走近它，但那一片连一片的星光就在前方，引导着你，鼓舞着你，给你信心和力量——那也许是我们穿破障碍后的心灵之光，那也许是人生路上最温暖的记忆吧？

车子返回县城途中，在星光流泻的水泥路上，望着闪烁在远山上星星点点的灯火，我一直沉浸在这样一种温柔的情感和美丽的遐想里。

我知道，那每一团灯火里，都是一个小小的山沟、小小的厂房、小小的林舍、小小的村落、小小的温暖的家，它们是正在汇聚的光源和希望。就像这满山满沟、奔涌着的汃河，它们一线线、一条条，汇入沟底和山川的河流，汇聚成更大的力量，裹挟着更加强劲的信心和希望，奔出山川，奔向远方……

（作者系旬邑县政协委员，旬邑县医院党政办公室主任，旬邑县作协秘书长）

“桃花香”里“致富路”

——一份提案促进乡村振兴

○许　超

“感谢政府！”铜川市王益区黄堡镇孟姜塬村村民带着浓重陕西本地口音的一句闲语，道出了当地广大村民的心声，一份普通的政协提案给孟姜塬村桃产业发展带来了翻天覆地的变化。

孟姜塬村是中国古代四大民间爱情故事之一——“孟姜女传说”的发源地，被誉为“孟姜女故里”。此地四季分明、气候适宜、光照充足、降雨适中，是多种北方水果最佳优生区，盛产鲜桃、苹果、樱桃、柿子等果品。此地所产的鲜桃，果形端正、色泽艳丽，绒毛短少，香甜浓郁。硬桃脆爽香甜，便于携带和储藏，软桃汁多肉细，味甜清香，入口即化，满口盈香。

“孟家原桃”历史悠久，早在明朝版《同官县志》中就记载：“物产，果则有：桃，‘枣与桃为独多’。”民国版《同官县志》记载："全县分布桃林七十三处，在南区者，史家咀子二，梁家塬、孟家原等均有种植桃树的历史。"解放初期到改革开放前，孟家塬村零散种植桃树30余亩。1982年实行农业生产责任制后，王益区黄堡镇政府开始规划并从1988年发展桃种植产业。1992年10月19日，铜川报头条对黄堡桃产业发展进行了报道，时任副省长王双锡感言——"铜川有优势，产品有特色"。

这么好的鲜桃，知名度却不高。当地曾经常常出现因鲜桃没有销售渠道而积压，被采购的中间商相互压价赔钱出售的现象。一份政协提案悄悄地改变了孟姜塬村鲜桃品质好却不好卖的现象。

2018年4月，铜川市政协委员王栓兴在铜川市政协十四届二次会议提交了《关于建议宜君党参、王益孟姜塬鲜桃申报国家农产品地理标志保护产品的提案》，提案中提出："孟姜红"系列大红甜桃，因产地在孟姜女的故里——铜川市王益区孟姜塬而得名，还注册有商标；被农业农村部审定为无公害产品桃生产基地。孟姜塬以其得天独厚的地质条件，大兴鲜桃产业。故建议：尽快将王益孟姜塬鲜桃申报国家农产品地理标志保护产品，提升地域特色产品的品牌知名度……

提案移交后，铜川市委、市政府高度重视，铜川市时任市委书记的杨长亚高度重视，亲自批示。王益区政府及时组织人员，深入调研了解孟姜塬村鲜桃申报国家农产品地理标志保护产品的可行性，调研发现姜塬村鲜桃品质优秀、独具特色，但是历史文化底蕴不足。市政府随后要求王益区农业农村局进一步挖掘孟姜塬村鲜桃的历史文化，争取完成孟姜塬鲜桃申报国家农产品地理标志保护产品的工作，王益区农业农村局农产品质检中心主任、区政协委员许超组织业务人员积极挖掘整理孟姜塬鲜桃历史文化、生长环境、技术标准等资料，申报国家农产品地理标志保护产品做准备。

经过两年努力，王益区农业农村局对“孟家原桃”历史文献、生长环境、独特品质、技术标准及管理规范进行了深入挖掘，“孟家原桃”基本具备了国家农产品地理标志保护产品的申报条件。2019 年 9 月，王益区农业农村局农产品质检中心主任、区政协委员许超组织人员赴北京参加 2019 年第二次全国农产品地理标志登记专家评审会。2019 年 9 月 26 日，铜川市王益区农产品质检中心提报的“孟家原桃”地理标志农产品顺利通过专家组评审，成为今年铜川市唯一成功申报的，也是王益区成立以来第一个果品类地理标志保护品牌。2020 年 4 月国家农业农村部正式授予“孟家原桃”地理标志登记保护农产品证书，证书编号 AGI03069。“孟家原桃”地理标志产品保护范围辖黄堡镇孟姜塬、安村、文明塬、梁家塬、黑池塬、屽村、罗寨、周家村等八个行政村，辖区总面积 35 平方公里。地理坐标为东经 109°00′—109°57′，北纬 34°57′—35°02′。

王益区政协九届五次会议上，区政协委员吕亚军提出了《关于发挥“孟姜塬”桃地理标志产品价值的建议的提案》，进一步增强了王益区鲜桃产业发展的动力。

收到提案后，王益区农业农村局高度重视。积极宣传推介，采取多种措施，利用各种网络平台和媒体，对“孟家原桃”开展广泛宣传。在收获季节召开“桃产销对接会”“桃王大赛”等活动，把客商

“引进来”；并组织参加“扶贫产品交易会”等大型推介活动，把品牌“推出去”。加大网络销售力度，与京东、淘宝等电商平台进行合作，鼓励网络直播，构建网络销售平台。增强社会、市场、生产经营者对“孟家原桃”产品的认知，扩大地标产品影响力。在“孟家原桃”上市之际进行监督抽检，开展农药残留快速检测，防止不符合质量安全的地标产品上市。指导“孟家原桃”生产经营主体进入省级农产品质量安全监管与追溯平台开展追溯，鼓励企业主体对上市农产品自我承诺合格，“码”“证”合一，保证上市地标产品品质。

通过政协委员和政府部门的共同努力，“孟家原桃”已经成为铜川市果业产业一张亮丽的名片。

目前，王益区育有桃园5000余亩，主要栽植春丽、春晓、未央二号、浅间白桃、川中岛、北京八号、中油系列等优良品种，年产优质鲜桃4000余吨，年产值3000余万元，桃农人均收入达到1.5万元以上。

近年来，王益区大力发展特色高效农业，通过引进新品种，推广新技术，持续推进农业优势产业提质增效，打造出“孟姜红”鲜桃，塬畔大樱桃，常家乐、军台岭苹果等一批特色果业品牌产品。王益鲜桃口感好、品质优，曾在“蒙阴杯”全国赛桃会、“秦安杯”全国蜜桃大赛、杨凌农高会、洛川苹果博览会上获得多项殊荣，深受消费者的认可和青睐。

下一步，王益区将以创建省级现代农业产业园为载体，借助孟姜塬村桃产业基础优势，加快鲜桃产业基地建设，大力发展“以畜养果、以果促畜”的绿色生态循环农业，建立健全“龙头企业+专业合作社+农户”的产业运营和利益联结机制。同时，积极发展农事体验、农家观光等乡村旅游业，聚力打造孟姜塬桃产业特色小镇，促进农村一、二、三产业融合发展，全面推进乡村振兴。

（作者系铜川市王益区政协委员，铜川市王益区种子管理站站长）

从人工收麦到科技收麦

○李拥军

2022年6月，又到了一年一度的收麦季节，今年春寒，麦苗受了症，我想肯定要减产。家乡受了灾，我得回去一趟，安慰一下乡亲们。再说我已多年没有收麦，回去体验一下生活，再来一次“龙口夺食”也是一种体验。

一大早，我开车往回赶。上了耀州东塬，块块麦田，处处金浪。这哪是受灾之年，明明是一派丰收的景象！远远看见一台机器在麦田里驰骋，激起层层麦浪，像海洋里全速前进的军舰。地头停着四五辆小车，树荫下悠闲地站着五六人，下车一看，正是我的族人们，他们都在等候收割机收自家地里的麦。“哟！上地都开上小车了？”我惊奇地问。“什么风把你吹回来啦？”一个远房兄长问。我回答：“想着受灾了，我回来看看，看能帮上啥忙。”“还用你帮忙？没看见我们都在这闲着。”一个长辈说。大家七嘴八舌地说：“没错，春季麦子受了霜冻，加上干旱，但后期人工降雨等补救措施得力，今年麦子颗粒饱满，亩产还能打两石哩！有的还能上千斤！今年呀，又是一个丰收年！”

看见他们两手空空，我心想，收麦天怎么什么农具也不带！就问道：“钐麦杆哩？我给咱钐麦，当年我可是钐麦高手哩！”哥说：“都什么时代啦，还用钐麦杆子？那早都成了文物了，没看见大家都在等收割机吗？”我又问：“那至少也得割地头呀！怎么镰也不拿？”“现在种地都是机械化，能种到的地方就能收到，一粒麦也剩不下，用不着人割。”说话间，收割机回来了，一肚子的麦粒像黄金颗子一样吐入拉麦的农用车，足有两石！喜悦、满足之情洋溢在族人们的脸上。看着这么便捷、这么轻松的收麦情形，我陷入了沉思。

想起过去的收麦情景，一到夏收，我婆吊在嘴边的一句话：“麦梢黄，绣女都下床。”如果计划明天收割，今天下午就磨镰、磨钐麦刃，拴好架子车，第二天五点就起床，拉上架子车，拿上镰刀，扛着钐麦杆子，带上喝的、吃的，去麦地。

强壮劳力用钐麦杆子钐，青壮劳力用镰刀割，父亲和我是壮劳力，母亲和弟妹们是轻劳力，我和父亲一人一把钐麦杆子，父亲在前，我在后，像蜗牛一样向前挪动。

麦田深处，骄阳似火，酷热难耐，没有一丝风，头上的草帽、身上的衣服显得多余，干脆甩掉草帽，脱了上衣，光着膀子，汗水一滴一滴掉在烘干的土地上，似乎能听到吱吱的吮吸声，仿佛能看到蒸腾的水雾。脊背晒成了“背心”，有的地方起了皮，起皮处被汗水蜇得疼。钐麦的人腰酸腿困胳膊疼，想歇一下，看看北边天空的乌云，想想这一料庄稼，不得不再加快节奏。

到下午，每人钐了两亩麦，可以放松一下，坐在地头喝凉水吃冷馍，稍坐片刻便开始装车拉麦，一亩地可装两架子车，亩产不到一石。那个年代，人穷怕了，饿极了，看着到手的麦，为了能吃饱饭，三夏时候都拼了，像我婆这样的耄耋之人都在场里摊场晒麦，始龀、髫年之童也得上地拾麦。

如今，四亩地一个多小时连收带拉就可以完工。收过的地里找不到一粒可捡拾的麦穗，地面全是打碎的麦秸。我问：“这麦秸不要啦？可以喂牛，还可以烧炕呀。”兄长说：“早都不用牛耕地了！还养牛干啥？现在农村都和你们城里一样了，也讲究环保，打了炕，支上了床，用上了暖气。这些麦秸耕地时埋在地下是很好的肥料，能节约很多化肥。”

说话间，麦子收完了，农用车拉着纯麦粒送回了家。收割机司机来到地头，对哥说：“二亩四分地，每亩 60 元，共 144 元。”我纳闷地问哥：“他怎么知道是二亩四分地？”哥说：“你没看见他手里拿的测亩仪，这东西可精准啦！谁也糊弄不了！”我有些吃惊，我见过测量单元房面积的，测量地亩数的仪器还是第一次听说，更不用说见了。只见司机手里拿着一个像手机一样的东西，我要过来仔细看，上面写着：“GPS 测亩仪，可车载，可手持，带语音，误差精度一亩 0.01。”我不由地感慨：“现在科技应用真广泛！GPS 都用到农业生产上了。”

兄长掏出手机，对着收割机司机的手机一扫，熟练地点了几下，说：“144，过去啦。”我惊讶地说：“呀！哥！会用智能手机，还会微信支付！想当年你可连自行车都不会骑呀！”要知道，兄长已经70多岁了。他笑着回答：“不要小看我农民！小车我都开上啦。”那司机也不看钱收到没有，直接把手机装入兜里。我开玩笑地说：“师傅，你检查一下看收到没有，当心被骗了！”司机笑着说：“现在谁还骗人哩，人素质都很高！我从南一路收到北，收了一个多月了，钱一分也没差，根本没有骗子。”他的一句话提醒了我，以前见过用假钱的，现在几乎不用现金了，但似乎没有听说用微信支付蒙混过关的！正应验了那句话：“科技越发达，人的素质就越高，坑蒙拐骗就越少！”

前段时间看了一篇文章，说是台湾一位大学教授在给台湾大学生讲课，提到了内地，说：“我们不要小瞧内地，内地已不是以前的内地了，内地现在很发达！比我们发达！比世界上很多国家都发达！当我们还带着厚厚一沓现金出门的时候，内地人只带手机出行；当我们还在为找零钱发愁的时候，内地人已经用支付宝、微信支付了！而我们根本还不知道什么叫支付宝，什么叫微信支付。去看看内地那些买菜的老大娘，去看看内地那些卖早餐的小摊点，去看看内地那些摆地摊的小商贩，他们都在老练地使用手机交易了！”

前几天，我的一位老同学说，她女儿在日本留学读研，日本有一个公司叫雅虎，是很有名的公司。公司高薪招聘管理人员，这是很多人梦寐以求的美差事，有许多国家的高才生都参加了应聘。雅虎公司出了一道题：“如何用最简便的方法解决老板和顾客之间的交易问题？”有美国的、日本的、法国的、英国的、俄罗斯的等许多国家的研究生，回答得五花八门。有的说银行转账，有的说电汇，有的说刷卡等等。我同学的女儿回答：“用支付宝或者微信支付就可以。”其他的研究生很迷惑，他们根本不知道支付宝、微信支付是什么。而这个答案正是日本雅虎公司需要的，他们正准备和中国合作，在日本推出支付宝平台、微信支付平台。当然，我同学女儿顺利被聘用了，还被委以重任。

地里麦收完了，我跟着兄长一起回到村里，嫂子和一帮人正在门口的水泥地上晒麦颗，我开玩笑地说：“打了这么多，咋吃得完呀！”嫂子嘚瑟着说：“丰收了还发愁？刚拉回来的麦颗没有晒就有人收购了，一斤一块零八，卖了一半，留下这一半够两年吃。今年麦粒熟得好，既出面，又好吃，就多留了些。”我说：“你晒了这么多，不怕天下雨？如果下雨恐怕都来不及！”

嫂子掏出手机，打开天气，说：“你看，这是每个小时的天气情况，铜川市耀州区今天高温没有雨，明天下午 4 点开始下小雨，下到 6 点就晴了。赶明天下午 4 点以前我这麦子早就入仓了。”我问：“有这么快？两天时间连收带晒就算完了？你还要扬呀、戗呀，都不要时间？过去可得十来天的。”嫂子说：“你这娃咋这瓜来！现在谁还扬麦、戗麦哩！收割机收回来的麦干净得很，根本没有土疙瘩、料角石、麦秆子，在里面一个都挑不出来，晒干了直接入仓，吃的时候都不用再用水淘，直接用剥皮机把皮一剥，磨的面没有黑面，全是白面。”

听得我目瞪口呆，感觉自己真的赶不上时代，已经融入不到农村的生活了。我不由得又想起了以前收麦时场里的情景。有一年麦子收完，摊了一场的麦已经翻了几遍，圆好了场，准备碾时，天气突变，乌云密布，来不及攒场，狂风暴雨，豆大的雨点砸了下来，夹杂着牛眼大小的冰雹。我婆不顾一切地从场里冲到家里厨房，拿起案上二尺长的撈面刀，抡起就撇向院子当中，并冲进院子，厉声叫骂：“劈死你个老天爷，麦才收了一半，你还叫我这一大家子人活不？你不叫我这一家人活，今天我就豁出老命跟你拼了，有种就打死我！”那个时候收麦最忌讳下雨，所以一到收麦时节家家顾不上吃，顾不得睡，一年的辛劳就在这十多天。

有一年夏收，雨下了一礼拜，麦在地里还没割下来就发了芽，许多老人手拿镰刀站在地头，看着发芽的麦子泪水在眼睛里打转，强忍着咽下眼泪，继续搭镰收割。那一年，我们村的人都吃着发了芽的小麦。

那时候一到收麦季节，村里我十八爷就是“天气预报”。我十八爷经验丰富，能观天象，预知天雨。后来他又有了一台半导体收音机，经常早上起来给大家播天气情况，有时候也不准。每当淋了雨的人问起，十八爷便说：“气象站，且向站，且了向就准，且不了向就胡拇量。今天天气预报没说咱铜川有雨，只是说局部地区有雷阵雨。”

还有一年晒麦，北边突然乌云翻滚而来，我们赶忙攒麦。我妈用推耙攒，我大用簸箕装，我婆张口袋，我负责运输。紧接着就电闪雷鸣。那一年有好多家的麦粒让暴雨冲走了，许多人急得直哭。看到人们拿着笊篱在水渠里打捞麦粒，有的人家把人放到水窖，在窖里打捞，我就梦想着，以后收麦不要再这么辛苦，天气预报再准确一些，“局部地区”不要再出现，成熟的麦子全部颗粒归仓。

这次，我回村是帮忙收麦的，没想到帮不上忙，我既感到失落又感到高兴。我对嫂子说：“回来给你们帮忙收麦来了，没想到现在地里就用不上人，我给你帮忙在场里晒麦吧。”嫂子说：“用不上你了，你看村里这么多人帮忙，你回来了就歇着，我给你做饭去，用新麦摊煎饼。今年麦熟得好，摊的煎饼筋道好吃！”

嫂子做饭去了，另一个本家场里也站满了人，正在攒麦入仓。推耙的、扫麦的、张口袋的、搬运的，大家有说有笑，其乐融融，我想搭把手，竟然找不到活干！片刻工夫，一场晒干了的麦粒便全部入仓，大伙又一起干劲十足地去了另一家。离开农村已经三十多年，父母离世也有快十年了，自从没了父母我就再没有收过麦。

十年后的今天，农村收麦和以前大不一样了！年轻人都在外面打工，收麦根本用不着他们回来，村里剩下的老少爷们都抱团合作，没有收的给收的帮忙，收了的给正在收的帮忙；没有入仓的给入仓的帮忙，入完仓的给没有入仓的帮忙。不要看平时邻里有些小摩擦，有个小矛盾，收麦的时候你给我帮忙，我给你帮忙，即使有隔阂也都抚平了。通过收麦增加了感情，加深了友谊，邻居们之间和睦了，大家关系融洽了，整个村子也都热热闹闹亲如一家了。

现在的收麦轻松快捷，真正做到无忧无虑，颗粒归仓，我曾经的梦想，如今都一一实现，许多方面比我想象的还要好。我不由得感叹，社会的发展，人类的进步，劳动生产力的提高，尤其是新农村人的精神文明面貌，真让人刮目相看！

（作者系铜川市耀州区政协委员，铜川市耀州区作协主席）

两千里　两地情

——见证苏陕协作脱贫攻坚对口帮扶纪事

○晏长荣

近期，我深入到汉滨区晏坝镇德润天然富硒茶有限公司调研，该园区负责人满怀感激地对我说：“感谢以习近平同志为核心的党中央给我们派来了江苏省武进区帮扶朋友，带领我们通过电商平台将茶叶推向全国大市场，今年收入翻一番，预计达到 300 余万元。”这是苏陕协作在汉滨实践的一个缩影。

我曾先后担任汉滨区统计局、财政局等处的主要负责人，参与了苏陕协作特别是 2015 年启动脱贫攻坚以来对口帮扶的一系列工作，见证了两地携手积累下的深厚战友情、同学情、兄弟情，亲历了跨越两千里、情暖千万家的人间大爱故事。

最难忘决战决胜的战友情

“最困难的创业阶段，是苏陕扶持资金给了我信心，让我一生铭记。”谢贤丙告诉我说。家住汉滨区双龙镇的谢贤丙，是“归雁产业”的代表人物，他2005年从部队转业后，一直在西安打工。2014年夏，他看准了汉滨发展“陕茶一号”茶叶产业的有利时机，回家乡投入300万元注册了新农高生态农业开发有限公司，拉着同村23户贫困户一起成立了汉滨区东乡茶叶农民专业合作社。由于缺少茶叶产业化发展理念，眼看投入的资金圆不了谢贤丙诗与远方的梦想时，派驻汉滨区的副区长周立平及时协调争取苏陕协作扶助资金100万元，帮助他新建了茶叶加工厂，修建了园区景观配套设施，让他的茶叶园区起死回生。目前，新农高茶叶园区发展高山富硒有机茶1200余亩，园区通过土地流转、园区务工、入股分行等途径，带动266户老乡稳定增收。

“去年年底，在我和队友的帮助下，大河镇小河村的黑猪肉在常州市农贸市场销售非常好，因为这里的黑猪肉品质不错，深受常州市民的欢迎。下一步，我还想继续帮助他们提升黑猪肉品质，精细化宰割包装，打开常州市场。”59岁的武进区高级兽医师郭志平自豪地告诉我。打开郭志平的笔记本，里面满满地记录着他来汉滨区以后对当地畜牧产业做出的战略规划。

时间永远定格在2020年2月27日，陕西省人民政府发布公告，全省56个贫困县（区）全部实现脱贫摘帽。这也宣示了汉滨区经过艰苦奋斗，全区60996户202998人建档立卡，贫困人口全部脱贫，231个贫困村全部出列，完成了占全省4.3%、全市25%的脱贫任务。这份成绩单里，必须浓墨重彩地记录武进区的战友们一道道并肩决战的身影，一颗颗坚定如磐的必胜决心。据统计，自2016年新一轮苏陕协作对口帮扶工作启动以来，汉武两地紧密“联姻”，围绕产业合作、劳务协作、人才交流、社会帮扶等方面精准发力，累计投入财政援陕资金51920万元，支持扶贫项目203个，累计帮扶汉滨建档立卡贫困人口22054人。

践行新理念，结下同学情

“民亦劳止，汔可小康。”汉滨、武进两地践行习近平总书记关于精准扶贫、精准脱贫重要思想，重点体现在汉武两地协作围绕完整准确全面贯彻新发展理念的决策部署上，也体现在两地帮扶干部根据实际需要精准施策、精准帮扶工作的行动中，书写了两地携手发展的新篇章。

人才交流激活力。2017年以来，汉滨区委、区政府领导多次邀请武进区党政企代表团到汉滨考察调研，推动对口协作，两地26对镇村、企业、学校达成结对关系，并积极到汉滨结对单位开展交流活动，双方人才交流累计达300余人次。汉滨区累计选派27名干部和67名专业技术人员到武进区交流学习，武进区累计选派了85名专业技术人员来汉滨支持指导工作。2022 年，汉滨武进两地将突出围绕干部人才队伍培训培养，牵线两地党校结对合作，共建乡村振兴学院，在教学力量、课程内容、基地建设上互鉴互促，通过双向挂职、飞地培训，为汉滨打造了一支“带不走”的人才队伍。同时，突出围绕重点科室建设、拓展诊疗项目、新技术新项目引进等深化卫健系统双向交流，开展组团式帮扶、建立两地远程联合诊疗合作机制，依托安康职业技术学院为武进定向培养输送村医人才。

劳务输出点对点。近年来，汉武两地在劳务对接、人才培养、技能培训、校企合作、信息共享等方面硕果累累。举办就业扶贫招聘会、开通“春风号复工直通车”、“武进人力资源网”，开设汉滨招聘专区，五年来累计提供线上线下就业岗位 3.5 万余个。送电商培训到汉滨，超过 30 名安康贫困学子通过“新型学徒制校企合作班”来到武进实现技能梦想。在汉滨成立劳务服务工作站，构建区、镇、村三级服务网络，选聘 100 名劳务经纪人，担任就业政策宣传员、就业岗位参谋员、面试上岗服务员。在武进成立苏陕劳务协作就业者驿站，让所有到武进就业的安康籍务工人员留得住、干得好，真正感受到“武进温度”。

家门前的上班族。“因为要照顾小孩，我没有外出务工，在家门口社区工厂上班挺方便的。”安康新伟泰玩具（红升）分厂工人王开菊说。王开菊是县河镇红升社区的居民，家里上有双亲，下有三个孩子，一直靠丈夫外出打工养家。听说社区内毛绒玩具厂招工，她第一时间报了名，心灵手巧的她很快就能上手完成简单的工序。近年来，汉滨区依靠苏陕资金的支持，积极引进毛绒文创、电子线束产业，大力发展新社区工厂，积极探索“园区总部+新社区工厂+家庭工坊”的模式，将产业搬到了移民搬迁安置社区，将岗位送到了群众家门口，有效解决了搬迁群众就近就业难题，为乡村振兴奠定了坚实基础。

携手踏入新征程的兄弟情

“苏陕协作起步于扶贫，但不止于扶贫，要牢牢把握新时代新机遇，加强重大产业、重大工程、重大政策等方面战略协同，多层次、多形式、宽领域、全方位深化拓展苏陕对口协作，在新征程上做出更大贡献。”武进—汉滨 2021 年苏陕协作工作联席会议在常州市武进区召开，常州市委常委、武进区委书记乔俊杰在会上明确表态。

乔俊杰书记的表态让在场的我十分感动，真正感受到武进、汉滨两地如兄弟般的深情厚谊。汉滨脱贫攻坚摘帽后，如何按照“四个不摘”要求，在产业、人才、科技、消费、劳务等方向寻求新突破，实现高质量发展？这是曾作为贫困县区财政局局长的我十分煎熬的事情，汉滨区是一个典型的乡村人口占多数、农村占大头的农业大区、人口大区，底子薄、基础差、发展后劲乏力是基本区情，武进区及时给我注入了强心剂，让我看到了抓好协作机遇，提升内生动能的希望。

汉滨、武进情谊源远流长，尤其是 2017 年进入苏陕扶贫协作新阶段以来，武进“手把手”带、“心贴心”帮，镇村结对更加完善、协作项目扎实推进、消费帮扶成效明显，武进区同志如亲人一般参与并见证了汉滨整区脱贫摘帽的艰辛历程。在全面推进乡村振兴的征途中，随着协作一步步走向深入，越来越多的“武进元素”推动汉滨摆脱内陆县区发展瓶颈，驶入乡村振兴“快车道”。

两地一家亲，千里若比邻。在新征程上，我真心希望进一步扩大结对帮扶覆盖面，加强特色农业、文旅、科技、能源等产业合作，促进两地科技、教育、文化、医疗载体平台的共建共享，深化两地干部人才交流和培养合作，完善政府部门间，地区、行业、产业、企业间工作协商推进机制，共同携手创造交流合作的新辉煌，为党的二十大献礼。

（作者系安康市汉滨区政协副主席）

汉阴餐饮业发展十年路

○石　燕

我坐在蘑菇宴博物馆的窗边，眺望着凤凰山，耳畔却飘着几句诗文：“传家肯羡金籯满，用世还知玉璞酬。人事尽时天理见，但勤耕耨候丰收。”是呀，在这火热的八月，回忆我作为一个餐饮从业者，从第一天入这一行，至今已十多年了，亲身经历了，亲耳倾听了，亲眼见证了汉阴这十年的美食发展，不由得感慨万千。

我自进入美食行业这十几年以来，一直有一个梦想，那就是想做一间有特色的餐厅，做一桌与众不同的菜品，通过它们来展示汉阴的美食历史和民俗文化，建设一座博物馆餐厅。因此，我一直在努力，围绕这个梦想，随着汉阴美食的发展而一点一点实现我的梦想。我打造美食博物馆餐厅的十年心路历程也由此展开。

万事开头难，要想圆梦，就要在学懂弄通陕西美食历史的基础上，梳理出汉阴美食的文化脉络。陕菜十年的发展，可谓异军突起。历史上陕菜的地位在全国很高，是烹饪技艺的领导者，是饮食文化的奠基者，1200多年来占据着全国乃至全世界的饮食文化高地。和、礼、雅正是我们陕西食文化的根基和内涵。全世界只有中国认为文化的起源与饮食息息相关，《礼记》中很明确地说过："夫礼之初，始诸饮食。""礼"是中华文化中很重要的一部分。古人早就认识到饮食是中华民族文化的本源之一。《荀子·礼论》也说："人生而有欲，欲而不得，则不能无求；求而无度量分界，则不能不争，争则乱，乱则穷。先王恶其乱也，故制礼仪以分之……"古人用"礼"提升了文明，对落后民族就有了同化力，这就是中华文化的壮大过程。后来，孔子也说："礼之用，和为贵。"这个"和"又切合了中国烹调的本质。《国语·郑语》中有"以他平他谓之和"。陕菜还体现了"雅"的内涵，"雅"就是从物质层面到精神层面的升华，在汉赋唐诗、载歌载舞、钟鸣鼎食中获得一种审美享受。

汉阴美食的发展与陕西饮食和陕菜的发展几乎是同步的，汉阴美食有着深厚的历史和传承，移民文化、古道文化、三沈文化、秦巴文化，让汉阴从来就不缺文化和美食。而且这些美食一直在民间流传，不论是家族厨房还是餐厅酒店，无不充盈着它们散发出的烟火味道。这种味道一直持续了几百上千年，这是最让汉阴人留恋，也是最让外地游客喜欢的味道。但如何让这种美食吸引到更多的县外人品尝呢，是摆在我们餐饮人面前的任务。

我于2017年创办了天源特产店至今，致力于陕南，特别是汉阴的各种农副土特产品销售，为生产厂家和顾客搭建了一个平台。而我销售的炕炕馍，现已从一个纯手工制作的非遗传统美食，升级成为工业化生产，而且被东方航空指定为专用品。再如金丝皇菊，也是带动了扶贫，带动了农民增收。还有豆腐干儿、富硒大米、粉条、五香变蛋等，品质都非常不错。作为汉阴美食协会会长，我一直致力于鼓励和帮助餐饮企业用汉阴的好粮、好油、好食品、好食材来打造菜品，通过菜品带动富硒食材的销售，汉阴餐饮最大特点就是农业是餐饮的重大支撑。因此，我开办特产店和餐饮店，目的就是一边服务大众，一边积累经验，探索特色餐饮之路。

斗转星移，瓜熟蒂落。2012 年，汉阴在获得“陕菜之乡”的称号后，汉阴美食也走上了有计划、规模化的蓬勃发展之路。在县委和县政府的鼎力支持下，在各类美食企业的共同努力下，汉阴美食结出了硕果。因此我也开始打造秦巴臻熙蘑菇宴。

在做好企业的同时，我还主动加入了汉阴县美食行业协会。协会源于汉阴县富硒食品特色小吃行业协会，是由汉阴县从事富硒食品特色小吃行业或与富硒食品相关行业的人士自愿组成，致力于促进汉阴美食产业发展的非营利性行业组织。协会从当初 13 人发起，到现在已有 100 多个会员，成为汉阴县较大的一个行业组织。目前，协会中有市县人大代表 2 人，市县政协委员 8 人。多年来，协会非常重视培训工作，每年都要开展二三百人次技能培训，经过几年努力，全行业已有技师 25 人，高级工 45 人，中级工 104 人。6 人被评为安康“金州工匠”，13 人被评为国家级、省级烹饪大师。

十年发展，餐饮企业如雨后春笋般大量出现和成长，据不完全统计，现汉阴县有大餐饮 662 家，小餐饮 94 家，小吃店 273 家，机关食堂 205 家，解决就业 5000 余人。

十年以来，我经历了餐饮行业的很多变化，美食协会紧跟陕菜品牌创新工程，制定或参与制定了汉阴美食 23 项标准，编印了《陕菜之乡》《发展中的汉阴美食》《秦巴硒谷——吃在汉阴》等多类书籍。经我提议，聘请知名学者撰写的记录当地特色美食的《中国陕菜·汉阴美食》一书已经出版，获得了政府和广大美食同仁的一致认可。

为了圆梦，十年以来，我全力参与、举办了系列汉阴美食文化周活动，开展了汉阴美食走进景区、走进机关、走进军营、走进学校，走进西安、走进北京、走进湖南、走进广东等一系列推介活动，汉阴美食的知名度不断攀升。

独乐乐，不如众乐乐。为了圆梦，我一直在锻炼自己，打好基础。十年以来，我还参与了很多大的汉阴美食的推介活动。2018 年安康市首届职业技能大赛，本人参与并做了路演，这是我宣传弘扬汉阴美食的开始。2016 年，陕西省首届“陕菜之乡”研讨会在汉阴召开，我作为优秀美食企业代表发言，介绍了汉阴美食和蘑菇宴的成长之路。2017 年 8 月，我还应邀参加“陕菜品牌创新工程十年纪念暨第七届陕菜文化研讨会”，并作为唯一一名陕南地区的代表在会上做了交流发言，得到了全省行业内的认可和关注。2018 年，受韩国荣皇公司邀请，我随陕西餐饮代表团，赴韩国全罗北道访问，参加全州拌饭美食节，对汉阴美食进行了推广。2019 年韩国 SBS 电视台和荣皇公司又到汉阴进行考察回访，汉阴美食获得了国际美食界的关注。2020 年我又率队赴湖南，参加 2020 中国国际食品餐饮博览会，整套的白火石氽汤、汉水蒸盆子、炕炕馍、豆腐干等名宴、名菜、名小吃，成为陕西展区中的亮点，人们争相品尝购买。

这样的推广活动还有很多。“陕菜之乡”的初审、复审，以及个各类美食培训我都参与，这些活动都是在政府主导下，为餐饮企业品牌打造奠定了良好基础，很多企业从中受益。其中三家企业被评为“中华餐饮名店”，12 家企业被评为陕菜品牌店、陕菜示范店、陕西餐饮名店，两种宴席被评为中国名宴，三家企业因炕炕馍被评为“中国陕西十大名小吃”而获得“中国地域十大名小吃代表品牌企业”称号。还有很多餐饮小店转型为餐饮管理公司，很多普通农家小院被提升为安康市旅游示范点，他们所经营的品种被评为全省金牌旅游小吃。2021 年，省烹饪协会专家组一行 8 人来汉阴县复审“陕菜之乡”及新申报美食品牌的评审工作。其中已申报冠名的名店 3 家、名宴 2 个、名菜 13 个、名小吃 10 个。新申报陕西餐饮名店 7 家，陕西名宴 3 个，陕西名菜 11 个，陕西名小吃 3 个，陕西名火锅 1 个，陕西名食品 3 个。最终“陕菜之乡”复审顺利通过，这是对汉阴美食的又一次促进，进一步加强了餐饮企业与食品企业紧密结合，为汉阴美食做大、更强，为把汉阴美食推广出去，把汉阴的经济带动起来打下了基础。

本人致力于打造营养健康的蘑菇宴餐饮，也是得益于县上的政策，赶上了好的时代。蘑菇宴从无到有，从小到大，从一个单纯的餐饮店，做到了一个美食品牌店，无不与汉阴美食的发展同步。也是功夫不负有心人，经专家推荐，2018 年，蘑菇宴参与央视《味道》栏目组的拍摄。2019 年，蘑菇宴参与央视大型美食纪录片《千年陕菜》的拍摄。该栏目于 2021 年播出后，反响很大，蘑菇宴从此声名远播。

终于，博物馆餐厅的构想在 2018 年后，在我脑海中越来越清晰起来。我找到了博物馆专家，找到了民俗学者，找到了顶尖的室内设计师，找到了志同道合的伙伴。在奔波了一年多后，“陕南石叁珍蘑菇宴博物馆餐厅”的蓝图形成，并付诸实施。在建设的一年中，我费尽了心血，几乎天天在工地上，看着博物馆餐厅，也就是我的梦想，一点一点完成。终于，在 2019 年底，博物馆餐厅建成并申报成立了蘑菇宴博物馆，2021 年，省文物局发了批文，成功地将餐饮与博物馆结合，实现了美食+文化+民俗+旅游的目标，打造了汉阴美食的一个新地标，以及文旅融合的新名片。

至此，我多年的梦想终于实现了。但我仍将坚守博物馆的文化性与蘑菇宴餐厅经营效益双赢宗旨，增强博物馆可持续发展功能，注重蘑菇宴餐饮经营效能，提高蘑菇宴总体质量和服务水平。旨在通过文博展示，推介现代健康饮食理念与当地绿色食材融合，达到宣传陕南饮食文化与品鉴汉阴美食相结合的目的，是陕南蘑菇宴品质精髓的创新与升华。

但这仅仅是开始，后面的路还很长，我也如登高山，负重前行。如履薄冰，心怀敬畏。我不是不想休息，而是理想在前，责任太大。

因为梦想和初心，做汉阴美食这十年，我的认知和品德在不断提升，从一名普通的企业管理人员，被大家推举为美食协会会长，带领汉阴美食行业打造品牌，提升品质，助力脱贫攻坚，消费扶贫，乡村振兴工作。在疫情期间，我还身先士卒，组织餐饮企业为抗疫一线的英雄们送爱心餐，捐款捐物，助力灾后重建等公益活动。

汉阴美食这十年，也是我格局和觉悟提升的阶段。2016 年，本人当选为安康市第四届政协委员和汉阴县第九届政协委员，深感责任重大、神圣而光荣。本人还经常参加政协组织的各类调研视察和志愿服务活动，深入乡镇敬老院、山区学校开展爱心公益活动，在扶贫济困、助残敬老、爱心捐赠等方面主动作为。时刻不忘社会责任，积极响应县政协“各界助脱贫·携手奔小康”的倡议，为助力脱贫攻坚贡献力量。在创业过程中，我的公司优先安排下岗职工就业和家庭贫困人员就业，用拳拳爱心和无私奉献回报社会，传递正能量。在履职期间，尽职尽责上交《关于在汉阴县建设“安康厨师培训基地”的提案》《加强职业技术学校与企业合作的提案》《关于把汉阴打造为“陕菜品牌孵化基地、陕菜厨师培训基地”的提案》等提案，多次被评为优秀提案。此外，我还作为政协委员代表发言，建言建议，连年被授予优秀政协委员。2021 年，我又被推选为市人大代表，2022 年，我在履职期间提交了《关于唱响“品味安康，食在汉阴”的美食口号及发展汉阴美食产业链的建议》。一切的一切，都是为了汉阴的美食能够做大做强，能做到标准化、规范化、科学化，能增加产业链和供应链企业，为汉阴美食持续发展打好基础。

时光荏苒，岁月如梭。一入美食门，终是美食人。这十年，发生了太多太多的事情，我甚至都来不及静下来思考。这十年也是汉阴美食行业大发展的十年，是汉阴餐饮人努力奋斗的十年，是汉阴美食企业转型升级的十年，是汉阴美食企业面对困难迎难而上的十年，是挑战与机遇并存的十年，是守正创新的十年。汉阴美食能有今天，是各方鼎力合作的结果。

我相信，春华秋实，沙里淘金，上一个十年的付出，一定会在下一个十年开花结果。我相信，诗与远方是存在的，幸福是奋斗出来的。

十年前，我有一个梦想，十年后，我的梦想初步实现。博物馆餐厅是我的核心竞争力，是蘑菇宴产业未来的孵化器，是蘑菇宴发展的推进器。疫情终将过去，即便是现在的常态化防控，也可以感到，风已起，帆已扬，乘风破浪迎风起航的时候到了。我将不负韶华，在我的梦想蓝图上，画出更美的愿景，在做出更多的美食的同时，携手行业同仁在下个十年更加努力，不断提升品质，做响品牌，打造美食产业链，为锦绣汉阴奉献出更多的美食盛宴。

（作者系安康市第四届政协委员，汉阴县第九届政协常委，汉阴县石叁珍蘑菇宴餐饮博物馆总经理）

三 秦 印 记

巨变 · 这十年

生态文明

青山绿水焕新颜

稻鸭混养 · 李小超 / 作品

情系三秦绿水青山

——我所亲历的美丽陕西建设这十年

○李敬喜

盛夏时节，渭河两岸翠绿叠嶂，花香四溢，涓涓流淌的河水清澈明亮。不远处的巍巍秦岭草木葳蕤，松翠泉香，动物邻居、植物朋友在此茁壮成长、自由生活。山脚下的城市蓝天白云、碧水环绕，宛如诗画之境。而十年前，这一切都还是另一番景象。

作为一名政协委员，一名长期从事生态环保事业的环保人，十年间，见证了渭河从黑臭不堪的关中下水道变为水清岸清的“最美家乡河”，见证了满目疮痍、千疮百孔的秦岭重现生机、生态恢复，也见证了关中平原从冬天雾霾笼罩到如今常常被大家打卡拍成治愈系美图刷爆朋友圈。

数据为我们的直观感受做了最好的注解。党的十八大以来，在党中央的坚强领导下，我省完整准确全面贯彻新发展理念，深入打好污染防治攻坚战，推动生态环境质量持续好转，以生态环境高水平保护助推陕西经济社会高质量发展。全省地区生产总值从 2012 年的 1.44 万亿元提升到 2021 年的 2.98 万亿元，经济总量增加了 107%，但“十三五”以来全省化学需氧量、氨氮、二氧化硫、氮氧化物分别削减了 11.3%、11.9%、21.8%和 19%，PM2.5 平均浓度首次“破四进三”，下降至 35 微克/立方米，空气平均优良天数比例达到 79.6%，国、省控河流断面中达到或优于Ⅲ类水质断面比例上升至 91.7%，全省生态环境质量改善成效显著，达到新监测标准实施以来最好水平。可以说：

这十年，省委、省政府对生态保护重视程度前所未有；

这十年，生态文明建设和生态环境保护的法律制度保障之强前所未有；

这十年，省政协参政议政、推动生态环境保护的范围之广前所未有；

这十年，美丽陕西建设的成效之好前所未有。

党的十八大以来，党中央以前所未有的力度抓生态文明建设，全党全国推动绿色发展的自觉性和主动性显著增强，美丽中国建设迈出重大步伐。习近平总书记三次赴陕西考察，生态环境保护是始终不变的关注重点。对陕西生态环境保护的高度重视和深切关怀，体现了总书记对家乡炽热的情怀。

在习近平生态文明思想的科学指引下，省委、省政府认真学习贯彻习近平总书记来陕考察重要讲话精神，牢记总书记的殷殷嘱托，始终把政治建设摆在首位，勇于担当、敢于创新，推动落实生态环境保护“党政同责”“一岗双责”，成立省委书记、省长为主任的陕西省生态环境保护委员会，不断加强顶层设计。协同推进生态环境高水平保护和经济社会高质量发展，突出抓好秦岭和黄河流域生态保护，深入打好污染防治攻坚战，推动生态环境质量整体迈上新台阶，奋力谱写陕西高质量发展中的美丽陕西新篇章。

持之以恒，坚决当好秦岭生态卫士。2019 年我省修订通过《陕西省秦岭生态环境保护条例》，专门为一座山立法，同时配套印发秦岭保护行动方案、总体规划、秦岭 6 市市级保护规划和 8 个省级专项规划等，形成“1+N”秦岭保护规划体系。曾经隐藏在秦岭山间的一些小矿山、小水电是秦岭挥之不去的“伤疤”。省政府积极推进秦岭矿权退出，涉及重点保护区以上的 169 个矿权完成退出；累计拆除 298 座小水电站、退出 81 座。涉及秦岭区域的市、县（区）不断健全秦岭生态环境保护“智慧监控+举报+暗访”制度，深化“五乱”问题治理，巩固拓展秦岭北麓西安境内违建别墅问题整治成果。通过综合施策、齐抓共管，秦岭生态环境质量持续向好，秦岭陕西段 90%以上的野生动植物物种得到有效保护，综合评价优良等级面积达到 96%以上，整体评价等级为“优”。近年来，我多次因工作走进秦岭，目睹着让秦岭美景永驻、青山常在、绿水长流的目标正在变为现实。

突出重点，坚定不移打造幸福河。党的十八大以来，黄河流域生态保护和高质量发展上升为国家战略，一系列黄河流域生态保护和高质量发展的方针政策在全流域落地生根，习近平总书记先后两次主持召开黄河流域生态保护和高质量发展座谈会并发表重要讲话。黄河流域陕西段涉及关中7市区和陕北两市，承担了全省83%以上的工业用水和78%以上的生活用水供应量，是全省经济社会发展的核心区。近年来，我省生态环境部门聚焦延河、石川河等重点河流及水质不达标断面，推行“一河一策”“一断一案”限期治理。“十三五”以来，陕西黄河干流105个问题排污口全部整治完成，黄河流域65个国考断面达到和优于Ⅲ类水质占比84.6%，黄河最大支流渭河入黄断面水质提升为Ⅱ类水，创近20年来最好水平。

习近平总书记强调要“用最严格制度最严密法治保护生态环境”，这句话蕴含着推动生态文明建设的方法论智慧。党的十八大以来，我们推进生态文明建设的一个鲜明特色，就是注重发挥制度管根本、管长远的作用。

十年来，我省相继出台《关于推进生态文明建设的实施方案》《关于深入打好污染防治攻坚战的实施意见》《关于构建现代环境治理体系的实施方案》等宏观层面改革方案，建立省级生态环保督察制度、“三线一单”分区管控制度、生态环境保护责任清单等中观层面制度设计，推进河湖长制、生态环保监测、执法、信息“三大体系”建设等微观层面制度安排……自2015年《中华人民共和国环境保护法》修订实施以来，我省先后制定修订《陕西省秦岭生态环境保护条例》《陕西省饮用水源地条例》等21部地方性法规，发布实施31项地方标准，生态领域法规制度建设不断加强，为推动生态环境保护发生历史性、转折性、全局性变化提供了制度保障。

建言资政，政治协商推进生态文明建设

省政协人口资源环境委员会作为省政协常委会和主席会议领导下的工作机构，工作职责和领域与生态文明建设密切相关。十年来，环资委充分发挥专门协商机构作用，“专”出特色，“专”出质量，“专”出水平，为推进生态文明建设贡献力量。

着力提高协商议政质量。十年来，省政协人资委围绕《陕西天然林保护条例》开展立法协商，围绕秦岭城镇乡村建设中的生态环境问题开展专题调研，就关中散煤治理开展提案办理协商……这一系列协商活动的开展，突出“探索创新”与“靶向建言”，突出构建专业化、多层次、立体式协商议政格局，使协商达到更好的扩面提质的效果，推动政协协商成果转化为推进生态文明建设的思路、政策、措施。

深入开展专题调研提高实效。十年来，省政协人资委聚焦生态文明领域重点问题，把握重要时点、节点，做到建言建在需要时、关键处。深入开展“黄河流域生态环境保护与高质量发展”“我省黄河流域水资源节约集约利用”等专题调研，提出了有针对性、建设性的意见建议，形成的专题调研报告得到省委、省政府领导的高度重视和重要批示，成为全省政协优秀调研报告，推动了有关工作的开展。

强化民主监督，彰显政协担当。十年来，省政协人资委每年开展

一项与生态文明建设相关的监督性调研。坚持问题导向，坚持求真务实，开展“抓好入黄排污口整改提升”“抓好入黄排污口整改提升民主监督调研‘回头看’”等监督性调研活动，所形成的意见建议，受到省级主要领导高度关注，一些务实建议被相关部门及时采纳。

主动作为，生态环境质量持续改善

良好生态环境是最普惠的民生福祉。天蓝水清地绿是陕西生态环保人一直追求的目标，也是三秦儿女对美丽陕西的憧憬。十年来，作为生态环保人，我参与并见证了陕西生态环境的逐步改善。

为了让三秦大地的天更蓝，生态环境部门不断强化汾渭平原大气污染联防联控，推行“一市一策”精准治霾，实施 PM2.5 和臭氧协同控制，2021 年空气质量六项指标全部达到国家二级标准，首次成为达标省份，大气污染防治取得里程碑式突破。

为了让三秦大地的水更清，生态环境部门系统推进重点流域水环境综合治理，严格水源地规范管理，持续开展城镇污水处理提质增效行动和城市黑臭水体整治，2021 年全省国控、省控断面达到和优于Ⅲ类水质断面占 91.5%，与 2015 年相比提升 34.6%。2022 年 1 月至 4 月，渭河干流、汉江干流、丹江干流、泾河干流、延河干流、渭河干流西安段、北洛河干流、黄河干流陕西段水质全部为优，创历年来同期最好水平。111 个国控断面中，Ⅰ类至Ⅲ类优良水质断面比例达到 97.3%，在黄河流域 9 省（自治区）中列第一位。

为了让三秦大地的土更净，生态环境部门强化农用地和建设用地土壤污染风险管控，开展全省531家土壤污染重点监管单位隐患排查和建设用地土壤污染状况调查评估，完成742个行政村生活污水治理。

按照“为子孙后代留下天更蓝、山更绿、水更清的优美环境”的目标，3800多万三秦儿女携起手来，让仰望星空、看见青山、闻到花香的梦想越来越近。

回顾党的十八大以来生态文明建设和生态环境保护发展之路，陕西这片三秦大地发生的绿色之变，根本在于习近平生态文明思想的科学指引和以习近平同志为核心的党中央的坚强领导，在于省委、省政府的高度重视、勇于担当，在于省人大、省政协一直以来的倾力推动，在于投身生态环境保护事业的干部群众的艰苦努力。

“志之所趋，无远弗届，穷山距海，不能限也”，作为过去十年来亲历、亲见、亲闻陕西生态文明建设和生态环境保护取得巨大发展变化的生态环保人，作为一名政协委员，未来我将始终牢记习近平总书记的殷殷嘱托，自觉做习近平生态文明思想的坚定信仰者和忠实践行者，用智慧的结晶不断为奋力谱写陕西高质量发展中的美丽陕西新篇章添砖加瓦，让仰望星空、看见青山、闻到花香的梦想越来越近，让绿水青山底色更亮，金山银山成色更足。

（作者系陕西省政协常委、人口资源环境委员会副主任）

十年栉风沐雨，砥砺奋进前行

——陕西生态环境十年变化之我见

○王成文

作为一名生态环境保护工作的亲历者，我亲眼见证了党的十八大以来十年美丽陕西建设走过的非凡历程。这期间，不论是在政府部门生态环境保护工作一线，还是在省政协为美丽陕西建设建言献策，我始终以责无旁贷的使命感、直面矛盾的责任感和时不我待的紧迫感，积极投身三秦大地生态文明建设中。党的十八大以来，以习近平同志为核心的党中央高度重视陕西生态文明建设和生态环境保护，几次来陕考察并就我省生态文明建设和生态环境保护工作做出重要指示。总书记强调“陕西生态环境保护，不仅关系到自身发展质量和可持续发展，而且关系全国生态环境大局”，要求“以‘功成不必在我’的胸怀，把秦岭生态环境保护和修复工作摆上重要位置，履行好职责，当好秦岭生态卫士”，指出“要深入贯彻‘绿水青山就是金山银山’的理念，把生态治理和发展特色产业有机结合起来，走出一条生态和经济协调发展、人与自然和谐共生之路”。这些重要指示和要求，不仅体现了总书记对家乡的无限深情和炽热情怀，更是体现了一位大国领袖推动绿色低碳发展的全球视野、使命担当和坚定意志。十年来，在省委、省政府的坚强领导下，全省上下牢记总书记的殷殷嘱托，认真贯彻党中央决策部署，勠力同心、锐意进取，攻坚克难、担当作为，自觉强化和拓展生态环境保护工作的力度、广度、深度，三秦大地生态环境保护发生了历史性、转折性、全局性变化。可以说，这十年是陕西生态环境保护事业发展史上具有里程碑意义的十年。十年来，全省生态环境保护思想认识程度之深、污染治理力度之大、制度出台频度之密、执法督察尺度之严、环境改善效果之好、生态红利释放之多前所未有，生态文明理念日益深入人心，人民群众的生态环境获得感、幸福感、安全感显著提升。

十年来，全省各级认真贯彻党中央、国务院决策部署，坚持把生态环境保护放在“五位一体”和五大发展理念的大局中统筹、谋划和推进，从陕西实际出发，持续深化生态文明领域体制机制改革，不断健全地方生态环境法律法规，源头严防、过程严管、后果严惩的生态文明制度体系逐步完善。积极推进生态环境保护制度顶层设计，生态环保“党委政府同责、政府全面负责、环保统一监督、各部门依法履职、全社会广泛参与”的工作格局基本形成。河长湖长制、国家公园试点、环保机构垂直管理等改革扎实推进，空气、水环境补偿制度不断扩展，生态环境损害赔偿制度不断完善。省委、省政府先后制定修订渭河流域管理条例、大气污染防治条例、放射性污染防治条例、固体废物污染环境防治条例、秦岭生态环境保护条例等21部地方性法规，发布实施锅炉大气污染排放、关中地区重点行业大气污染物排放、农村生活污水处理设施水污染物排放等31项地方标准。当前，全省生态环境保护“四梁八柱”性质的制度体系基本形成，相关改革举措逐步落地见效，法规体系更趋完善，制度和法治的引导、规制效能进一步发挥，生态环境制度保障更加全面更加有力。

全省上下认真贯彻国家大气、水、土壤污染治理措施要求，坚决打赢打好污染防治攻坚战标志性战役，以更高标准打好蓝天、碧水、净土保卫战，生态环境质量显著提升。关中地区空气质量逐步提升，2021年，全省10个国考城市PM2.5平均浓度比2015年下降35%，空气优良天数平均由276天提高到295.4天，重污染天数由14天减少到3.6天，人民群众蓝天幸福感明显增强。其中，西安市2013—2021年优良天数由138天提高到265天，重污染天数从67天减少到15天，PM2.5浓度下降61%。主要河流水质持续改善，2012—2021年，纳入监测的水体Ⅰ—Ⅲ类比例由54.2%上升至91%，劣Ⅴ类由23.7%下降至2.7%。渭河入黄出境断面水质由治理前的劣Ⅴ类稳定达到Ⅱ类，实现了从黑臭到清再到美的蜕变，成为“生态渭河、景观渭河、安澜渭河”，被评为全国首批“最美家乡河”；汉江、丹江、嘉陵江出境断面水质稳定保持Ⅱ类，确保了南水北调水质安全。纳入国家“十三五”考核的27个地级以上城市集中式饮用水水源水质达标率100%。累计完成了4989个行政村的农村生活污水治理，直接受益人口约400万。土壤污染治理和风险管控不断强化，完成65.05万亩受污染耕地安全利用和严格管控任务，完成102个涉农县（市、区）耕地土壤环境质量类别划分。

十年来，全省统筹山水林田湖草沙系统治理，以秦岭、黄河流域为重点，持续推动重要生态系统保护和修复重大工程。按照保护优先、衔接整合、有效管理的原则，把全省行政区域统筹划分为优先保护、重点管控和一般管控三类环境管控单元共计1381个，实施生态环境分区管控。初步建立“1+3+13+X”分区管控体系。十年来，全省累计造林4532万亩、退化林修复和森林抚育3582万亩。全省森林覆盖率增加近4个百分点，达到45%以上，森林蓄积增加1.1亿立方米，达到5.67亿立方米。与此同时，进一步加快自然保护地体系建设，全省各类自然保护地达到270处，其中国家公园1处、自然保护区60处、自然公园209处。大熊猫国家公园正式设立，陕西片区建设快速推进。十年来，全省坚持保护优先、自然恢复为主的方针，积极打造“两屏”“三带”“多级廊道”的国土空间生态修复格局，强力推动生态环境保护修复一体化治理，受损的生态系统得到有效恢复，全省生态屏障得到大力加强，生态安全得到明显保障。

全省环境监测网络织牢织紧，共建成了由242个省控以上各类空气自动站组成的大气环境质量监测网络，实现所有县区全覆盖，建成了184个覆盖全省黄河、长江两大水系83条河流和4个湖库的手工水质监测网、80个省控以上水质自动监测站、170个县级以上城镇集中式饮用水源地组成的水质监测网，建成了1163个覆盖全省所有县（区）和土壤类型的国、省土壤环境质量监测网和2226个覆盖全省11个市（区）的声环境质量监测网，关中地区实现电磁辐射自动监测网全覆盖，全省水陆统筹、天地一体、上下协同、信息共享的生态环境监测网络初步建成。环境网格化监管全面覆盖，始终保持对各类环境违法行为的严管态势，2013年至2021年，全省共出动执法人员119.3万人（次），检查企业34万余家（次），处罚环境违法企业4.9万余家，处罚金额超过17亿元。全省环境风险防控能力显著增强，建成了高效灵敏的突发环境事件及核与辐射环境应急指挥系统，着力推进环境安全监管，持续开展大气、饮用水源地、尾矿库、工业园区等专项环境安全隐患排查，集中开展陕北原油管道泄漏污染整治，强化环境应急管理，环境污染事故呈现总体下降趋势。2021年共发生突发环境事件九起，比2013年（118起）下降92%。

全省各级各部门充分发挥生态环境保护对经济发展的闸门、控制、调节、倒逼和引领作用，持续深化“放管服”改革，全面下放环评、辐射、固废等行政审批许可事权，大幅压缩审批时间。将全省重点项目纳入全省环评审批服务台账，提前介入、主动服务。推行环评审批和监督执法两个“正面清单”，对56类行业实行告知承诺审批，1921家企业纳入环评审批正面清单。对35个行业3068家企业实施重污染天气应急减排措施“一厂一策”。通过积极发挥生态环境保护在服务全省高质量发展中的作用，不断强化环境硬约束，推动去除落后和过剩产能，从而更好推动地方发展转型和产业升级。组建全国首家省属环保产业集团，旗下企业坚持“环保为民、产业报国”，引领带动全省生态环保产业不断实现新的突破，得到跨越发展。

省委、省政府成立主要领导任组长的省生态环境保护委员会，统筹协调环境保护工作重大问题。召开全省生态环境保护大会，出台坚决打好污染防治攻坚战实施意见和深入打好污染防治攻坚战若干措施。制定《关于构建现代环境治理体系的实施方案》，提出构建我省现代环境治理七大体系41项具体改革举措具体任务。省人大常委会先后围绕秦岭、大气、水、固体废物及土壤等污染防治多次开展调研和专项执法检查，省政协多次召开生态环境问题专题座谈会和专项调研，推动形成了齐抓共管的生态环境保护大格局。完善环境信息公开制度，加强生态环境舆情监管，积极回应社会关切，采取多种形式培育普及生态文化，宣传生态环境保护工作，注重调动与依靠全社会的力量，努力营造全民参与生态环境保护的良好氛围。

阔步再踏新征程，凝心聚力再出发。当前和今后一个时期，我省生态环境保护仍然处于关键期、攻坚期、窗口期。受自然禀赋、产业结构等因素的影响和制约，生态环境保护结构性、根源性和趋势性压力尚未根本缓解，生态环境保护工作任重道远。前不久召开的省第十四次党代会，明确提出了未来五年“生态环境品质更高”的目标要求。作为一名曾经从事生态环境保护的工作者，我将认真学习习近平生态文明思想，积极主动投身全省生态环境保护工作之中，时刻关注生态环境保护的最新动态、时刻准备投身生态环境保护的具体实践，以实际行动在美丽陕西建设中积极发挥作用，不断贡献力量。

（作者系陕西省政协委员）

从香江、曲江到浐灞

——陕西这十年

○杨莉瑶

1969年，刚到而立之年的父亲，在香港观塘创办了香江国际针织制衣厂（香江国际集团的前身），开启了他的事业生涯。1995年，香江国际集团正式进入内地市场，并进军房地产行业。2008年，在陕西省委、省政府、省委统战部各部门的大力支持下，我们对国家西部、陕西、西安的地产形势做了前期调研，对曲江、高新、浐灞等重点区域发展情况和未来投资机会进行研判。当地政府十分清楚引进港资、外资企业促进区域发展的重要性，于是在政府和统战部门大力推动下，当地给我们提供了各项有利政策，而此战略布局也符合集团“创造地段价值”的投资理念，最终我们决定将集团入陕的第一站放到西安浐灞。自从有了这家公司，我和陕西就结下了不解之缘。彼时的我，对中国内陆地区的了解较少，经常去的城市也仅限于北京、上海、深圳。2010年起，因公司业务需要，以及后来成为陕西省政协委员，我便开始频繁往返于陕西与香港之间。正是这个机会，让我开始了解作为中华民族及华夏文明重要发祥地之一的陕西。

陕西是读懂中国的窗口

至今我还记得，当年初次入陕，我并未直接开展工作，而是采纳了当地员工的建议，用十天的时间，去了解和感受陕西的名胜古迹、风土人情。这次文化之旅，我从穿越千年的西安曲江出发，一路上，我充分体会到了祖国西部大好河山之秀美：在华山，当登上南峰绝顶的那一刻，我抬头仰望，只觉天近在咫尺，心中自有一股伸手便可摘星辰的豪情涌现。我低头远望，那群山连绵起伏在云雾之间，黄河如丝带般蜿蜒；从永宁门登上城墙，摸着斑驳的墙砖，感受着它的历史底蕴；在秦始皇陵兵马俑前，我凝神注视着一尊尊的兵马俑，他们或披战甲、或着战袍，有的手掌虚握，有的似双手拉弓，有的似手持长戟，还有的似驾战车，此时我的耳边竟仿佛传来了大秦披甲锐士们那“岂曰无衣？与子同袍”的战歌……我沿着蜿蜒绵长的“曲江”顺势而上，有幸看见这华夏文明的发源地与全新的时代命题碰撞出的夺目火花！

香江融入陕西的发展

旅途结束了，我便返回项目公司所在的浐灞新区。很清楚地记得，当我乘火车快抵达西安的时候，有人提醒灞河到了。我急忙向外望去，当时只看到那大大小小的石块遍布河滩，冒着白色泡沫的细水纷纷绕着石块流过，垃圾漂浮物和死去的鱼尸正顺流而下。方才还在赞叹大陕西自然风光无限美的我，此刻竟觉得难以置信——这就是我想象中“水清碧如黛，柳绿随飞舞”的浪漫之地灞河吗？后来，在履职委员工作的走访调研期间，听当地的朋友介绍：没开发前的灞河河滩上，大坑小坑布满了河道，大沙山小沙山堆积在河床。因为灞河的沙子是不错的建筑材料，所以灞河简直成了沙料场。而灞河旁边的道路更因为拉沙子而被碾轧得泥泞难行。天旱时，河床裸露，黄沙漫天；天涝时，洪水暴发，路垮田毁，当地居民怨声载道……

终于，久盼的春风要吹绿三秦大地！党的十八大以来，以习近平同志为核心的党中央深刻总结了人类文明发展规律，将生态文明建设纳入中国特色社会主义“五位一体”总体布局和“四个全面”战略布局，推动中国绿色发展道路越走越宽广，引领中华民族在实现伟大复兴征程上阔步前行。2012 年，习近平担任总书记后首赴外地考察时就谆谆告诫：“我们在生态环境方面欠账太多了，如果不从现在起就把这项工作紧紧抓起来，将来付出的代价会更大。”

说干就干，还要撸起袖子加油干！2012 年开始，浐灞生态区建设工作受到了国家、省、市环保部门的高度重视和大力支持，各级领导还亲自到生态区考察并指导建设工作，社会各界也在持续关注。发展绿色西部的号角吹响了。远景规划、征地划区、治理河道、修路建桥……十年来，随着浐灞生态区生态环境质量的大幅提升，基础设施和城市功能的不断完善，特别是随着 2015 年地铁 3 号线的开通，国际会议会展中心、欧亚经济论坛、西安世界园艺博览会、浐灞金融商务区、浐灞国家湿地公园等重点项目的启动和深入推进，浐灞生态区知名度和影响力日益提升，浐灞已发展成生态环境优越、产业发展超前、宜居宜创业的生态商务区新城。此时，我正有幸参与由香江国际集团投资的、作为我们集团与浐灞政府共同建设的浐灞金融商务区城市综合体——“西安财富中心”的项目建设，我将始终坚持立足本职工作，主动承担起社会责任，贯彻落实党中央指示的“新区开发支撑生态建设”发展思路。目前，该项目中的“香江湾”住宅区已成为当地绝佳的河居生活奢享地。同时，在党和政府的大力支持和推动下，我们集团的项目后期还将逐步建成集甲级写字楼、金融服务、商业购物、休闲娱乐、高级居住等诸多功能于一体的城市综合体，并与国家建设开发银行、宝能新天地中心、西部证券中心、西格玛广场、苏陕国际金融中心、灞河西路滨河改造等项目共同推动浐灞金融商务区的快速发展，为金融区核心区域打造地标性商务群建筑。如今，“生态赋能”的浐灞新区已经成了我的“第二个家”。沐浴着党和政府的关怀，感受着文明发展的节奏，一种幸福和自豪感在我心里油然而生，我感激崛起的强大祖国，感谢人民的带头人！我总爱站在蜿蜒的步行桥上，欣赏河岸远处的高楼上展现科技创新的霓虹灯秀。霓虹不是幻象，而是警语，它提示着我们要珍惜美好的今天，遵纪守法、和谐共生才会鸟语花香、安居乐业、国泰民安、源远流长。身为政协委员，我做的事业就是我的责任和使命。回归情满，我将继续引流香江水，融入陕西的发展。

西部大开发与大湾区建设优势互补，实现强国梦

实施西部大开发战略，加快中西部地区发展，是党中央总览全局、面向 21 世纪做出的重大决策。其对于扩大内需，推动国民经济持续增长，促进经济协调发展，最终实现共同富裕，加强民族团结，维护社会稳定和巩固边防，都具有十分重要的意义。

被列入“十四五”规划中的大湾区建设、融入“双循环”发展的香港，目前迎来了前所未有的新机遇。在“十四五”规划指导下，香港成为内外循环的交会点、国内循环的参与者以及国际循环的促成者。

十年来，我明显感受到我们这群港商对陕西的兴趣在“升温”，省政协以及省、市委统战部联络办公室等也在不同层面组织调研和活动，帮助港资企业进一步融入陕西和加大对陕西的投资和发展。身为政协委员，我不仅按时出席政协会议、积极参加政协活动，而且善观察，勤学习，为促进中西部进一步发展，敢于建言献策，为助力多方发展出一份力是我的职责。近年来，我在推动陕西省、香港两地优

势互补的工作中发挥了积极的作用：

2019 年 1 月 15 日，我参加了金融助推陕西发展三个经济座谈会；

2019 年 3 月 27 日，我参加了传达两会精神、通报省政协 2019 年视察调研计划、港澳台侨和外事委员会 2019 工作要点简报会；

2019 年 5 月 13 日—5 月 17 日赴榆林考察；

积极参加中联办协调部和港区、省级政协委员联谊会组织的会议、考察、讲座、培训等。

2018 年至 2022 年共提交提案五件，其中《关于深入陕港合作，促进西安服务业快速发展的建议》《探索自由贸易港促进区域协同开放的五点建议》《东西部资源共享基础设施互联优势互补，实现产业转移转型升级高质量发展——对西部大开发融入大湾区建设的有关建议》等提案都与陕港共享新机遇、同心促发展息息相关。

此外，为了更好地融入国家发展大局，为了实现习近平总书记擘画的奋力谱写陕西新时代追赶超越新篇章宏伟蓝图，我们香江国际集团在陕企业还牵头创立了“西安侨商会”。商会主要为在陕侨商服务，通过组织会员以各种形式加强联谊和合作，发现并提炼陕港澳全方位、多层次、宽领域的合作共性，既促进侨商对西安的投资发展，更助力陕西经济高质量发展。

如今，伟大的“一带一路”倡议将陕西和香港串联起来。香港有机会成为“一带一路”中的杠杆支点和权益转换器。陕港经济有很强的互补性。香港是个以服务业为主的经济体，从事服务业的企业达到

95%。而陕西的房地产、酒店、营销设计、金融、物流等行业对港商来说，提供了非常好的发展空间。与此同时，对于陕西企业来说，香港也是一个助力他们走出去的绝佳平台。

对于未来，很多港商抱有强烈期待。作为在西安投资多年的港商，我们见证了陕西的蓬勃发展，我希望陕西、香港两地借力“一带一路”，通过香港特区经贸办、贸促会等平台，多多举办相关经济、科技、教育、文化等方面的交流活动，同时希望政府对没有内地投资经验的中小企业及香港同胞提供更多支持，让更多港商及香港人才“慕名而来”。

委员畅想：沿着总书记的足迹大江奔涌绘宏图

写这篇“委员说”，我是很感慨的：从没有哪个十年，像我们经历的这个十年，困难与希望同在，挑战与机遇共存。中国人民一起经受了疫情和汛情的严峻考验，一起摆脱了绝对贫困，一起畅享全面建成小康社会的千年梦想，一起庆祝了新中国成立 70 周年、中国共产党成立 100 周年的伟大光荣的时刻！目前，陕西省的综合实力正稳步上升，改革开放持续深化，民主法治深入推进，文化自信不断增强，人民生活水平显著提高。

非凡十年，大道向前。走在新时代的大路上，我必须认清大势、找准定位、抢抓机遇，坚持跟党走。我会全面贯彻党的十九大和十九届历次全会精神，把认真学习贯彻习近平总书记三次来陕考察的重要讲话重要指示，作为当前和今后一个时期的使命任务。我一定不负韶华，扎根基层，用实际行动为陕西高质量发展尽一份力量。从“香江”到“曲江”再到“浐灞”，我身为炎黄子孙华夏子民，始终不忘心手相连，逐梦中华！我作为政协委员，面对新时代新要求，则更要牢记责任与担当，不忘初心，与时俱进，为党和人民服务！

（作者系陕西省政协委员，香港香江国际集团董事，香江汇天下茶业有限公司董事、总经理）

榆林从“沙进人退”到“绿进沙退”的转变

○冯　帅

榆林，古称“上郡”，亦称驼城，地处陕北，是一座美丽且独具特色的城池，不仅是由明代的九边重镇拓建的古城，在今也是能源新都。这里有被称为“万里长城第一盛景”的红石峡，红岩对峙、杨柳成荫，行走其中可以感受宋元时期的石窟艺术及文人墨客的摩崖石刻；这里有距今400年历史的明长城最大的瞭望台——被称为“万里长城第一台”的镇北台；这里还有“沙漠明珠”红碱淖以及古色古香的楼阁、四合院。独具历史风韵的文昌阁、万佛楼、新明楼、钟楼、凯歌楼、鼓楼屹立在街道边，构成了古朴风韵的步行街美景。榆林的神秘与壮观一直在我们心头萦绕，使我们时刻感慨她独特的美。

我们在欣赏榆林美景的同时，亦对她满怀感激，她在这样贫瘠的环境下养育了代代憨厚淳朴的榆林人。榆林北边，古长城遗址在这里蜿蜒连绵，而隔着长城与她相望的，就是著名的毛乌素沙漠，同时榆林又处于毛乌素沙漠与黄土高原过渡带，由于她所在特殊的地理位置，加上气候的不断演变，以及长期人为过度的垦殖，种种原因使得新中国成立前近百年间，漫漫黄沙越过长城，向南侵袭了 50 多公里，毛乌素地区逐渐沦为茫茫大漠，当地生态遭受严重破坏，榆林也因此被赋予了另一个名字——“驼城”。

“一年一场风，从春刮到冬”，“风刮黄沙难睁眼，庄稼苗苗出不全。房屋埋压人移走，看见黄沙就摇头。”都是我们曾经对榆林这座城市的固有印象。榆林这座城市荒漠化和沙土地占据了全省 99% 的比例，严重的水土流失导致庄稼十年九不收，这里的人回忆起以前播种时说，春季种下农作物后，还得盖上沙柳、沙蒿，防止大风刮过，带走刚播种的种子。春季挖好的水渠，日日风吹，到了夏季水渠就会被沙子填埋，又得重新挖，大家生活苦不堪言。榆林迫切地需要向沙漠进发，植树造林，改善生态环境成为百姓安居乐业以及城市发展建设的唯一出路，治沙工程刻不容缓。

“每个榆林人肩上都担负起生态文明建设的责任，在这条艰难的治沙植绿的路上，榆林人展现出了勇猛的干劲和奋斗精神。”这是榆林治沙植绿的生动写照。榆林人以不达目的地决不收兵的劲头，斗志昂扬、敢想敢干、精准施策，为家乡发展扩出了一条绿荫大道。

绿化城市，就是开展植树造林活动，用绿色植物把我们脚下的土地覆盖起来，挖坑、浇水、栽苗……瞧，这片山头比那片更热闹，每年春天来临，一群爱绿护绿的志愿者义务植树。大家撸起袖子，挖坑、扶树、培土、浇水、栽植，铆足干劲，分工协作，干得不亦乐乎，看着一棵棵自己亲手栽下的小树苗，觉得十分欣慰。“前人栽树，后人乘凉”，我们就是希望能为子孙后代留下一个更好的环境，为榆林的青山绿水贡献一点自己的力量。

从20世纪五六十年代开始，榆林便在长城沿线上进行国有林场和大型苗圃试验示范区的建设，其中国有林场20个，苗圃试验示范区10个。秉承着实践出真知的理念，在反复实践后，我国最早的沙区飞播造林种草试验在榆林开创性地开展了，建设了四条大型防风固沙林带和农田防护林网。凭借着飞播造林技术这一沙漠地区关键造林技术，榆林使荒漠地带也披上了“绿装”。20世纪80年代开展了大规模飞播造林和大户承包造林活动，在此期间涌现了一批全国治沙造林的英雄模范，成为后代人治沙的标杆。

进入21世纪以后，榆林出台了《关于加强生态文明建设打造黄土高原生态文明示范区的决定》等一系列文件，先后开展了三年植绿大行动、林业建设五年大提升行动，启动了三北防护林、退耕还林等国家重点工程，并取得了傲人的成绩。国家林业和草原局原局长张建龙曾给予榆林治沙高度评价，他说：“中国的防沙治沙是从榆林走出来的，榆林成功的防沙治沙经验，正在引领中国乃至世界防沙治沙工作的走向。”尤其是在改革开放后，榆林第一时间响应国家政策，在政策的引导下积极践行退耕还林、植树造林的工作，在此期间，综合了南北不同的地貌，形成“南治土、北治沙”的针对性防治体系。多年来，从“哪里有风哪里栽，要把风沙锁起来”“哪里有空哪里栽，再把窟窿补起来”“适地适树合理栽，又把三松引进来”，到“乔灌混交立体栽，绿色屏障建起来”，再到“打造精品连片栽，增值增效富起来”，榆林从没有停下脚步，在实践中不断地总结治沙造林的经验，不断摸索，曲折前行，先后经历了试验摸索阶段、集体大规模整治阶段、改革开放转型阶段和生态建设全面发展阶段，取得了莫大的成效，且成绩斐然。

大漠驼迹绝，塞上柳色新，历经 70 年一代又一代人的治理，榆林实现了从“沙进人退”到“绿进沙退”的历史性飞跃。一代又一代治沙人“誓让荒沙变绿洲”的决心凝结成不屈不挠、敢为人先的“榆林治沙精神”，“拴牢”流沙，播种绿色，是他们坚守的理念。在“榆林治沙精神”的感染和代代榆林人的努力下，榆林摘得了众多的荣誉桂冠，其中包括全国生态保护与建设示范区、全国绿化先进单位、全国防沙治沙综合示范区、国家卫生城市、省级环保模范城市、省级园林城市、省级生态园林城市等。这些都为榆林后期的发展奠定了基石，使得榆林近十年在此基础上实现了质的改变。

昔日的“沙漠之城”如今华丽转变为绿色之城，如今的榆林天更蓝，“明月出天山，苍茫云海间”；如今的驼城榆林山更绿，“江作青罗带，山如碧玉簪”；如今的塞北榆林水更清，“明月松间照，清泉石上流”，丝毫没有曾经狂风卷着黄沙在空中飞舞的影子。曾经风沙肆虐的不毛之地如今成为人与动物的宜居之地，470 种野生动物中有 37 种国家二级以上的野生保护动物在这片土地栖息。榆林湿地面积位列陕西省第二，高达 69 万亩，同时建立了各级的湿地公园、森林公园、沙漠公园、沙漠绿洲，成为生态乐园。

2016 年榆林提出创森申请，2017 年获得批复，并被列为国家西部干旱半干旱沙区创建国家森林城市的试点，予以示范带动和技术支持工作，榆林创森为我国西部干旱半干旱地区树立了学习和借鉴的样板，具有重要意义。此外榆林按照“塞上森林城 宜居生态市”建设规划定位，科学编制了《榆林市国家森林城市建设总体规划（2017—2026 年）》，提出“一核、两区、三带、四廊、多片、多点”的总体布局框架，实施城市绿化增绿、绿色长廊建设、沙地治理提升、退耕还林建设、河流水系绿化、美丽乡村建设、能源企业造林绿化、林业产业化富民、森林资源和生物多样性保护、林业基础保障能力建设十大主体工程，努力形成完整的城市森林生态体系、发达的林业产业体系、繁荣的森林文化体系和健全的森林支撑体系，全面实现生态宜居、产业发达、文化丰富、人民增收、绿水青山的发展目标。

榆林的治沙工作有着明显成效，但榆林人民深知治沙工作是一项长期艰巨的任务，不能有丝毫松懈。20 世纪人工营造的防护林渐渐显现出许多问题：首先是防护林生长陆续进入成熟期，生理老化衰败的现象日益严重；其次森林的生态功能不强，不能满足当前的生态需求；此外资源保护也面临着严峻考验，部分地方为了眼前的利益违规占用林地，毁林开矿，种种因素导致沙尘天气在 2021 年多次出现，这一现象给我们敲响了警钟。

近年来，榆林通过转变理念和改善技术，不再局限于单纯的造林种草，而是上升到了新的高度，开始关注环境的持续改善，科学绿化。榆林开展了防止二次沙化及国土绿化五年行动，加快绿色由浅到深的转变，目标在 2025 年全市 70% 以上的可治理沙化土地得到治理，草原综合植被覆盖度稳定在 60% 左右，沙区植被覆盖达到 65% 以上；同时动员开采企业履行社会责任，鼓励和引导有意愿的企业、社会资本与相关部门合作参与生态文明建设。

随着茫茫的沙海变成了绿洲，榆林因地制宜建立了以种植业、养殖业、加工业、旅游业、新能源为主的沙产业体系，沙区的经济社会可持续发展得到了强力保障，榆林创造的绿色奇迹不仅改善了一个地区的环境，同时也带动了当地的经济发展。“沙害”转变为“沙利”，从沙漠小城到国家级能源化工基地，从低矮的平房到鳞次栉比的高楼大厦，从塞上古城到现代化城市，榆林的城市发展犹如一张美丽的画卷徐徐展开，城市的功能日益完善，城市形象日新月异，榆林人民无时不在惊叹着她的变化。

如今的榆林市是名副其实的“塞上明珠”、沙漠绿洲，这与党的好政策分不开，与榆林人的坚韧与执着分不开的，榆林人民用治沙精神创造了东方神话与绿色奇迹。

（作者系榆林市政协委员，榆林市和硕财务咨询管理有限公司总经理）

绿水青山焕新颜　生态文明新商洋

○曹建刚

在秦岭的南坡
有个地方叫商洛
摘一朵白云给你
掬一捧清泉给你
唱一支山歌给你
我的商洛 我的商洛
哎呀……
秦岭里最美的地方是商洛

2010 年 4 月 28 日在商洛市商鞅广场，首届中国秦岭生态旅游节隆重开幕。《秦岭最美是商洛》是由贾平凹作词，赵季平作曲，谭晶演唱的歌曲，也是首届“中国秦岭生态旅游节”主题曲。秦岭里最美的地方，正是歌词里赞美的陕西省商洛市。“秦岭最美是商洛”也成为宣传商洛、推介商洛的最佳宣传口号，陕西省乃至全国人民自此都记住了商洛——这个秦岭里最美的城市，也吹响了商洛创建生态文明城市的号角。

日积月累，久久为功。“十二五”、“十三五”期间，商洛市先后荣获首批国家农产品质量安全市、国家森林城市、中国气候康养之都、全国绿化模范城市等称号。不负青山绿水、不负人民厚望，绿色商洛高质量发展重任在肩，“十四五”开启新征程，商洛市将深入打好污染防治攻坚战，积极推进生态环境治理体系现代化，提高综合治理能力，推动生态环境质量持续改善，使“秦岭最美是商洛”的底气更足、成色更好。

商洛是全省唯一全域处于秦岭腹地的山区城市，是国家南水北调中线工程重要水源涵养区。2020 年 4 月 20 日，习近平总书记来陕西考察时，第一站就来到商洛市柞水县，在秦岭牛背梁国家级自然保护区，实地察看秦岭生态保护工作。他强调，秦岭和合南北、泽被天下，是我国的中央水塔，是中华民族的祖脉和中华文化的重要象征。保护好秦岭生态环境，对确保中华民族长盛不衰、实现“两个一百年”奋斗目标、实现可持续发展具有十分重大而深远的意义。这为商洛做好秦岭生态环境保护工作指明了前进方向、提供了根本遵循、提出了明确要求。商洛始终牢记“国之大者”，坚决当好“秦岭生态卫士”，落实四级网格人员，形成了“共建共治、齐抓共管、全民参与”的秦岭生态环境保护格局，协同推进人民富裕、国家强盛、中国美丽。

总书记的殷殷嘱托，商洛人民始终牢记在心、落实于行。两年来，全市上下深入践行“绿水青山就是金山银山”理念，坚决扛起生态文明建设的政治责任，全方位、全地域、全过程加强生态保护，努力在商洛大地描绘出山青、水秀、河畅、岸绿、景怡的美丽风光。

在整治和修复并行的“双轮驱动”下，秦岭生态环境得到迅速改善。数据显示，商洛市森林覆盖率达到 69.56%，林木蓄积量达到 4318.7 万立方米，成为全省植被分布最好的地区之一；地表水环境质量连续四年居全省前列，全市九个县级以上集中式饮用水水源地水质达标率 100%；珍稀野生动植物数量不断增加、生物多样性稳步恢复，生态环境质量综合指数显著提高，全市拥有森林公园、自然保护区、湿地公园、地质公园、风景名胜区总数居于全省前列。我市先后被授予“国家森林城市”“陕西省森林旅游示范市”“陕西省核桃产业强市”等荣誉称号，切实筑牢生态安全屏障，因林而美、因林而富的目标正在成为现实，人民群众对优美生态环境的获得感和幸福感得到了极大提升。“山水园林城市、旅游康养之都”成为我市新名片。

成群的白鹭、赤麻鸭等珍稀水鸟飞抵丹江湿地公园，千亩荷塘碧叶连天，万亩桃花竞相盛开，金丝峡流泉飞瀑，牛背梁上绿树成荫、郁郁葱葱……春夏之交的商洛大地处处生机盎然，“青山不墨千秋画，绿水无弦万古琴”的自然生态之美令人流连忘返。

与此同时，商洛确定每年4月20日为“秦岭生态卫士行动日”，全方位、多角度宣传秦岭生态环境保护工作，积极动员引导，培育生态文明意识，敬畏秦岭、关心秦岭、保护秦岭的氛围日益浓厚，“绿水青山就是金山银山”理念深入人心。

十年来，商洛市坚持不懈推进退耕还林、天然林保护等生态修复工程，围绕美丽陕西和生态商洛建设目标，将全市“两岸三线四区”（大江大河两岸，高速路、铁路、国省道沿线，中心城区、县城区、重点集镇区、主要景区周边区域）重点区域和市区城周绿化作为生态修复治理的主战场，开展“十万苗木扮鹤城”和“十万花卉香满城”行动，实现了“绿满商洛”生态愿景，建成四季常绿、三季有花的魅力城区，树立了新时代生态建设的标杆。

过去的十年，是生态绿色点缀辉煌的十年。呵护最美蓝天、保护一江清水、守护秦岭生态已成为商洛人的共识。持续向好的生态环境质量，为建设“中国康养之都”、打造“一都四区”厚植了发展底色。

2022年3月23日—3月25日商洛市第五次党代会举行，会议做出了精心打造商洛市中国康养之都、高质量发展转型区、生态文明示范区、营商环境最优区、市域社会治理创新区“一都四区”的战略部署，吹响了商洛市创建“生态文明示范市”的冲锋号。从此商洛市的绿色发展势能将转换为更加强劲的绿色发展新动能，迈向绿色生态文明发展的快车道，切实将商洛绿水青山“好颜值”转化为金山银山“好价值”。未来，“相约22℃商洛·畅游中国康养之都”将成为商洛市的新名片，商洛市将作为一只丹鹤一鸣惊人，一飞冲天。

推窗可见绿，抬脚即进园。一条条绿道串联起散落在城市的公园，一项项便民惠民的基础设施不断提升。商洛市新建 22 个城市公园，绿色资源价值进一步释放，生活空间宜居度将进一步提高。如今的商洛，城市建设步伐铿锵，更具魅力、文化底蕴更深、景观更具创意。随着安宁商洛、礼仪商洛、22℃商洛、精致商洛建设快速推进，一个宜居、康养、旅游的现代化山水园林生态文明城市正敞开怀抱，欢迎八方来宾。

正所谓“绿水青山焕新颜，生态文明新商洛”。商洛，我爱你我美丽的家园。

（作者系商洛市政协委员，商洛市农业科学研究所高级农艺师）

猕猴桃人的追梦之旅

○马康利

党的十八大召开后的十年里，陕西在中共中央的领导和关怀下，坚持稳中求进，积极适应经济新发展变化，注重生态文明建设。从绿色循环发展到红色血脉赓续，从黄土高原生态治理到非物质文化遗产传承保护，从始终同人民站在一起、想在一起、干在一起到培养德智体美劳全面发展的社会主义建设者和接班人，都是党中央和习近平总书记关心的大事。在这个过程中，各级政协委员以高度的责任感和使命感，积极参政议政，认真履行职责，与广大人民群众一起，开启了全面建设社会主义现代化国家的新征程。作为一名政协新兵，以及乡村振兴战略的践行者和受益者，我在周至猕猴桃产业发展过程中对新发展理念有许多思考。

我对新发展理念的认识是从一颗小小的猕猴桃展开的，我的家乡周至是全球最大的猕猴桃生产基地，我和我的两位老师都是猕猴桃产业的追梦人。2019 年 5 月，周至顺利实现脱贫摘帽的目标，这得益于党的脱贫攻坚政策和猕猴桃产业的繁荣发展。回望 20 世纪 80 年代，周至经济发展落后，农民以种粮为主，勉强维持生计。如何致富和靠什么致富是当时亟待解决的问题。当时陕西省农业厅在农业部的统一安排下，启动“秦巴山区猕猴桃资源普查及利用研究”项目，时任周至县园艺站站长的老党员张清明，担任了该项目的技术负责人，经过无数次失败和十年的艰苦努力，他成功地把猕猴桃从秦岭山上引到了农民的田间地头，还培育出陕西第一个猕猴桃品种“秦美”并进行推广，在周至实现了猕猴桃产业从无到有的突破，为农业创新发展找到了新路子。他也因此被誉为“中国猕猴桃研究的先头兵”“中国猕猴桃规模化栽植的第一人”“把周至猕猴桃推向世界的第一人”。

新路子虽然有了，但由于没有系统成熟的生产技术方案，猕猴桃产量低，依然是农民致富难以突破的瓶颈。陕西省劳动模范、政协周至县第十五和第十六届常委吕岩，继承了张清明不怕苦、有担当的精神，通过大量走访调查，他发现当时“短截多头”的修剪方法限制了猕猴桃单产的提高。为此，他顶着家人的反对，冒着可能失败的风险，在自家 1.8 亩果园中进行不同修剪方法的对比实验。通过对连续三年的果园架面覆盖率、萌芽率、坐果率、商品率以及亩产量的统计对比，他创造性地提出了“多芽少枝”修剪技术理论，并于 1998 年将其发表于省级重点期刊《西北园艺》果树期刊。此项技术的应用，使周至地区猕猴桃平均亩产量由过去的1000公斤左右，一下子提高到2000公斤左右，单产翻了一番，果实内在品质和商品率也大幅提高，平均亩收入可以增加约5000元。仅此一创新技术的推广应用，就使全县年生产种植收益增加4亿元以上，使周至老百姓的口袋终于鼓了起来。如今，他的“多芽少枝”修剪技术已经普及到全国各大猕猴桃产区，为国产猕猴桃提质增效、转型升级发挥了巨大作用。这也充分体现出技术创新为产业发展提供了不竭动力，因此更要把创新摆在产业发展全局的核心位置，让创新贯穿产业发展始终。也是在这个过程中，我更加深刻地体会到了新发展理念对乡村振兴的重要意义。

然而发展的道路上也有坎坷，周至猕猴桃产业的发展犯过急功近利的错误。21世纪初，果农种植猕猴桃一度依靠膨大剂增产，过度使用农药、化肥，使果品质量明显下降。新的问题来了，如何确保猕猴桃产业长久不衰呢？如何让产业永续发展呢？事实证明，绿色发展是必然选择。

为了加强农业污染源防控，周至深入实施化肥农药减量增效行动，推广有机肥替代化肥、生物防治代替化学防治，创建全国猕猴桃有机农业示范基地，让猕猴桃成为真正的绿色食品，实现了经济收益与生态保护的和谐统一。如今，周至已成为全球最大的猕猴桃生产基地，并在2020年获得“全国绿色农业十佳地标品牌”。周至猕猴桃产业的发展历程，用不可辩驳的事实，让我们明白：绿色发展才能让产业兴旺，才能真正夯实乡村振兴的产业基础。只有实现农业产业生态化、生产技术有机化，才能使“绿水青山就是金山银山”变为美好现实。

张清明使周至猕猴桃从无到有并将其推向世界，为老百姓创造出了一条致富的金路子，吕岩老师提出“多芽少枝”修剪理论的技术革新，为猕猴桃产业的丰产增收做出卓越贡献。而我，也追随他们的脚步，怀抱对猕猴桃产业的初心，推广绿色高效的猕猴桃产业发展模式，赓续着乡村振兴的梦想。为了带动更多的农民一起奔向美好生活，也为了解决发展中的不平衡问题，我成立了西安市禾之语果业合作社，我们社员之间形成集产、销于一体的产业小联盟，对老园区进行统一改造，优选品种，优化栽培模式，自制生物有机菌肥，积极宣传集约化、规模化、标准化的猕猴桃栽培理念，最大限度地提高果品质量，实现了猕猴桃生产生态环境的保护以及产业的绿色发展。

以前，我对猕猴桃的认识仅仅停留在自己做好就行上，没有更多的想法。人到中年的我有幸走进大学，老师们的教导让我这个只知道干活的庄稼人开阔了视野、提高了认识，学会了用理论指导生产实践。同时更让我对张清明和吕岩两位猕猴桃人扎根农村、奉献农民、矢志不渝让农民致富的精神有了深刻的体悟。

习近平总书记说：“生活在我们伟大祖国和伟大时代的中国人民，共同享有人生出彩的机会，共同享有梦想成真的机会，共同享有同祖国和时代一起成长与进步的机会。”共享理念实质就是坚持以人民为中心的发展思想，只有“共享”发展成果才能更好地实现共同富裕。让更多的农民“共享”我的所学所获，成为我新的目标。从

2020年开始，我担任了猕猴桃业界知名公众号“我的好毛桃”主编，积极倡导绿色种植理念，推广标准化种植技术，先后对标猕猴桃生产关键物候期，在公众号上发表种植技术文章75篇，在省级重点期刊《西北园艺》上发表了多篇学术论文。同时还被政府聘请为产业技术培训老师，对果农进行猕猴桃技术线上线下培训，让更多的农民“共享”猕猴桃种植的技术成果，为实现共同富裕做了一点实实在在的事情。只有始终坚持共同富裕这个大方向，共享改革发展成果，才能提升广大农民的获得感、幸福感，才能真正推动脱贫攻坚与乡村振兴的有效衔接，而共享也是中国特色社会主义的本质要求。

近十年来，周至猕猴桃产业链快速形成并迅猛发展，已有各类专业合作社1007家，电商、微商经营户4000余家，从事猕猴桃相关产业人员超过30万。我们将猕猴桃产业与电商运营有机结合，以电商平台的数据优势、营销优势、品牌优势助力猕猴桃产业升级，使周至猕猴桃鲜果销售规模不断壮大，形成猕猴桃销售的内外双循环联动。我也认识到，只有发展更高层次的开放型经济，才能推动产业的持续发展。周至猕猴桃产业的兴盛，正是我们陕西践行创新、协调、绿色、开放、共享新发展理念，大步迈向共同富裕的生动写照。

作为农民的孩子，脚下踩有多少泥土，心中才能沉淀多少真情，而常年在田间地头的生活经历，也让我见证了陕西这片土地上十年来日新月异的变化。从张清明，到吕岩，再到我自己，老、中、青三代猕猴桃产业的追梦人，都在用自己的方式践行着初心和使命，我们的梦想与千万共产党人的梦想是一致的，就是为中国人民谋幸福，为中华民族谋复兴。

作为一名共产党员、政协委员，我更加坚定了前行的信念，是党和国家培养了我，使我从普通农民蜕变成有知识、懂技术、会管理、善经营的新时代农民，我将继续深入到群众中去，开展调查研究，收集社情民意，并通过调研报告、提案、建议或其他形式，向中国共产党和国家机关提出意见和建议，同时将以身边优秀共产党人、劳动模范为榜样，继续扎根农村，践行新发展理念，同千千万万个和我一样的猕猴桃人一道，把论文写在三秦大地上！

（作者系周至县政协委员，西安市禾之语果业合作社理事长）

践行两山理论，助力乡村振兴

——周至水街十年变迁

○王莉雅

天地大美，福地周至

秦岭北麓骆峪支流沙河穿城而过，河岸的周至水街十年间践行两山理论，现在被誉为中国北方最美水乡。周至水街十年前是满地垃圾的废弃排污河道，严重影响下游县城生活品质。 十年间，周至人以生态保护和修复为出发点，将曾经恶臭熏天的垃圾坑建设成为风景优美的国家级4A景区，绿水青山促发展，满目新景入画来。

叶广岑老师发表过一篇文章《回周至》，文中深情地写道：

周至人将这条道路自豪地称为“金周大道”。路边有大片的水面，碧波荡漾，绿柳依依，细雨中别有风韵。我问这片美水来自何方，有人回答说来自骆峪水库，叫沙河。我知道脚下这片水域的过去，那是一条平时永远干涸、大雨时必定发水的臭河沟。壅塞的垃圾臭气熏天，汽车过此要关上车窗，行人过此要掩鼻奔跑……谁也拿它没办法。我指着清波涟漪的湖水问那些垃圾哪儿去了，建设者说都用大卡车运到垃圾填埋场去了，他们日夜不停，整整运了两个月。

我很想过去拉拉这位建设者的手，骆峪清水给喧嚣尘寰的县城带来了恬静和安宁，水街是今人留给人间的信物，一湖清水，贮藏了周至人的信念、激情、梦想、愿望。凭借沙河之水的改造，点化了一个又一个人回归自然的天性，随着绿水青山，我们步入人间天堂。

十年寒暑路，十年风雨程。叶老师文中描述的正是持续十年建设的水街。环境如水，发展似舟，绿水青山就是金山银山，形象地阐述了环境保护与经济发展的“舟水关系”。十年来，周至水街景区深入践行习近平生态文明思想，以空前力度推进生态环保工作，景区生态文明建设成果显著，游客从无到有达到4000万人，带动就业5000余人，自媒体浏览量达到4.2亿人次。

破壁，创建水街城

沙河又称骆水，全长43.4公里，属季节性河流，穿周至县城而过。20 世纪 90 年代以来，因沿线十余家小作坊、小企业排放污水，沿途群众乱倒垃圾，这条“城中河”成为臭气熏天的“垃圾河”，严重影响县城环境和周边群众身体健康。

党的十八大以来，周至县委、县政府坚持生态立县，以建立“国家级康养度假区”为目标，策划实施周至水街生态旅游特色小镇项目。2012 年，对沙河县城段原有河道、河床、河边滩地进行自然生态修复，其中栽植各种乔灌木上百万株，形成了近 800 余亩的水面，合理布局公园绿化、湖面水景、市民广场及相关配套商业设施，将曾经恶臭熏天的“垃圾坑”“臭水河”变成国家 4A 级景区，入选省级首批特色小镇，成为了风景优美的“旅游区”“打卡地”，被誉为“古镇版不夜城”“关中版宽窄巷”“生态版《清明上河图》”，有力助推着周至县的乡村振兴事业。

夜晚，绿意盎然、碧水荡漾，红灯绿树、景镇融合的城市景观河，成为两山理念周至实践的生动体现。通过治理生态环境形成新的经济增长点和可持续发展模式。

求变，同唱文旅歌

白居易将千年前的文化气息留在了这里，周至所处的关中地域的人们有着特殊的性情——豪爽、坦诚、坚韧、不俗。以咬定青山不放松的精神持续坚持特色发展，弘扬关中传统文化，以文为心，因河建景，“灰墙黛瓦、雕砖镂空、坡顶翘角”依河而建，将南方婉约如画的秀美景观与北方乡土特色的关中文化相融合，从“点上开花”到“面上成景”，打造出别具一格的特色旅游文化街区。周至水街生态旅游特色小镇项目总规划占地面积约4.92平方公里，一期为周至水街·沙河项目，以文旅产业融合为核心引擎，凝聚南方婉约如画的秀美景观与北方关中文化；二期为周至水街关中古镇项目，打造“国家级旅游度假胜地——中国古镇版威尼斯水城”；三期为周至水街·银发康养城项目，打造国家级生态旅居综合康养度假区。

一期沿河而建的周至水街·沙河，如今已形成文化旅游、主题民宿、拓展培训、购物休闲、餐饮娱乐、水上竞技、艺术展演、亲子游乐、马戏王国等九大文旅综合业态，游人如织，热闹非凡。沙河畔，北濒渭河，南依秦岭。春来万物萌发，生机盎然。夏日里蔷薇花枝繁叶茂的藤蔓，“梁燕语多终日在，蔷薇风细一帘香。”五彩缤纷、芳香清幽。秋季天高云淡，银杏金黄。冬日霜雪掩映，别有风致。独特的建筑风貌，古石、古瓦、古木、古砖的修旧如旧，和草木葳蕤、绿水涟漪的风景相映成趣。

烟火巷子街区以秦商蹚古道、下江南、走西口等历史元素为主题，以“北方宽窄巷、古镇不夜城”为体验标签，打造中国北方最美水乡特有的夜经济街区。立足西北地区非遗文化传承，融合了全国名优地方小吃、传统手工艺、非遗商品、精品民宿、茶馆戏园、潮牌文创、网红主播、沉浸式文化演出、游园集会等多种文化元素。

烟火巷子街区有独特的建筑风貌和风情，以秦汉“豪放朴拙”为本，以隋唐“雄浑壮丽”为表，以明清“精细富缛”为实，以关中民居为蓝本，融合各民族民居多种风格元素，大量复建、原刻民居建筑精髓，建筑集群整体突显匠者理想，飞阁流丹、瑰丽错落、古朴恢宏，具有极高的艺术观赏价值。

谋进，两山发展曲

周至水街的风光里，“绿水青山就是金山银山”的烙印越来越深刻。近年来，全县深入学习贯彻习近平生态文明思想，牢固树立“绿水青山就是金山银山”理念，坚定走绿色可持续发展道路，坚持以水定城、产城融合，积极探索生态资源化、资源产业化、产业绿色化的高质量发展路径，全方位盘活沙河生态资源，发展文旅特色产业，带动群众增收致富，打造践行“两山”理念的生动案例。周至水街是 “城市会客厅”，更是全国旅居目的地。作为周至县的惠民工程、民心工程，必将发展成产业的高地，投资的洼地，百姓的福地。

与时俱进，方能行稳致远。在新的赶考路上，周至水街能否继续交出优异答卷，关键在于有没有坚定的历史自信。既是对奋斗成就的自信，也是对奋斗精神的自信。

十年，是一个跨越历史的维度；十年，是一段砥砺奋进的历程。展开十年波澜壮阔、气势恢宏的周至水街山水画卷，每个节点都让人印象深刻，以实干笃定前行，在抢抓机遇、爬坡过坎中顽强拼搏，在大战大考、攻坚克难中奋勇争先，谱写了周至发展史上浓墨重彩的华章。

周至水街经过十年的开拓进取，带动着周边产业不断壮大和升级，助力乡村振兴，为地方经济脱贫致富贡献力量。时光不负有心人，十年远航再扬帆，站在新起点的周至水街，用十年的砥砺前行和又一个辉煌的开篇，交出了一份令党和人民满意的答卷，用实际行动向党的二十大的胜利召开献礼。

（作者系周至县政协委员，水街文化旅游管理公司副总裁）

淳化民生水利的发展变化

○白明岗

2019 年的一个温暖的秋日，我回到老家，堂哥兴奋地告诉我，他准备将门外的水窖填埋了——这是全村最后一个水窖。堂哥是村子的贫困户，住地离新村较远，一直没有通自来水，所以就一直吃着水窖收集的雨水。堂哥腿有残疾，去远处运水很不方便，更不用说下沟挑水了，因此他把自家的水窖看得比命根子还重要，窖口压着一大块圆石板，两边又横着焊上一根铁棍，一年四季用锁子锁着窖口，生怕谁家晚上偷吊了他家的窖水。

今天，堂哥却欣喜地对我说："帮扶单位已经帮我接了自来水，现在水龙头就安在了水瓮上面，今后我再也不吃窖水了！"听了堂哥的话，我也由衷地为他感到高兴。 但我不赞成堂哥填埋水窖，我告诉他，把水窖保留下来，作为一段历史的记忆，让我们的后代能够永远记住我们曾经经过的艰辛与不易，对今天的幸福生活就会倍加珍惜！

我的家乡淳化县，地处陕西渭北旱塬，其地貌为黄土高原丘陵沟壑。淳化县是典型的农业县，又是一个水资源十分匮乏的贫水县。几千年来，这里生活的人们，大都住在地窑中，祖祖辈辈靠天吃水，家家户户都在自己的院子或者路边打下水井或水窖。能打出水井的是少数人家，大多数家庭都挖水窖存蓄雨水。 水，对于我们那里的农民来说，是多么金贵呀！ 为了水，我们的父老乡亲又经历过多少不为人知的伤心与艰难！

生活在旱塬的我们，水窖采用人工挖掘，为圆形断面。为了蓄水用水，必须上窄下宽。挖到十几米深，在挖好的宽大的窖壁上凿眼，每隔 20 多厘米就要挖一个直径 10 厘米左右的深眼，将筛选的红色黏土揉成泥条填进去，再像钉钉子一样一点点夯实，然后将所有窖壁用黏土均匀涂抹，以起到防渗作用。然而，即使是密布黏土的窖壁，也难以避免渗漏现象的发生，一些水窖储存的水没多久就漏光了，农民们还是没水吃，只能“望窖兴叹”。

每到夏季来临，家家清扫水窖周边，修好水道，拦截雨水，收集到水窖以备家庭饮用。如果夏季雨水来得猛烈，水中会冲进树叶杂草、淤泥及牲畜粪便，水里就会生出许多红色小虫子，即便这样大家谁也不会嫌弃，有水就解决了大问题！ 有的人家水窖没有处理好渗漏问题，窖水存不住，就要时常低声下气地向别人家求水，忍受别人的白眼。

有几年天旱，夏季少雨，天气炎热，水窖的水根本不够村民吃，于是大家就挑着两只桶大清早去深沟里挑泉水。挑泉水可是体力活，唯有身强力壮的男人才可以一晌午挑一两担水回家。那些家中缺男劳力的人家，时常为一担水哭鼻子掉眼泪，求别人帮自己挑水，替别人干其他活作谢。一家人早上用少半盆水洗脸，洗脸水再用来给猪、鸡拌食，水用得很是节俭。

村里玉兰嫂子的丈夫在外工作，有一次她自己挑了两只小的水桶，随众多男人去沟底挑泉水。沟路常年被雨水洗刷得坑坑洼洼、凹凸不平，玉兰嫂子一路摇摇摆摆、歇歇停停地走着，两个肩头被水担磨破了皮，水桶的水不断洒落出来。不料快要上塬时，不小心被一个石块绊了一下，自己倒在地上，两只水桶像被解放了的奴隶，挣脱水担，一路欢快地顺着沟路滚下了沟底。众人哈哈大笑，有调皮的同辈兄弟开玩笑喊道："玉兰嫂子，要不要雇个男人为你挑水呀！"玉兰哪管别人的嘲笑，一屁股坐在地上放声痛哭，后悔自己嫁到了我们村，后悔跟了公家人！最后，还是丈夫的弟弟帮她找回了水桶，为她挑回一担水。玉兰第二天就带着两个孩子去了娘家，直到老天降下了一场雨才回家。

"文革"刚结束，还没有包产到户。 有一年，各乡镇都开始大建"小高抽"，将沟底的河水截流后用多级水泵抽上塬，以解决各村的吃水与灌溉问题。为此又是修水坝又是建水渠，大家忙得不亦乐乎，付出了太多的艰辛。当抽上来的河水顺着水渠从十几里远的水库流进我们村的涝池时，全村人欢呼雀跃，不少老人都流下了激动的眼泪。大家不嫌脏，挑着吃涝池的水，牲畜也成群结队地跑来饮水，我们都以为吃水问题解决了。谁知一年不到，因为管理不善，水库停止抽水。后来一系列的设备都被人为破坏，连水泵也被一些人偷着拆除卖掉了。人们又回到吃窖水与挑泉水的日子。

20 世纪 90 年代，“以工代赈”供水项目造福淳化百姓，各镇相继建起了抽水站，许多村子通了自来水，不过一个村子只有几个供水点。从那时候开始，人们不再下沟挑水了，可以用架子车拉着充当水桶的汽油桶在供水点排队买水。那场面真是壮观，男人女人老人孩子齐上阵，熙熙攘攘就像赶会一样热闹。因排队，也有许多纠纷生起，但还不至于动手。为了让水桶多盛水不留一点空隙，许多人一定要把水桶竖立起来。因为控制不好，溢出了水，引得卖水主家抱怨。水窖还在，可以供人们在冬季自来水水管冻住时打水用；一些人为了节省费用，依然吃着窖水。不过，大多数水窖都已经被遗弃，成为人们倾倒垃圾的场所。

党的十八大召开之后，在党的富民政策支持下，淳化县作为国家级贫困县，开始实施移民搬迁与旧村改造项目，人们逐渐走出住了几千年的穴居窑洞，住进了干净明亮安全的砖瓦房。 淳化县以全面解决人饮安全为首要任务，以大力发展民生水利为重点，不断补齐水利基础设施短板，农村自来水安全供水率达 100%，群众用上了“稳定水、干净水、放心水”，全县各村基本实现了安全饮水“全覆盖”。2016 年以来，淳化县累计投资 8000 余万元，建设了 107 处农村饮水安全巩固提升工程及 14 处移民搬迁社区供水工程，为打赢脱贫攻坚战、推动县域经济追赶超越提供了强有力的水利保障。

为确保贫困群众饮水优先达标脱贫，淳化县及时组织力量开展了饮水安全状况大排查，科学编制脱贫攻坚供水建设规划，并委托设计单位进行实地勘测，有针对性地精准制定项目实施方案。工程建设全面铺开后，县水利部门主要领导负总责，班子成员包抓镇办（中心），专业技术人员分包重点村、重点工程，通过签订饮水安全目标责任书，推行项目完成时限承诺制，常态化检查督促工程建设质量和进度。

2019 年，淳化县水利局实施“农村饮水安全工程”，要求全县居民不漏一家，全部自来水接通到家。为了按期实现全县精准脱贫任务，对所有贫困户免费安装自来水，不收一分钱费用。就这样，水利工作队不辞劳苦，爬山下沟，昼夜作战。不管路程多么遥远、地形如何复杂，一个家庭都不能落下。

妻子就在水利工作队工作，那段时间他们跑遍了淳化县的各个村子与沟沟坎坎，为未接通自来水的农民解决吃水问题。有的山沟老村，只剩余一两家不愿迁走的老人，他们也一样为群众接通了自来水。为此，这些水利人不知在山沟绊倒过多少次，被荆棘挂破了多少次衣服……

堂哥就是在这次行动中免费接上了自来水，从此告别了饮用窖水的日子。政府在这方面付出了多少资金，领导干部做了多少实事，群众都看在眼里，切切实实得到了实惠！

作为淳化政治、经济、文化中心的淳化县城的供水问题，也在一年年发生着蜕变。

2017 年，陕西省水务集团接管淳化县自来水公司、水务公司，成立陕西省水务集团淳化县水务有限公司。省水务集团不断与淳化县委、县政府加强合作，结合实际，在淳化实施了水源建设、管网改造、信息化建设等民生方面的基础设施建设工程。投资建设项目四个，总投资 3.9 亿元。其中在建项目两个：屯庄水库建设和供水管网改造项目，投资 2.9 亿元；拟建项目两个：屯庄水库水厂建设项目、智慧水务信息化中心项目，预估投资 1 亿元。屯庄水库建成后年供水量将从现在的 110 万吨提升到 232 万吨，彻底解决淳化发展的缺水问题。

2022 年 7 月 25 日，县政协委员自主活动小组第一组举行了“山城水变”主题活动，小组组长、陕西省水务集团淳化县水务有限公司总经理刘文化向参加活动的各位委员通报了淳化县城的供水工作情况。最后他坚定地向各位委员保证，依托省水务集团“稳增长、降成本、防风险、强管理”等措施，一定做到让淳化群众放心，让淳化政府放心。

目前，淳化县水利局已委托省水利电力勘测设计研究院编制完成了《“淳化县城乡供水一体化工程”项目建议书》。利用县城水源建设，尽可能扩大县城周边乡村供水覆盖面，减少供水成本；对于相对集中的镇村，实行划片管理，片与片之间实现管网连通，以达到统一调度、均衡发展、降低成本；对于相对分散的乡村，建立独立的变频远程控制供水系统，降低成本。项目预估总投资 5.6 亿元，政府已初步和集团达成共识，下一步将积极研究具体的落地方案。

在淳化县城乡供水一体化推进的过程中，各级政府、各部门齐心协力，积极总结经验，探索创新方法，努力形成淳化县城乡供水一体化的“淳化模式”，以便于以后在全省推广实践，以点带面，充分发挥政企合作优势，高质量建设“富裕、活力、幸福、美丽”新淳化。

天然氧吧养生地,宜居山城淳化县。淳化，这个被评为西咸都市后花园的美丽山城，未来将更加美好，也定会早日实现咸阳市第八次党代会提出的“培优淳化农业康养和医药健康产业”的宏伟目标。

（作者系淳化县政协副主席）

寨子村的变迁

○王永强

八月的陕北，正是多雨的季节，伴随着一阵急促的蝉鸣，闷热的天空一声炸雷，顷刻间电闪雷鸣，暴雨骤然而下。不到一袋烟的工夫，白水川烟雨蒙蒙，水流暴涨，洪水猛烈冲击着河道中间的小石桥，小石桥东南方向的山坡上，一个小山村在大雨中隐隐约约，逐渐模糊。

我减慢车速，把雨刮器开到最大，瓢泼大雨中，车子缓缓驶入寨子新村。此刻的江荣正坐在屋檐下，摆弄着身边的荆条篮子，不时从篮子里挑拣出几片叶子，是早晨刚摘的大红袍花椒，还夹杂着一些树叶，正准备晾晒，中午就下起了雨。看来，政府补贴购买的花椒烘干机还是能派上用场的。

彩钢棚下，几个在江荣家打工的婆姨忙着聊天，半个月来，她们和主家一样，每天五点多起床，一整天待在山上的花椒园，太阳落山才回来，都没有拉话的机会，憋了好长时间。在这个阴雨天，且就放开了话匣子，孩子成长、婆媳关系，东拉西扯、毫无顾忌，雨滴声掩盖了寨子村上方所有的声音。

江荣倒的开水沁人心脾，这些自来水来自寨子村南山后沟的一汪清泉。当年选址时，我也参与其中，与水利局的同志找了几天时间，水质经专业部门化验，最终确定地址，修建蓄水池，挖沟埋管，奋战了近四个月，才将泉水引到寨子村，引入每一户村民的院落。

此时，我的脚下，趴着江荣家的小黑狗，阴雨天里的它百无聊赖，用爪子扒拉着屋檐流下的水帘子玩。一只浑身火红的大公鸡，气宇轩昂地走过来，啄着江荣挑拣出的花椒叶，殷切地召唤着旁边的几只母鸡。

看着眼前氛围惬意的小院，我的思绪一下子回到了七年前，也就是 2015 年春季左右。当时我在检察院上班，寨子村是县上确定的贫困村，由检察院负责落实帮扶。那个时候，正修蒙华铁路，寨子村所属的白水川施工车辆多，乡道被大车压得不成样子，坑坑洼洼，车子开过去很颠簸。通往寨子村的是一条土路，每到阴雨天，泥泞不堪，遇到河水上涨，村民就只能宅在家里。如果阴雨连绵月余，用水就成了问题，只能接雨水用，或者用水窖中的水。恕我直言，我第一次喝水窖中的水，感觉不是滋味，水中掺和着泥土、树枝，甚至一些家禽粪便的气息。

在我的印象中，寨子村是一个宁静、美丽的小山村，村子依山而建，一条小河环绕，三面临石崖，一面靠山，山上树木郁郁葱葱，一到春天，野花烂漫，香气宜人，如世外桃源般。时有写生、探险的游人造访，无不惊叹寨子村的险要、安逸、秀丽。江荣曾给我讲过寨子村的由来，新中国成立前，白水川一带山大沟深，距离县城较远，是土匪出没的地方，村民为了躲避浩劫，就选择在这三面临崖的地方建了村庄，只有一条修在石崖上的山路与村相连，路中间建有石条砌成的哨台，易守难攻，故取名寨子。

江荣家是我帮扶的贫困户，一只手残疾，脸上留下了饱经风霜的印痕，同事们说他显老，其实江荣是个标准八零后。2015 年，确定由我帮扶他的时候，寨子村大部分村民住在窑洞和瓦房里面，村庄巷道没有硬化，没有路灯，屋顶是陈年老瓦或者夯土，下雨漏水，晴天扬灰，吃水需要从村下的小河里拉。没有网络、有线电视，村民的生活方式极为单调，数百年来，沿袭着先人的生活规律，日出而作、日落而息，简单而满足。

靠山吃山，寨子村村民收入主要依赖山上挖的药材，如春天的白头翁、夏秋的连翘、柴胡、野生酸枣、五味子等，没有支柱产业。江荣是这个小山村群众中的一员，不能脱离这种生存方式，他也常年在寨子村周边的大山里挖药材。一只手不如两只手，生活不尽如人意，江荣打工几年又回来，还是离不开他所成长的土地，岁月的长河就这样一天天流淌着。

历史的车轮滚滚向前，在这里，要感恩我们所生活的时代，实现共同富裕是中国共产党不懈奋斗的目标。在陕北这么一个普通得不能再普通的小山村，在党中央提出并实施精准扶贫政策以来，用短短七年时间，寨子村见证了人民生活翻天覆地的变化。我是寨子村变化的参与者，七年来我到寨子村去了上百次，和江荣多次促膝长谈，让其了解国家精准扶贫政策，帮他鼓起致富的勇气，与他一起规划、调整产业结构，协调帮扶项目。政策引领，干部帮扶，江荣的思路一天天打开，栽植了新的大红袍花椒，改良了红富士果园，养了土蜂，因其是残疾人，在政府部门的协调下，他还承包了白水川乡路的护路工作，有了固定收入。

江荣是个勤快人，日子一天天过去，他家的生活也一天天好起来了。他告诉我，邻村的一个年轻人，每年种植大青萝卜上百亩，年产盐菜上万斤，大部分在网上销售。陕北大名鼎鼎的霞姐，抖音粉丝600余万人，一场网络直播卖货可达数万元的交易金额，短短几年时间，霞姐就从一位默默无闻的农家妇女蜕变为有一定影响力的乡村网红，延安电视台等媒体多次采访霞姐。他们是江荣心中的偶像，是像江荣一样的农村年轻人改变命运的榜样。

走进今天的寨子村，通村水泥路与白水川乡道相接，跨过小河，一直通到每一户村民的大门口，屋顶用树脂瓦改造，门口的太阳能路灯像哨兵一样，夜晚发出柔和的光，照亮这个宁静的小山村，方便了村民出行。我的少年时光也是在农村度过的，农村是令我魂牵梦萦的地方，我常怀念村口的大槐树，故乡的老屋，袅袅炊烟，泥泞的田间小路，勤劳的乡亲们。我不喜欢新农村整齐划一的风格，没有特色，一些农田耕种便道也被水泥路面替代，走在田间的水泥路上，感觉不接地气。在政协会议期间，我和几名文化界委员讨论过，新农村建设不能“农村模仿城市”，“千人一面”便失去了固有的田园乡愁诗意，要保留原汁原味的乡村文化和乡村特色，我们还相约去探访寨子、如意等古村落，实地走访，以期有所作为。

2021年，我和江荣核算了他家一年来的收入，三口之家，人均12000元的纯收入，虽然和富裕之地农民相比还比较低，但这里是陕北，这里曾经是连片的贫困区。我不得不又一次提到这里山大沟深、土地贫瘠。这个世界上，谁也不能选择自己的出生地，陕北过去自然环境恶劣，被联合国教科文组织认为是不适宜人生存的地方。20年来，这个不适宜人生存的陕北，历经西部大开发、退耕还林、精准扶贫、苏陕扶贫协作等伟大举措，经过几代人的艰苦奋斗，才形成了现在人与自然和谐发展。青山绿水中，红富士苹果、大红袍花椒名满天下；美丽蝶变中，村民安居乐业、衣食无忧，寨子村在新时代焕发出勃勃生机。

现在的寨子村，包括其所在地寿峰社区，乃至集义镇，森林覆盖率达70%以上。举目所见，松树、柏树、椴木、白桦树、野桃树、杏树郁郁葱葱，夹杂着连翘、山楂、酸枣、马蹄针、荆条等灌木，错落有致，景色宜人，河水清澈见底，时见“潭中鱼可百许头，皆若空游无所依”。你如果去寨子村，一路绿色相伴，听着山间野鸟的鸣叫，河里青蛙的聒噪，你会神清气爽、心旷神怡。有一次，我和同事开车去寨子村，途经老虎梁山脉，遇到一只小鹿，它在柏油路上一跃而过，我用“小鹿过隙”形容岁月的匆匆流逝，勉励同事要静下心来，欣赏路途上不一样的景色。殊不知同事是高才生，说我私改哲学家庄子的名句，应该是“人生天地之间，若白驹之过隙，忽然而已”。

寨子村是我国百万村民小组中的一员，我常常苦于无法向朋友介绍她的存在。这么说吧，从寨子村下到白水川乡道，行至5公里处，翻过一座山就是3A级景区陕西蟒头山国家森林公园，再翻过一座山就是4A级景区第二战区司令长官部所在地秋林。在白水川与黄河相接处，就是中国的“1号公路”——陕西沿黄公路，它是一条沿着黄河西岸串联陕西4市12县50多个景点，全长828余公里的高颜值公路，但目前仅有一条蜿蜒崎岖的山路与白水川乡道相连。2022年，在历届政协委员的推动下，政府将修通白水川至沿黄路柏油公路的事项纳入规划。届时，一条旅游致富路将会与寿峰社区相连接，寨子村距离沿黄路不到20公里，距离“青兰高速壶口入口”不到30公里，距离举世闻名的5A级景区黄河壶口瀑布不到40公里。搭上旅游发展的“顺风车”，江荣和乡亲们的花椒、苹果、柿子就能卖个好价钱，日子会越来越好。

是的，岁月如梭，沧海桑田，回顾过去的20年，中国的经济增长是历史性的，还没有其他任何一个国家像中国那样消除了绝对贫困。寨子村是中国贫困村中的一个，江荣和众多贫困户赶上了好时代，在政府的支持下，在我们这些干部的帮扶下，万众一心，在2021年，寨子村与全国12.8万个贫困村一道摘下贫困帽子，江荣与全国人民一道奔小康，这是一个彪炳史册的人间奇迹。

脱贫攻坚为系统解决好“三农”问题提供了基础，乡村振兴蓝图已经开始在中国大地上铺展。“一村一品，一乡一业”，新时期，寨子村明确了产业发展方向，以大红袍花椒、红富士苹果、核桃、中药材种植为主，设施养羊、养猪、养蜂、养鸡为辅的产业结构初具规模，收获在望。虽然我们这些帮扶干部的历史使命已经完成，但七年的扶贫往事历历在目，我经常回想起和同事们一起下乡的日子，中组部下派的第一书记陈建波、郭光英同志在寨子村村民小组所在的队部分别住了三年，过年都不回去。陈建波是北京市丰台区人，郭光英是内蒙古阿拉善人，他们的工作作风对我是一种震撼、一种教育和鼓励。参与精准扶贫是我人生中的重要经历，时至今日，我和同事还会经常去帮扶对象家，我工作一段时间，就会想起风景秀丽的寨子村，村边清澈见底的小河，房顶如丝如缕的炊烟，淳朴憨厚的江荣，想知道江荣现在的日子过得怎么样，便会驱车百里去看望他，顺便蹭一顿农家饭。

“爸爸，看彩虹！”江荣上小学的女儿一声呼喊打断了我的思绪，走出房间，才发现大雨已停，那几个打工的妇女已经唠嗑结束，在厨房里帮江荣母亲做下午饭，小黑狗跑得无影无踪，大公鸡在院子里昂首阔步，几只母鸡紧随其后。

走出院子，我站在崖畔上，午后的阳光从白云缝隙斜斜地洒在大地上，青山如黛，更加郁郁葱葱，河道里水流汹涌，一道彩虹一头落在白水川，一头隐藏在村后的大山里……

人间仙境，我拿出手机，拍下这雨后美丽的景色。

（作者系宜川县政协委员，宜川县司法局正科级干部）

三秦印记

巨变·这十年

文化建设

古韵新风耀三秦

送戏下乡·李小超/作品

立足多领域探索　推行秦文化发展

——我任政协委员这十年

○祁志峰

这十年，陕西经济总量从 1.41 万亿元增长到 2.98 万亿元；这十年，陕西科技助力中国航天探索星辰大海；这十年，陕西生态版图实现了从浅绿到深绿的巨大变化；这十年，老百姓脱贫攻坚展新颜……

作为政协委员，我为陕西这十年的非凡成就感到骄傲，也为自己能够参与到伟大新时代建设的非凡十年感到自豪。

我的主业是拍卖行业，文物艺术品拍卖是拍卖领域的重要板块之一。艺术品收藏是传播优秀传统文化的载体，人们可以从中充分感受到文化的力量。这十年中，我从陕西艺术品市场的健康快速交易中感受到了文化自信。2014 年全国两会后，政府工作报告首次将文化产业写入“经济结构优化升级”部分，要求全年文化产业发展增速达到 15%，并提出文化产业要与互联网、金融与地产领域“跨界”融合以寻求突破，这无疑为中国的文化产业带来了发展机遇，也为陕西艺术品市场崛起带来了发展契机。由于国际艺术品拍卖行业的特殊性质，我需要经常走出国门，从“一带一路”沿线国家和地区到欧洲、北美、澳洲，我先后走访过全球多个国家和地区，看到和经历了这十年以来流失海外的大量艺术品回流，充分感受到了因为这十年祖国的日益强大，才使得这些文物艺术品顺利回归祖国。随着公司业务逐渐对外开展，我也充分体会到在国际交流和贸易合作中，众多国家对与中国开展合作日益重视并充满期待，使我倍感自豪、充满自信，而这背后，也是因为我们祖国的繁荣富强。

2015 年，我受邀在联合国教科文总部举办的圆桌会议上发表主旨演讲。当我向与会嘉宾介绍中国悠久的历史文化和中国近年来在文化事业等方面取得的发展成就时，现场反应十分热烈，嘉宾们惊叹于中国五千年的历史文化传承和新时代中国的发展，纷纷表现出对中国文化的浓厚兴趣和与中国开展合作的积极态度。

令我感动的是，法国古董商协会会长为了与中国代表团见面并与中国拍卖行业商讨展开合作事宜，在雨中等待了一个半小时。见到他时，我非常抱歉，可他告诉我：“没关系，能够与中国拍卖行业就文化艺术品进行合作，这是值得的。”这不仅仅是对中国拍卖行业的认可，也是对中国历史文化的认可。作为中国拍卖行业协会副会长和陕西省海外联谊会副会长，我积极响应并参与“一带一路”建设中，多次参与海外交流，去往法国、英国、荷兰、意大利、澳大利亚、新西兰等国家进行海外文化交流并宣传中国文化、陕西文化。所到之处，我能充分感受到多个国家对中国文化的尊崇。

为落实习近平总书记“关于坚持推动两岸关系和平发展道路，促进共同发展造福两岸同胞”的重要讲话精神，凝聚“两岸一家亲，共圆中国梦”的思想共识，加强两岸青年文化交流，由我发起，陕西省海外联谊会、中国拍卖行业协会主办、陕西天龙国际拍卖有限公司出资承办“两岸在校大学生文化交流活动”，该活动已经连续举办了六年。中国台湾地区青年学生每每来到陕西，都为拥有丰厚历史底蕴和飞速发展的陕西感到惊叹。

由中华海外联谊会、陕西省委统战部和延安市委等单位共同主办、陕西天龙国际拍卖有限公司出资承办的“海内外百名画家写意延安暨爱心奉献活动”在西安、延安、香港、澳门四地举行书画展、百名画家延安采风并用笔墨描绘美丽延安。书画作品展后进行拍卖，慈善所得全部用于延安“光彩事业”。

文化同源，从艺术品交流到进入影视行业，我立足陕西本土文化、历史文化、红色文化以讲好陕西故事，先后投资拍摄电影《柳青》（2021 年 5 月院线上映）、《密使》、《爷爷的牛背梁》、《安吴青训班》（筹备拍摄）等四部影片。“中央水塔看秦岭，中华祖脉在陕西。”习近平总书记在牛背梁考察时强调，保护好秦岭生态环境，对确保中华民族长盛不衰、实现“两个一百年”奋斗目标、实现可持续发展具有十分重大而深远的意义。我投资拍摄生态环保电影《爷爷的牛背梁》就是在秦岭山区进行取景拍摄的，剧组人员从实景拍摄中充分感受到党的十八大以来陕西通过环境保护治理取得的显著成就，我们的大秦岭已经真正成为生态之地。

十年来，我用实际行动积极参与国家脱贫攻坚和乡村振兴，积极投入扶贫事业，2018 年年初参与奶山羊养殖和构树种植项目，2022 年持续推进奶山羊养殖和构树种植项目，改善渭北旱腰带绿化，助力乡村振兴，贯彻落实“绿水青山就是金山银山”理念，助力当地生态环境健康发展。积极参与陕南地区脱贫攻坚工作，参与紫阳县毛坝镇的巩固脱贫攻坚成果公益捐赠活动，为毛坝镇中心小学进行捐赠，丰富学生的文学读物，提高其文学素养。参与并支持推进安康市紫阳县毛坝镇染沟村文化建设项目，推进扶贫扶智工作落到实处。助力乡村振兴，发展扶贫产业项目，关注陕北生态资源发展。支持陕北优质红枣培育和产业发展，积极参与陕北老区组织的公益活动，为黄土高原古老原始的黄河木枣得到可持续发展及枣农健康耕作贡献了力量。

作为陕西拍卖行业的会长单位董事长，我带领拍卖行业企业积极参与农副产品网络拍卖。发展现代化的农产品网络拍卖流通渠道，发挥网络拍卖交易方式在促进大宗农产品快速流转、减少流通环节、降低物流和管理成本、降低损耗、提高流通效率等方面的作用，有效提高农产品生产的科技现代化水平，保障流通中农产品的质量和安全，提高特色优势农产品的附加值。为加速推动农产品网络拍卖、促进农产品拍卖市场健康发展，我还提出了关于建设农产品质量安全体系，推动农产品拍卖市场健康发展的提案，得到了有关部门的重视与回应。

陕西是科技大省，创新综合实力雄厚。为发挥好创新资源优势，在创新驱动发展方面迈出更大步伐，我重点关注科技成果转化及知识产权保护，积极参与推动陕西省知识产权保护中心项目的筹建。陕西省知识产权保护中心于2021年5月20日在西咸新区沣东新城正式落地，这一项目的实现，进一步促进了科技成果转化、加强知识产权保护、助推经济高质量发展。此外，为推动技术经理人人才队伍建设，我还发起成立了陕西省技术经理人协会并担任执行会长。为贯彻落实省委、省政府关于“秦创原”创新驱动平台建设重大决策部署，助力打通科技成果转化“最后一公里”，为我省创新驱动高质量发展做出应有贡献，在陕西省委统战部和各级有关部门的有力指导下，共同发起倡议联合建立同心共助秦创原科技成果转化联盟，本人担任联盟秘书长。同心共助秦创原科技成果转化联盟宗旨在于聚焦建设秦创原科技成果转化“加速器”总目标，通过联盟成员同心协作，发挥各自资源优势，相互赋能，在人才培养、市场开拓、资本运作、金融支持、技术交易、成果转化等方面形成合力，共同构建开放互联的科技成果转化服务体系。联盟将充分调动党外知识分子、非公经济人士、新的社会阶层人士以及港澳台海外代表人士在科技创新和科技成果转化方面的丰富资源，促进在陕高校、科研院所科技成果与企业之间供需衔接，为我省创新链与产业链深度融合提供有力支撑。

我担任政协委员的这十年以来，聚焦热点，尽职履责，密切联系群众，了解和反映群众的愿望和要求，所提提案涵盖经济科技发展、文化旅游发展、党史教育学习、巩固脱贫攻坚、推进乡村振兴、社会民生保障、知识产权保护、生态环境保护等领域。

党的十八大以来的十年是非凡发展的十年。2022 年是全面进入建设社会主义现代化国家、向第二个百年奋斗目标进军新征程的重要一年，我将继续践行初心、担当使命，以饱满的热情和强烈的责任感，锐意进取、全面开启事业发展新征程，为实现中华民族伟大复兴的中国梦努力奋斗。

（作者系全国政协委员，陕西天龙国际拍卖有限公司董事长）

陕西文物工作这十年

○姜　捷

作为专业背景为考古学的省政协委员，我亲历并见证了党的十八大以来，我省文物保护状况的巨大变化。十年间，以习近平同志为核心的党中央，前所未有地高度重视文物保护利用工作，前所未有地高度重视文化遗产保护传承工作。作为文物大省的陕西无比振奋、积极作为，社会各界踊跃参与，全省文物系统砥砺奋进，文物事业取得了历史性成就。

2021 年 11 月 24 日，中央全面深化改革委员会第二十二次会议审议通过了《关于让文物活起来、扩大中华文化国际影响力的实施意见》。习近平总书记在主持会议时强调，要加强文物保护利用和文化遗产保护传承，提高文物研究阐释和展示传播水平，让文物真正活起来，成为加强社会主义精神文明建设的深厚滋养，成为扩大中华文化国际影响力的重要名片。

文物大省陕西的历史文化遗产，承载着中华民族诞生起源的丰富史迹，承载着盛世强世的壮阔历史，孕育了中华儿女生生不息的精神，传承着中华文明自信包容的基因。保护利用好历史文化遗产，让人民群众能感受文物之美、体会文化之韵，是习近平总书记牵挂的大事。

2015 年 2 月，习近平总书记在陕西考察时指出，要把凝结着中华民族传统文化的文物保护好、管理好，同时加强研究和利用，让历史说话，让文物说话，在传承祖先的成就和光荣、增强民族自尊和自信的同时，谨记历史的挫折和教训，少走弯路、更好前进。

习近平总书记的嘱托，引领着陕西的文物工作高质量发展。近年来，陕西文物事业在摸清守好文物“家底”的同时，坚守文物安全底线，创新文物保护模式；通过网络科技、生态修复等方式，让承载着中华文明密码的“国宝”焕发新光彩；不断推动文物保护“走出去”，成为促进国际合作、推动交流互鉴的“金色名片”。

珍藏于陕西宝鸡青铜器博物院的何尊，铭文中有“宅兹中国”字样。“中国”二字作为词组，最早就来源于这里。陕西省文物古迹具有数量多、分布广、等级高、价值大的鲜明特点。全省共有各类不可移动文物 49058 处，在 522 家国有文物收藏保管机构中，收藏有可移动文物 7748750 件。2021 年 10 月，国家文物局印发《大遗址保护利用“十四五”专项规划》的 145 处大遗址中，陕西占 15 处。

陕西作为文化大省、文物大省，有“天然历史博物馆”之称。省内有诸多中华文明和中国革命的精神标识和地理标识。自古以来，中华民族以黄帝为华夏始祖，黄帝陵已成为中华文明的重要精神标识。黄土高原北部边缘石峁遗址的发现，标志着约 4000 年前中国农牧交界地带文明起源研究的重大突破。在关中平原上，分布着周秦汉唐等多个盛世强世的城址与帝陵。进入近现代，作为中国革命的摇篮、延安精神的形成地，陕西留存至今的大量革命文物是中国共产党光辉历史的重要见证。

助力中华文明起源研究

中华文明源远流长、博大精深，是中华民族独特的精神标识，是当代中国文化的根基，是维系全世界华人的精神纽带，也是中国文化创新的宝藏。在中华文明这部大书中，史前遗址当属序言。近年来，陕西发现了一系列重要史前遗址。南郑疥疙洞洞穴遗址，出土有 10 万至 1.5 万年前的人类化石和文化遗存，为早期现代人本土演化学说提供了重要证据；陕北地区从石峁到芦山峁遗址，发现的一系列气势恢宏的宫室类建筑、布局规整的宗庙类遗迹和等级分明的大型墓地，对研究中华文明起源和发展有重要作用；西安附近杨官寨遗址、太平遗址的考古研究，使关中地区新石器晚期文化研究取得重大突破，推动了中原地区文明化进程研究取得新进展，实证了中华文明初始时期所呈现的“满天星斗”和“区系聚邑”的聚落形态，为探寻中华文明起源奠定了坚实的实证基础，也见证着我国统一多民族国家的悠久历史和强大凝聚力。

保护第一、加强管理

古城西安，是一座延续在汉唐长安城遗址上的新一线特大城市，古遗址、古墓葬区聚集甚至叠压的情况时常可见。文物保护是重中之重，城市也要协调发展。这两者相融相生的背后，是文物保护制度与相关法律法规的不断完善。文物保护优先，考古勘探工作优先，越来越成为陕西各级干部和建设者的共识。

十八大以来，陕西省在全国率先编制《陕西省文物保护总体规划》《陕西省长城保护总体规划》，创新编制《省级以上文物保护单位保护管理规划》《陕西省革命文物保护利用总体规划》等，确保文物保护工作融入经济社会发展大局，努力实现文物保护与社会进步的和谐发展。

考古前置，是完善文物保护工作机制的"关键一招"。西安市文物局《西安市加强考古勘探改革办法》等相关政策法规的出台，推动了考古前置改革，将考古调查、勘探、发掘工作的完成，作为国有土地使用权划拨和"招拍挂"的前置条件之一，改变了过去考古发掘工作跟随建设项目展开的被动保护模式。

2020 年，考古工作者在西安南郊少陵原上配合基建项目对一处大型墓葬进行考古发掘，确认是距今约 1600 年的十六国时期高等级大型墓葬，这一发现，具有很高的学术价值，经过协调建设方，改变了原有的建设方案，为有序考古发掘和遗存的全面保护提供了保障。

建设项目为考古工作“让路”、保护与发掘同步进行，这一项目最终成功入选“2020 年度全国十大考古新发现”。

科技为文物保护赋能

文物饱经沧桑，埋藏环境千差万别。陕西的文物保护工作，在国内不仅起步早，人员数量和技术水平也执行业牛耳，十八大以来，随着投入的加大，陕西率先将最新的科技手段不断运用到文物保护工作中。科技力量的不断融入，使得考古发掘和文物保护工作插上了高质量发展的翅膀。

始建于隋唐、扩建于明代的西安城墙，是中国现存历史最悠久、规模最宏大、保存最完整的古代城垣建筑。然而，西安城墙也曾经几度面临被拆除的危险。许多上年纪的西安市民，至今还记得 40 年前西安城墙的旧模样：墙头是杂草，墙根堆垃圾，墙体千疮百孔、破败不堪。历经多年修缮，如今西安城墙已呈现出完整样貌，城墙上设置了 8000 多个监测点位。通过监测，能及时发现病害及趋势，评估原因和险情，及时采取措施消除或遏制病害的发展。

秦始皇陵兵马俑本是通体彩绘，两千多年的埋藏和出土时的环境变化，让它们瞬间华彩尽失。为留住兵马俑“真彩”，秦始皇帝陵博物院与德国合作开展秦俑彩绘颜料分析保护合作研究，现已基本解决了这个难题。新的色彩保护技术，至少能将文物出土时的颜色保存十年以上。

传承文化价值　助力时代发展

让文物活起来，让文化遗产殿堂成为润泽无声的课堂，让文物古迹赋能绿水青山……在陕西，古老的文物古迹与全新的时代命题正在碰撞出夺目的火花。

陕西省省长赵一德说，陕西文物资源十分丰富，做好文物工作意义重大、责任重大。要努力让文物走出历史尘封，焕发新生，让文化在传承中创造价值、赋能发展。

“互联网+文物”促进文化共享

很多年轻人通过直播来了解兵马俑，了解陕西文物，文物工作者也需要与他们更好互动。随着“互联网+文物教育”“互联网+革命文物”等项目的实施，陕西的文物资源信息正在开放共享，融入高校思政课，走进山村小学课堂，滋养青少年的精神世界。为发挥好陕西革命文物资源在加强和改进新时代高校思想政治工作中的重要作用，陕西省教育、文物等部门出台了《关于充分运用革命文物资源加强新时代高校思想政治工作的实施方案》。革命场馆与高校建立常态化合作机制，将革命文物资源融入高校思想政治教育、日常教育体系中，让红色基因、革命薪火代代相传。

历史文化遗产融入绿水青山

从古迹修复到生态修护，陕西开辟出一条历史文化遗产保护与经济社会发展“绿色共生”的新道路。陕西省安康市汉阴县漩涡镇田凤村，地处清代凤堰古梯田景区核心位置。这里有200多年历史的凤堰古梯田，是目前秦巴山区发现面积最大、保存最完整的清代梯田。这里，分布有自清乾隆年间以来修建的古建筑民居群落十余处，古寨堡二十余处，以及古庙宇、古堰渠、古塘坝等多处文化遗存。陕西省在这里将文物保护、提升当地群众生活水平、展示地方民俗与特色文化相结合，建设凤堰古梯田移民生态博物馆。当地还将古梯田、古建筑与群众农耕生活相结合，既展示了层叠于群山之间的美丽梯田，又呈现出水稻、茶叶、桑蚕等传统耕种方式。如今，梯田层叠而上，古民居、古院落分布其间。春采桑、秋收稻，村民们组建起合作社，按照古法耕作，稻田养鸭养鱼，稻米通过互联网销售。到了旅游旺季，村民们放下农具，有的在自家办的农家乐里当起了厨师、服务员，有的成了景区里的民俗展演演员。以自然风光当“展厅”，梯田民居为“展品”，古村落变身开放式移民生态博物馆，当地群众在青山秀水之间实现了脱贫致富。

大遗址与现代空间相融共生

在西安，通过环境治理与生态恢复，曲江池遗址公园已经成为市民休闲的最佳去处；大明宫国家遗址公园探索总结了科学保护古迹遗址与城市发展和谐共生的实践经验；西安城墙将文物保护与周边历史文化街区的保护、非物质文化遗产展示融为一体。如今，漫步在西安城墙，可以近距离感受剪纸、皮影等非物质文化遗产，不时听到婉转的胡琴声和高亢的秦腔。城墙内侧的顺城巷里，则是充满时尚气息的咖啡馆和创意潮品店。目前，西安市有博物馆 158 座，平均每 8. 25 万人拥有一座，远高于全国平均水平。依托西安城墙打造南门入城式，依托华清宫遗址推出《长恨歌》实景演出，依托大雁塔打造大唐不夜城精品景区，西安的古都寻根之旅更让文化经济全天候走到社会运行中来。西安的“周秦汉唐”主题博物馆群、延安的中国革命博物馆城等陕西“博物馆之城”建设重点项目，让文物更深入地融入百姓生活中。“春风得意马蹄疾，一日看尽长安花。”1200 多年前，诗人孟郊将自己考中进士后的欣喜与畅快，化作千古名句。今天的西安，雁塔晨钟鸣，骊山晚照远。历史文物与现代空间，在这里相融共生。

“走出去”打开对外交往新窗口

2017年5月，在首届“一带一路”国际合作高峰论坛开幕式上，习近平主席以1984年在陕西石泉县池河镇出土，现收藏于陕西历史博物馆的西汉文物千年“鎏金铜蚕”为佐证，讲述祖先2000多年前开辟古丝绸之路，打开中外友好交往新窗口的壮举。

考古“走出去”探源文明互鉴

2000多年前，汉王朝为联合月氏、抗击匈奴，派遣张骞两次从古长安出发出使西域，打通了丝绸之路，对世界文明史产生了深远影响。为了寻找古代月氏的文化遗存，从1999年起，西北大学教授王建新带领考古团队，从甘肃河西走廊、新疆东天山地区，到乌兹别克斯坦、塔吉克斯坦，开展系统考古调查，发现了数百处不同时代的重要文化遗存。持续十余年的境外考古工作，填补了当地古代游牧文化遗存的发现空白，有助于以东方的视角揭示丝绸之路沿线不同文明交流互鉴、不同人群沟通融合的进程，唤醒丝路沿线人民共同的历史记忆与情感。

文物“走出去”当好“外交使者”

近年来，陕西文物持续走出去，不断发挥以秦兵马俑等为代表的文物资源优势，先后在26个国家和地区举办主题鲜明的文物外展50余个，陕西文物逐渐成为配合国家外事活动和文化交流的“外交使者”。2022年3月25日，《兵马俑与古代中国——秦汉文明的遗产》展览在日本京都举办，这次展览共展出来自陕西省16家和湖南1家文博单位共121件（组）文物，展品年代上启西周下至东汉，涉及石器、青铜器、金器、玉器、秦简等各类型重量级文物瑰宝。首展当天，距离正式开展还有一个小时，日本民众便早早在展厅外排队等待入场。在这次展览中，日本观众不仅看到了铠甲武士俑、铠甲军吏俑、立射武士俑、跽坐俑等形态各异的秦兵马俑，还能够见到秦代之前以及秦之后汉代的小尺寸兵马俑，了解到兵马俑的历史变迁。历史文化遗产，像饱经风霜的老人，娓娓讲述着“我从哪里来”的故事；像变幻玄妙的魔术师，百宝箱里总是惊喜连连；更是促进民心相通的外交使者，以中华优秀传统文化“金色名片”推动文明交流互鉴。

技术“走出去”展现责任担当

近年来，陕西的文物保护修复专业人才积极“走出去”，中国的文物保护理念和技术方法日益得到国际广泛认可。近年来，陕西文物工作者分别参与了缅甸蒲甘他冰瑜佛塔、尼泊尔王宫等国家援外文物保护工程，与法国合作了陕西公输堂、茂陵石刻保护项目，不仅展示了我国的文保技术与理念，更体现了中国参与世界文化遗产保护的责任与担当。

党的十八大以来，陕西坚持文物保护优先理念，在保护中发展，在发展中保护，不断推动文物资源成为促进经济社会高质量发展、促进文化事业繁荣和文化产业发展、满足人民美好生活需要和提升中华文化国际影响力的积极力量，文物保护意识持续深化，服务大局成效明显；文物保护力度持续加大，保护状况有力改善；文物博物馆改革持续推进，影响力大幅提升；文物治理能力持续增强，治理水平不断提高。文物工作的社会影响力和关注度持续增强，省政协在 2021 年曾就宗教场所文物保护问题进行调研和月度协商，促进了相关规章条例的制定进程，取得了明显的效果。

2022 年 7 月 22 日，全国文物工作会议在京召开，中央提出 “保护第一、加强管理、挖掘价值、有效利用、让文物活起来”的工作方针，充分体现了以习近平同志为核心的党中央对文物事业的高度重视，为进一步做好新时代文物工作理清了工作思路、指明了前进方向、擘画了美好蓝图，具有极强的政治性、思想性、指导性和实践性，是文物事业发展的行动指南。我省文博工作者将认真学习领会全国文物工作会议精神，深入贯彻落实习近平总书记关于文物工作重要论述和指示批示要求作为当前的首要政治任务，用实际行动推动陕西文物保护利用高质量发展。

（作者系陕西省政协委员，法门寺博物馆研究员，陕西省政府参事室特聘研究员，农工党陕西省委会文化工作委员会主任）

十年艺象　盛世华章

○侯红琴

戏曲是漫长的历史长河中传承着中华民族活态文化基因的中华文化瑰宝。从 2012 年党的十八大到今年我们即将迎来党的二十大召开，十年艺象，盛世华章。

习近平总书记指出：“我们要善于把弘扬优秀传统文化和发展现实文化有机统一起来，在继承中发展，在发展中继承。”党的十八大以来，特别是习近平总书记主持召开文艺工作座谈会并发表重要讲话之后，戏曲传承工作日益受到重视，古老的传统艺术再次迎来了春天。

党的十八大召开后的十年，正是中国特色社会主义进入新时代的十年。十年来，我们广大文艺工作者与党同心同德，与人民同向同行，一起见证了中国文艺真情倾听时代发展的铿锵足音，以及生动讴歌改革创新的火热实践。回望中国戏曲艺术发展这十年，党的文艺创新理论入脑入心。

“欲事立，须是心立。”2014 年 10 月 15 日，习近平总书记在北京主持召开文艺工作座谈会，发表了重要讲话。其后，习近平总书记又发表了一系列关于文艺工作的重要讲话，作出了一系列重要指示批示，全面深刻地阐述了文艺与时代、文艺与人民、文艺与市场、文艺与世界、文艺与社会、传承与创新、创作与评论等一系列重大关系，回答了新时代中国文艺繁荣发展的方向性、基础性、战略性问题，深刻阐明了我国文艺发展道路的科学内涵和鲜明特质，把我们党领导文艺工作的认识提升到全新的高度、拓展到崭新的境界，实现了马克思主义文艺理论中国化的新飞跃，为我们走好新时代文艺发展道路锚定了光明航向。

十年来，学习贯彻习近平总书记关于文艺工作重要论述成为文艺界理论武装的主题主线。广大文艺工作者在理论武装中，政治认同、思想认同、理论认同、情感认同得到了显著增强，新时代文艺创作有了科学的思想理论基础。党的十八大以来，戏曲工作者坚持创新与复排相结合、传统与现代相结合，创作出一大批深受观众欢迎的优秀艺术作品，传统戏曲呈现振兴势头。就秦腔而言，由文化和旅游部、陕西省人民政府共同主办的 2021 年中国秦腔优秀剧目会演，在 2021 年 5 月 15 日至 29 日为期 15 天的时间内，共举办了开闭幕式及秦腔展演、秦腔论坛、秦腔惠民、秦腔嘉年华 4 大板块 20 余项活动，来自西北五省区的 1400 多名艺术家、专家共同参与，惠及线上线下观众600余万人次。会演期间，来自西北五省区的秦腔院团演出了《关西夫子》《张富清1948》《王贵与李香香》《湟水河畔》《肝胆祁连》《石榴客栈》《陕北往事》等11部秦腔大戏和《哈姆雷特》等17个秦腔折子戏，展示了近年来我国秦腔艺术创作取得的优秀成果。参演剧目有新近创作的秦腔现代戏，新编历史剧，移植世界名剧和经过整理改编、具有鲜明时代精神的优秀传统戏，其中现实题材作品占60%以上，集中体现了秦腔艺术院团、剧作家聚焦广阔大地和现实生活的创作态度，他们致敬时代楷模，传承红色基因，赞美边疆建设，唱响奋斗之歌。我所在的西安三意社也创排了红色秦腔剧《陕北往事》、移植世界名剧《哈姆雷特》参加了会演。在刚刚结束不久的第九届中国秦腔艺术节上，参加演出的剧目在题材上既有群众耳熟能详的经典传统戏《三滴血》《火焰驹》《玉堂春》《白蛇传》《杨门女将》《赵氏孤儿》《狸猫换太子》等，也有优秀历史题材剧目《秦楼案》《洞天仙歌》《许铁堂》《诗圣杜甫》，还有新创现实题材剧目《骄杨之恋》《在绿色原野上》《铡刀下的红梅》等，可以说是精品绽放、精彩纷呈。参演院团和展演院团达到33家，不仅有陕、甘、宁、青、新五省区省市级主力院团，还有省内各地级市和区县级院团参加演出，各院团拿出了“绝活”与代表作品。

党的文艺创新理论深刻地建构和影响了广大文艺工作者的思想观念和创作理念。“为了谁、依靠谁、我是谁”成为反躬自省的终极问题，“‘深入生活、扎根人民’是文艺创作最根本最牢靠的办法”成为普遍共识，“坚定文化自信”成为群体自觉，“描绘新时代新征程恢宏气象”成为共同责任，“勇攀文艺高峰”成为愿景目标，“文艺不能当市场的奴隶，不要沾满了铜臭气”成为业内警句，“讲品位、讲格调、讲责任”成为从艺格言……文化自信成为优秀作品的时代标志。

习近平总书记讲，“文化自信是更基础、更广泛、更深厚的自信”，“是一个国家、一个民族发展中最基本、最深沉、最持久的力量”。党的十八大以来，在习近平新时代中国特色社会主义思想指引下，在中国特色社会主义事业成功实践的感召下，广大文艺工作者的文化自信显著提升，文艺界精神振奋、意气风发，一大批热情讴歌中国人民追梦筑梦圆梦、弘扬社会主义核心价值观、展现中华美学风范的时代佳作接连涌现。我们三意社自觉承担起举旗帜、聚民心、育新人、兴文化、展形象的使命任务，先后复排《周仁》《母子恨》等经典名作，创排大型秦腔新编历史剧《司马迁》《横渠先生》、秦腔抗疫剧《守护者》、眉户现代戏《山花》、红色现代戏《陕北往事》等一批优秀秦腔新作。

党的十八大以来，各级戏曲院团积极进乡村、进厂矿、进学校、进社区、进军营，将戏曲的种子撒向群众。戏曲要振兴，必须走向民间、回到民间，回到发展的源头。剧团要发展，必须要深入生活、扎根人民，把创作扎根在民间，把舞台搭建在民间，真正演起来、忙起来，使戏曲活起来、传下去。就拿我们三意社来说，这十年，从酷暑到严寒，从山区到田间，三意社的惠民演出足迹遍布大西北，惠及基层群众超 500 万人。

党的十八大以来，为了让更多的普通百姓看得起戏，各级文化部门大力实施低票价惠民政策。国家艺术院团演出季、全国舞台艺术优秀剧目展演 80 元以下的票价均占到总票数的 50%。我们陕西每年政府购买惠民演出达到万场以上，实现了全省行政村全覆盖。

十年来，国家先后出台《关于戏曲进乡村的实施方案》《关于新形势下加强戏曲教育工作的意见》《关于戏曲进校园的实施意见》等文件和政策。为摸清戏曲家底，文化和旅游部开展了全国地方戏曲剧种普查。为传承戏曲经典，中宣部、文化和旅游部实施戏曲音像工程，我们三意社的经典剧目《火焰驹》有幸入选，所有这些，为戏曲艺术的再次起飞插上了有力的翅膀。

党的十八大以来，戏曲传承发展的生态环境逐步改善，创作更加活跃，演出日益繁荣。关注、热爱戏曲艺术的观众越来越多，戏曲这个古老的中国传统艺术在中华大地高歌四扬。

纵观这戏曲繁荣大发展的十年，新技术与新媒介打开了文艺新空间。在智能化、网络化、数字化的社会发展大势下，文艺创作生产方式加速演变，催生数字艺术和网络文艺新形态。从艺术发展史看，技术不仅提供给艺术创作生产新的语言、工具和载体，还促进生成了新的体裁、样式和关系，甚至还关联发展出新的美学、感性和观念。信息技术促使艺术范式更新。人工智能、增强现实技术、虚拟现实技术、全息空间生成技术、5G、交互技术、元宇宙、区块链，以及生物技术、纳米技术、新能源、新材料等更广泛的领域已经或正在与艺术创作生产发生密切关联。在刚刚结束的第九届中国秦腔艺术节上，国内首位秦腔领域虚拟人——虚拟推荐官秦筱雅，伴随秦声秦韵冲破次元壁翩然而至。她成为秦腔艺术正青春的引领使者，她的出现是利用数字技术展现秦腔艺术的前世今生的体现。

十年来，互联网作为一种主导性技术，将媒介变革以迅猛之势驶入快车道，也与艺术创新展开了深度互动。人民群众的审美需求和接受习惯发生了很大变化，促使艺术创作生产、展示传播也发生了很大变化，云演出、云直播、云录制等云文艺实践层出不穷。2020 年 5 月 15 日，《生命的光芒》通过多家媒体平台，以网络直播的方式和大家见面，开启了全国戏曲线上直播的先河，实时在线观看人数超过 60 万。这既突出了以文艺抗疫的社会感召力量，又活跃了大众精神文化生活，更凸显了戏曲发展新路径中网络文艺的强大作用。后疫情时代，在继承和发扬传统的基础上彰显时代精神，以媒介融合的传播方式丰富戏曲文化的传播渠道，以新的审美观思考网络时代戏曲文化如何守住中华文化的根脉、守护人们的审美家园和精神故园，也成为当代戏剧实践值得探讨的新命题。据不完全统计，2020 年初“陕西电台的戏曲抗疫节目”通过云录制、云制作、云传播，惠及数以亿计的观众，这种文艺新形态的底层架构就是网络。

十年来，国家政策对戏曲强力支持，戏曲传承生态不断改善，习近平总书记关于文艺工作的重要论述，为推进文艺事业发展提供了根本遵循，党的文艺创新理论形成转化为一系列新时代方针政策和机制举措。《中共中央关于繁荣发展社会主义文艺的意见》《关于实施中华优秀传统文化传承发展工程的意见》《关于支持戏曲传承发展的若干政策》等有关文艺政策相继出台。我们陕西也推出了全国第一个省级层面制定的戏曲类地方性法规《陕西省秦腔艺术保护传承发展条例》，这具有重要的历史意义和现实意义。

党的二十大即将胜利召开，必将鼓舞广大戏曲工作者在已有成就的基础上奋力奔向新的征程。我们尊重艺术规律，让戏曲艺术能够更好地为人民抒写，为人民抒情，为人民抒怀，让戏曲艺术推动文化产业高质量发展，奋力谱写陕西文化建设追赶超越新篇章。

（作者系陕西省政协委员，西安三意社党支部书记、社长）

西北大学这十年：担当作为，勇毅前行

○郭立宏

鲁迅先生曾讲："北大是常为新的。"其实，任何一所大学，总是因梦想和创新得以薪火相传、历久弥新。作为西部地区重要的综合性大学，作为省属高校的排头兵，党的十八大以来，西北大学深度参与、融入和见证中国高等教育发展，自身发展动力强劲，愈加成为科教兴国不可或缺的一支重要力量。

我是一个老西大人，1981 年进入西北大学学习，1988 年开始在西北大学任教，2015 年 3 月回学校担任校长。从求学时算起，我与西北大学结缘 41 年，在这里学习、工作、生活了 30 年。我在陕西省教育厅任职时，经常回校参加活动，时刻关注着母校的建设，见证着母校事业发展的点滴。再次回到西大后，我不敢懈怠，在前任领导和师生打下的厚实基础上，继续推动西大发展。可以说，从学生到教师，再到管理干部，从教育主管部门负责人到西大主要领导，我以不同角色服务西大，从不同角度经历、体验西大的发展。总的感觉是，在西北大学待的时间越长，越能体会到她的不容易，越能感受到她的了不起，也让我深切地感受到时代发展大潮浩浩荡荡，势不可当。

西北大学虽然地处西部，隶属省管，资源和经费投入严重不足，但是她始终在时代和历史的滚滚车轮中阔步前进，紧紧抓住了一个又一个重要历史机遇，包括两轮“双一流”建设、教育部学科评估、国家级“一流本科专业”建设点遴选、教育部基础学科拔尖学生培养计划 2.0 基地遴选等。这十年，学校在规模上、质量上、服务上、影响上，都迈出了一大步。侯伯宇教授被列为全国重大先进典型，校党委入选全国创先争优先进基层党组织。我们实现了地质学入选首轮“世界一流学科”建设名单，地质学、考古学入选新一轮“世界一流学科”建设名单的宏伟目标。全球 ESI 前 1%的学科从 3 个增至 10 个，专任教师从 1300 余人增至 1900 余人，新增了 2 位中科院院士，国家级高层次人才从不到 40 人次增至 150 余人次，国家级和省级“一流本科专业”建设点达到专业总数的近 70%，一级学科博士学位授权点从 19 个增至 24 个。在国家级人才培养平台、国家级科技创新平台、国家级科研项目和科技成果奖励等方面，均实现了大的突破。年度经费从 12.3 亿元增至 18.9 亿元，完成了长安校区 16 个基本建设项目，共计 60 余万平方米的建设任务，师生学习生活工作条件明显改进，校园面貌焕然一新。

西北大学这十年的发展，得益于这个伟大的时代，得益于我们有一批好老师和好学生，得益于我们有一股自强不息的精气神和敢为天下先的气度。

党的十八大以来，党和国家对高等教育的关注和重视程度前所未有，习近平总书记发表了一系列关于高等教育的重要论述，为高等教育改革发展指明了前进方向，提供了根本遵循。令我们倍感鼓舞的是，2016 年 6 月，习近平总书记在访问乌兹别克斯坦前夕发表署名文章，肯定我校丝绸之路考古工作，访乌期间，专门会见我校中亚考古队成员，2019 年 6 月，再次给予中亚考古队亲切的问候。2021 年，习近平总书记对学校牵头提交的“关于优先在陕布局鄂尔多斯盆地二氧化碳捕获、利用与封存重大科技基础设施项目的信函”作出重要批示。总书记的持续关注和肯定，饱含深情，暖意融融，不仅是对我校学科的褒奖，更是对全体西大人忠诚、执着、朴实的鲜明品格的肯定与赞扬。这几年，西北大学能够持续推动“一院一策”改革，使得“回归常识、抓住本质、尊重规律、注重长远”的办学治校理念不断深入人心，得益于中央和省政府给予的充分自主权，学校被确定为教育部 12 个全国管办评分里改革试点单位中唯一一所高校，省政府明确将我校列为全省高校综合改革试点单位，支持我校在落实和用好办学自主权方面先行先试、大胆探索。这些，让学校有了尽情施展拳脚的空间，也成为我们持续深化改革的重要基石和力量源泉。

这十年来，西北大学在人才工作方面想了很多法子，做了很多工作。学校汇聚了一批心无旁骛、甘于寂寞，有厚积薄发修养、有滴水穿石毅力的老师。我经常讲，西北大学的教师特别是教授，要为学术价值、社会价值、历史价值存在和发展。学术价值追求将学术做到极致，追求代表学术行当的荣誉和成功；社会价值追求解决人类社会发展中的关键问题，为社会进步和区域发展做出贡献；历史价值主要体现在培养的人才、产出的成果、做出的贡献被载入历史，被后人铭记和传颂。

在任何一个组织和个人的发展过程中，弥足珍贵、令人难忘的永远都是一个个鲜活、生动的场景和瞬间。2017 年 6 月 13 日下午，教育部原部长陈宝生同志来校调研，他听取了侯伯宇教授的感人事迹后动情地说："我在这里越看越激动，我们搞教育的人，去考察、去调研，首先是要追寻精神、追寻灵魂。侯伯宇的事迹使我深受震撼，我也想到几句话：'一路寻找伟大，找到的多是昙花，今天我找到了平凡，欣喜地偶遇伟大。'"可以说，在西大"公诚勤朴"校训和侯伯宇精神的感召和引领下，西北大学一大批教师将爱国精神、奋斗品质、家国情怀、高远追求等无声地浸润到教书育人过程和学生的血脉当中。张国伟院士南北横穿、东西纵贯秦岭山脉，行程累计 10 万余公里，其可贵的精神和人格魅力留住并吸引了一批高水平的优秀人才。舒德干院士踏着达尔文的足迹前行，持续推动早期生命演化领域的研究，仅在澄江化石库野外工作就累计达 6000 余天，获得化石标本 10 万余件，并累计进行了数万次的测试与分析，不断拓展新的认知疆域，在国际学术前沿建功立业。被誉为"现代张骞"的王建新等西大考古队员，在寻找古代"月氏"和"康居"考古学文化遗存方面取得了重大突破，填补了国际学术空白。当然，我们还有一大批教师在各自的岗位上默默无闻、潜心学术，做出了重要的贡献。

2017 年冬天，我带队去机场迎接新当选中科院院士的张宏福教授，两年后的 2019 年冬天，我再次带队去机场迎接另一位新当选中科院院士的赵国春教授，我特意穿上了当年迎接张宏福院士时的那件外套，同样的时节、同样的场景，那种激动的心情无以言表。连续在两届院士增选中均有新当选的院士，对于地方高校西北大学来讲，实属不易，也极其难得。我要郑重表达的是对人才的高度敬重和万分渴望，表达的是西北大学这所省属高校的坚韧、勇气和自信。

这十年来，西北大学坚持把人才培养作为根本任务，让学生“健康成长、全面发展”，学校也因为一批又一批优秀学生在这里成长成才而持续兴旺发达。哈佛大学第 28 任校长德鲁·福斯特说过：“一所大学的精神所在，是它要特别对历史和未来负责，而不仅是对现在负责。”从这个意义上讲，大学教育的真谛和使命就是给学生打开一扇门，点燃学生的兴趣，拓宽学生的视野，挖掘学生的潜力，提升学生的能力，延展学生的发展空间。

西北大学这十年来始终是扎根中国大地、立足区域来培养人才的。一方面，我们常讲的“六个一”，既是西北大学彰显学科特色、服务区域发展的着力点，也是推进特色专业建设、培养高素质创新型人才的重要支撑。我们深入推进保护“一座山”（秦岭），呵护“一条河”（黄河），融入“一条路”（丝绸之路），壮大“一棵树”（地球动物树），升级“一战略”（西部大开发），建设和传承“一精神家园”（周秦汉唐文明），做好服务陕西发展的大文章。西北大学 70%

的学生来源于西部，70%的毕业生服务于西部，扎实而有力地支撑着西部经济社会发展。另一方面，积极推进具有综合性大学特色的完全学分制改革。我们提出坚持“高端起步、后发优势、西大特色”的理念，探索“专业分流与准入准出”的多元培养机制，扩大学生学习自主权，实现优质教育资源的有效配置。

同时，我们围绕“怎么方便学生学习、方便学生生活、方便学生潜能发挥”，去做教育、管理和服务。十年来，西北大学加大投入力度，新建和改造一批校园文化体育设施和场所，依托综合学科，开展“黑美人”艺术节、大型音乐会等精品校园文化活动，引导学生在亲身体验中陶冶情操、塑造人格。我任校长以来，聘任了七届学生校长助理，授权他们去开展涉及学生切身利益问题的调研和建言献策工作，邀请他们参加校长办公会、全校大会等。我还召开了七期校长午餐会，与学生代表畅谈大学成长和未来发展。我在每届毕业典礼上给学生送上满满的祝福和期望，在每届学位授予仪式上一一为学生授予学位，大致统计了一下，我已与八届 46000 余名毕业生挥手告别。46000 余次的握手祝贺，46000 余次的拨穗正冠，46000 余次的合影留念，对我来讲，是累并快乐着的难忘经历，对学生来讲，是鲜活的、生动的思政教育。我们就是要在学生成长中打下深厚的西大底色印，让从西大走出去的学生，不仅有知识、能力和素养，而且对生命个体有丰富的体验，对精神文化有厚重的积淀，并能始终给这个世界带来温度，带来温情。

2022 年毕业季，被称为“学霸班”的首届华大基因创新班 29 人中 24 人考研或保研成功，4 人出国深造，1 人入职华为；生命科学学院苏子栋在“完全学分制”政策下三年完成学业，顺利保研至清华大学。当然，每一位毕业生都以自己独特的方式砥砺青春，奋勇前行，赢得了属于自己的精彩。恢复高考以来，西北大学本科教育培养的毕业生，已有 8 位当选两院院士，还有一大批毕业于西北大学的校友获得 “万人计划”“杰青”“优青”“长江学者”等国家高层次人才称号，或者成为行业的骨干和专家。

十年，对于人类社会而言，仅是历史长河的一瞬，但对于西北大学来讲，是思想大解放、改革大发展的十年，是建功新时代、奋进新征程的十年。未来，西北大学将持续从“国之大计、党之大计”的战略高度，持之以恒地用实际行动诠释好西大精神，保持只争朝夕、奋发有为的奋斗姿态和越是艰险越向前的斗争精神，在新的历史时期展现新气象，创造新辉煌!

（作者系陕西省政协委员，西北大学党委副书记、校长，陕西省社科联副主席）

文旅“上新” 让世界重新认识西安

○文　静

从一条商业街道到首批全国示范步行街，大唐不夜城实现了华丽转身，也成为西安的又一文旅地标；从话剧《麻醉师》《柳青》到影视剧《装台》《白鹿原》，收获一个个国家级奖项的同时，也让“陕西戏剧”“影视陕军”的名片成为新时代文化中国的一道独特风景；不论是风雨中还是疫情中，总有一群人是长安城的守夜者，也是老百姓的“守护神”……十年来，作为大西安高质量发展的见证者和参与者，我深感自豪，也深感荣幸。

模式创新　打造千年古都新形象

2020 年 4 月 22 日是让人难忘的一天。习近平总书记来到大唐不夜城，也向外界传递出党和政府复工复产的信心和决心。我有幸在现场聆听了总书记的讲话，备受鼓舞。一条长2000米、宽500米的街区，为什么会受到总书记的“点赞”？

2018年经过整体提升和业态调整后，大唐不夜城街区迎来了“新生”：2019年客流量近8000万人次，客流量累计增长超过了50%。数字的背后，是陕西省、西安市深刻领会习近平新时代中国特色社会主义思想，把脉旅游产业发展趋势，依托陕西本土强大的历史文化资源，打造“文化+旅游+商业”新模式，营造“时尚+创意”新氛围，探索“白天+夜晚”新业态，为人民群众带来更多新体验，为城市形象塑造和传播“解锁”新技术，也为新时代文化旅游深度融合注入新思路。

除了大唐不夜城外，2021年开街的易俗社文化街区，则是城市更新与文旅产业“比翼双飞”的典型代表：露天戏楼的斗拱飞檐、秦腔博物馆的珍贵资料、西安第一辆电车、西安的汽水品牌、西影厂的电影……这个宝藏街区把秦腔文化的影响力，变成独特的竞争力，最终形成强大的冲击力，开拓出文旅融合的新版图，也为西安打造世界级旅游目的地带来独特的文化供给。

十年来，从大明宫遗址公园到大唐不夜城，从大唐芙蓉园等分布式景点到如今的全域5A级景区，从城墙到小雁塔，从汉长安城未央宫到大唐东市，西安构建起了旅游全要素的消费新业态：以W酒店等为代表的40余家高品质酒店，以西安饭庄等“老字号”餐饮为代表的特色美食，以大悦城等为代表的13家商业综合体，以《梦长安》等为代表的一批沉浸式实景演出，以陕西大剧院等为代表的一批国际一流艺术交流平台……西安扩容文旅融合新供给，拓展了文旅消费新空间。

文化向优　文艺精品彰显陕西精气神

电视剧《装台》让很多人想来看看西安，而另一部热播剧《大秦赋》则让很多人在听到主题曲时血脉偾张。更有网友给出西安旅游攻略：当你看秦兵马俑的时候，不妨寻找一下千年前的自己吧。

对于中国文化界来说，当年文学界的“陕军东征”，风光无两，后来的“影视陕军”也让陕西文化元素在光影之间成为一种标志。从“市井民风”到“家国情怀”，尽管时间跨越两千多年，这些剧作却都展示着秦人的逐梦精神，也彰显着中华民族生生不息的奋斗精神。

以精品力作点燃精神之火，焕发理想激情，彰显时代气象，除了影视作品外，如今，“陕西戏剧”已成为陕西文化的另一种代表，把住文化之“根”，散开旅游之“叶”，在以文艺作品讲述好故事、传递好声音的同时，实现了对城市形象的持续强化，城市文化软实力的加速提升，也让文化完成更大的价值兑现。

习近平总书记曾提到，党政干部也要学习人民作家柳青。作为陕西重要的文化符号，柳青成为陕西话剧人心目中的高峰。2019 年春，话剧《柳青》横跨 5000 公里，走过 6 个省 7 座城市，18 场演出吸引了近 2 万人次的观众，为陕西文艺再次吹响“矗立高原攀高峰”的号角。

《柳青》不负众望，斩获“文华大奖”。这是继话剧《麻醉师》荣获“第十四届精神文明建设‘五个一工程’优秀作品奖”“第十五届中国文化艺术政府奖——文华大奖”双项国家级奖项后，西安戏剧界的又一突破。而在之前，《柳河湾的新娘》《百鸟朝凤》等相继获得国家“五个一工程奖”；《白鹿原》《那年花开月正圆》等精品力作斩获飞天、白玉兰、金鹰等百余项国内外大奖……一部部文艺精品彰显着“西安智造”的魅力，也彰显了西安打造城市精神高度的使命和雄心。

文化赋能　新兴产业注入鲜活力量

如果要问陕西的重要特色，高校众多必算一个，这也意味着，寻找适合年轻群体消费习惯的领域，不但能激活他们的消费热情，也能培养他们对城市的心理归属感。近年来，电竞作为一个“文化+”的新赛道，成为西安向年轻人抛出的橄榄枝。

2019 年盛夏，一场号称电竞奥林匹克的 WCG2019XI’AN 总决赛在西安曲江新区拉开战幕，比赛直播的大屏幕下座无虚席，各个年龄段的观众聚精会神。除了电竞赛事外，世界最先进的电子产品展和酷炫的 COS 表演、创意挑战赛、机器人大赛等让现场成为欢乐的海洋。而让电竞迷津津乐道的，还有在西安举办的腾讯英雄联盟职业联赛 LPL2019 春季赛、英雄联盟音乐节暨颁奖盛典、王者荣耀职业联赛KPL2019春季总决赛、和平精英职业联赛PEL2020全国总决赛等赛事，这些赛事，成为彰显西安城市活力的舞台，也让西安离打造中国电竞新极点的梦想更进一步。

赛事是电竞产业的“面子”，而“里子”则是西安对软硬件的提升：从一经亮相就吸引众多眼球的量子辰产业园到即将开馆的万人电竞馆，融合了文化、科技、旅游、赛事、娱乐等领域的电竞产业集群正在西安异军突起。同时，一个个量身订制的优惠政策，不但吸引来了顶级战队入驻，也让西安的“曝光量”呈几何倍数增长。

除了文旅产业和电竞赛事外，自2021年启动建设的秦创原创新驱动平台，已成为陕西最大的科技孵化器和科研成果转化基地。这里聚集了高校、院所、企业、金融、区域资源，集全省之力打造陕西创新驱动发展总平台和总源头，着重打造立体联动“孵化器”、科技成果转化“加速器”和两链融合“促进器”。秦创原创新驱动平台建设，推动着陕西不断优化招商引资体系，打通科研成果转化“最后一公里”，瞄准新材料、机器人、生物医药、智能物联等新兴科技创新项目，引领区域经济高质量发展。

凡是过往，皆为序章。这十年，从打造国际化大都市到国家中心城市、关中城市群核心城市，西安一次次承担起国家使命，而这些使命也为中国经济、政治、文化、社会、生态文明建设“五位一体”的新格局注入西安能量。而对于老百姓来说，路通了、学校医院建起来了、公园更多了，这些实打实的幸福感，来自城市与人共生共存的必答卷。这些成绩，离不开以习近平同志为核心的党中央的英明领导，离不开亿万中国人的同心协力。我相信，只要我们同心勠力，一定会为中华民族的伟大复兴注入更多的“西安能量”。

（作者系西安市政协委员，民盟西安市委会副主委，曲江新区融媒体中心主任）

文化宫这十年

○赵文华

“楼高了，树多了，路宽了，灯亮了，腰包鼓了，日子好了……”这是当下不少职工的口头禅，也是众人对陕西这十年喜人变化的赞叹，更是对陕西这十年高质量发展的生动诠释。

我本人是全国工会系统先进工作者，现任咸阳市工人文化宫主任兼党支部书记，也是咸阳市新一届政协委员，深感责任重大、使命光荣。2022 年是我在文化宫从业的第三十载，掐指一算，我任职刚满十年。文化宫植根于陕西咸阳这片厚重多情的黄土地，沐浴阳光而成长。在“工”言“工”，我们文化宫在这十年里本着“姓工名文”之属性，用心打造“三个招牌”，用情服务“三工”（即：工会、工厂、工人），用力做好“文化宫·文化人·文化事”的多维度工作。

多年来，咸阳市工人文化宫持续守正创新，践行主责主业，全力打造咸阳职工美术馆、《职工文艺》和职工文化艺术创作创新工作室三个“工”字招牌，以“文化宫·文化人·文化事”，提升赋能奋进，汇聚磅礴力量，充分彰显文明健康、昂扬向上的职工文化色彩。

2014年10月，作为曾荣获“全国示范工人文化宫”的我们腾出文化宫条件最好的职工文化大厦10层办公区域，创办了全省首家700余平方米的职工美术馆，投资数万元购置空调、展板、镜框和灯光等器材，整个展厅设施设备达到了标准化美术馆的要求，一次可展示160多幅书画作品。

腾了办公楼，火了美术馆，一个展览接着一个展览。我们职工美术馆不单是书画展厅，还设置活动舞台、学术研讨室、贵宾接待室、书画储藏室、安全监控室等集综合多功能于一体的职工文化活动中心，坚持公益性服务、常态化开放，节假日也不闭馆。

美术馆团结吸纳了一批市域“文化工匠”和从事各门类艺术创作的积极分子，并组织李烈民、季子泉、尹军等七名职工书画家奔赴革命圣地延安开展红色之旅采风写生活动，短短四天实地写生近百幅，联袂创作出一幅15米的《生活·源泉》书画长卷；组织多位职工艺术工作者深入礼泉、淳化、武功等八个县区开展送文化、送法律、送知识活动；职工书法家陈天民的书法作品荣获第三届中国书法最高奖项“兰亭奖”；成中艾、范雨浓等20多位职工书画摄影家分获全省职工文化艺术节书画摄影一、二、三等奖。

创办市职工美术馆八年来，天天有人气，月月有展览，年年有业绩，先后与中国现代文化研究会、中国作协书画院、陕西省文联、澳大利亚艺术家协会等中外合作组织开展了“西部四省七市职工书画联展”“咸阳·墨尔本情系中华书画交流展”“咸阳·兰州职工书画艺术交流展”等大型展出活动130余场次，累计接待观众达20余万人次。

2021年至今，咸阳市工人文化宫持续开展咸阳市重点项目“四比一建”（比项目质量、比技术创新、比安全生产、比文明施工、建精品工程）劳动竞赛主题摄影大赛，共收到各市、区、县总工会、基层工会选送的摄影作品2000余幅。经组委会筛选、评定，今年3月评选表彰了一等奖1名、二等奖3名、三等奖6名、优秀奖10名、入围奖100名；获奖摄影作品相继被《陕西工人报》推出专版，陕西学习强国《映像陕西》栏目连续发表六期。一组组图片，一幕幕瞬间，集中展示了咸阳高质量发展的进程和广大职工建功新时代的精神面貌。

“一本《职工文艺》，一个文化‘符号’。”这几乎是咸阳职工文学创作者的口头禅。

这份内刊别看不起眼，它免费寄赠全国部分省市总工会、工人文化宫和本市工人俱乐部，供大家交流，也是本地文朋诗友“以文会友、以文交友”的阵地和平台，备受青睐。目前，《职工文艺》已出200多期，且不定期进行优秀作品评选。期刊主要面向全市“没名气、没运气、没才气”的职工业余作者，让其文艺作品“过渭河、进西安、出潼关”。它犹如磁铁一般吸纳数千名本地和外埠职工作者踊跃投稿。咸阳不少大手笔的工人作家，每每谈起个人成长史，皆会情不自禁谈到对《职工文艺》的情愫。

《职工文艺》创办者费宏达先生曾在《职工文艺》上发表了一篇卷首语《从王海的写作说开去》。如今，王海已是陕西省作协副主席，先后出版了《老坟》《人犯》《天堂》《新姨》等多部长篇小说，有的佳作被改编为话剧《钟声远去》搬上舞台，电影《城市门》在国内公演（映）。

一花引来百花香。据统计，职工作家杨焕亭新近创作出版400多万字长篇历史小说《汉武大帝》《武则天》《汉高祖》三部曲、石竹的长篇小说《天命》《哑巴》、徐宗德的少儿国学《醒世寓言》《大树上的铃铛》、李文德的长篇诗集《赵梦桃之歌》和长篇小说《安吴商妇》等百余位职工作者由国内出版社公开出版的著作达200部以上。

依托咸阳厚重的文化历史底蕴和众多职工对文学的痴迷热爱，2021年《职工文艺》开启了建党百年主题征文大赛，收到省内外众多职工文学爱好者发来的诗歌、小说、散文、书画、摄影、篆刻等稿件千余篇（幅），并出版了《职工文艺》特刊，庆祝中国共产党成立100周年！

职工文化艺术创作创新工作室（赵文华劳模创新工作室）成立于2017年，2019年被陕西省总工会命名为“省级示范性劳模和工匠创新工作室”。

一花独放不是春，百花齐放春满园。近年来，在咸阳市总工会的坚强领导下，我们文化宫在工作中创新，在创新中奋进，精心构筑阶梯式、全方位的职工文化艺术创作创新平台。

我们本着“一室一品牌、一品一出彩”的理念，用力擦亮“工”字招牌，倾情打造文化品牌。先后召开职工文化创新创作座谈会7次，专门腾出一幢三层小楼作为“职工文化艺术基地”，组建成立“职工文化艺术创作创新工作室”，下设音乐舞蹈、书画篆刻摄影、文学艺术、壁画民俗等23个独立工作室、30人的创作创新团队，其中有省部级劳模2人。每个工作室墙面粉饰一新，室内铺设木地板，配备办公桌椅、书架和书画台案、钢琴等，楼梯楼道悬挂着装裱好的多位职工艺术家的150幅书画作品，环境幽雅，赏心悦目。这里每天有专人管理服务，并由文化宫出题，职工艺术家答卷，经常举办主题笔会、作品研讨会和各类艺术作品展，成为一道亮丽的职工文化风景线。

“新时代需要榜样的引领。”职工书画创作创新工作室书画家成中艾利用大半年时间不间断走访本市企事业单位和劳模家庭，先后为市域涌现的赵梦桃、王保京、梁增基、呼秀珍等十余位全国、省市级劳动模范人物画像。成中艾说，通过手中的彩笔画劳模、展劳模，让社会上更多的人赞劳模、学劳模。如今他的这一“忒色”已被列入咸阳市精品文化工程。

职工音乐工作室杨帆、赵永生等几位成员，先后作词谱曲的弘扬劳模精神、劳动精神、工匠精神和“梦桃精神”的歌曲《劳动模范》《丝念》《你为了谁》，荣获全国“亿万职工心向党”优秀作品奖；歌颂守护国门的戍边英雄MV《战士与界碑》，在2021年全国总工会与中央网信办联合开展的“网聚职工正能量 争做中国好网民”微视频大赛中荣获一等奖，乃是陕西地市级参赛的唯一获奖作品，并亮相央视7套《军歌嘹亮》节目。2022年6月，由咸阳市总工会、工人文化宫策划，职工文艺工作者杨帆作词，修骏、赵永生作曲，国际首席爱乐乐团合唱的献礼“七一”、喜迎“二十大”劳动竞赛歌《建功新时代》，一经新华网推出，短短一周“圈粉”210多万人。

篆刻工作室程政创作了弘扬“工匠精神”主题篆刻印谱；书画工作室李伟潜心创作昂扬向上的“十改”“十问”“十努力”系列漫画作品，被《陕西工人报》整版推出；剪纸工作室刘爱英、董莹等创作出多幅抗疫剪纸作品；音乐工作室徐宗德等人新近创作出MV《长安壮歌》《请你做核酸》《守护》，“艺”起战“疫”。

职工文学工作室几位“写家”，还入企进村、走访采写，相继为“梦桃精神”传人等20多位全国省市级劳模（工匠）和荣膺全国省市级“工人先锋号”“梦桃式班组”团队“著书立说”，弘扬劳动精神、劳模精神、工匠精神和“梦桃精神”，并汇编打印出《时代领跑者》《梦桃精神的传人》《大秦颂》三部样书。

回眸文化宫这十年，这是逐梦的十年、奋斗的十年、发展的十年、收获的十年。最近，我们继续翻新利用闲置空房，扩充新增20多间各类工作室，旨在吸纳更多“职工文化工匠”，为其提供一个温馨舒适的创作创新环境，力求壮队伍、塑人才、出精品，以优异成绩庆祝党的二十大胜利召开！

（作者系咸阳市政协委员，咸阳市工人文化宫党支部书记、主任）

十年地标做见证　古韵新姿话碑林

○程晓荣

反映城市变迁，地理信息不仅直观，还最真实可靠！改革开放40年，碑林区快速而精致的发展是近十年的事。以南门商圈、西安博物院、大唐西市等为代表的新景观、新地标如雨后春笋般拔地而起，平坦宽阔的广场，生机盎然的绿地，规划合理的楼宇，蓄古寓今、有景有情、亦动亦静，一众新地理坐标见证着碑林意气风发的发展轨迹，碑林古韵展现出奕奕新姿。

长达20多公里，以隋唐皇城墙为基础建于明代的西安城墙，不仅反映了这座古城的形象与风貌，也见证着赳赳老秦脚踏实地的发展史和创业史。自1983年始，经过历次环城建设和护城河改造工程，西安逐步建成以古城墙为主线，以风格古朴、富有野趣、河清水美而闻名的环城公园带。无论是晨间的顺城巷市场，或是傍晚的环城公园夜文化，无不透出一股浓浓的人间烟火气息，抚慰着每一位生长于兹的西安人，也吸引着每一位向暖而生的异乡人。

白日里，随着西安 SKP 的强势入驻，由 SKP、王府井百货、中贸广场、大话南门等组成的南门商圈已然成为时尚、高端、品质的代名词，撑起了碑林商业经济一片天地。在南门商圈，古老与现代、文化与潮流相互碰撞、相互交融，这里的繁华、时尚度、品质感也吸引着省内外消费者欣然前往。

夜晚，一方城垣，一水绕城，南门礼仪广场国宾级的演出——《梦长安——大唐迎宾盛礼》华丽登场，在声、光、影的交融里，其壮丽大气的景象仿似昔日万国来朝的盛况再现，这一刻，你会发现历史和现实神奇地交汇于此。在这里，人和环境协调在统一的文化氛围之下，这个颇具特色的文化交流和休闲场所增强了当地的可识别性，提升了本地居民的归属感和幸福感。

风吹过的都是文化，脚踩着的皆是历史。世界物质文化遗产小雁塔、荐福寺古建筑群遗址与现代风格的西安博物院相互呼应，馆、塔、园林三位一体的建筑格局让西安博物院在全国博物馆界独树一帜。忆往昔，小雁塔无言，但见证了当年东西方译师在这里译经传法，东西方文明在这里交流、碰撞与创新。看今朝，在众多新地理坐标的簇拥下，小雁塔虽历经沧桑却依旧巍峨挺立，并在古都皇城兴衰沉浮和历史变迁中不断焕发新生。时间从未间断，西安博物院里展示着时间的力量，鲜衣怒马，一眼千年。

在华夏文明的摇篮、自古帝都的西安，还有这么一片被称为翰林奇观、雕塑宝库的神奇之地——碑林。作为儒家文化的图书馆、中外文化交流的档案库、立体的中国书法史、汉唐雕塑艺术的殿堂，馆内“丰碑如林，翰香远溢；佛道造像，庄严清虚；墓虎村牛，威猛驯良”，藏在碑林里的国宝数不胜数。国宝不语，但近十年来碑林研学旅行的价值创新品牌却声名远播，吸引着海内外成千上万研学组织来近距离体会中华文明的文脉。馆外，关中书院静守一隅，文人墨客集聚于此；书院门古文化一条街绵延曲折，随处可见挥毫泼墨的老者，在这一动一静中岁月融入了书卷，文化如水，在流动中生生不息。

这十年，碑林跃上了经济、社会全方位发展的快车道，成为西北地区面积最小、人口密度最大、单位面积产值最高的城区，是全省科技人才、科技成果最密集的城区，以及全省唯一的“中国营商环境百强区”。“西安年 最中国”堪称西安城市营销了不起的破局开拓之举，是西安经济与文化共生共长的极佳案例，极大地提升了西安在全国乃至全球的影响力和美誉度。“城墙灯光秀”不仅是西安的历史、文化、硬科技等实力的展示，更是西安营商环境日益改善、行政效能明显提升的效果体现。所有这些来之不易的成绩和美誉，真切地印证着西安这个“网红”城市正在朝着国际化大城市、中国硬科技之都迈进。

“只有把硬科技、历史、未来结合在一起，才能发挥西安最大的优势。”作为全国硬科技创新资源最为富集的城市街区，碑林区拥有西安交通大学、西北工业大学等 17 所大学，131 家科研机构，10 个国家重点实验室，6 个国家工程技术中心，113 个省部级重点实验室和工程中心和 3 万多位科研人员，17.35 万名在校本科生，5.78 万名研究生，这一串串数字既代表着碑林打造“硬科技之都”的底气，也证明着碑林奋发图强，大力实施“硬科技+”“互联网+”“军民融合+”“高校+”和“创业平台+”等一系列发展战略的实力。相信不久，西安碑林“环大学硬科技创新街区”定会成为西安最闪亮的名片，为建设国家中心城市核心示范区提供强劲动力。

碑林十年，古遗址上西安人的现代生活得以体现，扑面而来的是古韵新风尚、人居新观念的崭新理念，历史文化在这里得到最好的诠释和传承，这既是推动历史文化进入市民生活的创新形式，也是对历史遗址保护与利用的有益探索，更是借助科技的力量，为古都打开了改变世界的大门！碑林十年，人文和谐、生态宜居的幸福主城已然形成；碑林十年，今天的新地标又会成为碑林辉煌明天的历史见证！

（作者系西安市碑林区政协委员，国家税务总局西安市税务局一级主任科员）

“车让人·人守规”：有温情的城市文明

○朱　彦

漫步在西安街头，吸引人的不只是古色古香的建筑、风味独特的特色美食，还有那暖人心窝的文明场景——“车让人”。道路上的车辆不再呼啸而过，而是在人行道前停下，耐心等候行人通过，这样的场景在西安屡见不鲜，这是外显的城市文明。

一、委员忆：交通规则蕴含城市温情

（一）“车让人”实施效果显著

从 1981 年起算，西安汽车保有量突破 100 万辆用了 29 年，而从 100 万辆激增到 200 万辆，仅用了四年时间，也就是从 2014 年开始，拥堵成为西安的常态。机动车保有量的持续增长，不断加快的城市化进程，加之 2017 年西安市户籍新政的出台导致新落户人口显著增加，西安的交通拥堵情况不断加剧。随之而来的是，不文明的交通行为屡禁不止、交通事故频发、车与人的矛盾激增，城市管理难度也持续加大等。

在这样的背景下，西安开始在全市推行“车让人”的文明交通活动，两个月后，94. 55%受访市民知道西安正在实施“车让人”，65. 92%的受访市民认为“车让人”的活动有效果，85. 36%的受访市民称在过马路时曾被机动车礼让过。2018 年 3 月下旬，“车让人”行动实施近一年，西安市统计局再次开展了文明出行调查，调查中，83%的受访市民认为西安市的交通秩序有好转，其中，31. 9%的受访市民认为“有明显好转”，51. 1%的受访市民认为“有所好转”。2021 年 8 月从陕西省公安厅交警总队获悉二季度全省城市道路交通秩序整治测评结果：城市道路机动车礼让斑马线方面，全省各市机动车礼让斑马线率均为 95%以上，其中，西安机动车礼让斑马线率达到 99%。行人遵守交通信号灯方面，汉中达标率为 99%，咸阳、商洛达标率均为 98%。

（二）文明交通不能一蹴而就

文明城市不仅是一个称号，更表现在这些看得见的温暖中。小小的一个停顿背后，是西安这座城市五年的努力。

2017 年 5 月，西安市开展了文明交通“车让人”主题实践活动，采用“三四五工作法”，分阶段、抓重点、优化措施。经过两年的实施，使“车让人”成为西安市绝大多数司机自觉遵守的理念，使“人守规”成为西安市绝大多数市民的文明素养，西安市道路交通状况得到明显改善，文明城市形象得到显著提升。

2019 年 6 月 24 日，陕西省委精神文明建设指导委员会下发《关于推广西安市“车让人·人守规”经验在全省开展文明交通实践行动的方案》(以下简称《方案》),《方案》指出，要使“车让人·人守规”的“蝴蝶效应”在全省蔚然成风。陕西成为全国首个在全省推广实行“车让人·人守规”的省份。

2022 年 5 月以来，为持续巩固“车让人·人守规”文明交通实践成果，西安市委文明办联合市交通局、西安市公安局交警支队等部门共同主办了 2022 年度“车让人·人守规”文明交通实践行动新城专场、莲湖专场活动。据悉，下一步西安市委文明办将联合交警、交通、教育、城管等部门持续定期开展市级“车让人·人守规”文明交通示范活动，各区县、开发区将持续定期开展区县级示范活动，通过常态化开展示范活动，在全市营造更加文明有礼、安全畅通的城市道路交通环境，持续提升西安的城市文明程度。

（三）交通规则也“温情”

“车让人·人守规”不仅仅是一项要求驾驶员和市民们必须遵守的交通规则，礼让斑马线，让出的是文明，体现的是素质，温暖的是人心。

“车让人”，让的是安全。每一次的礼让，都是对生命的尊重。行人站在没有红绿灯的人行道前，面对的不再是“害人”的道路和“吃人”的车辆，而是一种安全感，斑马线成为真正的安全线。

“车让人”，让的是温情。通过“车让人”，市民的安全感、获得感和幸福感得到提升。每一个人，无论是扎根西安的本地人，还是外来的游客、学生、务工人员，都能在一次次的礼让中感受到相互的信任和理解，领略到西安这座城市的包容和认可，体会到西安的温情。

“车让人”，让的是文明。车辆的一次次停顿、司机师傅的一次次摆手，都是交通文明的象征。同时，车和人都是交通参与者，共享道路资源，都是和谐交通秩序的维护者，除了“车让人”之外，行人做到“人守规”，以遵守信号灯、快速通过等实际行为向主动礼让行人的车辆和驾驶员做出回应，这是文明城市的体现。

二、委员谈：交通规则映射城市文明

（一）“车让人”制度古来有之

陕西省社会科学院文化专家王晓勇谈道：“西安的‘车让人’制度看起来是偶然的，其实有它的历史必然性。西安市是一个十三朝古都，尤其在唐朝，西安是一个国际化的大都市，人口过百万，交通状况肯定非常复杂，容易出现一些问题。这个时候唐政府就制定了一个非常先进的也是为其他城市甚至其他国家起到示范作用的法律：《仪制令》。”

中国最早的交通规则就是《仪制令》。今陕西省略阳县灵崖寺内就存在刻有“仪制令”的石碑，上有四行小字：“贱避贵、少避长、轻避重、去避来。”除此之外，对古代的“飙车”行为，唐代沿用了《晋律》中“禁马众中”的规定，《唐律疏议》卷二六“无故于城内街巷走车马”条规定：“诸于城内街巷及人众中，无故走车马者，笞五十；以故杀人者减斗杀伤一等……”根据唐律，在街巷或行人众多的地方，没有正当理由快速行驶车、马的，就要用竹板或荆条拷打脊背或臀腿50下，如果因此造成人员伤亡，就要参照斗殴杀人伤人的罪行减一等处罚。

由此可见，古代的交规也注重礼让和文明出行。

（二）“车让人”：古城西安文明新底色

“车让人·人守规”既是一项道德要求，又是一条行为准则，更彰显了一座城市的文明底色。

出租车司机孙师傅说：“开始推广时，驾驶员刻意礼让行人，主要是怕被罚款；现在开车都有了这个意识，走到斑马线前都会自觉减速礼让。”随着“车让人·人守规”理念深入人心，文明礼让在古城西安蔚然成风。

近年来，西安市坚持创建为民、创建靠民、创建惠民，始终把全国文明城市创建作为经济社会发展总抓手，从细微处着眼，抓重点、破难点，聚焦关键精准发力，推动创建工作取得新进展、新成效，不断刷新西安文明新高度。

三、委员议：规则是城市文明的“通行证”

文明城市建设呼唤规则保障，同时，规则也不应该是冷冰冰的，而应该是充满温情的。作为新时代的政协委员，要勤学习、勇担当、善履职，为文明城市建设建言献策。

（一）由“礼让”转“法让”

“西安‘车让人’已经闻名全国，其实我们让的不仅仅是文明，道路行为都是有法可依的。”长安大学城市道路交通研究所副所长邵海鹏在为西安市民礼让点赞的同时，也建议“车让人”要“让”得有规则，有法可依，让“礼让”转向“法让”。

西安市政协委员袁林江认为，“车让人·人守规”应转变观念。在道路使用上，不是迈开腿想往哪走就往哪走，车和人都要有守法意识，在法律面前无小事。

持续巩固“车让人·人守规”文明交通的成果，要建立健全文明交通长效机制。其中，完善合理有效的规则是尤为重要的工作，包括两方面：

一是要健全法律法规，做到有法可依。“车让人”是否会纵容行人违法呢？文明礼让固然重要，但在现代社会中，长期用道德约束代替法律规制并不是可取的。建议陕西省出台地方性法规，完善“车让人·人守规”及其他文明交通相关政策，要保证机动车驾驶员和行人之间的权责统一，既要保证行人安全，又要尊重机动车驾驶员的合法权益，对行人的违法行为也要采取相关处罚措施，真正实现“人与车”的和谐。

二是要培育规则意识和规则尊重，做到有法必依。规则意识和规则尊重需要人们将规则作为自己内心的信念、行为的准绳，而不是简单地按规则办事。这就要求拓宽宣传渠道，创新宣传方式。将传统媒体和新媒体结合，运用短视频、公众号、漫画等人们喜闻乐见的方式和途径来宣传；同时更要重视教育的作用，将文明交通搬入课堂，才能逐步增强市民认同感，使文明交通理念内化于心、外化于行。

（二）城市文明也需温情

温情体现在细节的柔软。习近平总书记指出：“城市管理应该像绣花一样精细。”城市的精细化管理水平很大程度上影响市民的社会福利和城市文明程度。因此，一定要把握市民最关注、涉及面最广的问题，并时时刻刻考虑市民的需求。

西安市政协委员付翠说：“我有一次在大雁塔地铁通道过马路用了 5 分钟，但是如果从地面穿行的话，可能只需要 30 秒。”她建议，要合理运用、规划地铁地下通道，在地铁建设时，应科学考虑其过街通道功能的发挥，而且在地铁管理上，不要关闭、阻塞这部分功能，要让行人能方便通行，这也有助于保障路面的安全和通畅。

城市管理的初衷不是管理，而是为了便民。不能既要让“人守规”，又为“人守规”设置各种障碍，城市管理应为便民让步。因此，有关部门要规范管理，优化服务。如城市交通规划要考虑市民的需求，合理设置路口距离，不能一味地通过复杂的天桥和地下通道来人为增加市民的路程；充分利用大数据监控人流和车流，根据实际情况分时分段设置红绿灯时间等。切实做到城市管理为民、城市管理靠民、城市管理惠民，真正的文明城市一定是有温情的城市。

（作者系西安市雁塔区政协委员，西北政法大学教授）

礼让新风润茶乡

○张菲菲

下晚自习骑车回家，西乡樱花大道和鹿龄路十字路口遇红灯，拉闸停下，发现脚底下赫然印着“车让人”三个一米见方的大字，用白油漆刷在斑马线内侧，灼灼醒目。

“真好。”我会心地笑了。

“樱桃节”在即，樱桃沟周边道路正在修整，应该是刚刚才刷上去的温馨提示。三个宋体字棱角方直，我却觉着它们像仲春的月色一样皎洁温柔，给人以踏踏实实的安全感。无论是骑车的还是开车的，看到这几个字，想必也会松了油门，敛了急躁，为步履蹒跚的幼童和老人温柔地让行吧。穿过斑马线，就是老人和孩子们休闲娱乐的樱花广场，让他们走得从容缓慢一点，多好。

翌日清晨，迎着习习微风去学校，才发现二中门口、莲花路、县城主路每一道斑马线的内侧都刷上了这样的爱心提醒，五中靠校门一侧亦有新刷的“车让人”几个雪白大字。时间尚早，路上车辆不多，无论轿车、摩托电动车还是自行车，行到此处，都减缓车速主动礼让。

孩子们背着书包说着笑着不慌不忙走过斑马线，鱼贯而入。明媚的阳光从东方天际洒落，给小城镀上一层暖人的金色，此番恬静美好的景象，勾起我一段回忆。

那是几年前的一个早上，学校组织孩子们参加公益劳动，出校门时恰逢上班高峰期，车水马龙，孩子们排着长长的队伍穿越马路，两旁的车辆行人有的自觉停下避让，有的许是赶着上班，鸣笛催促。我带的一班孩子正要通过，右边驶来的一辆红色轿车，丝毫没有停下的意思，似乎想冲破队伍，护送孩子的我又急又恼，一边大声喊着：“停车！停车！”一边伸出双臂呈“大”字挡在车前，司机这才极不情愿地将车停下。车速不高，没有惊心动魄的场景，倒是某个孩子在日记里写着“老师用娇小的身躯凛然挡住小车，就像一只保护雏鸡的母鸡对抗庞大凶恶的老鹰”，令我忍俊不禁。

如今，校门外有了斑马线，线内又有了昭然提示，想必不会再出现那样的情形了吧。

回首往事，良多感慨。经济刚刚发展起来的家乡小城，私家车渐渐多了，这种价值不菲的代步工具似乎成了财富和身份的象征，坐在车里的人，往往会不自觉地滋生出一种优越感，一些性子急躁的司机，倘遇行人慢慢腾腾不肯避让或无视红绿灯不守交通规则，虽不敢横冲直撞，也会戾气冲天狂按喇叭，甚至伸出头去谩骂。这情形，总令我想起古代封建社会，驾着高头大马的纨绔子弟和坐在八抬大轿里的老爷们，趾高气扬，一路高喝“闲人避让”，横行无忌，妇幼老弱倘避之不及便有性命之虞。古人曰，君子循礼而动，方能畅行天下。因而我喜欢那些驾车平缓、不喜鸣笛的司机，遇到拥堵或乱闯的孩子、耳背的老人，他只是慢下来、停下来，心平气和地等待他们走过人行道，再轻踩油门。他们开车，就像做人一样修养尚好，克己复礼，令人敬重。

记得多年前读过一本书，作者去旅行，问驾车的司机，为什么不对无视规则的行人鸣笛，司机回答：“我们驾着车已经很方便了，为什么还要对没有驾车的弱势群体鸣笛呢？应该是我们给他们让路。”

“让”，《说文解字》中阐释：从“言”，从“襄”，表示用语言或行动帮助他人，予人方便，不争执，以别人为先。《孟子》言：“辞让之心，礼之端也。”一个小小的“让”字，一句简短的提醒，体现的是中华民族礼仪之风，仁爱之心；“车让人”这一小小的举动，不仅是恪守交通文明的行为，也是一份爱与包容，是对生命的敬重。

党的十八大以来，以习近平同志为核心的党中央高度重视精神文明建设，强调实现中华民族伟大复兴的中国梦，物质财富要极大丰富，精神财富也要极大丰富，小城在党的号召下开展“讲文明、树新风”活动，车让人，人守规。你听，刺耳的鸣笛声逐渐消失；你看，行人与汽车面带微笑互相谦让，文明礼让的新风吹进千家万户，人文和谐的氛围润泽百姓心田，如此美好的景象，让人不禁想起一首老歌

《小城故事》：看似一幅画，听像一首歌，人生境界真善美这里已包括……

樱桃花开自烂漫，美丽的茶乡又将迎来四方宾客，“车让人”这朴素的几个字也许不能为火热的节日增色添光，但小城因此而多出一分包容礼遇，让出一分纯善厚博和气质内涵，这浓浓的人情味，必会让远方来客宾至如归。

青山秀水，最美茶乡，“礼让”的种子正在路边悄悄发芽，春风化雨，这朵文明之花终将开遍小城，这里：花香、茶香，蝶舞、鸟鸣，诗情画意，恬静，安详。

（作者系西乡县政协委员，西乡县第五中学教师）

三秦印记

巨变·这十年

尽责履职

凝心聚力勤建言

田间培训·李小超/作品

从无到优

——陕西检察公益诉讼的改革创新之路

○高　洁

检察公益诉讼，是人民检察院作为公共利益的代表，根据民事诉讼法、行政诉讼法等法律规定，对在履行职责中发现的生态环境和资源保护、食品药品安全、国有财产保护、国有土地使用权出让、英烈权益保护等领域损害国家利益或者社会公共利益的案件，向有关主体发出检察建议或向人民法院提起诉讼的法律制度。建立检察机关提起公益诉讼制度是党的十八届四中全会提出的改革要求，是党的十九大关于建设中国特色社会主义法治体系、建设社会主义法治国家的重要制度安排，具有鲜明的中国特色。2015 年 7 月 1 日，全国人大常委会授权最高检在北京等 13 个省、自治区、直辖市开展为期两年的提起公益诉讼试点，陕西被最高检确立为首批公益诉讼试点省份。2017 年 6 月 27 日，十二届全国人大常委会正式确立检察机关提起公益诉讼制度。七年来，全省检察机关坚持以习近平法治思想为指引，全面贯彻落实中央、省委、最高检决策部署，以“面拓展、点做透、争第一、树标杆”的工作思路，紧紧围绕工作大局，深入开展“三有”争创活动，持续擦亮陕西“六彩”公益检察监督品牌，探索形成了公益保护的陕西实践。

我作为陕西省检察院公益诉讼工作的分管者和组织参与者，和其他领导以及公益诉讼战线的检察干警共同努力，不断强化保护国家利益和社会公共利益的政治自觉、法治自觉、检察自觉，在忠诚履职、能动司法中见证了陕西公益诉讼检察工作创新发展的成效。

坚持党的领导，助力法治陕西建设

党的绝对领导是人民检察事业发展的根本保障。公益诉讼重大案件的推进、难点问题的解决、办案效果的拓展、制度机制的构建，都离不开党委的重视支持。近年来，陕西检察机关紧紧依靠党的领导，自觉接受人大监督和政协民主监督，把检察公益诉讼作为“一把手”工程，积极向各级党委、人大常委会请示报告，争取政府和社会各界支持，推动构建党委领导、政府支持、多方参与、司法保障的检察工作格局。自 2015 年作为首批试点省份开展公益诉讼试点工作以来，省委主要领导多次对公益诉讼检察工作做出批示。2018 年，省委办公厅、省政府办公厅印发了《关于进一步支持检察机关提起公益诉讼工作的意见》，专门就公益诉讼检察工作出台指导性文件。省委政法委将行政机构支持公益诉讼工作情况纳入平安陕西考核范围。2020年，省人大常委会表决通过了《关于加强检察公益诉讼工作的决定》。在党委统一领导下，检察机关主动与有行政执法权的部门积极对接，积极建立多方协作机制，促进行政执法与法律监督有效衔接，共同营造共建共治共享的执法司法环境。七年来，陕西检察机关共立案办理公益诉讼案件37231件，向行政机关提出诉前检察建议34924件，提起诉讼1098件，持续推进社会治理能力和水平不断提升，为建设更高水平的平安陕西、法治陕西贡献了检察力量，为国家治理体系和治理能力现代化贡献了陕西力量。

创新制度机制，陕西公益诉讼走在先

陕西公益诉讼工作从无到优，从不被社会知晓，直到逐渐走向成熟，得到社会各界的广泛认同，充分显示了公益诉讼法律监督制度的价值作用。作为一名无党派代表、全国政协委员，在2022年全国两会上，我积极建议全国人大常委会将公益诉讼列入立法计划，构建新时代中国特色社会主义公益诉讼法律体系，从而更好地发挥公益诉讼检察作用。七年来，陕西检察机关结合陕西实际，围绕秦岭生态环境保护、汾渭平原大气污染防治、南水北调中线水源地保护、黄河流域生态环境治理、红色资源与历史文物保护、煤石油污染防治等重点，充分运用法律智慧和监督智慧，在办案实践基础上大胆探索创新，确保了公益诉讼检察制度从顶层设计到实践落地，从局部试点到全面推开、健康发展，为维护国家利益和社会公共利益贡献了检察力量。近年来，检察机关牢记“国之大者”，积极探索生态环境保护办法，先后多次到秦岭办、生态环境、林业、黄河管理、法院等部门调研，积极与院校、社会公益组织进行座谈，组织检察机关内部研究论证，提出了生态环境检察专门化意见。2021 年 12 月，经陕西省委编办批准，在第八检察部加挂生态环境检察部牌子，一体履行刑事、民事、行政和公益诉讼职能，全力保护生态环境。2022 年 7 月，经省人大常委会批准，设立陕西省秦岭北麓、秦岭南麓、关中平原、陕北高原地区人民检察院等四个派出检察院，由陕西省人民检察院西安铁路运输分院作为上一级检察院履行相应诉讼职责，集中办理检察机关起诉的涉秦岭、黄河流域等环境公益诉讼案件，构建起了由省检察院统一领导，专门检察院与地方检察院协同联动、紧密配合的“1+6”专门检察监督机制。为推动生态环境保护高质量发展，建立有效的行刑衔接机制，陕西省检察院主动与秦岭办、黄河上中游管理局、省林业局、生态环境厅等部门座谈，已建立了秦岭保护协调联动、信息共享和“河长+检察长”“林长+检察长”“环保执法+检察监督”等制度机制。已与自然资源厅、水利厅等具有行政执法权的多个部门沟通，建立广泛的“行政执法+检察监督”协作机制，形成了行政执法在前、法律监督紧密衔接的陕西生态环境保护格局。同时已建立了陕西公益诉讼志愿者队伍，搭建起生态环境公益诉讼“微共治”平台，构建起行政履职、法律监督、社会参与的良性生态系统治理大格局。通过不断地创新实践，打破了“三个壁垒”，实现了“四个融合”。（打破了上下级检察机关的壁垒、检察业务条线的壁垒、行政执法和法律监督的壁垒；实现了上下一体融合、“四大检察”融合、行政执法与法律监督融合、跨区域衔接与专门化监督融合。）在机制创新的引领推动下，陕西检察公益诉讼一路“快马加鞭”、高速发展。自 2017 年 7 月全面推开至 2021 年底，全省检察机关办理公益诉讼案件从 2016 年的 639 件增加到 2021 年的 9433 件，2021 年，陕西公益诉讼案件占比在全国排名第一，行政诉前案件数量在全国排名第一，行政公益诉讼起诉案件数量在全国排名第三。

牢记“国之大者”，打造陕西“六彩”公益品牌

2020 年 4 月，习近平总书记在陕西考察调研时，首次提出“国之大者”，强调要当好秦岭生态卫士。以检察力量保护秦岭绿水青山，是陕西省检察机关的历史使命与责任担当。近年来，陕西检察机关以有进步、有站位、有品牌的“三有”争创活动为抓手，力争把每一个公益保护“点”做透。经过几年的探索实践，具有陕西特色的监督格局已明晰，“蓝（天）青（山）绿（水）黄（土）红（革命旧址）黑（煤石油）”陕西“六彩”公益检察品牌越来越亮。聚焦“蓝”，助力打赢蓝天保卫战。累计发现案件线索 1467 件，提出检察建议 1397 件，提起诉讼 27 件。聚焦“青”，当好秦岭生态检察卫士。省检察院党组把秦岭生态环境保护作为重大政治任务，列为重点工作，开展了秦岭生态环境保护专项活动。摸排涉秦岭生态环境保护

公益诉讼案件线索 3825 件，提出检察建议 3450 件，起诉 188 件。“以法律监督利剑守护秦岭绿水青山”被评为陕西省第二届十大法治事件。聚焦“绿”，强化水域生态环境保护。2019 年 1 月，陕西检察机关与省水利厅（河长办）共同开展“携手清四乱　保护母亲河”专项监督活动。共办理黄河流域生态环境保护公益诉讼案件 4076 件，发出诉前检察建议 3815 件，起诉 164 件。2020 年，央视《今日说法》栏目对府谷黄河生态环境保护案成效做了“为了黄河的安宁”专题报道。三原县大程镇政府不依法履职案被联合国环境规划署中国司法板块收录。聚焦“黄”，助力黄土高原生态环境治理。出台指导意见，指导志丹县检察院办理的水土保持补偿费行政公益诉讼案，督促水务部门征缴水土保持补偿费 2036.87 万元。聚焦“红”，抓好红色资源保护工作。2021 年 4 月，全省检察机关将“寻访革命旧址　保护革命文物　传承革命精神”专项活动作为深入推进党史学习教育的重要内容和具体抓手，全体干警共同参与，寻访、办案、体悟融合推进。截至 2021 年 12 月，开展寻访 8786 人次，寻访革命旧址 1657 处，组织干警撰写心得体会 1329 篇，媒体刊载 599 篇，使寻访、办案成为党史学习的生动课程。延安市南泥湾三五九旅革命史迹保护行政公益诉讼案，在省检察院的指导下，三级院通力合作，与相关部门召开圆桌会议，推动行政机关履职，三五九旅英烈园遗址被认定为文物保护单位，116 名烈士的身份得到了确认，被最高检评为典型案例。聚焦“黑”，开展煤炭、石油、天然气污染防治专项监督，服务保障碳达峰碳中和。共立案办理公益诉讼案件 513 件，提出检察建议 510 件。陕西“六彩”公益诉讼监督品牌的打造以及办案数据背后是每一位检察干警的担当和汗水，也深刻诠释了陕西检察人勇于破题、先行先试，打造陕西品牌，在秦岭、黄河等生态环境保护中勇做“生态检察卫士”的历史使命和自觉担当。

心系人民群众，服务中心大局

公共利益归根到底是人民的利益，公益诉讼检察是与新时代人民群众美好生活需要息息相关的鲜活司法实践。为了群众，依靠群众，公益诉讼才有蓬勃的生命力。近年来，陕西检察机关深化对群众反映强烈突出问题的专项整治，守护老百姓“舌尖上”“头顶上”“脚底下”“邮包里”的安全，依法推动解决民生热点、难点问题，竭力办好为民实事，真正做到让人民群众享受政策、拥护政策，不断厚植党的执政根基。自 2018 年以来，聚焦农贸市场及校园周边食品、网络餐饮等五大重点领域，开展了“保障千家万户舌尖上的安全”检察公益诉讼专项监督活动。围绕生态环境和食品药品安全领域公益损害突出问题，开展了“公益诉讼守护美好生活”专项监督活动。通过向全省发布消费者权益保护公益诉讼典型案例，不断深化保食安专项监督实效。组织开展“为民办实事　破解老大难”公益诉讼质量提升年专项活动，持续推进“千案展示、百案评析、十案示范”活动，展示代表性案例 108 件，教育引导群众理性维权、依法维权，提醒经营者规范经营、诚信经营，共同营造诚实守信、绿色健康的消费市场环境。2021 年，第十四届全国运动会和第十一届全国残运会暨第八届全国特奥会，是在疫情常态化防控下，在西安举办的体现和推动我国体育事业发展的重要盛会，也是中国力量的展示。检察机关服务大局、积极作为，全力服务保障十四运和残特奥会，部署开展无障碍环境建设检察公益诉讼专项活动，推动十四运、残特奥会比赛场馆周边及公共场所无障碍配套设施问题整改 167 处，对盲道设置不规范、被压占等问题整改 1271 处，推动 5 个火车站无障碍环境建设问题整改，关爱特殊社会群体，助力打造城市文明“名片”。冬季天然气供应是城市运转、百姓生活中的一件大事，为确保天然气供应健康有序，全省检察机关部署了城镇燃气供应公益诉讼检察专项监督行动，召开了以“企业担当、行政履职、法律监督、共话民生保障”为主题的工作会，发现燃气供应领域公益诉讼案件线索 56 件，立案 43 件，发出诉前检察建议 39 件。围绕医疗行业做好检察监督，认真贯彻落实最高检部署的“消”字号抗（抑）菌制剂产品公益诉讼专项监督活动，印发陕西省中医药保护监督专项活动方案，维护了消费者合法权益和人民生命健康安全。陕西检察机关聚焦民生做监督、关切难点做监督、服务大局做监督，让群众切实感受到了公平正义就在身边，检察工作回应了社会关切、获得了群众赞许。每年两会向人民报告，陕西省人民检察院的工作报告连续多年高票或全票通过，这也是法治陕西、平安陕西建设进程中的一个缩影。

更新检察理念，强化治理效能

检察公益诉讼旨在保护公益、促进治理，绝非为诉而诉，其本质是通过加强对公益损害问题的监督，助力政府部门依法行政，共同维护人民根本利益。陕西检察机关在实践中坚持“双赢多赢共赢”“诉前实现维护公益目的是最佳司法状态”“持续跟进监督”等理念，牢固树立全省“一盘棋”思想，用好磋商、检察建议、提起诉讼的阶梯式办案方式，把诉前解决问题作为公益保护的最佳状态，七年来，共发出检察建议 37261 件，不断加强与行政机关的有效沟通，最大限度发挥行政机关主动纠错的积极性，真正取得了公益保护的最好效果。与时俱进更新理念，不断探索检察监督有效方式，紧扣秦巴山区生物多样性主体功能区独特的生态环境资源和历史文化要素，努力打造集生态修复、法治宣传、警示教育等多种功能于一体的生态修复基地、碳汇教育基地，助力实现碳达峰碳中和。陕西省人民检察院西安铁路运输分院建立陕西首个生态司法碳汇教育实践基地。西安市人民检察院在鄠邑区秦岭保护总站成立公益诉讼检察工作基地、碳达峰碳中和教育修复基地。安康市汉阴县人民检察院与县农林科技局共同建立补植复林基地，该基地已补植树木 2900 余株。坚持全面监督、类案监督、一案三查、诉前优先，依法要求被告以补植复绿、土地复垦等方式修复生态环境或支付生态环境修复费，通过检察监督办案，实现了办案的政治效果、法律效果和社会效果统一。

陕西检察公益诉讼从试点到拓展，从无到优，历经七年时光，在探索中前行，在协同中拓宽，在监督中服务，在创新中发展，实践着法治陕西的建设，推动着法治陕西的建设，见证着法治陕西的建设。法治陕西建设水平不断提升，迈上了一个新台阶。法治陕西建设之路永在前行中，陕西检察公益诉讼以开拓创新、勇毅担当的精神，以陕西检察高质量发展助力陕西经济社会高质量发展，为党的二十大胜利召开交出了一份合格的答卷。

（作者系全国政协委员，陕西省人民检察院副检察长、检察委员会委员）

共商国是　为民参政

——一个政协委员的十年

○何　耘

十年，在历史的长河里，只是一朵小小的浪花；但对于一个人、一个家庭来说，那却是细数的 3600 多个日日夜夜，里面有太多的酸甜苦辣和太多的难以忘怀的故事……

“委员之家”共成长

2012 年，我担任民建南郑县支部主委，在地方志办工作，妻子是南郑县老龄办副主任，女儿上小学。在政协换届中，我与妻子一同被推选为南郑县政协委员。会议期间，女儿放学被接至会议驻地酒店，政协主席在大厅看见她说：“你爸爸、妈妈都是政协委员，你在学校是什么？”女儿爽朗地说：“我是我们班的学习委员！”政协主席哈哈大笑："你们是典型的'委员之家'呀！"这个名号自此传开。

之前，我任市、县政协委员已两届，其间多次获得优秀提案、优秀大会发言、优秀政协委员荣誉，但并没有引起家人的注意。自从妻子任委员后，我的委员身份地位才在家里"空前高涨"。妻子会告诉女儿，这个红绿灯是我上交提案后装的，那个建设项目是因为我提了什么建议才开工的，等等。之前我准备建言材料时也征求她的意见，她不太热心。但从那以后，她也开始处处留心，只要一发现问题，就会说："这个方面，可以调研写个提案或社情民意吧？"有时一边干着家务，我们还会你一言我一语地分析、探讨、推敲议政观点。可以说，这十年的履职成果，大多都凝结了两个人的心血和智慧。

女儿在家写作业时，我们坚持在一旁陪伴，或工作，或写参政材料。我用了三年的业余时间，查阅1000余万字的典籍、资料，从中梳理、考证，编写出版了36万字的《千年古县——南郑》和28万字的《历代名人笔下的南郑》。在2014年南郑参评"千年古县"时，我作为专家组组长，参加联合国教科文组织专家组组织的答辩。由于我们的资料翔实、严谨、要素齐全，答辩得到了专家的高度认可，南郑以第一名的总成绩成为由联合国地名组织命名的"千年古县"。2012年始，我用了两年多时间完成课题"南郑县域经济发展研究"，形成26万字的成果，先后获县政协调研报告一等奖、民建中省优秀调研报告等荣誉。南郑县政府制定 "十三五"规划时，使用了其中大量资料、定位和观点。

十年里，我们几乎没有辅导过女儿的功课，或许正是这些陪伴和耳濡目染，使女儿养成了良好的学习习惯，从小学到高中成绩一直名列前茅，考上了心仪的大学。妻子也先后荣获全国和省、市先进工作者称号，还考取了法律资格证书，工作岗位也由副转正。其间，民建南郑支部获全国先进基层组织，我主持编写的《南郑县志》《南郑党史》获省级表彰，我个人则获市县政协各类奖励 20 多次，获民建中省市奖励 10 余次，有 8 份调研报告、提案、社情民意信息被中省政协采用。2018 年，我被提拔为民建汉中市委会副主委兼秘书长，可以说是到了一个专业的参政议政岗位。

“铁杆的政协宣传员”

中共十八大以来，人民政协性质和定位与时俱进，委员责任不断强化，政协作用极大地彰显发挥，让我异常欣喜、信心倍增。作为一名政协委员和党派负责人，我想，懂政协、爱政协、宣传政协，我义不容辞。

我通过市县政协讲堂、统战讲堂、委员培训、党派会员培训、读书分享会等活动，宣讲政协的性质、地位、作用，讲政协“是什么、干什么、怎么干”，讲如何“懂政协、会协商、善议政”，讲如何做一名合格的政协委员等 30 余场次。我还利用“进、知、解”活动、精准扶贫、调研考察以及朋友聚会的机会，广泛宣传政协及相关知识。市政协前主席评价我的讲座说：“何耘是一个铁杆的政协宣传员！他讲政协政治站位高，历史脉络清晰，理论把握准确，理解深刻、深入浅出、事例鲜活、浅显易懂。”

我对政协性质日臻完善的过程做了梳理，给大家讲，政协性质由最初的一个“是”，到2004年的三个“是”，再到习近平总书记提出的“是专门协商机构”等三个“是”的全新论断，现在完善为2018年新章程的七个“是”。让大家知道，政协的任务由最初团结人、凝聚人，到改革开放初期为经济建设服务，已发展到为推进“五位一体”和完成三大任务、实现“中国梦”服务了，现在的政协工作已深入经济社会的方方面面。

讲政协的三大职能推进时说，协商民主是目前世界上最优秀的民主制度，是在中国土壤之中土生土长的。通过中西方实例对比，大家明白了“西方民主”是形式主义的“民主”，人民只有投票权而没有广泛参与权，人民只有在投票时被唤醒，投票后就进入休眠期。我国的协商民主是一种直接的、经常性的、持续参与式的民主，它有效克服了人民群众在国家政治生活和社会治理中无法表达、难以参与的弊端，有效克服了为维护和争取自己利益固执己见、排斥异己的弊端，有效克服了对各项政策和工作共识不高、难以落实的弊端。

讲政协是“凝心聚力”的组织时说，党委、人大、政府凝聚力量靠法定的权力，政协要靠智慧和思想，既要靠本领，还要讲艺术。政协凝聚人心，从某种意义上说比使用权力更难。政协“凝心聚力”这种思想和魅力，应逐渐被固化成为独特的政协生态和文化，使政协组织充满“黏性”，让政协大家庭中的各方力量充分感受到在政协履职的幸福和乐趣。

这个委员有些“轴”

2019年5月，时任汉中市政协副主席的李应德给我打电话，说他原来下属的一个科长准备给我回复提案，有些胆怯，让我关照一下。我当时听得一头雾水。后来才知道是这个科长的一个朋友曾经在我手上办过一个提案，跑了七八趟，历时九个月，评价我“有些‘轴’，有些较真”，让他要有心理准备。

我是个提案大户，在多年的提案办理中，我对“重答复、轻落实”“被满意”的现象感触颇深。历时九个月的那个提案是我2011年在市政协提交的《关于在汉中市招商引资工作中建立专家咨询制度的建议》。之前那年，我以政协委员身份参加一个听证会，目睹了一位领导如何凌驾于法规之上，随意推翻规划方案，将本该建60亩的广场改成15亩的操作过程。这次听证会对我的触动特别大。我想，要在重大项目、重要决策中减少人为因素的干预，要顺利进行科学决策、合理规划、按照要求建设，就迫切需要建立一个机制、一项制度来规范、来约束。于是我收集了国际和国内这方面的先进经验，结合汉中实际，提交了这份提案。

办理提案时，先是科长带队，说建议内容需要报市委、市政府层面才能解决，经合局无法完成等，我不同意；接着副局长带队，也没有实质进展，我不同意。再后来局长带队，县上的副县长也参加了，说他们也认为非常有必要制定相关制度，已汇报给副市长了，还需请示市长，市长同意后还要上政府常务会商议才能定夺。还说办理时限将近，希望我先回复。我担心一搁置就没下文了，最后还是没有同意。在我的建议下，市经合局外出调研学习考察，提出方案。最终市委、市政府出台《汉中市市级领导包联县区招商引资工作制度》《汉中市招商引资联席会议制度》《汉中市招商引资专家咨询制度》等三个文件。《各界导报》还对此经过进行了专题报道。

当然，我“轴”的事例还有很多。连续三年提出规范老年代步车的提案，促使市人大启动立法程序，起草《汉中市电动自行车管理办法》;《关于建立南水北调联动机制的建议》推动“汉江流域城市政协联系协作会”形成；建议将“一江清水送北京”口号改为“一江清水输北京”，被政府采纳；等等。

“冷思考”里的炽热心

“参政献策每竭力，解忧建言必尽心”是我作为政协委员的信条。我认为委员就要有“冷思考”和“前意识”。政协不在工作的前线和“火线”，正因为这样，才能够沉下心来审慎地看问题、找病症、献良策。在围绕中心、服务大局的同时，关注一些群众需要但党政部门暂时还没有想到或无暇顾及的工作，对一些看似不那么着急和重要的工作深入分析，提出意见建议，使党委、政府的工作更加全面、系统、科学。必要时，还要敢于泼冷水。很多工作急于求成时，在科学决策上就可能考虑得不全面、不严谨、不缜密。委员要敢于泼一些冷水、吹一些冷风，帮助及时发现和改正失误及错误。很多部门和领导存在“只埋头拉车、不抬头看路”的问题，对未来可能遇到的困难和问题缺乏提前考虑、超前谋划。委员就要发挥专业优势和职能优势，补上这块短板，对一些创新的和超常规举措可能会衍生的问题或有可能产生的后遗症，提出前瞻性的意见建议。

如我深入研究日本和德国高铁建设的经验教训，在2014年汉中市政协全体会议上做《高铁时代来临，汉中准备好了吗？》的发言。当时，西成高铁建设如火如荼，汉中人民非常期待高铁尽快建成，憧憬着将会给汉中带来的巨大机遇。我提出：高铁的“虹吸效应”会使汉中更多的旅游、人才等发展要素被大城市吸走，造成小城市越来越缺乏活力，将会强者愈强、弱者愈弱。如应对不好，发展情况完全不是大家所期待、所憧憬的那样！我以全市上下日益倚重的旅游产业为例进行说明，提出利用好高铁的“辐射效应”，提前谋划、充分准备，寻找匹配汉中定位的发展战略，建议加快融入西安都市圈战略，与西三角大城市的产业错位发展等。发言引起了极大反响，时任汉中市委书记魏增军在闭幕会讲话中插话提到并表扬，会后还专门与我进行了座谈。

星光不问赶路人，时光不负有心人。在政协这所大学堂里，我学习知识，增长本领；在政协这个大熔炉里，我锤炼人格，锻造信念；在政协这个大舞台上，我用心作为，收获快乐！中共二十大召开在即，我愿各级政协委员继续“大事共商，常献丹心谈妙计；雄姿再展，更添豪气立新功”。

（作者系汉中市政协常委，民建汉中市委会副主委兼秘书长）

因为爱　活成一道光

○宁慧平

能够荣幸地成为一名政协委员，我感到非常激动和自豪。我知道这不仅是一份荣誉，更是一份神圣的责任和使命。数年来想成为政协委员的梦想，就是我奔赴的方向。我想把自己活成一道光，像他们一样，让接近他们的人变得更美好、更快乐；因为有他们，我们的社会充满了爱与温暖。

初识“人民政协”，它作为名词呈现在中学的课本中，仅是教科书的知识介绍。工作后，经历了所在国企的改制、辗转谋生的匆忙，对政协的了解和认识十分肤浅。近年来，因为工作性质和文学创作，对政协有了较为深刻的认识，也感悟到政协的发展壮大和政协职能的不断完善；更对曾接触过的政协委员们心生佩服和尊敬，他们对中国共产党的热爱、对人民忠诚的情怀和行动，深深地感染了我，激励了我，让我有了热切的政协梦。

沿着幽深的时光甬道回溯，来到2014年秋季。若不是一位农村教师相邀，我的文学创作依然会被禁锢在风花雪月的浪漫爱情里。那时，留守儿童，这个特殊的未成年人群体进入我的视野，对3所学校的走访，与20多位学生的交流谈心，让我沉默而难受。在贫穷的阴影之下，城乡割裂的现实体现在孩子们身上，是一种让我们心里隐隐作痛的残酷和真实。同时，我也看到事情的另一面，留守儿童的问题在全社会越来越受到重视，两会代表、政协委员为如何关爱呵护留守儿童而奔走努力。从采访到书稿完成出版，数年间，我看见了社会各个层面对留守儿童的关爱和帮助：国家的脱贫攻坚、乡村振兴战略，就是要让农民在家门口致富。一方面逐步解决了城市外来务工人员随迁子女教育问题，另一方面从根本上减少了留守儿童的数量。社会各界对留守儿童的物质帮助，再到心灵、精神上的关爱和引导，一定会点燃留守儿童对美好生活的向往和希望。爱出者爱返，福往者福来。在这些源源不断关爱帮助留守儿童的身影里，有许多政协委员，我在他们身上看到的良善和美好，是人世间最美丽的风景。作为写作者，我愿意为留守儿童讲述温暖的故事，这就有了长篇小说《妈妈在远方》，一个留守儿童寻找妈妈的故事。根据小说改编的同名三集儿童广播剧，被评为陕西省委宣传部2018年度重大文化精品项目，并在“学习强国”平台、中央人民广播电台等平台上播出。我深知是社会各层面的关爱和帮助，让留守儿童纯净稚嫩的心灵有了安慰，让孩子们深信爱是比痛苦、忧伤、贫穷更强大的力量，在现实面前他们有温暖坚固的后盾。

“为什么我的眼里常含泪水？因为我对这土地爱得深沉……”这是诗人艾青说的，这段话也融入了“泥腿子”黄全华的灵魂里。

红星村，陕西省汉中市汉台区汉王镇一个普通的村子，因地理位置偏僻，经济收入单一，信息闭塞，被贫穷紧紧捆住，是远近闻名的“空壳式”贫困村。黄全华走上了这个贫困的小村带头人的岗位，他在曙光中看到国家日新月异的变化，听到无数村子富裕起来后村民舒心的笑声，于是坚定地担起带领大家走共同富裕道路的担子。他带领村党支部和村委会一班人，以深化农村集体产权制度改革为突破口，探索出“确权确股不确地、整村流转土地、股份合作经营、发展集体经济”的致富模式，实现了还权赋能、利益共享。

红星村，在汉中市推进“三变”改革的浪潮中一路领先，走在了全市乃至全省前列，受到市委、市政府主要领导的高度关注，成为改革的亮点，成为人们关注的焦点。

2018 年在红星村数月的采访，让我至今记忆深刻。我看到：是穷则思变的本能激励着他们去拼搏，是善良的天性让他们甘愿“舍小家顾大家”，是坚定的宗旨意识让他们把贫困视为敌人。在脱贫攻坚战打响后，村里先后成立了村级经济合作社和土地股份合作社，实现了农民土地 100%入股合作社，合作社土地 100%流转到新型经营主体。贫困户产业扶持资金、小额信贷资金和互助资金协会会员借款入股专业合作社享受分红，同时辐射带动邻村、邻县农户入股本村合作社。

村庄，中国社会最基本、最基层、最基础的单元，它的每根神经都跟国家这个母体有着千丝万缕的联系。 在红星村，我看到了中国农村的希望；在黄全华身上，我看到了共产党人的为民情怀。他们的开拓创新、顽强拼搏、不懈努力，深深地感染着我，以红星村为原型撰写的报告文学《红星闪耀的村庄》入选陕西作家脱贫攻坚优秀作品集《脱贫英雄》，引起强烈的共鸣，让人深受感动、倍受鼓舞。

写什么和怎样写，是我经常思考的难题。记得 2019 年初春，网信办的刘小娟委员对我讲了闫克元的故事。他坚守基层文化工作岗位 45 年，起初缺人少经费，无固定办公场所，如今不仅拥有五层楼的活动场所，还挖掘、保护了濒临消亡的龙舞文化。龙江镇被文化和旅游部命名为“中国民间文化艺术龙舞之乡”，走出一条独具特色的基层文化事业创新发展之路。经过深入采访了解，这是一位汉台区两届政协委员，一个鲜活的人物，有许多具体、生动、感人的事例，以他为原型创作的长篇小说《迎着光往上游》入选陕西文学艺术创作人才百人计划丛书。我知道，因为这个题材展现了人民群众的奋斗之志，才使作品具有深沉的力量。

采访者与被采访者总是双向奔赴，相互滋养。新冠肺炎疫情期间采访时，听到了汉中卫健人太多温暖的事，看到了太多温暖的人，无数次被感动得潸然泪下，更加懂得了“哪有什么岁月静好，只不过是有人在替你负重前行”。因为有他们，我们在面对疾病与苦痛时，心里有了一份底气和依靠；是他们，为我们在生与死之间，加了一道牢固的防线。近十年的采访写作，让我更加坚信，在为人民抒写、抒情、抒怀中成就自我、实现价值，才是真正的幸福。在工作和文学创作过程中，我接触到许多政协委员，他们的工作和履职，以及对我文学创作的帮助，让我感受到社会的美好和人性的温暖。这些委员们，聚是一团火，散是满天星，他们就是一道道光，我愿意成为他们那样的人。

文艺是时代的号角，文化是国家和民族的血脉。我满怀对政协工作的一片热爱，走进政协这个大家庭。作为文艺界别的政协委员，经过履职提升培训，我深刻地明白，政协委员身负政治使命和政治责任，作家身负文学使命和文学责任，这两种使命两种责任，出发点都是为人民群众发声。能当好一个作家也就能当好一个政协委员，因为要当一个好作家，得更多地关注和留意身边的和工作生活中有关文化建设和文学繁荣的人和事。作为政协委员，就有了更宽阔的视野和更多的生活体验，就能更深刻地了解我们国家的政治体制以及政治体制改革的进程；作为一个时代的记录者，写出有广度、有深度、有温度的好作品，是我作为政协委员的“文学梦想”。

新时代有太多的课题需要我们去探索，有太多的故事需要我们去讲述，有更高的巅峰需要我们去攀登，每念及此，一种深沉的责任感和崇高的使命感便会油然而生。我将面向未来，与党同心，与人民同行，为汉中美好的明天贡献自己的智慧和力量。

（作者系汉中市政协委员，汉中市汉台区政协委员，汉中市汉台区作协主席）

传递略阳政协“好声音”　做好民生大文章

○古丽娜

民生无小事，发展我助力！作为一名新闻战线上的政协委员，我有更多机会去了解民心民意民情，以职业敏感去关注社会上的热点、难点问题。我努力增强“脚力”访民情、听民声，增强“眼力”善于观察，增强“脑力”深思熟虑，增强“笔力”真正做到言之有物，努力将略阳高质量发展的伟大实践报道好，把略阳人民开启现代化新征程的奋斗故事讲新、讲活、讲透，真正做到履职尽责，让民主监督和舆论监督相得益彰。

2022 年是我从事新闻工作的第十年，也是我成为县政协委员的第六年，我向各条战线上的政协委员学习了如何履职，如何成为一名称职的政协委员。我看到广大政协委员在民生实事、脱贫攻坚、乡村振兴、疫情防控、抗洪救灾等工作中立足岗位建诤言、献良策，为略阳经济社会发展做出积极贡献。

让农村百姓喝上“幸福水”，打通群众饮水安全“最后一公里”。2018 年，在《委员提案面对面》的采访中，我采访到提案《关于完善农村安全饮水工程建设和管理的提案》，提案是原县经贸局、现经济合作促进中心干部赵伟在黑河镇岩房坝村驻村时提出的。在采访中，赵伟告诉我，作为一名驻村干部，就要尽心尽力地为村上的群众办好事、办实事。在驻村的过程中，他发现村上的供水存在水质发黄、有异味乃至时常断水等影响村民用水的问题。赵伟开始入户走访，在不少农户家中都发现了同样问题。他多次征求群众意见建议，同时联系水利部门及时分析查找原因。他在多次调研中发现，导致供水安全隐患的主要原因是部分集中式水源附近，存在对水源造成污染的企业以及落后的群众生产生活用水方式；另外，饮水工程设备老化、管理水平较低，造成了水质不达标、水压低、水量小等问题。针对这一问题，赵伟向县政协提出了《关于完善农村安全饮水工程建设和管理的提案》。他建议加强水源保护，加强农村生活饮用水水源检测、监测建设，确保农村群众生活饮用水源安全；加强农村安全饮水工程的运行管理，做好各类设施设备的维护检修工作；同时进一步加大农村安全饮水宣传教育力度。该提案受到相关部门的高度重视，花大力气、下真功夫解决了供水浑浊、水质不稳定等问题，全力为农村居民饮水安全保驾护航。

毕生热爱，无悔青春，将“甜蜜”事业进行到底。县政协委员张崇军是汉中山里人家生态农业开发公司的负责人，从 2014 年开始，他借助电商平台销售家乡的土蜂蜜。2015 年，他成立了公司，依托家乡独特的自然资源优势开始进行蜜蜂的种源繁育，并带着村里的贫困户走上了脱贫致富路。初中毕业后，张崇军到一家机械加工厂工作，凭借吃苦耐劳和勤俭节约，有了一些积蓄，并在 2014 年初开始创业。看到家乡的土特产销售渠道单一后，他从销售家乡蜂蜜开始做起，带领同乡七名大学生组建了汉中山里人家生态农业开发有限公司，主要借助电商平台销售家乡及周边村镇的土蜂蜜、木耳、香菇等特产。公司于 2020 年实现销售额 1024 万元，已累计为 588 户贫困户分发 160 余万元现金红利，直接带动略阳县 18 个贫困村发展种蜂基地 26 处。现建有蜜蜂农场研学基地 1 处，拥有标准化蜂蜜灌装车间及蜂蜜质量检测中心 1 处，形成“公司+合作社+党支部+贫困户”的“三分三合”发展模式，带动周边群众稳定增收，让农户同他一起借“甜蜜事业”走上脱贫致富之路。

用心做教育，以爱润桃李。汉中市第五届、略阳县第十三届政协委员晏彩琴，时任略阳县荣程中学高级教师、副校长（现任县教体局教研室副主任），29 年如一日兢兢业业、任劳任怨，课堂上她是传授知识的晏老师，课下生活中她是学生亲爱的“妈妈”。她致力于用美好去唤醒更多生命的潜能，一点一点用关怀打开孩子的心扉，获得孩子的信任。诸多孩子在她的鼓励和关爱下对学习的兴趣越来越浓。在繁忙的教学工作之余，晏彩琴认真履行委员职责，按时参加政协会议和政协组织的活动，针对人才引进、教师队伍建设、教育教学和管理中的问题，先后撰写了《筑巢引凤，立足县情引进人才》《保护名优教师　壮大教师队伍》《关于农村义务教育有必要承担起家庭教育指导重任》等提案。多年的辛勤付出收获了丰硕成果。晏彩琴先后被评为“陕西省学科带头人”“陕西省三八红旗手”“省国培计划工作坊主”“陕西省教学能手评委”，主持完成陕西省“十三五”规划课题“统编教材自读教学策略与方法探究”，与江苏省海陵中学共同完成“经历教育探究”省级规划课题。一张又一张的荣誉证书见证了她多年来在教育教学领域的辛勤耕耘，也激励着她在未来的道路上不忘初心、不负重任。

从白手起家，到做大做强。县政协委员、汉华商贸有限责任公司总经理李洁认真履职，树立了良好的委员形象。经过多年的发展，从最初的小店，到如今成为商品门类齐全的本土知名传统零售企业，该公司已成为一家多元化的大型现代化民营企业，经营面积达 2200 平方米，自超市开业至今，累计实现不含税销售收入 3.6 亿元，上缴国税 623 万余元。近年来，该公司累计安置就业人员 280 余人次，其中下岗职工 50 余人次。脱贫攻坚期间，安排贫困人员 28 人次到超市务工。设立消费扶贫专柜，帮助销售各类蔬菜、农副产品总价值 80 余万元。为政府排忧解难，创造就业岗位，促进略阳经济发展。李洁热衷于各种社会公益事业，她把“发展商业、回报社会”作为企业宗旨，先后在 2008 年汶川大地震、2010 年玉树地震、武汉抗击新冠肺炎疫情、全县抗击新冠肺炎疫情期间捐款捐物。

2022 年 3 月，略阳遭遇新冠肺炎疫情，面对严峻的疫情防控形势，全市各条战线的“防疫先锋”火速支援，与我县干部群众携手奋战，抗击疫情。他们舍小家为大家，冲锋在前，与时间赛跑，连续奋战，全力守护人民群众的生命健康，打赢了这场疫情防控阻击战。汉华购物超市作为我县此次疫情防控保供单位之一，积极担当，主动出击，多方调配物资，紧急协调人力，完成了卸货、消毒、检查、分拣、打包、配送工作。疫情期间共向县城封控区配送蔬菜 8000 余份，坚守服务品质，担当社会责任，实现了保供、保质并重，保障了居民的“菜篮子”。

近年来，略阳县政协各条战线上的委员时刻牢记政协组织的政治属性、委员的政治身份、协商的政治责任，以习近平新时代中国特色社会主义思想为指导，全面贯彻党的十九大和十九届历次全会精神，弘扬伟大建党精神和抗疫精神，不断提高政治判断力、政治领悟力、政治执行力。广大委员不断向基层延伸，和群众贴近，努力倾听人民呼声，反映人民诉求，解决人民群众的实际困难；积极适应新时代政协工作的新特点、新要求，勇于探索新时代政协工作的新模式、新载体，努力推动制度机制再创新、履职载体再创新、管理方式再创新、活动内容再创新；把委员作业写进基层百姓的心坎里，把履职答卷交给重要工作的第一线，以担当亮底色，用实干赢口碑，真正做到“守纪律、讲规矩、重品行”，切实为全县全局性重要工作和略阳高质量发展提出符合客观规律、解决实际问题、推动民生福祉的真招实策。不负重托，迎难而上，略阳县政协委员以恪尽职守来诠释责任，用接续奋斗来回应期许，用履职尽责的自觉行动努力诠释“人民政协为人民”的家国情怀和使命担当。

（作者系略阳县政协委员，略阳县融媒体中心新媒体部负责人）

新时代让白水文史插上了金翅膀

○高民生

我叫高民生，是一个地地道道的农民，《渭南日报》曾以“一个农民委员的半生政协情”为题做过相关报道。我当了三届专委会成员、三届政协委员、两届文史委员，拥有了几十年的政协情。

如今我虽然年逾花甲，仍笔耕不辍，尤其是对文史资料的征集、收藏与展览，几乎达到痴迷状态。我已收集到全国十几个省、市、自治区、县的政协文史资料，白水政协 1—9 届文史资料一本不缺，分别陈列在白水县乡情图书馆、西固文史馆内。数以百计的文史资料，在不断地讲述政协人的故事。

自从成为一名政协委员之后，我积极参加政协活动，认真履行委员职责，曾被评为白水县政协模范委员。

党的十八大以来，我因对政协工作的执着、专注，被渭南市政协聘为文史员，任白水县政协第九、十届文史员。我亲历、亲见、亲闻了白水县政协文史工作的变化以及白水县实现了从文史县到文史大县的跨越。白水文史人，在编写文史资料工作中，为白水一方社会的稳定、经济的发展、人民幸福指数的提高做出了巨大贡献。党的十八大以来，是白水文史资料事业辉煌的十年、创新的十年、立言的十年，可谓鲜花烂漫，成果斐然。

2012—2015 年，时任政协白水县委员会主席的杨永丰、分管文史工作的副主席屈辉、文史委主任刘文侠，多次带领《白水戏曲》《白水社火与庙会》的编委会成员，深入西固镇的基层一线，通过召开见面会、座谈会，集民智，聚民心，书民生。当时在西固镇文化站工作的我，不忘自己曾是政协五届常委，热情接待文史工作者，给他们提供便利，陪他们采访，先后获得了第一手、即将消失的大量文史资料。

特别是 2017 年，为庆祝中国人民解放军建军 90 周年，北京阅兵在即，县政协下达了编写《抗日战争在白水》一书的政治任务，我有幸被列入编委之中。县政协召开了编委会议，面对时间紧、任务重、征集难的挑战，文史委刘文侠、专职文史委员范忠山老师带领全体编委会成员，废寝忘食，夜以继日，深入基层，抓紧访谈，通宵达旦搜索资料，短短 60 天时间里，从征稿到编撰，从排版到校对，最终圆满地完成了《抗日战争在白水》一书的出版发行工作。

这期间，我全程陪同文史委瞻仰白水抗战粮仓，走进沈红江、洪九文、刘海亭等一批抗战老兵家中进行采访，白水县电视台配合拍摄了《白水抗战粮仓》《抗战老兵沈红江》专题片。我曾为编写《抗日战争在白水》提供了数十份资料，大大加快了《抗日战争在白水》一书的出版工作，填补了白水抗战史资料的空白。《抗日战争在白水》出版后，白水县政协举办了隆重的发行仪式。

我是个老政协，因强烈的文史情怀，几十年来，我把政协当娘家，常来常往。《白水政协（1982—2016）》的出版工作，我曾经参与其中。2016 年夏，当时县政协分管文史工作的副主席王文超，文史委主任元玉民、副主任王晓燕从县城驱车来到我创建的白水县乡情图书馆，就文史丛书资源共享、资料收藏达成协议。

2016 年，我和文友孙义荣赴澄城政协、澄城县志办开展资料交流活动，喜获《澄城县志》《澄城县非物质文化遗产名录图典》各一本。回白水后，我带上资料找时任县政协主席的李全海汇报情况。分管文史工作的王文超对政协文史工作高度重视。文史委主任元玉民把编写《白水县非物质文化遗产名录图典》纳入年度计划。随即县政协文史委与白水县文化馆非遗股强强联手出版了《白水县非物质文化遗产名录图典》。该书是白水县政协文史出版史上出版的第一本大部头，精装本彩印图书，史料翔实，图文并茂。该书的出版对我县非遗工作具有里程碑的意义，大大提升了白水县人民的文化自信。

2018 年，白水县政协要编写《李象九》一书，20 年前我作为政协委员曾提出关于出版《李象九》一书的提案，20 年后梦想就要成真之时，作为文史资料征集员的我，积极提供资料，常和编委沟通。李象九不光是白水名人，而且是国家名人，他指挥了清涧起义，打响了反对国民党的西北革命第一枪；他参加了全国第一次政协会议；他参加过新中国成立的开国大典；他是西北民建民盟的创建人。完成《李象九》一书，是讲好白水故事，传承红色基因，赓续红色血脉的必要工作。我参与了《李象九》一书从意见征求到新书发布的全过程。2019 年县政协编写《白水民俗》一书，我作为文史员当尽其职，提建议理所当然，在意见征求会上，我所提建议被编委会采纳，并在后记上被提及。

2021 年县政协决定出版《白水政协（2017—2021）》，对九届政协工作进行盘点和总结，九届政协文史委员的编写成果和名录均被收入书中，这是我的意外收获。

同年，县政协决定编写《仓颉庙》一书，出于对白水全域旅游情况的考量，我提出把物质和非物质文化遗产、古代文明和西野党代会历史巧妙地结合起来，这条建议被编委会参考。

2022 年，白水县政协委员会第十次全委会召开，产生了新的一届政协领导班子。县政协党组书记杨进宏、副主席张晓文及领导班子，对政协文史工作高度重视，制定了文史资料出版工作的五年规划，召开了有关部门、乡镇副书记、文史委员参加的白水县政协文史工作座谈会，会议规格高，参与面大，任务实，前景阔。近日文史委又召开文史工作年度推进会，就关于辛亥人物高峻及革命烈士石谦的两本书的资料征集编写工作做了安排。我被编到关于革命烈士石谦一书的编写组。由于石谦是在榆林参加革命的，受害也是在陕北，现存资料非常缺乏，我设法搜集到《谢子长传》《井氏双雄血沃中华》《魏野畴的故事》和乡情图书馆的有关资料加以翻阅，并笔录有关资料，把最新资料分享给编委们。

在举国上下喜迎党的二十大召开之际，白水政协文史人正在以满腔的政治热情、高度负责的文史精神，为新时代而歌，为人民而歌，为社会主义而歌，力争撰写出有高度、有温度、有力度、有深度的文史资料，在新时代新征程上，白水文史将插上金翅膀向远方飞翔。

（作者系渭南市政协文史员，白水县政协文史员，白水县党校兼职教师）

画说乡村这十年

——雕塑与绘画作品走进田间地头

○李小超

饮水

大丰收

幸福院

返乡创业

果艺师

小木耳，大产业

奶山羊

陕西苹果

陕北说书

村口广场舞

教育扶贫

农家乐老板娘

易地搬迁社区工人

田间直播带货

智能手机

第一书记

丰年
50cmx80cm

丰年
45cmx65cm

插秧
45cmx65cm

淳化饸饹
50cmx80cm

苹果红了
50cmx80cm

大丰收
50cmx100cm

返乡创业
45cmx65cm

红枣
50cmx80cm

橘园飘香
50cmx80cm

小木耳，大产业
50cmx80cm

甜蜜的事业
50cmx80cm

家庭养殖
50cmx80cm

农家乐
45cmx56cm

腊月
50cmx80cm

田间管理
45cmx65cm

社区工厂
45cmx65cm

直播带货
50cmx80cm

乡亲父老
50cmx80cm

希望的田野
45cmx65cm

幸福生活
50cmx80cm

藤编工艺
50cmx80cm

采茶
50cmx80cm

（作者系陕西省政协委员，咸阳乡村记忆美术馆馆长，中国公共关系协会艺术委员会副主任）